wohnen im eigentum

die wohneigentümer e.V.

Gabriele Heinrich / Sabine Feuersänger

Wir sind die Eigentümer*innen!

Das neue
WOHNUNGSEIGENTUMS-
GESETZ für Wohnungseigentümer*innen

XY aufgelöst: Ein Verbraucherratgeber
mit Fallbeispielen aus der Krimiwelt

wohnen im eigentum
die wohneigentümer e.V.

Herausgeber

Wohnen im Eigentum.

Die Wohneigentümer e.V.

Thomas-Mann-Str. 5

53111 Bonn

info@wohnen-im-eigentum.de

www.wohnen-im-eigentum.de

ISBN: 978-3-9815045-7-6

Bonn, Mai 2021

Autor*innen

Gabriele Heinrich

Sabine Feuersänger

Michael Nack (Kapitel 2.8)

Fachliche Begutachtung

Sandra Weeger-Elsner, Rechtsanwältin

Michael Nack, Rechtsanwalt

Gestaltung & Herstellung

ao2 - Büro für Grafik & Programmierung

Karsten Wassermann & Susanne Lork GbR

www.ao2.de

Bildnachweis

Collagen und Zeichnungen: Susanne Lork

sowie: Heide Kolling (Seite 30, 38, 60, 63, 79, 93, 99, 103, 157, 163, 168, 196, 279, 307, 323, 338)

Fotos: Gabriele Heinrich

sowie: freepik/icons (19), Axel Vogel (Seite 20), Bettina Kulling (21, 68), iStock/Casarsa (31), iStock/dlewis (32), Die drei Musketiere/Freilichtspiele Tecklenburg (40), iStock/vm (70), Pixabay/byMema (79), Sebastian Koch (85), Pixabay/WFranz (86), Adobe-Stock/Fiedels (105), Pixabay/falco (112), freepik/freedomz (118), pixabay/teetasse (132), Nordhaus (134), iStock/mikeinlondon (146), iStock/bulat__silvia (156), AdobeStock/Javier-ArtPhotography (188), AdobeStock/bluedesign (201), iStock/skynesher (226), pixabay/icicles (229), Adobe-Stock/rdnzl (231), Pixabay/Jazella (231), iStock/vura-lyavas (233), Kathrin Reinhardt (237), Franz Gottschalk (254), iStock/kschulze (274), iStock/raeva (278), Foto-lia/ribtoks (282), Andreas Sartor (286), AdobeStock/vali_111 (292), iStock/bizoo_n (294), AdobeStock/fottoo (299), AdobeStock/lassedesignen (303), iStock/suebsini (305), freepik/kues1 (308), AdobeStock/luka-sok (317), AdobeStock/beeboys (319), Fotolia/tama66 (326), iSTock/jodiejohnson (329), 123rf/stokkete (333) und privat (78, 108, 111, 204).

Inhalt

Anhang

Grußwort

Zum 1. Dezember 2020 ist das Wohnungseigentumsmodernisierungsgesetz in Kraft getreten. Die Novelle hat die Rechtslage für die Wohnungseigentümer in Deutschland deutlich verbessert. So wurden die Eigentümerversammlung als willensbildendes Organ gestärkt, die Qualität der Verwaltung erhöht und gerechtere Regelungen für Baumaßnahmen und deren Kostentragung gefunden. Vor allem der Anspruch, auf eigene Kosten barrierefreie Umbauten vornehmen, Ladestationen für E-Autos installieren oder Glasfaserkabel für eine schnellere Datenverbindung verlegen lassen zu können, gibt den Wohnungseigentümern künftig deutlich größere Gestaltungsmöglichkeiten.

Auf Druck der SPD-Bundestagsfraktion konnten wir im parlamentarischen Verfahren noch viele Verbesserungen an dem Gesetz erzielen. Wir bedanken uns in diesem Zusammenhang für die gute und vertrauensvolle Zusammenarbeit mit Wohnen im Eigentum, dessen Vorstand und Mitglieder sich intensiv für die Interessen der Wohnungseigentümer eingesetzt haben.

Der Regierungsentwurf hatte ursprünglich vorgesehen, dass die Verwalter mehr Befugnisse bekommen sollen, um das Objekt effizienter verwalten zu können. Diese Ausweitung ging uns als SPD zu weit, mit einem Maßnahmenpaket haben wir Gegengewichte geschaffen. Der Verwalter ist und bleibt nun lediglich ausführendes Organ der WEG. Erstmals sieht das Gesetz die Möglichkeit für Eigentümer vor, selbst konkrete Rechte und Pflichten der Verwalter zu definieren. Den Verwaltungsbeirat haben wir als Kontrollorgan gegenüber dem Verwalter ausgestaltet. Auch ist eine einfachere Abberufung des Verwalters möglich. Sollte ein Eigentümer einen Schaden durch einen Fehler des Verwalters erleiden, hat er weiterhin einen eigenen Schadensersatzanspruch gegen den Verwalter. Da nur kompetente Personen dieses Amt übernehmen sollen, hat in Zukunft jeder Wohnungseigentümer einen Rechtsanspruch auf die Bestellung eines zertifizierten Verwalters.

Als SPD-Bundestagsfraktion sind wir stolz, die Rolle der Verwalter konkreter definiert und die Anforderungen an den Beruf erhöht zu haben.

Wir wünschen allen Eigentümerinnen und Eigentümern weiterhin viel Freude an Ihrem Zuhause und hoffen, mit unserem Engagement für Ihre Rechte hierzu einen Beitrag geleistet zu haben.

Dr. Johannes Fechner, MdB
Sprecher der AG Recht und Verbraucherschutz der SPD-Bundestagsfraktion
im Deutschen Bundestag

Grußwort

Der Deutsche Bundestag hat im vergangenen Jahr das Wohnungseigentumsmodernisierungsgesetz beschlossen. Das Gesetz war das Ergebnis jahrelanger Beratungen. Der Koalitionsvertrag zwischen CDU/CSU und SPD von 2018 sah vor, rechtliche Änderungen lediglich in Bezug auf die Förderung von Elektromobilität und Barrierefreiheit vorzunehmen. Dreizehn Jahre nach der letzten Reform des Wohnungseigentumsgesetzes wurde es allerdings Zeit für eine Generalüberholung, da viele Regelungen nicht mehr zeitgemäß waren. Daher haben wir uns für eine umfassende Reform entschieden.

Mit dem Gesetz ebnen wir für die rund zehn Millionen Eigentumswohnungen in Deutschland den Weg in die Zukunft. Wir schaffen den Rahmen dafür, dass der massive Modernisierungsstau in vielen Anlagen aufgelöst und mehr in den altersgerechten Umbau oder den Einbau von Ladeinfrastruktur für Elektroautos investiert werden kann. Auch bauliche Veränderungen werden künftig einfacher möglich sein. Eigentum ist nicht nur ein wichtiger Baustein für die private Altersvorsorge, sondern schützt auch vor steigenden Mieten. Deswegen war für uns besonders wichtig, mit der Reform des Wohnungseigentumsgesetzes auch die Rechte der Eigentümer zu stärken. Über teure und bedeutsame Angelegenheiten entscheiden die Eigentümer auch zukünftig immer selbst und nicht der Verwalter. Die Eigentümer behalten bei allen wichtigen Entscheidungen den Hut auf. Zukünftig hat jeder Eigentümer zudem Anspruch auf einen zertifizierten Verwalter, der die notwendigen rechtlichen und technischen Kenntnisse mitbringt. Das ist ein wichtiger Beitrag, um unqualifizierte Verwalter oder gar schwarze Schafe aus dem Markt zu drängen. Auch der Beirat als Kontrollorgan gegenüber dem Verwalter wurde gestärkt.

Ich freue mich, dass der Verband Wohnen im Eigentum zur besseren Verständlichkeit der neuen Vorschriften diesen Ratgeber erstellt hat. Ich wünsche Ihnen eine gute Lektüre.

Bleiben Sie gesund.

Sebastian Steineke

Sebastian Steineke, MdB
war Berichterstatter der CDU/CSU-Bundestagsfraktion für das WEModG im Ausschuss für Recht und Verbaucherschutz im Deutschen Bundestag

Vorwort

Das neue Wohnungseigentumsgesetz – Teil des Wohnungseigentumsmodernisie-
rungsgesetzes (WEMoG), das am 1.12.2020 in Kraft getreten ist - ist in erster Linie ein
Gesetz für die Wohnungseigentümerinnen und Wohnungseigentümer. Diese müssen das Gesetz verstehen, um es anwenden und um Ihre Rolle als Eigentümer*innen
wahrnehmen zu können. Umso erstaunlicher ist es, dass es fast nur Fachliteratur für
Richter*innen, Rechtberater*innen und Verwalter*innen gibt. Diese Fachbücher sind
nicht nur „harte Kost", also schwer verständlich, sondern auch nicht aus der Perspekti-
ve der Wohnungseigentümer*innen oder mit spezifischen Praxiserfahrungen zu ihrem
Nutzen verfasst. Wie auch, wenn diese Fachbücher von Juristen geschrieben werden,
die eine sehr eigene, meist akademische, Sicht auf das Wohnungseigentum haben und
die nicht selten - trotz aller geäußerten Neutralität - eine bedeutsame Nähe zur Wohnungswirtschaft[1] zeigen.

Wohnen im Eigentum (WiE) will eine Lücke schließen, indem wir diesen Ratgeber
ausdrücklich für Sie als Wohnungseigentümerin oder Wohnungseigentümer herausgeben. Dieses Fachbuch erklärt nicht nur das WEGesetz allgemeinverständlich, sondern
arbeitet auch in Ihrem Interesse heraus, welche Gestaltungsspielräume Sie haben und
welche konkreten Handlungsoptionen Ihnen zur Verfügung stehen. Damit grenzen wir
uns deutlich von der „anderen" juristischen Fachliteratur ab.

> Das Wohnungseigentumsgesetz ist sehr kompliziert. Deshalb hat WiE auch
> eine Gruppe berühmter Meisterdetektive und erfahrener Ermittlerinnen ge-
> beten, es unter die Lupe zu nehmen. Die Spürnasen waren begeistert. Endlich
> mal ein interessanter Auftrag. Endlich dürfen sie nicht nur ermitteln, ob und
> wer sich nicht an Gesetz, Recht und Ordnung hält, sondern sie dürfen ein Gesetz
> selbst unter die Lupe nehmen und hinterfragen, ob und wie praxistauglich es ist.
> Diese Ermittler*innen werden Sie durch den Ratgeber begleiten. Ihre Erfahrungen
> mit dem Wohnungseigentum und die Erkenntnisse, die sie daraus gezogen haben,
> können Sie in den einzelnen Kapiteln stets unter „Der Fall" nachlesen.

Unsere Sicht auf das Gesetz umfasst auch die Sprache. Unscharf ist zum Beispiel, dass
das Wohnungseigentumsgesetz mit WEG abgekürzt wird ebenso wie in der Praxis
die Wohnungseigentümergemeinschaft. Damit Sie hier nicht jedes Mal zusätzliche
Denkarbeit leisten müssen, wofür die Abkürzung WEG gerade steht, wird das Wohnungseigentumsgesetz mit dem eingängigen WEGesetz abgekürzt und die Wohnungseigentümergemeinschaft mit WEG. Die Abkürzung WEGesetz möge das BMJV auch als
Vorschlag für die nächste Gesetzesreform aufnehmen.

---

1)   Mehr dazu siehe https://www.wohnen-im-eigentum.de/artikel/gastbeitrag-im-Berliner-Tagesspiegel-
     WEG-Reformversuch-mit-Schieflage

Lange diskutiert haben wir über das Ärgernis, dass Frauen im neuen Wohnungseigentumsgesetz ebenso wie in der gesamten juristischen Fachliteratur ignoriert werden. Im Gesetz heißt es immer nur „der Wohnungseigentümer" oder „der Verwalter", obwohl ein hoher Prozentanteil der Wohnungseigentümer eben Frauen sind und es auch nicht nur Verwalter gibt, sondern – wen wundert's – auch Verwalterinnen. Frauen bleiben so ausgegrenzt. Aber Sprache bildet Bewusstsein und Sprache ist identitätsstiftend. Deshalb benutzen die Autorinnen und WiE erstmalig in diesem Ratgeber eine geschlechtergerechte(re) Sprache. Insbesondere die wichtigen Akteure – der und die Wohnungseigentümer, der und die Verwalter – werden hier diskriminierungsfrei mit dem Gender*Sternchen versehen – die männliche Bezeichnung ist darin immer mit enthalten. Mit diesem Experiment wagen wir den Schritt nach vorn. Der Lesefluss wird dadurch nicht gestört.

Ebenso irritierend kann es für Sie sein, dass wir in jedem Kapitel gefühlte 2-3x darauf hinweisen, dass Sie unter Umständen den Rechtsweg einschlagen müssen. Dies soll nicht dazu beitragen, Sie zu Rechtsstreitigkeiten mit Ihren Miteigentümer*innen zu motivieren. Im Gegenteil hoffen wir, Ihnen mit unseren Orientierungshilfen und Tipps andere Wege aufzuzeigen. Trotzdem müssen wir immer wieder auf den Rechtsweg verweisen, da im Falle unklarer Rechtslagen oder Meinungsverschiedenheiten das Wohnungseigentumsgesetz leider nichts Anderes hergibt – eine außergerichtliche Streitbeilegung ist nicht vorgesehen. Die beste Prävention zur Vermeidung von teuren Gerichtsverfahren ist die regelmäßige Kommunikation. Letztlich sind viele Beschlüsse in Eigentümerversammlungen das Ergebnis längerer Aushandlungsprozesse, die vor der Versammlung erfolgen (müssen).

Angesichts der Fülle der Informationen und Tipps sehen wir dieses Fachbuch als Nachschlagewerk, das Sie bei Bedarf zur Hand nehmen. So können Sie sich damit Schritt für Schritt solides Grundwissen rund um das Wohnungseigentumsrecht aneignen. Denn „Sie sind die Eigentümer und Eigentümerinnen".
Auch im Namen der Detektiv*innen wünschen wir Ihnen viele gute Erkenntnisse und vielleicht sogar etwas Spaß beim Lesen!

Sabine Feuersänger und Gabriele Heinrich

Teil 1

Vier Fragezeichen und das neue Gesetz: Neue Rollen und neue Spielräume bei der Verwaltung des Gemeinschaftseigentums

Im neuen WEGesetz gibt es vier wichtige Mitwirkende, die unterschiedliche Rollen innehaben: die Wohnungseigentümer*innen, der Verwaltungsbeirat, der Verband WEG und die Verwalter*in. Ihre Rollen – Aufgaben, Rechte und Pflichten – sind im Drehbuch, also im WEGesetz, allgemein definiert. Wie sie wahrgenommen, ausgefüllt und ausgestaltet werden, wird den Beteiligten überlassen.

Aus Sicht von WiE sind Sie als Wohnungseigentümer*innen die Hauptdarsteller. Sie müssen demnach das Drehbuch und Ihren Part genau kennen – z.B. mit Hilfe dieses Ratgebers –, um in der Lage zu sein, Spielräume auszuloten und Ihre Rolle auszugestalten. Natürlich müssen Sie dazu auch die gesetzlichen Vorgaben für die anderen Beteiligten (die Verwalter*in, die WEG) kennen, um konstruktiv mit diesen zusammenzuarbeiten. Deshalb wird Ihnen hier das gesamte „Rollenspiel" vorgestellt.

Nehmen Sie als Wohnungseigentümer*innen Ihre Rolle nicht an, werden Sie zu Nebendarstellern degradiert und die Verwalter*innen, Richter*innen, Bauträger o.a. nehmen das Heft in die Hand – auf Ihre Kosten. Um dies zu vermeiden, erläutert WiE Ihnen hier ihre Rechte und Pflichten, stellt Ihnen Gestaltungsmöglichkeiten und Handlungsoptionen vor und gibt konkrete Praxistipps.

1.1. Wohnungseigentümergemeinschaft: Wer hat die Macht im erstarkten Verband?

Mit dem Kauf Ihrer Eigentumswohnung treten Sie in eine **Wohnungseigentümergemeinschaft (WEG)** ein. Das ist ein **Verband** ganz eigener Art, also weder ein Verein noch eine Personengesellschaft – auch wenn es Ähnlichkeiten gibt. Gesetzlich geregelt ist der Verband WEG ausschließlich im Wohnungseigentumsgesetz (WEGesetz).

Mitglieder der WEG sind alle Eigentümer*innen, denen Wohnungen, Ladengeschäfte, Stellplätze etc. (= Sondereigentum) auf demselben Grundstück gehören – inklusive eines Miteigentumsanteils am Gemeinschaftseigentum. Daher ist die Adresse des Grundstücks auch der Name der WEG, zum Beispiel: „Wohnungseigentümergemeinschaft Beethovenstraße 7–11, Musterstadt".

Aufgabe der WEG ist – heute noch mehr als vor der WEGesetz-Reform 2020 – die **Verwaltung des Gemeinschaftseigentums und -vermögens**. Naturgemäß hat die WEG als reines Rechtsgebilde aber weder Hirn noch Hand. Das Denken, Entscheiden, Handeln und Kontrollieren übernehmen daher die sogenannten Organe der WEG:

- **Willensbildungs- und Entscheidungsorgan** ist die Wohnungseigentümerversammlung, in der Sie und Ihre Miteigentümer*innen den Willen der WEG bilden und für die WEG entscheiden. Die Versammlung ist „Hirn und Herz" der WEG, wenn die WEG als Körper betrachtet wird.
- **Handlungs- und Vertretungsorgan** ist die bestellte Verwalter*in. Sie übernimmt das Handeln für die WEG gemäß

den gesetzlichen Vorschriften (z.B. Einladung zur Eigentümerversammlung), den Vereinbarungen und den Beschlüssen der Wohnungseigentümer*innen. Verwalter*innen vertreten WEGs auch nach außen, indem sie z.B. Verträge mit Handwerksbetrieben unterschreiben. Sie sind die „Hände und Beine" der WEG.

- **Unterstützungs- und Kontrollorgan** ist der Verwaltungsbeirat, der Verwaltungsfragen mit bedenkt, Anregungen gibt und den oder die Verwalter*in neuerdings auch ganz „offiziell" überwachen soll. Somit sind die Beiratsmitglieder die „Augen" der WEG. Der oder die Vorsitzende des Verwaltungsbeirats vertritt zudem die WEG gegenüber dem oder der Verwalter*in, unterschreibt z.B. den Verwaltervertrag.

Mit dieser Aufteilung besteht im deutschen Wohnungseigentum eine **besondere Herausforderung**: Gerade das Handlungs- und Vertretungsorgan der WEG, das von seiner Aufgabe her den größten praktischen Einfluss auf das Gemeinschaftseigentum und -vermögen hat, ist in der Regel nicht mit Wohnungseigentümer*innen besetzt, sondern mit einem **externen gewerblichen Dienstleister**, einem Verwalter bzw. einer Verwalterin.

Kombiniere: Auf die „internen" Kräfte kommt es an! Es ist ganz besonders wichtig, dass die beiden „internen" Organe der WEG, die Eigentümer*innen als die Entscheider*innen und der Verwaltungsbeirat als (neues) Kontrollorgan, ausreichend stark sind – damit die Machtverhältnisse in den WEGs ausgewogen bleiben und in der Praxis nicht die externen Dienstleister für die WEG schalten und walten!

Der Gesetzgeber hat nun mit dem neuen Wohnungseigentumsgesetz 2020 an den **Stellschrauben der Macht der Organe der WEG** gedreht. Zunächst schien es so, als würden die Verwalter*innen zu sehr gestärkt. Quasi in letzter Minute wurden jedoch, auch auf Betreiben von Wohnen im Eigentum, noch einige Korrektive eingebaut. Was passiert ist und wie also die WEG nach dem Gesetz heute aufgestellt ist, lesen Sie im Folgenden genauer.

Unsichtbare Kraft: Die WEG im Innen- und Außenverhältnis

In Erscheinung tritt die WEG nach „außen" und nach „innen", das heißt:

- Für das **Außenverhältnis** gilt das allgemeine Zivilrecht. Die WEG kann z.B. Verträge mit Dienstleistern, Versicherungen, Kreditinstituten etc. abschließen, vor Gericht klagen und verklagt werden. Dass die WEG als Verband „rechtsfähig" ist und wer sie vertritt, bestimmen §§ 9a, 9b WEGesetz.
- Für das **Innenverhältnis** gilt nur das WEGesetz. Geregelt ist das Zusammenspiel der WEG mit ihren Organen und den einzelnen Wohnungseigentümer*innen. Wer wofür zuständig ist, klären §§ 10 bis 29 WEGesetz.

Im historischen Konzept des WEGesetzes aus dem Jahr 1951 war nicht vorgesehen, dass die WEG vertreten durch ihre Verwalter*in nach außen rechtsfähig ist. Das hat die Rechtsprechung aus praktischen Erwägungen entwickelt. Die (Teil-)Rechtsfähigkeit der WEG wurde erstmals 2005 durch den BGH anerkannt und bei der letzten größeren Reform 2007 für das Außenverhältnis im WEGesetz verankert. Doch die Regelung hierzu galt allgemein als missglückt, sorgte aus verschiedenen Gründen für Verwirrung und Streit. Zudem blieb ungeklärt, inwieweit die WEG auch nach innen in die Verwaltung des Gemeinschaftseigentums eingebunden ist. So war es ein wichtiges Anliegen der WEGesetz-Reform 2020, **die Rechtsbeziehungen der WEG nach innen und außen neu zu ordnen – und dabei auch gleich die Handlungsfähigkeit der WEG zu stärken**[1].

XY aufgelöst: Mehr Rechte für die WEG = weniger für Sie!
Die WEG spielt jetzt eine größere Rolle als zuvor – was zwangsläufig bedeutet, dass Sie, die einzelnen Eigentümer*innen, Aufgaben und auch Rechte an die WEG bzw. deren Organe abgeben! Damit soll das Gemeinschaftseigentum gerade in solchen WEGs besser verwalten werden können, in denen sich zu wenige Eigentümer*innen dafür interessieren. In WEGs mit aktiven Eigentümer*innen, die das Heft in der Hand behalten wollen, gilt: Die Änderungen sind zu genießen, wenn Sie Ihre (teils neuen) Mitwirkungsmöglichkeiten wirklich ausschöpfen.

1)   Bundestags-Drucksache 19/18791, WEMoG, Gesetzentwurf der Bundesregierung, Seite 29 f.

Nach außen zu allem fähig – von Verwalter*innen vertreten

Mit dem neuen WEGesetz ist die WEG „voll" **rechtsfähig** (siehe Teil 3 zu § 9a Abs. 1 WEGesetz). Das heißt, sie kann und darf jetzt nach außen hin alle möglichen Rechte erwerben und Pflichten eingehen. Entsprechende Beschlüsse sind im Innenverhältnis auch nicht anfechtbar, sofern sie sich im Rahmen einer ordnungsgemäßen Verwaltung bewegen und dem Interesse aller Wohnungseigentümer*innen dienen. Diese **neue Flexibilität** an sich hat keine Nachteile für Sie als Eigentümer*in.

Der Fall: WEG mit eigenem Hubschrauber

Thomas Magnum hat sich in eine Banker-WEG in Frankfurt am Main eingekauft – ein exklusives Hochhaus mit eigenem Hubschrauberlandeplatz auf dem Dach, der von allen Eigentümer*innen für ihre Geschäftsreisen gern genutzt wird. Magnum stellt das neue WEG-Recht auf die Probe und bringt einen Antrag auf die Tagesordnung der nächsten Eigentümerversammlung: Wo es doch schon einen Landeplatz gäbe, solle die WEG einen eigenen Hubschrauber kaufen. Dann könnten alle Eigentümer*innen Heli-Sharing betreiben. Die Sache geht durch und keiner fechtet an! Den Kaufvertrag schließt die rechtsfähige WEG als Vertragspartnerin mit Magnums Kumpel TC, der auch als Pilot gebucht werden wird.

Zugleich sind die bestellten Verwalter*innen zu **gesetzlichen Vertretern** der WEG aufgestiegen, siehe Teil 3 zu § 9b Abs. 1 WEGesetz. Dienstleister, Handwerksbetriebe, Banken etc. sollen darauf vertrauen können, dass Verwalter*innen stets auch wirklich die Vertretungsmacht haben, Rechtsgeschäfte für „ihre" WEGs einzugehen. Das hat der Gesetzgeber für nötig erachtet, um den Rechtsverkehr mit WEGs zu schützen – auch wenn es nach Ansicht von WiE hierzu gar kein Praxisbedürfnis gab, weil die alte Regelung mit der Verwaltervollmacht funktionierte.

Gegengewichte kamen zwar spät ins Gesetz, aber immerhin – sie sind da:

Zum einen wurde der **Verwaltungsbeirat** zum Kontrollorgan der Verwalter*innen aufgewertet. Zwar kann Kontrolle an sich ein eigenmächtiges Handeln von Verwalter*innen sicherlich nur selten verhindern. Doch mit dieser Aufgabe ausgestattet wird ein aktiver Beirat besser als früher vorbeugend tätig werden können, indem er z.B. die **WEG-Konten im Blick** behält und **Auskünfte** zu laufenden Vertragsverhandlungen mit Dritten einholt, bevor diese abgeschlossen sind. Wissen kontroll-„bedürftige" Verwalter*innen, dass man ihnen auf die Finger schaut, wird das nicht ohne Wirkung bleiben. Leider sagt das neue WEGesetz nichts dazu, wie der Verwaltungsbeirat seine Überwachungsaufgabe erfüllen soll. Aber es gibt praxiserprobte „Werkzeuge" für den Beirat (siehe Kapitel 1.4. und Teil 3 zu § 29 WEGesetz).

Zum anderen können **Eigentümerversammlungen** Verwalter*innen jetzt jederzeit abberufen, wenn diese das in sie gesetzte Vertrauen verspielt haben. Da das kaum helfen würde, wenn nach der Abberufung gemäß Verwaltervertrag die Vergütung weitergezahlt werden müsste, kam in letzter Minute auch noch das ins Gesetz: Ein Verwaltervertrag endet spätestens 6 Monate nach dem Abberufungsbeschluss (siehe Teil 3 zu § 26 Abs. 2 WEGesetz).

Kombiniere:
Spielraum wahrnehmen!
Beide Korrektive federn die neue Vertretungsmacht der Verwalter*innen im Außenverhältnis ab. Das kommt den WEGs zugute, setzt jedoch voraus, dass die Organe Verwaltungsbeirat und Eigentümerversammlung „gesund" sind, also ihren Spielraum auch wahrnehmen!

WEG verteidigt Ihr Gemeinschaftseigentums – gut, solange sie es tut!

Ein weiterer Punkt ist ebenfalls für das Außenverhältnis der WEG wichtig: Für einen engen und abgeschlossenen Kreis von Rechten und Pflichten, die eigentlich den Eigentümer*innen **aus Ihrem Miteigentum am Gemeinschaftseigentum** zustehen oder die eine **einheitliche Rechtsverfolgung** erfordern, ist jetzt im Außenverhältnis die WEG und nur noch die WEG zuständig (siehe Teil 3 zu § 9a Abs. 2 WEGesetz). Die Folge des Drehens an dieser Stellschraube: Direktansprüche, die vor der Reform allen einzelnen Eigentümer*innen zustanden, gibt es nicht mehr.

Der Fall: Bestimmte Direktansprüche sind tot
Vom Einsatz in Manhattan nach Berlin: Dort ließ Kojak für seine Assistenten Crocker und Stavros zwei Eigentumswohnungen kaufen, um die Sache mit den Direktansprüchen zu verfolgen: Crocker baut unzulässig seinen Balkon (Gemeinschaftseigentum) aus. Kojak ermittelt: Die WEG, vertreten durch die Verwalter*in, kann ihn durch eine einstweilige Verfügung am Weiterbau hindern. Dann muss die Eigentümerversammlung entscheiden, ob und wie sie Crocker auf Unterlassung, Rückbau und Schadensersatz in Anspruch nimmt – bis hin zu einer Klage. Was nicht mehr geht: Stavros ist zwar Miteigentümer des Gemeinschaftseigentums, aber er kann Crocker nicht mehr selbst auf eigene Kosten und eigenes Risiko verklagen.

Ziel der **Neuregelung** ist, dass es in einer Sache jetzt auch nur noch einen Prozess geben kann – zwischen dem Schädiger/Geschädigten und der WEG. Vor der Reform konnten einzelne Eigentümer*innen selbst aktiv werden und klagen und

immer wieder haben sie diesen Direktanspruch auch wahrgenommen. Kam es zu
mehreren Verfahren, hätten (oder haben)
unterschiedliche Urteile zu Verwicklun-
gen führen können. Heute gilt: Solange
die Organe der WEG also handeln, wie
sie sollen und müssen, ändert die Neuregelung nichts. Die Rechtslage ist jetzt
allerdings eindeutig.

Dass Sie jedoch Ihren Direktanspruch
verloren haben, selbst gegen einen
Schädiger von Gemeinschaftseigentum
vorzugehen, kann sich auch nachteilig
auswirken – immer dann nämlich, wenn
die Organe der WEG nicht korrekt funktionieren:

- Hat die **Eigentümerversammlung als
  Entscheidungsorgan** versagt, weil sie
  nicht beschlossen hat, eine Miteigentümer*in z.B. auf Rückbau und Schadensersatz zu verklagen? Dann können
  Sie als einzelne Wohnungseigentümer*in einen ablehnenden Beschluss
  anfechten bzw. eine Beschlussset-
  zung durch ein Gericht erstreiten. Die

Gerichtskosten der WEG werden aber
auf alle und somit auch auf Sie umgelegt, solange dazu nichts anderes
beschlossen worden ist.

- Hat der oder die **Verwalter*in als
  Handlungsorgan** versagt, weil sie
  nicht rechtzeitig gegen die Miteigentümer*in eingeschritten ist oder einen
  Beschluss hierzu nicht ausgeführt hat?
  Bleibt dann auch die WEG passiv, können Sie als einzelne Wohnungseigentümer*in nur die WEG, vertreten durch
  den oder die Verwalter*in, auf Ausführung verklagen – wofür im Erfolgsfall
  ebenfalls die WEG die Kosten trägt und
  damit auch Sie in Höhe Ihres Anteils.
  Danach die Verwalter*in in Regress zu
  nehmen, erfordert einen weiteren Beschluss und wird häufig unterbleiben.

**Kombiniere: Wenn es läuft,
läuft es gut!**
Es zeigt sich also auch hier: Die
Stärkung der WEG ist positiv, solange ihre Organe funktionieren. Ist
das nicht der Fall, müssen einzelne
Wohnungseigentümer*innen die
WEG verklagen, deren Mitglieder sie
sind. Die Rechtsdurchsetzung kann
schwierig werden, formale Abläufe
sind noch zu klären (siehe Kapitel
2.8.).

Systemwechsel – WEG jetzt auch intern „am Drücker"

Jetzt geht es ums **Innenverhältnis**: Vor der WEGesetz-Reform 2020 fiel die Aufgabe, das Gemeinschaftseigentum zu verwalten, allen Wohnungseigentümer*innen gemeinschaftlich zu. An Ihre Stelle ist nun vollends die WEG getreten (siehe Teil 3 zu § 18 Abs. 1 WEGesetz). Durch diesen **Systemwechsel** ist es rechtlich gesehen jetzt also auch intern immer die WEG, die z.B. eine Hausordnung aufstellt, für die Erhaltung des Gemeinschaftseigentums sorgt, das Gemeinschaftseigentum versichert, eine Erhaltungsrücklage anspart, das Hausgeld festsetzt und den oder die Verwalter*in bestellt (siehe Teil 3 zu § 19 Abs. 2 WEGesetz).

Die einzelnen Wohnungseigentümer*innen haben nicht nur ihre Aufgabe an die WEG abgegeben, sondern zugleich wurde das für die WEG-Entscheidungen zuständige Organ auch noch so aufgewertet: **Eine Eigentümerversammlung ist jetzt immer beschlussfähig**, auch wenn nur ein oder eine Eigentümer*in erscheint. Zudem werden jetzt alle Beschlüsse mit **einfacher Mehrheit** der erschienenen oder vertretenen Eigentümer*innen gefällt (siehe Teil 3 zu § 25 WEGesetz).

Die **Position der Verwalter*innen** hat sich ebenfalls verändert. Wichtig ist es daher, dass es für aktive WEGs die Möglichkeit gibt, **Aufgaben und Handlungspflichten der Verwalter*in konkret zu regeln**, auszuweiten und vor allem einzuschränken – das ermöglicht § 27 Abs. 2 WEGesetz, mehr dazu bei der Rolle der Verwalter*innen in Kapitel 1.3.

Fazit: Ausgewogene Machtverhältnisse entstehen nicht von allein!

Das heißt für die **Rolle der WEG: Ihre Verantwortung** ist gewachsen, weil sie vollrechtsfähig ist, die Ausübung der Eigentümerrechte und -pflichten aus dem Gemeinschaftseigentum übernommen hat und ihr vollends die Verwaltung des Gemeinschaftseigentums und -vermögens zugeordnet worden ist. Das alles wirkt sich auf ihre Organe aus:

- Das Handlung- und Vertretungsorgan (Verwalter*in) hat **erweiterte Handlungsmöglichkeiten** erhalten. Andererseits können seine Aufgaben beschlossen werden, es kann jetzt besser kontrolliert werden und ihm droht bei Unzufriedenheit der Eigentümer*innen die (sehr erleichterte) Abberufung.
- Das Unterstützungs- und Kontrollorgan (Verwaltungsbeirat) wurde flexibilisiert, indem die Anzahl der Mitglieder von der WEG bestimmt werden kann. Es soll und kann das Verwalterhandeln **überwachen** und haftet nur noch bei Vorsatz oder grober Fahrlässigkeit.
- Das Willensbildungs- und Entscheidungsorgan (die Eigentümerversammlung) kann das Sagen behalten, indem alle notwendigen Beschlüsse auch auf die Tagesordnung gebracht werden. Es gibt viele **Gestaltungsmöglichkeiten**. So können die Eigentümer*innen Vorgaben für die Verwalter*innen beschließen, die Gestaltung von Wirtschaftsplan und Jahresabrechnung bestimmen, die Erhaltungsplanung initiativ angehen und bauliche Veränderungen miteinander abstimmen – das alles ist unabhängig davon, ob und wie engagiert sich Verwalter*innen einbringen. Ob Sie dann mitentscheiden oder das anderen Miteigentümer*innen überlassen wollen, liegt an Ihnen!

Ein gutes **Zusammenspiel zwischen den Organen der WEG ist entscheidend.** Je mehr Eigentümer*innen sich an den Entscheidungen beteiligen, je kooperativer und transparenter Ihre Verwalter*in handelt und je engagierter der Verwaltungsbeirat ist, umso besser wird es der WEG gehen. Planvolle, wirtschaftliche Entscheidungen der WEG für die Erhaltung und Modernisierung des Gemeinschaftseigentums, die gut organisiert und kontrolliert umgesetzt werden, steigern den Wohnwert für Sie oder Ihre Mieter*innen, sichern Ihre Investition auch mit Blick auf die Altersvorsorge und halten das zu zahlende Hausgeld in einem vernünftigen Bereich.

Gerät das Machtgefüge zwischen den Organen der WEG jedoch aus den Fugen, indem ein Organ „wächst" und andere „verkümmern", wird das nicht selten zu

Misswirtschaft führen. Das Hausgeld verteuert sich, der Wert der Immobilie sinkt. Streit entsteht und führt zu weiteren Kosten für Rechtsvertretung und Prozesse. In den folgenden Kapiteln wird vor diesem Hintergrund noch vertieft, wie die Eigentümer*innen, der Verwaltungsbeirat und die Verwalter*innen ihre neuen Rollen spielen sollten, damit genau das nicht passiert.

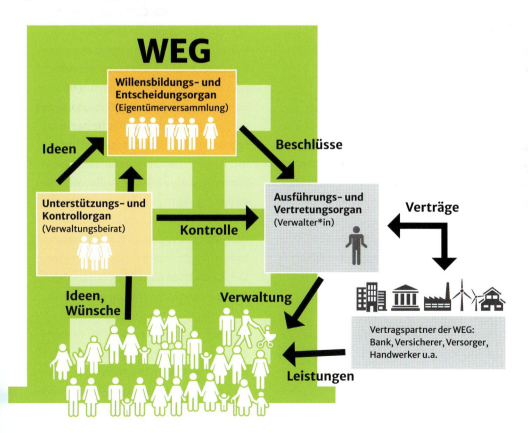

1.2. Wohnungseigentümer*innen: Die Hauptrolle spielen Sie!

Plädoyer für eine stärkere Beteiligung an der Verwaltung des Gemeinschaftseigentums

Viele Wohnungseigentümer*innen interessieren sich hauptsächlich für ihre eigene Wohnung, nicht so sehr für das „Drumherum". Das Drumherum sind das Gemeinschaftseigentum und die WEG. Diesen Wohnungseigentümer*innen ist wahrscheinlich nicht bewusst, dass grob geschätzte 60–80 % ihres Immobilieneigentums – abhängig von der Größe Ihrer WEG –, also ihres Immobilienvermögens, im Gemeinschaftseigentum stecken. Denn das Sondereigentum macht gerade mal einen (Bruch-)Teil des Immobilienwerts aus.

Stellen Sie sich vor: Sie haben eine tipptopp eingerichtete Wohnung. Sie ist ausgestattet mit einer sauteuren, hochwertigen Einbauküche, mit Vollholz-Eichendielen im Wohnbereich, mit einem Whirlpool und einer freistehenden Badewanne im Badezimmer, gefliest mit handgemachten spanisch-arabischen Ornamentfliesen. Außerhalb Ihrer Wohnung sieht es anders aus: Der Putz bröckelt von den Wänden, auf denen sich noch unentdeckte Künstler verewigt haben. An die letzte Renovierung kann sich kaum noch jemand erinnern. Die Briefkästen sind verbogen oder lassen sich nicht mehr schließen. Die Heizungsanlage ist ein 20 Jahre altes Möhrchen, die Einrohrheizungen führen dazu, dass manche Wohnungen gar nicht, andere übermäßig heizen müssen. Der Energiepass für Ihr Haus hat viel (warme) Luft nach oben. Wäre das okay für Sie? Diese Beschreibung ist natürlich übertrieben. Was meinen Sie, wie viel Ihre Wohnung in einer solchen Umgebung wert ist? Besucher*innen werden den Eindruck haben, dass hier irgendwas nicht stimmt, dass es hier Missverhältnisse gibt, die auf Vernachlässigung hindeuten. Auf Wagenburgmentalität, auf Desinteresse am Gemeinsamen. Es riecht nach Gleichgültigkeit und Streit.

Sicherlich wird es in Ihrer WEG anders aussehen. Deshalb wird Sie dieser Einstieg bestimmt nicht demotivieren, sondern neugierig machen zu erfahren, welche Möglichkeiten und welchen Einfluss die einzelne Wohnungseigentümerin und der einzelne Wohnungseigentümer in der Gemengelage der WEG haben. Dieser Ratgeber macht Sie mit Ihrer Stellung, Ihrer Rolle als Eigentümer*in bekannt und unterbreitet Ihnen Vorschläge, was Sie tun können, wo und wie Sie sich engagieren können, was Sie erreichen können – und wo Ihre Grenzen sind.

Ihre Rechte in Bezug auf das große Ganze, das Gemeinschaftseigentum

Es ist ganz natürlich, dass man sich in erster Linie für seine Privatsphäre inte-ressiert, in die sich jede*r zurückziehen kann und in der man sich erholen will. Aber: Der Leitsatz für das Wohnungseigentum lautet „**Wir** sind die Eigentümer! **Wir** sind die Eigentümerinnen." Das hat der Gesetzgeber jetzt noch einmal besonders herausgestellt, indem er mit der Reform des WEGesetzes die Stellung des Verbands WEG und damit die Eigentümerversammlung gestärkt hat. Für die Praxis heißt das, dass Ihnen das WEGesetz bestimmte – teilweise neue – Regeln für das Miteinander, also das Zusammenwohnen unter einem Dach, und für eine funktionierende Verwaltung des Gemeinschaftseigentums vorgibt. Diese Grundregeln lassen sich in bestimmten Umfang erweitern, auslegen etc.

XY aufgelöst: Ihre Rechte in Bezug auf Ihre Wohnung, Ihr Sondereigentum (kurz und knapp)

Ihr grundlegendes Recht als Wohnungseigentümer*in ist es sicherlich, dass Sie mit Ihrer Wohnung (das heißt, Ihrem Sondereigentum) anstellen können, was Sie wollen, solange es nicht gegen das WEGesetz oder die Rechte der Miteigentümer*innen verstößt. Sie können Ihre Wohnung selbst bewohnen, vermieten, in sonstiger Weise nutzen (§ 13 WEGesetz) oder verkaufen. Sie dürfen so weit gehen, wie Sie die Rechte anderer nicht unangemessen einschränken oder diese stören, belästigen etc. Allerdings kann der freie Gebrauch des Sondereigentums von der WEG auch eingeschränkt sein oder werden (§ 14 WEGesetz). So ist die Art der gewerblichen Nutzung häufig in Teilungserklärungen eingeschränkt. In eine Arztpraxis kann dann beispielsweise keine Diskothek einziehen. An diese Vereinbarung muss sich jede Eigentümer*in halten.

„Jeder Wohnungseigentümer kann (…) verlangen, …" – heißt es im WEGesetz in mehreren Paragrafen. Damit wird klargestellt, dass Sie Mitglied der Gemeinschaft sind. In diesem Zusammenhang haben Sie ganz direkte, individuelle Ansprüche – **Individualrechte** – auf

- eine ordnungsmäßige Verwaltung und Benutzung des Gemeinschaftseigentums (siehe Teil 3 zu § 18 Abs. 2 WEGesetz) und in diesem Zusammenhang bald auch auf die Bestellung einer zertifizierten Verwalter*in,
- Einsicht in die Verwaltungsunterlagen (siehe Teil 3 zu § 18 Abs. 4 WEGesetz),
- einen Vermögensbericht zur Finanzlage der WEG (siehe Teil 3 zu § 28 Abs. 4 WEGesetz),
- Umgestaltung Ihres Sondereigentums, wenn dabei fremdes Sondereigentum oder das Gemeinschaftseigentum nicht wesentlich beeinträchtigt werden (siehe Teil 3 zu § 13 Abs. 2 WEGesetz),
- bauliche Veränderungen am Gemeinschaftseigentum für Barrierereduzierung, E-Mobilität, Einbruchschutz und Anschluss an ein schnelles Telekommunikationsnetz (siehe Teil 3 zu § 20 Abs. 2 WEGesetz) sowie sonstige bauliche Veränderungen, sofern die Miteigentümer*innen damit einverstanden oder nicht betroffen sind (siehe Teil 3 zu § 20 Abs. 3 WEGesetz).

Diese Ansprüche werden Ihnen ausdrücklich zugewiesen, denn in den einzelnen Paragrafen heißt es dazu jeweils:
„Jeder Wohnungseigentümer kann
verlangen, ..."

Übersicht: Ihr Aktionsradius als Wohnungseigentümer*in

Ihr allgemeiner Aktionsradius: Sie können und dürfen oder müssen sogar
- wählen und abwählen,
- Beschlüsse fassen – also zustimmen, sich enthalten oder ablehnen,
- selbst Beschlüsse für die Versammlung beantragen oder Umlaufverfahren initiieren,
- **zahlen** (das ist ein Muss),
- (über)prüfen,
- widersprechen, indem Sie vor Gericht klagen,
- Miteigentümer*innen überreden, überzeugen und mobilisieren,
- neu: bestimmte bauliche Veränderungen durchsetzen,
- Notmaßnahmen für das Gemeinschaftseigentum treffen.

Was Sie nicht können bzw. dürfen:
- eigenständige Entscheidungen treffen,
- eigenmächtig handeln,
- nicht zahlen,
- Mitbewohner*innen belästigen.

Die Hauptrolle in der WEG spielt somit die Eigentümerversammlung.
Stellen Sie sich gut mit ihr! Spielen Sie mit!

Darüber hinaus stehen Ihnen **weitere (Verwaltungs-)Rechte** zu, weil Sie Mitglied der WEG sind. Zusammengefasst haben Sie **Anspruch auf eine ordnungsmäßige Verwaltung**. Dazu gehören

- die Einladung zur Eigentümerversammlung, die jährlich durchgeführt werden muss, und Ihr Recht auf Teilnahme,
- die Durchführung weiterer Eigentümerversammlungen, wenn mehr als 25 % der Miteigentümer*innen dies verlangen,
- das Stimmrecht in der Eigentümerversammlung,
- die Fassung von Mehrheitsbeschlüssen über alle wesentlichen Maßnahmen zur Verwaltung des Gemeinschaftseigentums in der Eigentümerversammlung,
- die Dokumentation der Ergebnisse und Beschlüsse der Eigentümerversammlung in Protokoll und Beschluss-Sammlung,
- die Vorlage eines Wirtschaftsplans, einer Jahresabrechnung, eines Vermögensberichts,
- die Durchführung von Notmaßnahmen,
- die Möglichkeit, gerichtlich gegen Beschlüsse vorzugehen, wenn diese nicht ordnungsmäßiger Verwaltung entsprechen oder Ihre Interessen in unzumutbarer Weise benachteiligen.

Neu ist, dass Sie diese Ansprüche nur (noch) **gegenüber der WEG** haben, nicht mehr gegenüber den anderen Wohnungseigentümer*innen oder der Verwalter*in. Können Sie diese Rechte nicht wahrnehmen, bleibt Ihnen nichts anderes übrig, als sie gerichtlich durchzusetzen und dafür die WEG zu verklagen (mehr dazu in Kapitel 2.8. sowie in Teil 3 bei den einzelnen Paragrafen). Leider gibt es – über das WEGesetz initiiert - bisher kein Angebot zur außergerichtlichen Streitbeilegung.

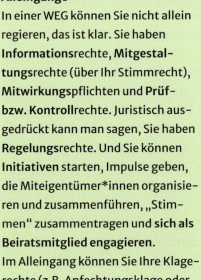

Kombiniere: (Fast) keine Alleingänge
In einer WEG können Sie nicht allein regieren, das ist klar. Sie haben **Informations**rechte, **Mitgestaltungs**rechte (über Ihr Stimmrecht), **Mitwirkungs**pflichten und **Prüf- bzw. Kontroll**rechte. Juristisch ausgedrückt kann man sagen, Sie haben **Regelungsrechte**. Und Sie können **Initiativen** starten, Impulse geben, die Miteigentümer*innen organisieren und zusammenführen, „Stimmen" zusammentragen und **sich als Beiratsmitglied engagieren**.
Im Alleingang können Sie Ihre Klagerechte (z.B. Anfechtungsklage oder Beschlussersetzungsklage) nutzen.

Jedem Recht stehen Pflichten gegenüber

Die beiden **Kardinalpflichten** für Sie als Wohnungseigentümer*in sind: Sie haben

- sich an die (Spiel-)Regeln zu halten, also an das WEGesetz, an die Gemeinschaftsordnung und an die Mehrheitsbeschlüsse, und
- das Gemeinschaftseigentum mitzufinanzieren, also die Verwaltung und den Gebrauch des Gemeinschaftseigentums.

Darüber hinaus sind Sie verpflichtet,

- das Betreten Ihres Sondereigentums in bestimmten Situationen zu erlauben und
- anderes Eigentum und das Gemeinschaftseigentum nicht zu beschädigen.

Alle Rechte und Pflichten der einzelnen Eigentümer*innen untereinander und zur WEG werden ab § 10 WEGesetz geregelt.

Mitgefangen, mitgehangen: Sie sind Teil eines (großen) Ganzen

Sie tragen die Mitverantwortung für die Verwaltung des Gemeinschaftseigentums. Das hat Vor- und Nachteile.

Die **Vorteile:** Mitverantwortung heißt nicht Alleinverantwortung. Aufgaben können verteilt werden, man muss sich nicht um alles selbst kümmern, sondern die anderen helfen und unterstützen. Sie können auf die Lebens- und Berufserfahrung Ihrer Miteigentümer*innen setzen, auch für gemeinsame Initiativen. Sie können Probleme diskutieren und gemeinsam nach Lösungen suchen. Zudem sind Kosten, die auf viele verteilt werden, in der Regel geringer, als wenn Sie eine Maßnahme alleine finanzieren müssten. Sie können zusammen feiern und gemeinsame Projekte schmieden. Darüber hinaus gibt es auch Bequemlichkeiten: Funktioniert Ihre Heizung nicht, rufen Sie die Verwalter*in an. Die muss es richten. Sie brauchen sich nicht selbst mit den Heizungsinstallateuren auseinanderzusetzen, insoweit können Sie wie eine Mieter*in agieren. Es gibt eine Reihe solcher Bequemlichkeiten in den WEGs.

Die **Nachteile:** Sie haften für die Verwaltung des Gemeinschaftseigentums – eventuelle Kosten, Schadensersatz, Gerichtsgebühren etc. werden nach Miteigentumsanteilen (MEA) verteilt. Sie können sich somit nicht aus der Verantwortung ziehen, indem Sie nicht an den Eigentümerversammlungen teilnehmen oder z.B. Ihr Hausgeld nicht zahlen, weil Sie mit der Verwalter*in, dem Beirat, dem Wirtschaftsplan o.a. nicht

Der Fall: Gemeinschaftseigentum ohne Gemeinschaft?

Als im Winter die Fliegen deutlich zunehmen und ein eigenartig süßlicher Geruch durch den Etagenflur zieht, beschweren sich mehrere Mieter beim Verwalter, der daraufhin den Hausmeister mit der Ursachenforschung beauftragt. Die Ursache ist schnell gefunden: Die 86-jährige Annegret Brenig wird tot in ihrer Wohnung Nr. 154 gefunden, seit geschätzten 4 Wochen soll sie dort unbemerkt gelegen haben. Tatortreiniger Horst Schimanski wird mit der Reinigung der Wohnung beauftragt. Immer zu einem küchenpsychologischen Gespräch bereit, kommen jetzt auf einmal Mitbewohner*innen vorbei. Schimanski erfährt so einiges über Frau Brenig und das Haus: dass Frau Brenig seit dem Tod ihres Manns zu keiner Eigentümerversammlung mehr erschienen ist – weil sie den rechtlichen Kram nicht mehr verstehen und sowieso keinen mehr kennen würde. Ja, seufzt ein Nachbar: „Früher bewohnten hier in unserer Anlage mit 216 Wohnungen noch sehr viele Eigentümer ihre Wohnungen selbst. Jetzt sind an die 80 % vermietet, die anderen ziemlich alt und von den neuen Eigentümern wohnen auch noch viele im Ausland." Schimanski kennt sich mit Wohnungseigentum nicht aus, hat aber als Alleinstehender auch schon mal an den Kauf einer Eigentumswohnung gedacht. Deshalb fördert er beim Wischen, Desinfizieren und Aufräumen die Diskussion unter den Anwesenden. Sentimental wird nun über Gemeinschaftseigentum ohne Gemeinschaft, über das Recht auf Desinteresse an seinem Eigentum diskutiert und über die Anonymität in der Anlage geklagt. „Und nun?" fragt Schimanski. „Haben Sie es als Eigentümer nun selbst in der Hand oder ist alles nur ein großer Bluff und Sie werden schon vom Gesetz her getäuscht? Sind Sie gar nicht die Hausherren oder Herrscherinnen, obwohl Sie im Grundbuch stehen?" „Tja", erwidert der Nachbar nachdenklich, „man müsste mal mehr ins Gespräch kommen und sich kümmern."

einverstanden sind. Sie können auch die Beschlüsse, gegen die Sie mit Nein gestimmt haben, nicht ignorieren. Sie können sich also nicht entziehen, selbst wenn Sie unsichtbar bleiben. Verklagen Sie die WEG und gewinnen Sie die Klage, müssen Sie trotzdem die Kosten der WEG für das Gerichtsverfahren mittragen, im Rahmen Ihres Miteigentumsanteils (MEA). Das ist neu. Wird Ihre WEG von anderen erfolgreich verklagt, müssen Sie natürlich ebenfalls die Kosten mittragen.

Das war auch bisher schon so. Haben Sie einen Schaden verursacht, werden Sie sicherlich zum Schadensersatz herangezogen. Sie können auch dann zum Schadensersatz herangezogen werden, wenn Sie in der Eigentümerversammlung wissentlich „nur" dagegen gestimmt haben, dass ein Schaden behoben werden sollte, damit keine weiteren Schäden entstehen. Dieses Wissen müsste eigentlich ein schlagendes Argument sein, sich in der WEG zu engagieren und sich einzubringen.

Die Eigentümerversammlung ist Ihre Bühne, Ihr Parlament

Die WEG ist ein abstrakter Verband, aber die Eigentümer*innen treffen die Entscheidungen in der **Eigentümerversammlung**, die somit das „lebendige" Organ der WEG ist. Dort werden die Beschlüsse zur Verwaltung und die Weichenstellungen für wichtige Änderungen getroffen. Sie ist die Bühne oder das Podium, von dem aus Sie zusammen mit Ihren Miteigentümer*innen regieren. Wie Sie sich dort einbringen können, lesen Sie in Kapitel 2.3.

Der vorgegebene gesetzliche Rahmen, sich einmal im Jahr zu treffen, kann gerne überschritten werden durch weitere Eigentümerversammlungen oder durch die Einrichtung von Ausschüssen, Arbeitsgruppen oder sonstigen Initiativen zur Vor- und Nachbereitung der „Gipfeltreffen".

Das neue WEGesetz: Nicht mehr gefragt sind Zorro oder Robin Hood

Die Möglichkeiten der einzelnen Wohnungseigentümer*innen, selbstständig anstelle oder für die WEG tätig zu werden, sind mit dem neuen Gesetz weiter eingeschränkt worden. Auch nach dem Gesetz von 2007 waren sie schon begrenzt, aber es gab noch immer gewisse Spielräume. Jetzt können Sie nicht mehr direkt und selbst
- gegen Störer vorgehen, wenn Miteigentümer*innen die Hausordnung missachten,

- gegen Nachbarn vorgehen, wenn diese die Grundstücksgrenze missachten,
- illegale bauliche Veränderungen am Gemeinschaftseigentum verhindern, wenn Miteigentümer*innen die WEG ignorieren und einfach mal so „schwarz bauen",
- die Durchführung von Beschlüssen direkt von der Verwalter*in einfordern, wenn diese nichts tut,
- die gesamte Jahresabrechnung und den gesamten Wirtschaftsplan in Frage stellen, also den Beschluss darüber gerichtlich anfechten.

Wie bei den oben genannten Individualrechten verweist der Rechtsschutz-Weg nur auf die WEG. Die WEG muss immer über die Eigentümerversammlung entscheiden und über ihre Organe handeln (Verwalter*in oder – in besonderen Fällen auf der Grundlage eines Beschlusses – über den Beirat). Dies kann dazu führen, dass sich einzelne Wohnungseigentümer*innen in schwierigen WEGs desillusioniert abwenden und nicht mehr (mit)verantwortlich fühlen für das Gemeinschaftseigentum. Problematisch kann es in Krisensituationen werden. Dann steht zu befürchten, dass die Zorros („Rächer der Entrechteten") in den WEGs einen umständlichen, kräftezehrenden und kostspieligen Prozess mit mehreren Gerichtsverfahren anstreben müssen, ein sogenanntes Spiel über Bande, also über mehrere aufeinander folgende Gerichtsverfahren. Vielleicht wird die Rechtsprechung hierzu andere Wege weisen, wenn ihr die Umwege zu umständlich und aufwendig sind und zu ungerecht erscheinen. Es bleibt zu hoffen. Immerhin soll es weiterhin möglich bleiben, dass einzelne Wohnungseigentümer*innen eine **Schadensersatzklage direkt gegen die Verwalter*in** einreichen können, wenn diese z.B. durch Untätigkeit wissentlich einen Schaden am Sondereigentum verursacht hat. Mehr dazu in Kapitel 2.8.

Aktiv, initiativ, kreativ und kooperativ sein

Nutzen Sie Ihre Gestaltungsspielräume! Der erste und wichtigste Schritt ist sicherlich die **Kontaktaufnahme** zu den Miteigentümer*innen (diese muss nicht anlassbezogen sein) und ein regelmäßiges **Netzwerken**. Als Kommunikationsmittel stehen dafür die Messenger-Dienste (WiE empfiehlt Signal oder Threema) und spezielle Apps zur Verfügung. Fangen Sie ggf. in einer kleinen Runde an, sprechen Sie weitere Eigentümer*innen an, berichten und werben Sie dafür in der nächsten Eigentümerversammlung – und erweitern Sie sukzessive die Gruppe um neu hinzukommende Eigentümer*innen. Allein mit diesem Mittel und Vorgehen

- können Sie sich besser auf die Eigentümerversammlung vorbereiten,
- bekommen Sie Tipps für die Prüfung der Jahresabrechnung, des Wirtschaftsplans und Vermögensberichts (die sollten Sie trotz geänderter Beschlussgrundlage weiterhin prüfen, ergänzend bzw. unterstützend zur Prüfung durch den Beirat),
- entwickeln Sie – gemeinsam mit den anderen – Ideen für **Beschlussanträge**,
- behalten Sie die Verwaltung im Blick und können mit darauf achten, ob wirtschaftlich gehandelt wird,
- unterstützen Sie den Beirat und können von ihm regelmäßig über neue Entwicklungen informiert werden,
- lassen Sie nicht zu, dass Schäden (aus Bequemlichkeit) einfach sozialisiert,

also von allen bezahlt werden, ohne die oder den Verursacher in die Verantwortung zu nehmen.

Strategien für Umbruch- oder Krisensituationen:

- Sie haben für solche Fälle hoffentlich schon die **E-Mail oder SMS-Adressen vieler Miteigentümer*innen**, um diese schnell zu erreichen; bereits mehr als **25 %** von Ihnen können dann die Einberufung einer **außerordentlichen Eigentümerversammlung** verlangen.
- Die Möglichkeit, außerordentliche Eigentümerversammlungen im Bedarfsfall schnell und gut vorbereitet einzuberufen, ist Ihr gemeinsames Schwert, wenn Ihre WEG schnell handeln muss. Haben Sie und der Beirat nicht die Kontaktadressen aller Eigentümer*innen und weigert sich die Verwalter*in, die Adressen herauszugeben, dann sollte der Beirat trotzdem eine außerordentliche Versammlung durchführen (zur „Heilung" dieses Formfehlers siehe Kapitel 1.4.).
- Sie können ggf. per **Umlaufverfahren Entscheidungen treffen.** Umlaufbeschlüsse können auch von einzelnen Wohnungseigentümer*innen initiiert werden. Zustimmen müssen immer alle Wohnungseigentümer*innen. Wurde in einer Eigentümerver-

sammlung beschlossen, dass zu einem bestimmten Thema oder Gegenstand auch Mehrheitsbeschlüsse im Umlaufverfahren eingeholt werden können, dann müssen dem Beschluss nicht alle Eigentümer*innen zustimmen (siehe Teil 3 zu § 23 Abs. 3 WEGesetz).

Kombiniere: Nicht jammern, sondern sich verklammern!
Nutzen Sie Ihre Gestaltungsspielräume immer gemeinsam mit den Miteigentümer*innen. Es geht um Ihr aller Eigentum! WiE wird Sie beim Ausloten Ihrer Spielräume unterstützen.

1.3. Verwalter*in: Drahtzieher oder kooperative Komplizin – das liegt auch bei Ihnen

Die Wünsche von Wohnungseigentümer*innen sind vielfältig, die **Erwartungen an die Verwalter*in** hoch: Diese soll als **Ausführungs- und Vertretungsorgan der WEG** natürlich ihre gesetzlichen und vertraglich vereinbarten Aufgaben erfüllen. Sie soll die Buchhaltung im Griff haben, Wirtschaftsplanung und Jahresabrechnung transparent und fehlerfrei erledigen. In allen Fragen des Wohnungseigentumsrechts und insbesondere rund um die Eigentümerversammlung und die Beschlüsse der WEG soll sie die Eigentümer*innen über ihre Rechte, Pflichten und Möglichkeiten aufklären, gar Rechtsberatung leisten. Selbstredend wünscht sich jede und jeder auch vorbildliches Engagement: Am besten sind Verwalter*innen 24 Stunden an 7 Tagen in der Woche erreichbar, immer freundlich, kreativ und mitdenkend, kommunikationsstark in der Moderation der Versammlungen sowie bei der Streitvermittlung innerhalb der WEG und knallhart nach außen in Vertragsverhandlungen mit Dritten. Und am allerbesten geschieht das alles auch noch gegen eine preiswerte Vergütung.

Verwalter*innen haben einen anderen Blickwinkel. Die meisten Dienstleister wollen kunden- und leistungsorientiert arbeiten, sonst hätten sie sich den Beruf wohl nicht gewählt. Grenzen werden dabei durch die **Schwierigkeit der Materie** und die eigene **Ausbildung** gesetzt. Einerseits kann hierzulande jeder und jede auch ganz ohne Berufsausbildung Wohnimmobilienverwalter*in werden. Andererseits – und das passt nicht zu

sammen – wachsen die Anforderungen an den Verwalterberuf stark und stetig: Legionellenprüfungen, Rauchwarnmelder-Pflichten, Corona-Auflagen etc. – Jahr für Jahr kommen neue Herausforderungen hinzu. Das **neue WEGesetz** setzt dem aktuell die Krone auf. Jetzt heißt es Umdenken und Neulernen ja nicht nur für Sie. Die Verwalter*innen sind ebenso, als Organisatoren vielleicht sogar noch mehr gefordert – von der technischen Umsetzung einer Online-Zuschaltung zur Eigentümerversammlung über die komplett neuen Ansprüche auf und Beschlussvoraussetzungen für bauliche Veränderungen bis hin zu den Änderungen bei Wirtschaftsplan, Jahresabrechnung und dem neu eingeführten Vermögensbericht. Wen wundert es, dass so manche Verwalter*innen damit überfordert sind? Schlechtleistungen liegen nicht unbedingt an fehlendem Willen und Engagement.

Treffen die Erwartungshaltung der Eigentümer*innen und die Realität eines ganzen Berufsstands aufeinander, ist es eigentlich kein Wunder, dass Enttäuschungen häufig sind. Das **Verhältnis zwischen den Verwalter*innen und den Eigentümer*innen** ist in vielen WEGs ein zwiegespaltenes und kompliziertes, in manchen sogar zerrüttet. Verwalterwechsel sollen dann Fortschritt bringen, doch oft werden gar keine (besseren) Dienstleister gefunden. Oder nach kurzer Zeit stellt sich heraus, dass der Wechsel zwar ein neues Gesicht gebracht, aber die Probleme nicht gelöst oder nur geändert hat.

Dieser Ratgeber möchte daher auch einen Beitrag für gegenseitiges Verständnis liefern. Es werden in diesem Kapitel einige Lösungswege aufgezeigt, wie die Zusammenarbeit gut und besser miteinander laufen kann. Die im Folgenden beschriebenen „Stellschrauben" hierbei sind:
- Überlegungen zur Verwaltervergütung,
- die Konkretisierung und Gestaltung der Verwalteraufgaben,
- die Verwalterqualifikation und
- nicht zuletzt eine kooperative, steuernde und kontrollierende Zusammenarbeit der Verwalter*in mit dem Verwaltungsbeirat.

Kombiniere: Verwalter*innen nicht das Feld überlassen!
Erwarten Sie nicht, dass Verwalter*innen wie Eigentümer*innen denken und einerseits ein **möglichst geringes Hausgeld** sowie andererseits den **Werterhalt und ein möglichst angenehmes Wohnen** als ureigene Ziele ihrer Aktivitäten sehen. Wenn die Eigentümer*innen wollen, dass die Verwaltung des Gemeinschaftseigentums auf diese Ziele ausgerichtet wird, dann müssen sie selbst die Weichen dafür stellen.

Der Geruch des Geldes – besser als sein Ruf

Die Lage ist also so: Verwalter*innen sollen und müssen nach dem WEGesetz zum Wohle der WEG und gemäß den Beschlüssen der Eigentümer*innen handeln. Dabei sind und bleiben sie **externe Dienstleister** der WEGs, meist ohne eigene „Aktien" in der Anlage. Daher haben sie eigene und durchaus andere Interessen als die Eigentümer*innen. Verwalter*innen handeln unternehmerisch, betreuen viele WEGs und müssen ihren Verdienst ins Verhältnis zum Aufwand setzen. Grundsätzlich tun sich WEGs keinen Gefallen damit, die „billigsten" Verwalter*innen zu bestellen –

Geld motiviert durchaus, sich durch **gute Arbeit im Sinne der Eigentümer*innen** die Position in der WEG zu sichern.

Auch ist nicht jede WEG gleich aufwendig zu verwalten. Bringen Sie das beim Abschluss eines neuen Verwaltervertrags in die Überlegungen zur Vergütung mit ein. Beispiele für Mehraufwand, der eine etwas **höhere Grundvergütung** rechtfertigt:
- Neubau: Viel Streit mit dem Bauträger um Mängel und Gewährleistungsansprüche
- Altbau: Schlechter baulicher Zustand der Anlage, also großer Erhaltungs- und Sanierungsbedarf; viele gewünschte bauliche Veränderungen
- Schlechte Vorverwalter*in: Übernahme von Unterlagen einer „Schuhkarton-Buchhaltung", großer Aufarbeitungsaufwand (abdeckbar z.B. über ein einmaliges pauschales Honorar)
- Bewohnerstruktur: Viele, die sich nicht mit ums Gemeinschaftseigentum kümmern (weit entfernt wohnende Vermieter*innen, Hochbetagte, Desinteressierte)
- Überdurchschnittlich viel Gemeinschaftseigentum: Sauna oder Schwimmbad für alle, gemeinsame Waschmaschinen, von der WEG vermietete Stellplätze – alles was die Jahresabrechnung besonders anspruchsvoll macht

Wenig sinnvoll ist es zudem, die laufenden Verwaltungskosten durch Einsparen nötiger Zusatzleistungen zu minimieren. Beispielsweise kann es wichtig sein, dass Sie von Ihrem oder Ihrer Verwalter*in mehrfach im Jahr verlangen, eine Eigentümerversammlung einzuberufen, auch wenn diese sich das durch eine **Sondervergütung** extra honorieren lässt. Müssen Angelegenheiten nicht monatelang auf Entscheidung warten, entpuppt sich das ja oft als geldwert – etwa, weil eine teure Gärtnerin oder ein schlechter Hausmeister dann gleich ausgetauscht wird und nicht erst nach Monaten.

Achten Sie aber darauf, dass neben der Grundvergütung **nicht zu viele Sondervergütungen** vereinbart werden. Es besteht die Gefahr, dass Sie sonst den Überblick über die Verwalterkosten verlieren und die Verwalter*in wegen der Intransparenz am Ende viel mehr verdient, als Sie eigentlich kalkuliert hatten.

Konkretisierung und Gestaltung der Verwalteraufgaben

Die Aufgaben der Verwalter*innen stehen einerseits im **WEGesetz** (siehe folgende Übersicht). Weitere Pflichten können sich aus dem Bürgerlichen Gesetzbuch (BGB), anderen Gesetzen oder Verordnungen ergeben, z.B. der Heizkostenverordnung. Zudem können Vorgaben auch in **Vereinbarungen**, vor allem Ihrer Teilungserklärung/Gemeinschaftsordnung stehen (siehe z.B. Teil 3 zu § 12 WEGesetz). Erweitert wurden zudem die

Möglichkeiten Ihrer WEG, Aufgaben und Handlungspflichten der Verwalter*in durch **Beschlüsse** konkret zu regeln – das erlaubt jetzt § 27 Abs. 2 WEGesetz. Dazu gehören auch alle Vorgaben im **Verwaltervertrag**, über den die WEG ja auch beschließt.

Übersicht: Die wichtigsten gesetzlichen Aufgaben der Verwalter*innen laut WEGesetz

---

- ✓ **Vertretung der WEG** gegenüber Dritten (vor allem durch Vertragsabschlüsse mit allen Dienstleistern) und vor Gericht (§ 9b Abs. 1 WEGesetz)
- ✓ Öffnen der Verwaltungsakten für einzelne Eigentümer*innen (§ 18 Abs. 4 WEGesetz)
- ✓ Sorgetragen für die **ordnungsmäßige Verwaltung**, insbesondere durch Herbeiführen von Beschlüssen über eine Hausordnung, Erhaltungsmaßnahmen, Versicherungen, eine Erhaltungsrücklage und das Hausgeld (§ 19 Abs. 2 WEGesetz); darunter fällt auch das Einsammeln des Hausgelds und die Vorbereitung von Gerichtsverfahren gegen Eigentümer*innen oder Dritte
- ✓ Vorbereitung und Einberufung mindestens einer **Eigentümerversammlung** pro Jahr (§ 24 Abs. 1, 2 WEGesetz)
- ✓ **Versammlungsleitung** der Eigentümerversammlung (§ 24 Abs. 5 WEGesetz)
- ✓ Fertigung eines **Sitzungsprotokolls** (§ 24 Abs. 6 WEGesetz)
- ✓ Führen der **Beschluss-Sammlung** (§ 24 Abs. 7, 8 WEGesetz)
- ✓ **Durchführung von Beschlüssen** der Eigentümerversammlung – inklusive Angebotseinholung, Abnahmen, Bezahlung von Dienstleistungen etc. (ergibt sich aus der Bestellung zum Handlungsorgan gemäß § 26 WEGesetz)
- ✓ Erledigung **geringfügiger Maßnahmen** einer ordnungsmäßigen Verwaltung auch ohne Eigentümerbeschluss (§ 27 Abs. 1 Nr. 1 WEGesetz)
- ✓ Ergreifen von **dringenden Maßnahmen** zur Wahrung einer Frist oder Abwendung eines Nachteils (insbesondere in Notfällen und bei rechtlichen Streitigkeiten, § 27 Abs. 1 Nr. 2 WEGesetz)
- ✓ Jährliche Erstellung von **Wirtschaftsplan, Jahresabrechnung und Vermögensbericht** (§ 28 WEGesetz)

Gab es im alten WEGesetz einen (zugegeben problematischen) Aufgabenkatalog dazu, was Verwalter*innen ohne Beschluss für die WEG erledigen müssen, nennt der neue § 27 Abs. 1 WEGesetz nur noch **Generalklauseln**:

„Der Verwalter ist gegenüber der Gemeinschaft der Wohnungseigentümer berechtigt und verpflichtet, die Maßnahmen ordnungsmäßiger Verwaltung zu treffen, die

1. untergeordnete Bedeutung haben und nicht zu erheblichen Verpflichtungen führen oder
2. zur Wahrung einer Frist oder zur Abwendung eines Nachteils erforderlich sind."

Welche Maßnahmen dabei von „untergeordneter Bedeutung" und wann Verpflichtungen „erheblich" sind, soll nach dem Willen des Gesetzgebers u.a. von der **Größe und der Art der WEG** abhängen. Je nach Größe der WEG kann jetzt sogar der Wechsel eines Energieversorgungs- oder Versicherungsvertrags dazugehören. Näher werden diese unbestimmten Rechtsbegriffe erst in Zukunft durch die Rechtsprechung definiert, Zweifel bleiben wohl immer bestehen. Umso wichtiger sind daher Ihre neuen Möglichkeiten aus § 27 Abs. 2 WEGesetz: Die Eigentümer*innen können **durch Beschluss** die Aufgaben und Rechte der Verwalter*innen **konkretisieren, erweitern und einschränken**. Beispielweise kann Ihre WEG festlegen, dass Ihre Verwalter*in eigenständig nur Aufträge bis 500 € vergeben darf. Dann besteht in dieser Sache Klarheit, die das Gesetz nicht bietet. Hält sich die Verwalter*in dennoch nicht daran, ändert das zwar nichts an der Gültigkeit des Vertrags, der im Namen der WEG z.B. mit einem Handwerksbetrieb abgeschlossen wird. Aber die Verwalter*in macht sich der WEG gegenüber dann wenigstens schadensersatzpflichtig.

Kombiniere: Verwaltervertrag wird noch wichtiger!
Vor diesem Hintergrund sollten **Verwalterverträge** in Zukunft nicht mehr vornehmlich den Leistungsumfang der Verwalter*innen definieren und ihre Honoraransprüche verbriefen. Vielmehr wird der Vertrag – neben einzelnen Beschlüssen zu Verwaltertätigkeiten – ein wichtiges, wenn nicht das wichtigste Instrument sein, die Aufgaben und Rechte der Verwalter*innen zu regulieren (siehe Kapitel 2.4. – dort finden Sie auch bereits Beispiele für verbraucherfreundliche Vertragsklauseln).

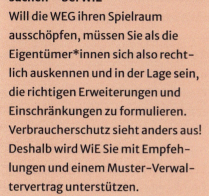

XY aufgelöst: Unterstützung suchen – bei WiE

Will die WEG ihren Spielraum ausschöpfen, müssen Sie als die Eigentümer*innen sich also rechtlich auskennen und in der Lage sein, die richtigen Erweiterungen und Einschränkungen zu formulieren. Verbraucherschutz sieht anders aus! Deshalb wird WiE Sie mit Empfehlungen und einem Muster-Verwaltervertrag unterstützen.

„Lizenz" zum Verwalten – statt 0815 kommt jetzt 007?

In der Einleitung zu diesem Kapitel ist es schon angeklungen: Natürlich wünschen sich Eigentümer*innen eine 007 als Verwalter*in: hervorragend ausgebildet, um im Namen der WEG alles Schlechte von den Eigentümer*innen fernzuhalten. Die Realität sieht anders aus. Wirklich kundige Experten sind eher rar, es gibt **große Unterschiede hinsichtlich der fachlichen Qualifikation** von Verwalter*innen. Das liegt an der schwierigen, komplexen Tätigkeit, die aber gewerberechtlich noch nicht einmal eine Ausbildung voraussetzt. Eingeführt wurde zum 1. August 2018 lediglich eine Berufszulassung, die im Prinzip jeder bekommt, der noch keine goldenen Löffel geklaut hat, eine Versicherung vorweist und eine lächerlich geringe Fortbildungspflicht erfüllt.

Der Gesetzgeber hat aber erkannt, wie wichtig die berufliche Qualifikation der Verwalter*innen ist, zumal es viel Kritik an der Stärkung der Vertretungsmacht der Verwalter*innen gab. Deshalb ist auf der letzten Wegstrecke des Gesetzgebungsverfahrens noch die **zertifizierte Verwalter*in** eingeführt worden (siehe Teil 3 zu § 26a WEGesetz). Durch eine Rechtsverordnung legt das Bundesjustizministerium Bestimmungen fest, nach denen die Industrie- und Handelskammern Verwalter*innen zertifizieren können und müssen. Und dann reicht man den Stab weiter an Sie:

- Wenn Sie das verlangen, muss Ihre WEG eine solche zertifizierte Verwalter*in bestellen – ab dem 01.12.2022. Für „alte Hasen", die am 01.12.2020 bereits bestellt waren, gilt eine Übergangsfrist bis 01.06.2024.
- Ausnahme: In kleinen WEGs mit bis zu 9 Sondereigentumseinheiten kann eine zertifizierte Verwalter*in nur mit den Stimmen eines Drittels der Eigentümer*innen durchgesetzt werden.

Aktiver Verwaltungsbeirat als „Gegengewicht"

Schließlich sollte Ihre WEG hinsichtlich der Verwalter*innen beachten, dass diese gute Ansprechpartner auf der WEG-Seite brauchen. Das können natürlich einzelne, aktive Eigentümer*innen sein. Darüber hinaus ist der **Verwaltungsbeirat** das vom Gesetzgeber etablierte Organ zur Unterstützung und Überwachung der Verwalter*innen. Dem widmet sich das ganze nächste Kapitel, sodass es hier nicht weiter ausgeführt wird.

Fazit: Kooperieren, steuern, kontrollieren!

Das alles heißt für Sie und Ihre WEG: Schöpfen Sie Ihre Möglichkeiten aus, die **Verwalter*innen zu gut funktionierenden, kooperativen „Komplizen" zu machen.** Vom Verwaltungsbeirat sollten wichtige Impulse ausgehen, aber auch einzelne Eigentümer*innen dürfen sich gern einbringen! Es geht darum zu vermeiden, dass Ihr bzw. Ihre Verwalter*in zur Drahtzieherin der WEG mutiert und ohne Rückendeckung durch WEG-Beschlüsse eigenmächtig handelt. Passiert dies dennoch und geht es gegen die WEG-Interessen, ist die **schnelle Abberufung** ein scharfes neues Schwert (sie-

he Teil 3 zu § 26 Abs. 3 WEGesetz). Ein besserer Dienstleister sollte dann bereitstehen oder schnell gefunden werden.

Kombiniere: Selbstverwaltung als Alternative
Gerade kleine WEGs tun sich oft besonders schwer damit, eine fähige Verwalter*in zu finden. Nach wie vor der WEGesetz-Reform kann dann die Selbstverwaltung ein guter Ausweg sein. Es gibt zwei Möglichkeiten: Eine Miteigentümer*in lässt sich als interne Verwalter*in bestellen – meist ehrenamtlich. Oder alle Miteigentümer*innen teilen sich die Verwaltungsaufgaben. Was dabei zu beachten ist, lesen Sie in Kapitel 2.8. ab Seite 122 und in Teil 3 zu § 9b Abs. 1 Satz 2 WEGesetz.

Übersicht: Neue Rolle der Verwalter*innen

Stärkung der Verwalter*innen:	Korrektive:
Gesetzliche Vertreter*innen der WEG • Unbeschränkbare Macht, im Namen der WEG zu handeln • Ausnahme: Grundstückskauf- und Kreditverträge (§ 9b WEGesetz)	**Kontrollaufgabe für Verwaltungs-beirat** • Gesetzlicher Auftrag, Verwalter*innen zu überwachen (§ 29 Abs. 2 WEGesetz) • Vorsitzende vertreten die WEG gegenüber der Verwalter*in (§ 9b Abs. 2 WEGesetz)
Handlungsspielraum für geringfügige Angelegenheiten auch ohne Eigentümerbeschluss (Generalklauseln in § 27 Abs. 1 WEGe-setz auslegungsbedürftig, aber keine grundsätzliche Änderung)	**Aufgaben/Rechte per Beschluss be-stimmbar** • Konkretisierungen und Einschrän-kung des Handlungsspielraums der Verwalter*innen sind möglich (§ 27 Abs. 2 WEGesetz)
Rechtsbeziehung nur noch zur WEG • Beschlussumsetzung und ggf. Schadensersatz müssen Eigentü-mer*innen von der WEG verlangen; Verfahrensabläufe zu Kostentragung und Regress von Verwalter*innen noch unklar • Schadensersatzansprüche der Eigen-tümer*innen gegen Verwalter*in-nen? Im Gesetz nicht ganz eindeutig geregelt, Rechtsprechung hierzu muss abgewartet werden!	**Recht auf zertifizierte Verwalter*in** • Schritt in Richtung Qualifizierung (mit längeren Übergangsfristen) • Ausnahmeregeln für kleine WEGs (§26a WEGesetz) **Erleichterte Abberufung** • Per Beschluss fristlos jederzeit mög-lich auch ohne wichtigen Grund • Verwaltervertrag endet spätestens 6 Monate nach Abberufungsbeschluss (§ 26 Abs. 3 WEGesetz)

1.4. Verwaltungsbeirat:
Die Spürnasen der WEG – jetzt besser aufgestellt

Stellen Sie sich vor, ein Dienstleister oder Unternehmen[2] **verwaltet fremde Gelder**, die Anleger*innen schauen nicht hin und auch sonst keiner. Es gibt keine Transparenz über die Anlage und Verwendung der Gelder und keine Überprüfung. Das geht doch wohl gar nicht, werden Sie denken. Riskanter kann man sein Geld wohl nicht investieren. Da haben Sie recht. Das wären Strukturen, die unwirtschaftliches Handeln oder sogar Vetternwirtschaft bis hin zur Korruption und – noch schlimmer – Veruntreuung unterstützen, ja vielleicht sogar herausfordern. Leider wird aber immer wieder erzählt (konkrete Zahlen gibt es nicht), dass es WEGs ohne oder ohne einen aktiven Verwaltungsbeirat geben soll, sodass die WEG-Verwaltung und das WEG-Vermögen nicht kontrolliert und nach dem

„4-Augen-Prinzip" geprüft werden. Zusätzliches Kopfschütteln folgt, wenn man erfährt, dass in WEGs fremdes Vermögen von externen gewerblichen Dienstleistern verwaltet wird, die gleichzeitig viele WEGs verwalten und somit gar keinen starken persönlichen Bezug zu den einzelnen WEGs haben.

Natürlich kann jede Wohnungseigentümer*in die eigene WEG-Verwaltung überprüfen – sie hat ein Einsichtsrecht in alle Verwaltungsunterlagen –, aber wer macht es und wie? Oft verlässt sich einer auf den anderen, keiner weiß so richtig, was man wie prüft oder man versucht es erst gar nicht. Gibt es kein institutionalisiertes Amt mit klaren Vorgaben, in das sich die gewählten Wohnungseigentümer*innen einarbeiten können und dem

2)   U.a. Notare, Rechtsanwälte, Vermögensverwalter*innen und auch WEG-Verwalter*innen

Beirat, übernehmen Sie! – Eine Werbekampagne für das Beiratsamt

Dieses Kapitel wendet sich an alle Wohnungseigentümer*innen – nicht nur an die, die neu ins Beiratsamt gewählt werden oder überlegen, sich in Zukunft zur Wahl zu stellen. Denn alle Wohnungseigentümer*innen sollten wissen, wie wichtig und bedeutend dieses Amt für die WEG ist, mit welchem Aufwand und welchen Aufgaben der Job verbunden ist und was ihr Beirat so macht oder machen müsste. Hier sollen Wohnungseigentümer*innen ermutigt werden, dieses Amt zu übernehmen. Es ist im Interesse aller Eigentümer*innen, auch in Ihrem, macht vielen Freude und Spaß, wenn schwierige Ziele erreicht und Anerkennung seitens der Miteigentümer*innen erlebt wird. Mit diesem Amt wird das Leitmotiv gelebt „Wir sind die Eigentümer und Eigentümerinnen"!

Antrieb für den ehrenamtlichen Einsatz kann sein: die Sorge um den Werterhalt der eigenen Investition, das bessere Kennenlernen vieler Miteigentümer*innen, das Interesse am Netzwerken, der Spaß am Strippen ziehen, die Freude an einer gut funktionierenden, stabilen WEG, das Wissen um die Bedeutung von Gruppen- und Teamarbeit, Verantwortungsbewusstsein. Am Ende eines Tunnels, also nach einer Umbruchsituation, kann der Stolz auf das Erreichte stehen, eine hohe Identifikation mit der Wohnanlage – ihren Bewohner*innen und dem Gebäude.
Lassen Sie sich deshalb nicht von der Aufgabenauflistung dieses Kapitels entmutigen. Sie soll lediglich als Orientierungshilfe dienen.

Wohnen im Eigentum unterstützt die Beiratsarbeit mit Schulungen, Beratungen, Informationen und Möglichkeiten zum Vernetzen über die eigene WEG hinaus. Damit können Sie auch vom Praxiswissen „alter Hasen" profitieren.

sie sich verpflichtet fühlen, dann regiert das **Prinzip Zufall**, dann wird höchstens auf gut Glück kontrolliert oder eben gar nicht. Allein aus diesen Gründen ist ein **Verwaltungsbeirat erforderlich**.

Aber nicht nur die Wohnungseigentümer*innen tun sich schwer mit diesem Amt. Auch das Bundesjustizministerium (BMJV)[3] und die Bund-Länder-AG wussten anscheinend nicht, wie sie den Beirat gestalten sollten und wollten. Die Diskussionen und Begründungen schwankten zwischen „Die Änderungen dienen dazu, die Tätigkeit im Verwaltungsbeirat attraktiver zu machen"[4] und die Wohnungseigentümer damit nicht zu überfordern. Dabei hatte das BMJV – außer zur Haftungsbeschränkung – weder gute Ideen zur Attraktivitätssteigerung des Amts noch wurde deutlich, worin und warum sie eine mögliche Überforderung sehen. Ein wichtiger Weg, um Beiräte vor einer Überforderung zu schützen, wären klare Vorgaben gewesen. Die gibt es nur minimal – die Verwaltungsbeiräte wurden ja nicht gefragt.

Weil dem Beirat wohl wenig zugetraut wurde[5] (wem allerdings dann?), werden viele Aufgaben im Gesetz nicht näher benannt – sie bleiben die „Geheimwaffen" des Beirats. So gehen die Meinungen über die Kompetenzen des Verwaltungsbeirats bei der Aufgabe der Verwalterkontrolle je nach Standpunkt weit auseinander.

Das sagt das Gesetz zum Verwaltungsbeirat

In § 29 WEGesetz ist der Verwaltungsbeirat weiterhin unspezifisch und sehr knapp geregelt: Er ist kein „Pflicht"-Organ der WEG, die Anzahl der Mitglieder des Beirats ist nicht mehr festgeschrieben – es kann nur einer gewählt werden oder eine unterschiedlich große Gruppe. In § 29 WEGesetz findet sich keine nähere Auflistung der Beiratsaufgaben. Allgemein werden die Unterstützung und Überwachung der Verwalter*in als Hauptaufgaben angesehen – und als Kernaufgabe die Prüfung des Wirtschaftsplans und der Jahresabrechnung. Festgelegt ist, dass die Beiratsmitglieder nur noch für grobe Fahrlässigkeit und bei Vorsatz haften, wenn sie ehrenamtlich tätig sind. Das war's in § 29 WEGesetz. Darüber hinaus sind einige weitere Aufgaben in anderen Paragrafen aufgeführt, siehe Übersicht und Teil 3.

---

3)   Verfasser des Referenten- und Gesetzentwurfs zur Reform des WEGesetzes
4)   Dötsch/Schultzky/Zschieschak, WEG-Recht 2021, München 2021, Kap. 14, Rz. 139 f.; Bundestags-Drucksache 19/18791, WEMoG, Gesetzentwurf der Bundesregierung, S. 82.
5)   „Fällt aber schon auf, dass der Gesetzgeber es versäumt hat, im WEMoG flankierende gesetzliche Regelungen zugunsten des Beirats zu normieren ..." siehe Dötsch/Schultzky/Zschieschack, WEG-Recht 2021, München 2021, Kap. 11 Rz. 34

Übersicht über die im WEGesetz zugewiesenen Aufgaben und Pflichten an den Verwaltungsbeirat:

§ 29 WEGesetz ist der „Haupt"-Paragraf zum Verwaltungsbeirat. In §§ 9b, 24 und 28 WEGesetz finden sich weitere konkrete Aufgaben und Pflichten wie

- Vertretung der WEG gegenüber der Verwalter*in durch den oder die Beiratsvorsitzende (§ 9b Abs. 2 WEGesetz),
- Einberufung einer Eigentümerversammlung im Krisenfall durch die Vorsitzende oder ihre Vertreter*in (§ 24 Abs. 3 WEGesetz),
- Unterzeichnung des Protokolls der Eigentümerversammlung durch die Vorsitzende oder ihre Vertreter*in (§ 24 Abs. 6 WEGesetz),
- Führung der Beschluss-Sammlung beim Fehlen einer Verwalter*in (§ 24 Abs. 8 WEGesetz),
- Prüfung von Wirtschaftsplan, Jahresabrechnung und – ebenso wichtig – auch des Vermögensberichts, Verfassen einer Stellungnahme (§§ 28 und 29 Abs. 2 WEGesetz),
- Unterstützung und Überwachung der Verwalter*in (§ 29 Abs. 2 WEGesetz).

Das sagen erfahrene Verwaltungsbeiräte

Der Verwaltungsbeirat hat **gegenüber der Eigentümerversammlung beratende und empfehlende** Aufgaben. Er sammelt und bündelt die Anliegen der Wohnungseigentümer*innen und übermittelt sie der Verwalter*in. Ihr gegenüber hat der Beirat **unterstützende, ergänzende** und **prüfende** Aufgaben, ggf. soll oder muss er bestimmten Handlungen **zustimmen** oder diese **genehmigen.** Bei Fehlen einer Verwalter*in fallen dem Beirat organisatorische Aufgaben (Einladung zur Eigentümerversammlung, **Vor- und Nachbereitung der Beschlüsse**) sowie **leitende** Aufgaben (Eigentümerversammlung) zu.

Die Teilungserklärung oder Gemeinschaftsordnung kann Regelungen enthalten, die die Aufgaben des Verwaltungsbeirats nach § 29 WEGesetz erweitern oder einschränken. Daher ist es ratsam, diese vor oder spätestens bei Amtsantritt zu lesen.

Mit Schirm, Charme und Köpfchen? Der Beirat ...

Im Folgenden werden die höchst unterschiedlichen Rollen des Beirats erläutert, es werden die Gestaltungsspielräume des Beirats dargestellt sowie konkrete Aufgaben und das dafür erforderliche Werkzeug aufgezeigt.

... als Unterstützer und Berater der Verwalter*in

Die Verwaltungsbeiräte kennen die Wohnanlage und die Wohnungseigentümer*innen in der Regel besser als die Verwalter*in, wenn sie seit vielen Jahren selbst dort wohnen, die Mitbewohner (Eigentümer*innen und Mieter*innen) erleben, Erfahrungen mit früheren Verwalter*innen hatten und deshalb in der WEG präsenter und ansprechbarer sind als die Verwalter*in. Allein aufgrund ihrer **Wohnsituation, Erfahrungen und ihrer Präsenz** haben sie ein Wissen, mit dem sie die Verwalter*in unterstützen und beraten können. Nach dem Prinzip „4 oder 6 oder 8 Augen sehen mehr als 2" kann der Beirat z.B.

• bei der Vorbereitung der Eigentümerversammlung mitarbeiten, selbst wichtige TOPs sowie wichtige TOPs von Miteigentümer*innen, die von der Verwalter*in nicht beachtet werden, auf die Tagesordnung setzen bzw. setzen lassen, notfalls durch ein eigenes Schreiben an die Miteigentümer*innen;[6]

- während der Eigentümerversammlung Stellungnahmen und Erläuterungen zu den einzelnen Tagesordnungspunkten abgeben oder Vollmachten überprüfen;
- die Erhaltung des Gemeinschaftseigentums im Blick haben, bei der Vorbereitung und der Durchführung baulicher oder technischer Maßnahmen mitarbeiten, Mängel feststellen und notwendige Maßnahmen vorschlagen;
- darauf hinwirken, dass gemeinsam mit der Verwalter*in zweimal im Jahr eine Begehung des Gemeinschaftseigentums zur Ermittlung des Reparatur- und Sanierungsbedarfs stattfindet;
- Angebote von Dienstleistern, Lieferanten und Handwerkern selbstständig einholen (lassen) und
- nach Vornahme der jeweiligen Maßnahme feststellen, ob diese sachgerecht durchgeführt wurde, ohne selbst eine Abnahme vorzunehmen.

Zu den beratenden und unterstützenden Aufgaben gehört es nicht, der Verwalter*in zuzuarbeiten, ihr Arbeiten abzunehmen oder die Handlungen der Verwalter*in nur abzunicken.

... als Überwacher der Verwalter*in = Prüfer

Eine wichtige Klarstellung gibt es in § 29 Abs. 2 WEGesetz: Der Beirat „...überwacht den Verwalter." Damit ist gesetzlich klargestellt, dass der Beirat eine **Kontrollfunktion** hat, sich der Stellung eines Aufsichtsrats annähert. Allerdings ist in der Gesetzesbegründung nicht weiter ausgeführt, was „Überwachung" konkret heißt bzw. welche Aufgaben damit verbunden sind. In der Gesetzesbegründung heißt es immerhin: „Dadurch wird der gestiegenen Bedeutung der Rolle des Verwaltungsbeirates Rechnung getragen."[7] Da der Beirat schon immer im Allgemeinen – zur Prüfung der Jahresabrechnung – wie im Speziellen – z.B. zur Aufklärung von Unregelmäßigkeiten – Überwachungsaufgaben wahrgenommen hat, folgt hier eine Zusammenstellung von Kontrollaufgaben des Beirats, die keinen Anspruch auf Vollständigkeit hat.

6)   OLG Frankfurt/M., 18.08.2008, Az. 20 W 426/05; OLG Frankfurt/M., 01.09.2003, Az. 20 W 103/01; siehe auch Niedenführ/Vandenhouten, WEG. Kommentar und Handbuch, Bonn 2017, § 24 Rz.23 f.

7)   Bundestags-Drucksache 19/22634, Beschlussempfehlung Rechtsausschuss zum WEMoG, S. 47

So ist der Beirat etwa berechtigt[8] zu **prüfen**, ob die Verwalter*in

- die Vorgaben aus dem Verwaltervertrag und der Gemeinschaftsordnung sowie aus Beschlüssen zur Verwaltung etc. einhält,
- für die von ihr abgeschlossenen Verträge und erteilten Aufträge gemäß § 27 WEGesetz Beschlüsse der Eigentümer*innen eingeholt und ihre Kompetenzen nicht überschritten hat,
- Mittel für Erhaltungsmaßnahmen zweckentsprechend und wirtschaftlich verwendet,
- den Erhaltungsbedarf der WEG in regelmäßigen Abständen ermittelt und in einen mittel- und langfristigen Erhaltungsplan aufnimmt,
- Gewährleistungs-, Leistungs- und Schadensersatzansprüche gegen Miteigentümer*innen oder Dritte nachverfolgt und die WEG bzw. Eigentümerversammlung darüber informiert,
- bei einem Schadensfall in Regress genommen werden kann oder sogar muss.

Unabhängig dieser Prüfungen sind der Wirtschaftsplan, die Jahresabrechnung und der Vermögensbericht zu prüfen, dazu unten mehr!

Der Beirat ist nicht der Arbeitgeber der Verwalter*in, die Verwalter*in nicht seine Angestellte. Er kann nicht in die laufende Verwaltung eingreifen oder darin mitwirken, er hat **keine Weisungsbefugnis.** Hat die Eigentümerversammlung eine Anweisung zu einer Verwalteraufgabe per Beschluss gefasst, dann kann der Vorsitzende diese Anweisung gegenüber der Verwalter*in – wenn nötig – erneut aussprechen und die Durchführung überprüfen.

Wie konkret und umfassend die Überwachungsaufgaben zu sein haben, hängt von **verschiedenen Faktoren** ab: davon, wie kontroll-„bedürftig" eine Verwalter*in ist und wie viel Erfahrung die WEG und insbesondere der Beirat mit der Verwalter*in haben. Bei einer unproblematischen reibungslosen und effizienten Zusammenarbeit reichen regelmäßige

8) Unter anderem: Bärmann, WEGesetz, Kommentar, 14. Auflage, 2018, S. 1289ff.

Besprechungen in größeren Abständen (abhängig von der WEG-Größe), bei einer neuen Verwalter*in oder einer intransparent arbeitenden, huschigen Verwalter*in muss genau hingeschaut werden. Wurden Unregelmäßigkeiten entdeckt, muss zielgerichtet geprüft werden. Um effektiv und zielgerichtet zu prüfen, muss sich ein Beirat grundsätzlich immer fragen, „was" er „wie" und „zu welchem Zweck" prüfen muss.

… als Finanz- und Vermögensprüfer

Die Kernaufgabe des Verwaltungsbeirats ist die Prüfung von **Wirtschaftsplan, Jahresabrechnung und (neu) Vermögensbericht**. Wochen vor dem Versand der Einladung zur jährlichen Eigentümerversammlung beginnt der Beirat üblicherweise mit der Prüfung des Entwurfs der Jahresabrechnung. Wenn er nicht unterjährig Belege prüft und die Bankkontostände im Blick hat (was zu empfehlen ist), dann fällt in diese „Prüf-Hochzeit" auch die Sichtung der Bankkontoauszüge und der Belege (also die Prüfung von Verträgen, Kostenvoranschlägen, Aufträgen, Rechnungen, Abnahmeprotokollen etc.) im Original. Dazu gehört dann auch der Abgleich mit den Buchhaltungsunterlagen (z.B. Saldenlisten, Sachkontenblätter, Buchungsjournale). Zu prüfen gilt es

auch, ob im Verwaltervertrag vereinbarte Vorgaben zur Jahresabrechnung und zum Vermögensbericht umgesetzt wurden.

Die Prüfergebnisse sind mit einer **Stellungnahme** zu versehen, das heißt, am besten in einem Prüfbericht aufzuführen, in dem auch vermerkt ist, was der Beirat geprüft hat. Da die Wohnungseigentümer*innen auf diese Stellungnahme – verbunden mit einer Empfehlung zur Beschlussfassung – gemäß § 29 Abs. 2 WEGesetz einen Anspruch haben, sollte dieser Bericht allen Wohnungseigentümer*innen rechtzeitig zur Entscheidungsfindung vor und in der Eigentümerversammlung zur Verfügung gestellt werden. Nur so können sich die Miteigentümer*innen gut vorbereiten und dem Beirat möglicherweise noch Fragen vor der Versammlung stellen.

… als Netzwerker, Kummerkasten oder Friedensstifter

Der Verwaltungsbeirat hat die **Interessen der Wohnungseigentümer*innen** wahrzunehmen. Deshalb kann er

- zwischen den Wohnungseigentümer*innen und der Verwalter*in vermitteln,
- dabei Wünsche und Anregungen der Wohnungseigentümer*innen ent-

gegennehmen, bündeln und an die Verwalter*in weiterleiten,

- Informationen der Verwalter*in weitergeben,
- die Kommunikation unter den Wohnungseigentümer*innen initiieren und befördern und die Diskussion zwischen den Eigentümerversammlungen anregen,
- bei Streitigkeiten mit der Verwalter*in eine Streitbeilegung herbeiführen oder zumindest vermitteln.

... als Strippenzieher

Als „helfender und kontrollierender Hand" und „verlängertem Arm" der

Eigentümerversammlung kommen dem Verwaltungsbeirat **gegenüber der Verwalter*in** als Organ der WEG weitere Aufgaben hinzu:

- Suche neuer Verwalter*innen, unter Berücksichtigung der Vorschläge der Wohnungseigentümer*innen,

- Vorbereitung und Organisation der Bestellung oder Abberufung der Verwalter*in,
- Vorbereitung und Organisation des Abschlusses bzw. der Kündigung des Verwaltervertrags,
- außergerichtliche Aufforderung der Verwalter*in, bestimmte Leistungen zu erbringen (dazu können auch Fristsetzungen und (Ab-)Mahnungen gehören, um die Verwalter*in in Verzug zu setzen),
- in die Wege leiten von gerichtlichen Mahnbescheiden, Leistungs- und Schadensersatzklagen sowie anderen Ansprüchen der WEG gegen die Verwalter*in nach einem entsprechenden Beschluss der Eigentümer*innen (dazu gehören die Organisation des Rechtsstreits, also von Gerichtsverfahren, ggf. Streitverkündung, Information der Eigentümer*innen über den Stand eines Gerichtsverfahrens und ggf. Einholung von „Zwischen-"Beschlüssen zum weiteren Vorgehen etc. (siehe Kapitel 2.8.).

... als Krisenmanager

In Ausnahmefällen – mit denen niemand rechnet und niemand rechnen will – ist der Beirat auch als Krisenmanager gefordert. Wenn die Verwalter*in plötzlich stirbt oder spurlos verschwindet oder Gelder fehlen, also Unregelmäßigkeiten auftreten oder sonstige schwere Fehler der Verwaltung entdeckt werden, muss der Beirat handeln.

XY aufgelöst: So funktioniert Krisenmanagement

In einem ersten Schritt muss der Beirat selbst Nachprüfungen anstellen. Erhärtet sich der Verdacht, dass z.B. Gelder fehlen, muss der Beirat zu einer außerordentlichen Eigentümerversammlung einladen. Bezüglich der Einladung zur Eigentümerversammlung sind dabei bestimmte gesetzliche Vorgaben einzuhalten, siehe Teil 3 zu § 24 WEGesetz. In der Eigentümerversammlung muss

- der Beirat eine Bestandsaufnahme vorlegen, also den Eigentümer*innen alle recherchierten Informationen mitteilen;
- die Verwalter*in (wenn noch erreichbar) zur Rechnungslegung aufgefordert werden, also zum Kassensturz, um die Unregelmäßigkeiten zu klären;
- eine Beschlussfassung über das weitere Vorgehen erfolgen, zum Beispiel können der Beirat oder andere Eigentümer*innen beauftragt oder ermächtigt werden, für die WEG aktiv zu werden, um z.B. von Banken und anderen Geschäftspartnern Informationen, Auskünfte und Unterlagen einzuholen.

Ist Gefahr im Verzug, muss die Verwalter*in sofort abberufen werden, siehe Teil 3 zu § 26 WEGesetz. „Brennt die Hütte" und erhält der Beirat nicht die Adressen aller Wohnungseigentümer*innen, dann sollte er die einladen, die er erreichen kann. Wird die Verwalter*in in dieser Versammlung abberufen und direkt eine neue Verwalter*in bestellt, dann können in einer Folgeversammlung, die mithilfe der neuen Verwalter*in korrekt einberufen und durchgeführt wird, die Formfehler der vorherigen Versammlung „geheilt" werden.

Ansonsten wird sicherlich erst in einer weiteren Eigentümerversammlung beraten, wie es weitergehen soll, wenn sich die Verdachtsmomente und Indizien erhärtet haben und Beweise vorliegen.

Diese Übersicht ist nicht abschließend. Im konkreten Fall kann das Verwalterhandeln – oder auch Nicht-Handeln – Anlass dazu geben, dass der Verwaltungsbeirat weitere Maßnahmen anstoßen, zum Beispiel eine Interimslösung entwickeln muss.

Insbesondere für kleine Eigentümergemeinschaften ist es ein Problem, schnell oder überhaupt Verwalter*innen zu finden. Aber auch sonst macht es keinen Sinn, eine fragwürdige Verwalter*in durch eine nicht sorgfältig ausgewählte Nachfolger*in zu ersetzen. Manchmal ist deshalb eine **Übergangslösung** besser. Diese kann sein: Die Eigentümerversammlung bestellt ein Beiratsmitglied oder eine andere Miteigentümer*in zur „kommissarischen" Verwalter*in. Deren Aufgabenbereich sollte im Beschluss klar begrenzt werden, etwa auf die Einrichtung neuer Konten, die Sicherstellung der laufenden Zahlungen (damit nicht plötzlich der Strom abgestellt wird), auf unaufschiebbare Notmaßnahmen und die Organisation der Verwaltersuche. Außerdem sollte die Haftung begrenzt werden. Für die Formulierung dieser Beschlüsse kann es sinnvoll sein, sich rechtlich beraten zu lassen.

Erster Hauptkommissar? – Zur Sonderstellung des oder der Beiratsvorsitzenden

Der oder die Vorsitzende des Beirats hat nicht nur den Vorsitz im Beirat oder bei manchen Eigentümerversammlungen inne, sondern ist auch gesetzliche Vertreter*in Ihrer WEG gegenüber der Verwalter*in (siehe Teil 3 zu § 9b Abs. 2 WEGesetz). Gilt es, einen neuen Verwaltervertrag für die WEG zu unterschreiben oder die WEG in einem Rechtsstreit mit der Verwalter*in zu vertreten, dann ist das die Aufgabe und sogar die Pflicht der oder des Vorsitzenden. Das bedeutet allerdings nicht, dass sie oder er grundsätzlich eigenmächtig, also ohne Beschluss, handeln darf – das gerade nicht, in den allermeisten Fällen benötigt sie oder er einen Beschluss.

In der Rechtsliteratur wird die Auffassung vertreten, dass die Rechte und Pflichten der Vorsitzenden, **ohne Beschluss für die WEG zu handeln**, so wie bei der Verwalter*in zu sehen sind – danach hilft § 27 WEGesetz weiter: Eigenmächtig darf der oder die Vorsitzende handeln, wenn das „untergeordnete Bedeutung" hat und für die WEG nicht zu „erheblichen Verpflichtungen" führt – darunter fallen Fristsetzungen und

Sie sehen: Auch vor diesem Hintergrund es wichtig, dass die oder der Vorsitzende Spielräume kennt und verantwortungsvoll nutzt.

Die Enttarnung der „Geheimwaffen" des Beirats

Nach diesem ziemlich umfangreichen Aufgabenkatalog wird jedem klar sein, dass der Beirat eine sehr verantwortungsvolle Aufgabe hat. Bleibt die Frage: Wie bzw. mit welchem **Werkzeug** kann der Beirat seine Prüf- und sonstigen Aufgaben wahrnehmen?

Als **rechtliches Instrumentarium zur Verwalterkontrolle** steht dem Beirat neben dem Einsichtsrecht in die Verwaltungsunterlagen – das alle Eigentümer*innen haben – mindestens Folgendes zu:

sicherlich auch Abmahnungen der Verwalter*in, soweit sie nicht anderweitig herzuleiten sind. Darüber hinaus wird ein Beschluss der WEG nötig sein, um z.B. die Verwalter*in zu verklagen oder den Vertrag mit ihr außerordentlich zu kündigen. Aber Vorsicht: Geschieht so etwas ohne Beschluss, ist es trotzdem wirksam! Die Vertretungsmacht der Beiratsvorsitzenden gegenüber der Verwalter*in ist eine gesetzliche und daher nicht einschränkbar. Handeln Beiratsvorsitzende unerlaubt eigenmächtig, dann kann die WEG höchstens Schadensersatz verlangen, wenn der Schaden nachweisbar ist und die Haftungsbeschränkung nicht greift.

- ein jederzeitiges **Auskunftsrecht** gegenüber der Verwalter*in[9], das ansonsten nur die WEG im Rahmen der Eigentümerversammlung hat,
- die jederzeitige (Online-)**Einsichtnahme in die WEG-Bankkonten** (Achtung: Dies muss von der Verwalter*in bei der Bank beantragt werden.),
- die jederzeitige **Einforderung der aktuellen Adressen der Wohnungseigentümer*innen**, um diese über eine unrechtmäßige Verwalterhandlung zu

- informieren und zu einer Eigentümerversammlung einzuladen,
- die Möglichkeit für den oder die Beiratsvorsitzende, Fristen zu setzen, **Mahnungen** zu verfassen, **Abmahnungen auszusprechen** oder gar gerichtliche Mahnbescheide und Klagen einzulegen,
- zuvor beschlossene und möglichst auch im Verwaltervertrag verankerte **Zustimmungsvorbehalte** auszuüben (z.B. dass eine Verwalter*in nur mit Beiratszustimmung große Aufträge vergeben oder Verträge abschließen oder Überweisungen vom WEG-Rücklagenkonto tätigen darf).

Der Gesetzgeber hat dem Beirat leider weder im Gesetz noch nach der Gesetzesbegründung (neue) Kontrollinstrumente an die Hand gegeben bzw. genannt. Die genannten „Geheimwaffen" sind eingeführte, praxiserprobte, notwendige Werkzeuge, mit denen der Beirat kontrollfähig ist oder wird. Solange die Rechtsprechung diesen im Wesentlichen nicht widerspricht und keine Alternativen entwickelt und anbietet, sollten sie genutzt werden. Um Streitigkeiten mit der Verwalter*in zu vermeiden, können sie in den **Verwaltervertrag** aufgenommen werden. Dann gelten sie auch vertraglich. Überwachungskameras und Nachtsichtgeräte gehören definitiv nicht zum Werkzeug der Verwaltungsbeiräte.

Teil 2

Es geschieht am helllichten Tag: Neues & Nützliches zu Einzelthemen

Einmal „geschüttelt, nicht gerührt" – so präsentiert sich Ihnen **das neue Wohnungseigentum** seit der jüngsten WEGesetz-Reform 2020! In diesem Teil 2 des Ratgebers ist die neue Rechtslage seit dem 01.12.2020 in einigen wichtigen Handlungsfeldern beschrieben:

- Kauf einer Wohnung – stellen Sie die richtigen Weichen
- Sonder- und Gemeinschaftseigentum – am Unterschied hängen Ihre Bestimmungsrechte und Kostentragungspflichten
- Eigentümerversammlung – neuerdings immer beschlussfähig
- Verwaltervertrag – wichtige Überlegungen und Klauseln aus Eigentümersicht

- Wirtschaftsplan, Jahresabrechnung und Vermögensbericht – was bewährt und was neu ist
- Bauliche Veränderungen des Gemeinschaftseigentums – strategisch handeln
- Vermietung – kleine Fortschritte bei der Harmonisierung von Wohnungseigentums- und Mietrecht
- Anfechtungs- und anderen Klagen – Wissen für den Streitfall

Auf geht es – folgen Sie unseren Detektiven aus aller Welt in die Tiefen des deutschen Wohnungseigentumsrechts! Sie werden um einige „Erfahrungen" reicher wieder auftauchen, versprochen!

2.1. Wohnungskauf: Lassen Sie Ihren inneren Detektiv von der Leine

Ein Wohnungskauf ist kein Krimi, werden Sie jetzt vielleicht einwenden. Erfahrungsgemäß hängt das aber von den Umständen ab. Klar gibt es **reine Erfolgsgeschichten**, in denen die gefundene Wohnung auch noch nach dem Kauf ein Traum bleibt und sich in aller Seelenruhe bewohnen oder vermieten lässt. Manchmal kommt aber schon ein erstes **ungutes Erwachen**, wenn sich der Bau oder die Übergabe verzögert, wenn sich Mängel zeigen und Behebung gefordert werden muss. Spätestens bei der ersten Eigentümerversammlung reiben sich dann viele frisch gebackene Wohnungseigentümer*innen verwundert die Augen – weil die Verwalter*in einen Wirtschaftsplan mit ungeahnten Ausgaben präsentiert, weil es einen alles entscheidenden Mehrheitseigentümer gibt, weil teure Verträge durchgewunken werden, über die Farbe des neuen Briefkastens aber erbittert gestritten wird und, und, und …

XY aufgelöst: Wohnparadies oder Horrorkabinett?
Meistens liegt die Realität irgendwo dazwischen. Je mehr Sie vor dem Kauf einer Wohnung in Erfahrung bringen, umso sicherer werden Sie in Ihrer Entscheidung. Sie können einiges dafür tun, zumindest die ganz großen Risiken vor einem Kauf zu erkennen und noch Abstand zu nehmen – bevor Sie das Opfer in Ihrem eigenen Krimi werden. Begeben Sie sich also auf die Suche nach Spuren und Indizien!

Tatort „Wohnungseigentum" ist speziell

Ganz gleich, ob Sie eine noch nicht gebaute **neue Wohnung** oder eine „gebrauchte" **Bestandwohnung** kaufen wollen: Beginnen Sie mit einer Überlegung zum **Wesen des Wohnungseigentums**. Mit einer Eigentumswohnung kaufen Sie sich kein eigenes Haus, das Sie nach Ihren eigenen Vorstellungen bewirtschaften, reparieren oder umbauen können. Ihnen gehören im Prinzip nur die inneren Räume Ihrer Wohnung allein, Ihr Sondereigentum, und vielleicht haben Sie noch ein Sondernutzungsrecht an einem Balkon oder Kellerraum. Alles andere – inklusive der tragenden Wände in Ihrer Wohnung und der Außenhülle mit den Fenstern – ist **Gemeinschaftseigentum**, das Ihnen zusammen mit allen Miteigentümer*innen gehört (siehe Kapitel 2.2.).

Über das Gemeinschaftseigentum wird mit Mehrheitsentscheidungen bestimmt, denen Sie sich also auch dann unterordnen müssen, wenn Sie dagegen waren. Umso wichtiger ist es, dass Sie Ihre **Kaufentscheidung** nicht nur nach der Wohnung an sich richten, sondern das ganze Haus, die ganze Anlage betrachten – und dabei auch die Wohnungseigentümergemeinschaft (WEG)

nicht vergessen, also die **Menschen, mit denen Sie künftig verbunden sind.** Durch die WEGesetz-Reform 2020 – das lesen Sie vorn in Teil 1 – ist die Zusammenarbeit unter den Miteigentümer*innen heute noch wesentlich wichtiger als früher.

Kombiniere: Prüfen Sie, ob Wohnungseigentum zu Ihnen passt!
Mit einer passiven Rolle als Eigentümer*in, die einfach so auf die Organisationkraft, die Kenntnisse und das Engagement der bestellten Verwalter*in vertraut, werden Sie sich selbst keinen Gefallen tun. Je mehr Eigentümer*innen im Haus sich so verhalten, desto wahrscheinlicher wird sich das Wohnen in der Anlage von den eigenen Wünschen entfernen und verteuern. Machen Sie sich das bitte vor dem Kauf einer Wohnung bewusst!

Für die Kaufentscheidung selbst gibt es dann viel zu beachten. Lesen Sie im Folgenden die wichtigsten Überlegungen hierzu. Dann schließt eine Checkliste diese Einführung für Sie als Wohnungskäufer*in ab.

Erkunden Sie die Lage

Egal ob Neubau oder Bestandsimmobilie: Achten Sie vor allem auf die **Lage** der ins Auge gefassten Wohnung! Stimmt die Verkehrsanbindung? Gibt es Lärmbelästigungen? Wie sicher ist die Gegend? Passt die Infrastruktur zu Ihren Bedürfnissen? Wie beurteilen Sie die Wohnqualität morgens, mittags, abends und in der Nacht? Je günstiger und attraktiver die Lage ist, desto wohler werden Sie bzw. Ihre Mieter*innen sich fühlen.

Je besser die Lage, umso höher ist auch der **Wiederverkaufswert** – und damit Ihre „Versicherung", die Wohnung zu einem angemessenen Preis wieder verkaufen zu können, wenn sich Ihre Lebenssituation ändert oder Sie mit Ihrer neuen WEG nicht zurechtkommen. Unterschätzen Sie diesen Punkt nicht.

Vier Augen sehen mehr als zwei

Die Wohnung und das Haus erkunden Sie durchs Studium von **Bauplänen und Baubeschreibungen**, wenn schon gebaut auch durch **Besichtigungen**. Machen Sie das nicht allein! Beziehen Sie Fachleute mit ein. Eine Bauingenieur*in oder Architekt*in sollte Ihnen bei der oft größten Investition Ihres Lebens zur Seite

stehen. Im Vergleich zur Kaufsumme geben Sie nur einen Bruchteil dafür aus, werden aber auf Fallstricke und Mängel hingewiesen.

> **Kombiniere: WiE-Angebot Bauberatung ansehen!**
> Für Mitglieder bietet Wohnen im Eigentum die Prüfung von Baubeschreibungen und Vor-Ort-Bauberatungen zu guten Konditionen an. Besichtigen Sie in einem älteren Haus nicht nur die Wohnung, sondern auch das Gemeinschaftseigentum (Heizungsraum, Dach und anderes). Mehr dazu auf der WiE-Website unter:
> www.wohnen-im-eigentum.de

Nur bei Neubauwohnungen: Bauträger einschätzen

Kaufen Sie eine noch gar nicht gebaute Wohnung, sollten Sie unbedingt **Erkundigungen** über den Bauträger einholen. Pleiten lassen sich zwar meist nicht vorhersehen, doch mit einem solide aufgestellten oder örtlich bekannten und tief verwurzelten Unternehmen werden Sie ein geringeres Risiko eingehen als mit einem „Newcomer" oder einer Firma, die bereits „trudelt", erkennbar z.B. an vielen Baustellen mit Stillstand. Schauen Sie sich **Referenzobjekte** des Bauträgers an und versuchen Sie, mit früheren Kunden ins Gespräch zu kommen, um sie nach ihren **Erfahrungen** während der Bauphase und in der Gewährleistungsphase zu befragen.

Befragen Sie den Bauträger, an wen andere Wohnungen vielleicht bereits verkauft sind und welches Vermarktungskonzept er verfolgt. Versuchen Sie dadurch abzuschätzen, ob die künftigen **Miteigentümer*innen** ähnliche Einstellungen wie Sie haben werden. Streit entsteht oft, wenn in WEGs zu viele völlig unterschiedlich situierte Eigentümer*innen ihre verschiedenen Bedürfnisse nicht unter einen Hut bringen können.

Eine Besonderheit im neuen WEGesetz ist zudem, dass die WEG bereits mit Anlegen der Wohnungsgrundbücher entsteht – zunächst mit dem **Bauträger als einzigem Mitglied.** Dieser kann also bereits Entscheidungen für die WEG treffen, an die Sie später mit gebunden sind (siehe Teil 3 zu § 9a Abs. 1 WEGesetz).

Lassen Sie sich schließlich einen Wirtschaftsplan zeigen, aus dem das **kalkulierte Hausgeld** hervorgeht – also der Betrag, den Sie in der Regel monatlich für die Bewirtschaftung des Gemeinschaftseigentums und Rücklagen (Erhaltung, ggf. auch Liquidität etc.) an die WEG zahlen sollen. Versuchen Sie einzuschätzen, ob die veranschlagten Positionen realistisch oder schöngerechnet sind. Was Sie tatsächlich zahlen werden, ergibt sich erst im Nachhinein aus der Jahresabrechnung (siehe Teil 3 zu § 28 WEGesetz).

Nur bei Bestandswohnungen: Unbedingt Detektiv spielen

Ganz wichtig, wenn es um eine bereits länger bestehende Eigentumswohnungsanlage geht: Lassen Sie sich von der Verkäufer*in ermächtigen, die **Beschluss-Sammlung der WEG** einzusehen. Diese wird von der Verwalter*in geführt. Hieraus können Sie erkennen,

• welche Beschlüsse auch für Sie Gültigkeit haben werden, also z.B. ob Sie den Fahrradständer im Hof mitnutzen dürfen und seine Reparatur mitbezahlen müssen, weil Ihre Verkäufer*in ihn mitbeschlossen hat (siehe Teil 3 zu §§ 20, 21 WEGesetz),

• ob demnächst eine größere Sanierung ansteht, für die noch Sonderumlagen zu zahlen sind, auch von Ihnen (siehe Teil 3 zu §§ 16, 20, 21 WEGesetz),

• wie oft Beschlüsse von Miteigentümer*innen gerichtlich angefochten werden, also wie streitanfällig die WEG ist (siehe Kapitel 2.8.).

Zudem gewinnen Sie durch den **Besuch bei der Verwalter*in** auch gleich einen Eindruck davon, wie diese organisiert ist und wie kundenfreundlich sie sich verhält.

Lassen Sie sich von der verkaufenden Eigentümer*in zudem unbedingt die letzten zwei oder drei **Jahresabrechnungen** zeigen, aus denen sich das **Hausgeld** ergibt, das auf Sie zukommen wird (mehr dazu in Teil 3 zu § 28 WEGesetz). Dieses setzt sich zusammen aus dem Anteil für die Bewirtschaftungskosten inklusive Kosten für z.B. die Verwalter*in sowie dem Anteil für die Erhaltungsrücklagen und ggf. weitere Rücklagen. **Das Hausgeld ist somit höher als die Nebenkosten, die für eine Mietwohnung zu zahlen sind.** Prüfen Sie auch, ob die Vorauszahlungen laut Wirtschaftsplan in der Vergangenheit ausreichend waren oder ob immer hohe Nachschüsse fällig wurden – dann wissen Sie, womit Sie auch in Zukunft rechnen müssen.

Immobilienhaie, Paragrafenreiter und dazwischen – Sie

Schließlich gilt es, den **Kaufvertrag** über die Immobilie (siehe Teil 3 zu § 4 WEGesetz) mit allen seinen Bestandteilen gründlich zu prüfen bzw. prüfen zu lassen:

- Kaufvertrag (Haupturkunde)
- Baubeschreibung bzw. Beschreibung des Objekts, ggf. Exposé
- Teilungserklärung (inkl. schriftlicher Beschreibung des Sondereigentums und der Sondernutzungsrechte nebst Aufteilungsplan)
- Gemeinschaftsordnung (häufig Bestandteil der Teilungserklärung)
- Abgeschlossenheitsbescheinigung
- Gebäudeenergieausweis

Sie treffen mit der Unterzeichnung eine weitreichende Entscheidung – und bewegen sich dabei in der Regel **als Laie allein unter Profis** (Bauträger, Makler*in, Notar*in). Vertragsgrundlagen sind nicht nur das Bürgerliche Gesetzbuch (BGB), sondern auch die Makler- und Bauträ-

gerverordnung (MaBV) und natürlich das Wohnungseigentumsgesetz (WE-Gesetz). Holen Sie sich zur Überprüfung des Vertrags und der Teilungserklärung/ Gemeinschaftsordnung Unterstützung durch eine Jurist*in, die darauf spezialisiert ist, sowie durch eine Bauberater*in.

Wohnungskaufverträge müssen **notariell beurkundet** werden. Diese Vorschrift dient auch als Schutz vor übereilten Entscheidungen. Aus Gründen des Verbraucherschutzes legt § 17 Abs. 2a Satz 2 Nr. 2 Beurkundungsgesetz zudem fest: Verkauft ein Unternehmen, muss die Notar*in Ihnen den Vertragsentwurf in der Regel 2 Wochen vor dem Begutachtungstermin vorlegen. Sie als Käufer*in können auf diese Frist verzichten. Kaufen Sie eine Wohnung von einer Privatperson, gilt diese Vorschrift nicht.

Kombiniere: Nach Besprechungstermin fragen
Fragen Sie nach, ob die Notar*in vor dem eigentlichen Beurkundungstermin einen **Besprechungstermin** anbietet – das ist dann ein Pluspunkt! Nehmen Sie das wahr, indem Sie mindestens telefonisch, besser noch persönlich Ihre Fragen zum Vertrag klären.

Legen Sie darüber hinaus Wert darauf, selbst die **Teilungserklärung und Gemeinschaftsordnung** zu verstehen! Beides ist weit mehr als das „Kleingedruckte" beim Wohnungskauf, es ist die „Verfassung" Ihrer (künftigen) WEG. Enthalten sind unter anderem

- Vorgaben für die Verwaltung (Beispiel: Richtet sich das Stimmrecht nach Köpfen, Anzahl der Wohnungen oder Miteigentumsanteilen?),
- Kostenregelungen (Beispiel: Zahlen Sie die Erhaltung Ihrer Fenster oder ist das Sache der WEG?),
- Nutzungsbestimmungen (Beispiel: Dürfen Sie ein Kleingewerbe in der Wohnung betreiben?)

und vieles mehr!

Checkliste: Wohnung kaufen für Ausgefuchste

So bereiten Sie Ihren Wohnungskauf gut vor:	Geprüft!
Sie erwerben auch gemeinschaftliches Eigentum mit anderen und müssen sich Mehrheitsentscheidungen zur Bewirtschaftung des Hauses unterwerfen. Haben Sie diese Besonderheiten einer Eigentumswohnung bedacht?	❑
Je günstiger und attraktiver die Lage einer Wohnung ist, umso höher ist auch der Wiederverkaufswert. Haben Sie die Lage genauestens geprüft?	❑
Haben Sie Baubeschreibung, Pläne und – wenn bereits gebaut – die Wohnung selbst und die ganze Anlage genau untersuchen lassen?	❑
Haben Sie den Wohnungskaufvertrag mit allen wesentlichen Vertragsbestandteilen prüfen lassen? Gab es Fallstricke, konnten Sie nachverhandeln?	❑
Zu welchem Nutzungszweck (Wohnung, Nebenraum, Gewerbe) sind Ihre künftigen Räume und die anderen Einheiten laut Teilungserklärung zugelassen?	❑
Wissen Sie anhand der Teilungserklärung, wem welche Stellplätze, Terrassen und Gartenanteile gehören oder welche Sondernutzungsrechte bestehen?	❑
Gibt es eine Gemeinschaftsordnung? Was ist darin abweichend vom Gesetz festgelegt, zu wessen Gunsten?	❑
Gibt es (vorübergehend oder dauerhaft) eine Mehrheitseigentümer*in, die mit ihrer Stimme die Entscheidungen der Gemeinschaft dominiert?	❑
Nur bei Neubauwohnungen zusätzlich prüfen:	
Ist der Bauträger finanzkräftig und gut aufgestellt? Wie hat er bisher seine Kund*innen behandelt?	❑
Was können Sie über künftige Miteigentümer*innen in Erfahrung bringen? Werden diese ähnliche Einstellungen und Bedürfnisse haben wie Sie?	❑

Welche Entscheidungen für die WEG hat der Bauträger schon allein gefällt? Wer wird z.B. Verwalter*in werden, welche Versorgungsverträge wurden abgeschlossen?	❑
Wie hoch ist das Hausgeld (laut Prognose)? Welche monatlichen Zahlungen werden somit auf Sie zukommen?	❑
Nur bei Bestandwohnungen zusätzlich prüfen:	
Wer sind die anderen Eigentümer*innen? Werden Wohnungen überwiegend selbst genutzt oder vermietet?	❑
Haben Sie von der Verkäufer*in einen Auszug des Wohnungsgrundbuchs ausgehändigt bekommen und ebenfalls prüfen lassen? Welche Belastungen, Vereinbarungen und Beschlüsse, die für und gegen Sie wirken, sind eingetragen?	❑
Haben Sie die Beschluss-Sammlung der WEG eingesehen und geprüft, welche Beschlüsse Auswirkungen für Sie haben werden?	❑
Wie hoch ist das Hausgeld (laut der letzten Jahresabrechnungen)? Welche monatlichen Zahlungen werden somit auf Sie zukommen?	❑
Wie hoch ist die Erhaltungsrücklage der WEG? Passt das zum Bauzustand?	❑
Wurden in den letzten Eigentümerversammlungen noch nicht durchgeführte Maßnahmen beschlossen, für die Sie mitzahlen werden?	❑
Gibt es einen Verwaltungsbeirat? Haben Sie sich bei einem seiner Mitglieder über die Besonderheiten der WEG informiert?	❑
Haben Sie die Verwalter*in kennengelernt und hat diese einen guten Eindruck auf Sie gemacht?	❑

2.2. Gemeinschafts- und Sondereigentum: Alte Bekannte und neue Verdächtige

Während Sie über Ihr Sondereigentum – Ihre Wohnung – selbst bestimmen, verwaltet die WEG das Gemeinschaftseigentum, das allen zur Verfügung steht (Dach, Gebäudehülle, Hausflur, Garten etc.). Das scheint ein einfacher Zusammenhang zu sein, doch hier steckt wahrlich der Teufel im Detail.

Wofür Sie der Boss sind

In der Teilungserklärung und im Aufteilungsplan sowie – neu – im Lageplan steht, was zu Ihrem **Sondereigentum** gehört (siehe Teil 3 zu §§ 3, 5 WEGesetz). Das ist zunächst Ihre in sich abgeschlossene **Wohnung** (Wohnungseigentum). Seit der WEGesetz-Reform 2020 können der Wohnung in der Teilungserklärung auch ebenerdige **Terrassen** oder **Garten-** **flächen** zugeordnet sein, die dann ebenfalls in Ihr Sondereigentum fallen. Das gilt bei Gartenflächen unabhängig davon, ob Ihre Wohnung unten oder in einem oberen Stockwerk liegt. Die Räume und ggf. Terrassen und Gartenflächen bilden insgesamt ein Sondereigentum, das nur insgesamt gekauft und wieder verkauft werden kann.

Darüber hinaus kann Sondereigentum auch an nicht zu Wohnzwecken dienenden Einheiten erworben werden. Häufig gibt es in WEGs Gewerbeeinheiten, z.B. Ladenlokale im Erdgeschoss, Praxen, Kanzleien (sogenanntes **Teileigentum**). Wichtige Neuerung durch die WEGesetz-Reform 2020: Auch ein **Stellplatz** kann jetzt ein gesondertes Teileigentum sein, egal ob er sich in einer Tief- oder

Übersicht: Ihr Eigentum – die Möglichkeiten		
	Wohnungseigentum	**Teileigentum**
Sondereigentum	Wohnung	Gewerbeeinheit, Solo-Stellplatz (ohne Wohnung oder Gewerbeeinheit)
	+ ggf. Terrassen, Gartenflächen, Stellplätze	
Gemeinschafts-eigentum	+ ggf. Sondernutzungsrechte an Räumen und Flächen	
	+ Miteigentumsanteil am Gemeinschaftseigentum (zwingend)	

Dachgarage befindet oder eine Freifläche auf dem WEG-Hof ist. Das heißt, Sie können einen solchen Stellplatz bereits zusammen mit der Wohnung kaufen, zu Ihrer Wohnung dazukaufen oder aber Sie kaufen nur einen Stellplatz in einer WEG, ohne dass Ihnen in dem Haus weiteres Eigentum gehört (Solo-Stellplatz, mehr dazu im Abschnitt „Stellplatzkauf und seine verdeckten Risiken" ab Seite 68). In allen Fällen können Sie Ihren Stellplatz später einzeln weiterverkaufen, wenn Sie ihn nicht mehr benötigen.

Alles, was laut Teilungserklärung nicht zu Ihrem Sondereigentum oder dem einer anderen Miteigentümer*in gehört, bleibt

Gemeinschaftseigentum. Sie können aber – nach wie vor – an bestimmten Räumen und Flächen im Gemeinschaftseigentum laut Teilungserklärung ein **Sondernutzungsrecht** haben. Das heißt dann: Ausschließlich Sie bzw. Ihre Mieter*innen dürfen diesen Raum oder diese Fläche nutzen. Oft wird das für Kellerräume, Dachbereiche und Gartenanteile gewährt. Vor der WEGesetz-Reform 2020 wurden auch für Stellplätze im Freien nur Sondernutzungsrechte eingeräumt, und das geht auch heute noch.

Kombiniere:
Teilungserklärung gilt weiter!
Ein Stellplatz, eine Terrasse oder ein Gartenanteil, an dem/der Sie aktuell „nur" ein Sondernutzungsrecht haben, bleibt im Gemeinschaftseigentum. Nur durch eine allstimmige Änderung der Teilungserklärung könnte die Fläche zu Ihrem Sondereigentum werden. Dazu brauchen Sie also die Zustimmung aller Miteigentümer*innen (siehe Teil 3 zu § 4 WEGesetz). Die neuen Möglichkeiten werden demnach wohl meist erst von Bauträgern für neue WEGs genutzt werden.

Was vielen Eigentümer*innen nicht bewusst ist: Gemeinschaftseigentum kann sich auch im Bereich der „eigenen vier Wände" befinden, und dieses darf somit nicht ohne Beschluss der WEG verändert werden. Das betrifft etwa „Ihre" Fenster oder „Ihre" Wohnungseingangstür: § 5 Abs. 3 WEGesetz legt fest, dass solche und weitere Teile des Gebäudes **zwingend Gemeinschaftseigentum** sind, egal was dazu in einer Teilungserklärung steht! Betroffen sind alle Teile des Gebäudes, die für dessen Bestand oder Sicherheit erforderlich sind sowie Anlagen und Einrichtungen, die dem gemein-

schaftlichen Gebrauch dienen. Allerdings hat der Gesetzgeber nicht festgelegt, was genau damit gemeint ist. Diese Auslegung wird der Rechtsprechung überlassen – siehe folgende Liste.

Übersicht: Was zwingend Gemeinschaftseigentum ist und bleibt ⓘ

- ✓ **Äußere Gebäudehülle:** Fundamente, Bodenplatte, Außenwände mit Fassade, Hauseingangstüren, Garagentore, Außenfenster und Dach
- ✓ **Weitere konstruktive Bauteile:** Tragende Innenwände, Stützpfeiler, Geschossdecken mit Feuchteschutz, Wärme- und/oder Trittschalldämmung und Estrich
- ✓ **Balkone:** Balkonbrüstungen, Balkonbodenplatten, Balkongeländer, Anschlüsse und Abdichtungen
- ✓ **Gemeinschaftsräume und -flächen:** Treppenhäuser, Gemeinschaftskeller (z.B. Waschküche, Trockenkeller, Fahrradraum), Kellergänge
- ✓ **Technische Anlagen zur Versorgung und zum gemeinschaftlichen Gebrauch:** z.B. Zentralheizung, Warmwasserversorgungsanlage, Wasseraufbereitungsanlage, Abwasserhebeanlage, Schließanlage, Klingelanlage, Türsprechanlage, Aufzugsanlage, Flurbeleuchtung
- ✓ **Versorgungs- und Entsorgungsleitungen** für das Haus und die Wohnungen (Kaltwasser, Warmwasser, Heizung, Abwasser) bis zu der Stelle, an der sich die erste Absperreinrichtung im räumlichen Bereich des Sondereigentums befindet, Stromverteilung und Stromleitungen außerhalb der Wohnungen, Verkabelung für Fernsehen, Rundfunk und Internet außerhalb der Wohnungen
- ✓ **Alle funktionstragenden Teile,** die der Gemeinschaft dienen, auch wenn sie sich im Bereich des Sondereigentums befinden: z.B. Abdichtungen, Versorgungsschächte, durchlaufende Leitungen und Versorgungsrohre sowie Verbrauchsmessgeräte für Kaltwasser, Warmwasser und Heizung, die der WEG (und nicht etwa Versorgungsunternehmen) gehören
- ✓ **Abgrenzungen:** alle Einrichtungen und Bauteile, die das Sondereigentum vom Gemeinschaftseigentum bzw. ein Sondereigentum vom anderen Sondereigentum abgrenzen (z.B. Wohnungseingangstüren, die erste Absperreinrichtung einer Versorgungsleitung im räumlichen Bereich des Sondereigentums, Trennwände zwischen Wohnungen, auch wenn sie nicht tragend sind)
- ✓ **Zufahrten und -wege**
- ✓ **Einfriedungen** von Flächen im Gemeinschaftseigentum: Zäune, Hecken, Mauern, Tore

Zahlen – und glücklich sein?

Die Unterscheidung zwischen Sonder- und Gemeinschaftseigentum ist nicht nur wegen der Frage wichtig, wer darüber bestimmt. Es geht auch darum, dass die **Kosten des Gemeinschaftseigentums** auf alle Eigentümer*innen verteilt werden (siehe Teil 3 zu §§ 16 und 21 WEGesetz). Dazu gehören die **Bewirtschaftungskosten,** die Kosten für **Erhaltungsmaßnahmen** und **bauliche Veränderungen** – sowie die hierfür anzusparenden **Rücklagen.** Das heißt für Sie: Je mehr Gemeinschaftseigentum es in Ihrer WEG gibt und in je schlechterem Zustand es ist, umso höhere Bewirtschaftungs- und Erhaltungskosten kommen auf Sie zu, auch wenn Ihre eigene Wohnung bestens in Schuss ist.

Hinzu kommt: Das neue WEGesetz erleichtert eine **Verteilung von Kosten anders als nach Miteigentumsanteilen.** So ist es jetzt z.B. ohne Weiteres möglich, durch einen Beschluss die Kosten für den Austausch maroder Fenster oder eine Balkonrenovierung immer nur den Eigentümer*innen zuzuordnen, zu deren Wohnungen diese Gebäudebestandteile gehören (siehe Teil 3 zu § 16 WEGesetz). Darüber hinaus erleichtert das neue WEGesetz **bauliche Veränderungen des**

Der Fall: Das Fenster zum Hof
Fotoreporter Jeff, der vor Jahren mit gebrochenem Bein in seiner New Yorker Wohnung sitzend durchs Fenster einen Mord beobachtet und aufgeklärt hatte, ist in eine Kölner Eigentumswohnung gezogen. Dort schaut er sich die Fenster ganz genau an: Das Holz könnte dringend einen Anstrich vertragen, außerdem sind manche Scheiben blind! Also beantragt er, dass die WEG die Fenster in seiner Wohnung auf Kosten aller Miteigentümer*innen renoviert. So sieht es das WEGesetz grundsätzlich vor, da Fenster ja zum Gemeinschaftseigentum gehören.
Doch die Eigentümerversammlung beschließt, dass künftig alle Eigentümer*innen für Reparaturen der Fenster im Bereich ihrer Wohnung selbst die Kosten tragen müssen, § 16 Abs. 2 WEGesetz. Jeff will es daher zumindest im Fenster zum Hof bei den blinden Scheiben belassen – um keine Dinge zu sehen, die ihn erneut um den Schlaf bringen könnten. Doch auch da macht die WEG ihn einen Strich durch die Rechnung, denn der Austausch ist beschlossen und wird durchgeführt.

Gemeinschaftseigentums. Das ist positiv für Sie, weil Sie bestimmte Wünsche wie etwa einen Fahrstuhl oder einen Kinderspielplatz im Hof jetzt einfacher durchsetzen können. Ob Sie die Kosten dafür allein tragen, sich mit der Gruppe

der Zustimmenden teilen oder alle Miteigentümer*innen zahlen, richtet sich nach § 21 WEGesetz, ebenso die Nutzung (siehe Teil 3).

Stellplatz-Kauf und seine verdeckten Risiken

Augen auf, wenn Sie sich „nur" einen Stellplatz in einer Wohnungseigentumsanlage kaufen: Jeder Stellplatz muss mit einem **Miteigentumsanteil** (MEA) am Gemeinschaftseigentum verbunden sein. Daher werden Sie an allen Kosten des Gemeinschaftseigentums beteiligt. Auch in Rücklagen wie die Erhaltungsrücklage zahlen Sie mit ein. Kurzum: Sie schulden der WEG für den Stellplatz in jedem Fall ein (monatliches) **Hausgeld**. Für die Höhe Ihres Hausgelds sind die Kostenverteilungsschlüssel mitentscheidend – und die könnten überraschend ungünstig für Sie sein!

Der Fall: Tatort München entdeckt Kurioses

Die Hauptkommissare Batic und Leitmayr sind in eine WEG gezogen. Jedem von ihnen und weiteren 8 Sondereigentümer*innen gehören 100/1.000stel MEA. Es gibt 2 Stellplätze auf dem Hof, die sich die beiden Kommissare für ihre Dienstautos mitgekauft haben. Herr Batic will sich künftig aber lieber fahren lassen, schafft sein Auto ab und verkauft seinen Stellplatz an seinen Kollegen Kommissar Hammermann, der keine Wohnung in der Anlage hat. Dabei überträgt er ihm auch 5/1000stel MEA. Die Anzahl der Sondereigentümer*innen der WEG erhöht sich durch Hammermann auf 11.

Auch wenn der frisch gebackene Miteigentümer nur auf dem Hof parkt, muss er sich an allen Abstimmungen und allen Kosten der WEG beteiligen, so z.B. auch an den Müllgebühren.

- Verteilt die WEG Müllgebühren in Höhe von 500 € im gesetzlichen Grundfall nach MEA, müsste Hammermann davon (500 € : 5/1.000stel MEA =) 2,50 € zahlen.
- Doch die Müllgebühren werden auf Basis eines WEG-Beschlusses nach Köpfen verteilt, daher fallen für ihn (500 € : 11 Köpfe =) 45,45 € an!

Hammermann ist sauer, er wollte doch eigentlich nur einen bequemen Parkplatz haben.

Als Stellplatz-Eigentümer*in müssen Sie sich übrigens auch an den Kosten für bestimmte bauliche Veränderungen des Gemeinschaftseigentums in Höhe Ihres Miteigentumsanteils beteiligen, auch wenn die Sie vermeintlich gar nichts angehen und Sie sich auch nicht dafür interessieren. Das gilt grob gesagt für alle Maßnahmen, die sich entweder amortisieren (z.B. Austausch der Heizanlage) oder die die WEG mit einer qualifizierten Mehrheit beschließt (z.B. Fassadendämmung) – siehe Teil 3 zu § 21 WEGesetz.

XY aufgelöst: Bei Stellplatz-kauf MEA senken!

Haben Sie Verhandlungsspielraum, gilt also paradoxerweise: Sorgen Sie dafür, dass Ihnen ein möglichst **geringer Miteigentumsanteil** mitverkauft wird – umso geringer fällt dann Ihr Hausgeld aus! Achten Sie zudem auf die Kostenverteilungsschlüssel.

2.3. Eigentümerversammlung: Willkommen im entscheidenden Kreis

Die Verwaltung des Gemeinschaftseigentums erledigt die WEG. Da ein abstrakter Verband nicht denken kann, treffen die Eigentümer*innen – hauptsächlich in der Eigentümerversammlung – **alle wesentlichen Entscheidungen**. Daraus folgt: Wollen Sie mitbestimmen, wie das Gemeinschaftseigentum verwaltet, repariert oder verändert wird und welche Kosten dafür auch von Ihnen zu tragen sind, nehmen Sie teil oder lassen Sie sich mindestens vertreten!

Die Regeln zur Eigentümerversammlung befinden sich in den **§§ 23, 24, 25 WEGesetz** – Achtung, in der Teilungserklärung/Gemeinschaftsordnung Ihrer WEG kann Abweichendes stehen. Werden diese Regelungen verletzt, kann ein dazu angerufenes Gericht die in der Versammlung getroffenen Beschlüsse allein aus diesem Grund für nichtig erklären. Details zu den genannten Paragrafen stehen in Teil 3. Lesen Sie hier das Wichtigste zusammengefasst und einige zusätzliche Tipps.

Das mindestens jährliche Pflichtprogramm

Auch nach dem neuen WEGesetz sind Verwalter*innen verpflichtet, **mindestens einmal jährlich** zu einer Eigentümerversammlung einzuladen. Verwalter*innen können von sich aus **weitere Versammlungen** auch unterjährig organisieren. Das müssen sie sogar, wenn es z.B. im Verwaltervertrag steht oder wenn mehr als ein Viertel der Eigentümer*innen es begründet verlangt. Jede Eigentü-

merversammlung muss nach wie vor eine Veranstaltung **vor Ort** sein, zu der die Wohnungseigentümer*innen persönlich kommen können. (Zur neuen Online-Zuschaltung folgt unten mehr!)

Für die Einladung reicht die **Textform**, also z.B. eine E-Mail oder auch ein Brief. Eine mündliche Einladung genügt nicht. Die Frist der Einberufung beträgt jetzt im Regelfall **mindestens drei Wochen**.

XY aufgelöst: Dringende Versammlung auch kurzfristig möglich!
Wenn besondere Dringlichkeit besteht, kann die Ladungsfrist auch verkürzt werden, notfalls sogar auf nur einen Tag. Auf der Tagesordnung dürfen dann aber nur solche Beschlüsse der Eigentümerversammlung stehen, die schnellstens getroffen werden müssen, um eine unmittelbar drohende Gefahr für das Gemeinschaftseigentum, für Eigentümer*innen oder für Dritte abzuwenden.

Was, wenn Verwalter*innen pflichtwidrig eine **Einberufung verweigern** oder es gar keine Verwalter*in gibt? Für die Einberufung zuständig ist dann der oder die Vorsitzende des Verwaltungsbeirats oder deren Stellvertreter*in oder eine zuvor durch Beschluss hierzu ermächtige Eigentümer*in.

Zu allem (beschluss-)fähig

Je weniger Miteigentümer*innen sich in der Eigentümerversammlung um das Gemeinschaftseigentum kümmern, umso mehr Einfluss gewinnt genau dieses Grüppchen. Denn – und das ist neu durch die WEGesetz-Reform 2020: Jede korrekt einberufene Eigentümerversammlung ist jetzt **beschlussfähig** – egal ob 1, 3 oder 10 Eigentümer*innen erschienen sind oder alle 20, 50 oder 500! Das heißt für Sie:
- Am besten gehen Sie immer selbst hin! Zumindest die **jährliche Pflichtversammlung** sollten Sie nicht verpassen.
- Ist in Ihrer WEG eine **Online-Teilnahme** möglich, wählen Sie als zweitbeste

Möglichkeit diese – siehe nächster Abschnitt.

- Ist Ihnen eine – persönliche oder ggf. elektronische – Teilnahme gar nicht möglich, dann lassen Sie sich mittels einer **Stimmrechtsvollmacht** vertreten, auch dazu unten mehr!

Online-Zuschaltung jetzt „salonfähig"

Eigentümerversammlungen müssen vor Ort stattfinden. Neu: Ihre WEG kann aber beschließen, dass Eigentümer*innen **online teilnehmen** dürfen. Das wird z.B. sinnvoll sein, wenn es viele weiter entfernt wohnende Vermieter*innen gibt. Generell ist es zu begrüßen, damit sich mehr Eigentümer*innen an den Versammlungen beteiligen!

Weitere Ausführungen zur Zuschaltung der Eigentümer*innen (z.B. zur Sicherstellung, wer teilnimmt) oder zum Online-Abstimmungsverfahren stehen weder im Gesetz noch der Gesetzesbegründung. Das heißt: Ihre WEG muss auch die Vorgaben für die technische Ausgestaltung und Durchführung von Online-Zuschaltungen beschließen.

Kombiniere: Gestaltungsspielraum für Online-Teilnahmen nutzen! Diese Möglichkeit sollten Sie auf der nächsten Eigentümerversammlung diskutieren und womöglich gleich beschließen, es passt in die Zeit! Auch wenn es bisher kaum Erfahrung damit gibt, kann z.B. von Vereinen, oder Genossenschaften mit Online-Mitgliederversammlungen gelernt werden.

Ihre Verwalter*in soll nach einer geeigneten Software recherchieren. Sie sollte vorher die Geräte und Software ausprobieren, schriftliche Anleitungen zum Einloggen, zur Teilnahme und zur Abstimmung verschicken sowie Probeveranstaltungen anbieten, an denen sich unerfahrene Wohnungseigentümer*innen beteiligen können.

Als Versammlungsleiter*in muss sie dann während der Eigentümerversammlung sicherstellen, dass die Technik im Versammlungsraum und die Übertragung nach außen **störungsfrei funktionieren** – das dürfte ausreichen, damit die Beschlüsse nicht anfechtbar oder gar nichtig sind. Risiken wie Störungen beim Empfang von Ton und Bild oder gar Internet-Ausfall bei sich zu Hause tragen die zugeschalteten Wohnungseigentümer*innen – das ist ebenso zu sehen, wie vor der Versammlung plötzlich krank zu werden, den Zug zu verpassen oder den Termin der Eigentümerversammlung zu vergessen. Um vorzubeugen, sollten Sie einer Miteigentümer*in für den Fall einer Störung eine Vollmacht ausstellen.

Stimmrechtsvollmacht als „letzter Ausweg"

Können Sie an einer Eigentümerversammlung weder vor Ort noch in Form einer Online-Zuschaltung teilnehmen? Verzichten Sie dennoch nicht darauf, Ihr Stimmrecht auszuüben: Erteilen Sie einer anderen Person eine **Vollmacht**, in Ihrem Namen abzustimmen. Vielleicht enthält auch Ihre Teilungserklärung/Gemeinschaftsordnung hierzu Bestimmungen. Neu: Für eine solche Vollmacht ist die **Textform** vorgeschrieben, also reicht z.B. die Übermittlung per E-Mail oder gar SMS oder Messenger-Dienst, eine eigenhändige Unterschrift ist nicht nötig. Mündliche Vollmachten zählen hingegen nicht. Es gibt drei Wege, wie Sie sich in der Eigentümerversammlung vertreten lassen können:

Erstens: Hat die **Verwalter*in** mit der Einladung ein Vollmachtsformular mit

geschickt, überprüfen Sie den Vordruck, ehe Sie unterschreiben.

- Bezieht sich der Vordruck ausschließlich auf die anstehende Eigentümerversammlung und können Sie **bei jedem Top ankreuzen**, ob Sie mit Ja, Nein oder Enthaltung abstimmen, ist das gut.
- Unterschreiben Sie aber **keinesfalls eine Blanko-Vollmacht** für diese und womöglich alle weiteren Eigentümerversammlungen. So etwas kommt immer wieder vor und damit können die Verwalter*innen dann nach eigenem Gutdünken für Sie abstimmen. Haben Verwalter*innen viele solcher Blanko-Vollmachten in ihren Händen, kann sich das in Extremfällen sehr negativ für die WEG auswirken.

Zweitens: Sie können eine **Miteigen-tümer*in oder ein Beiratsmitglied** bevollmächtigen, nur bei der anstehenden Eigentümerversammlung für Sie abzustimmen. Ändern Sie dazu einfach ein von der Verwalter*in mitgeschicktes Formular zur Stimmrechtsübertragung ab oder setzen Sie selbst eins auf. Erteilen Sie Ihre konkrete Anweisungen für das Abstimmen in Ihrem Namen bei jedem TOP (Ja, Nein, Enthaltung).

- Sind Sie sich bei einem TOP noch nicht sicher und vertrauen Sie Ihrer Vertreter*in, nach der Diskussion während der Eigentümerversammlung in Ihrem Sinne zu entscheiden, können Sie in diesem TOP auf eine Weisung verzichten.
- Miteigentümer*innen eine Blanko-Vollmacht für die folgende oder gar alle Eigentümerversammlung zu erteilen, sollte nur in absoluten Ausnahmefällen erwogen werden, z.B. bei hochbetagten Eigentümer*innen, die weder selbst erscheinen noch online teilnehmen können.

Drittens: Ein vorbereitetes Formular zur Vollmachtserteilung ist sicher sinnvoll, aber nicht unbedingt nötig. Sie können sich sogar noch **spontan entscheiden**, trotz Nicht-Anwesenheit mit abzustimmen, indem Sie z.B. eine E-Mail, SMS oder WhatsApp-Nachricht in die Versammlung schicken. (Auf diese Weise können Teilnehmende übrigens vor Abstimmungen auch noch Miteigentümer*innen aktivieren, wenn sich für sie ungünstige Mehrheitsverhältnisse abzeichnen!) Aber: Allein der lapidare Hinweis „Ich bin dafür. Hans Meier" reicht nicht aus. Auch eine „nur" in Textform nötige Vollmacht muss klarstellen, wer wem für welche Versammlung Vollmacht erteilt und – idealerweise – zu welchem TOP die Vertreter*in wie abstimmen soll.

Kombiniere: Angaben zur Vollmachtserteilung
In Textform sollte Folgendes festgehalten sein (gilt für Formulare und SMS etc.):
- Ihr Vorname, Nachname und Ihre vollständige Adresse
- Namen der Vertreter*in, die das Stimmrecht für Sie ausüben soll
- Name der WEG
- Datum der Eigentümerversammlung (wenn keine Dauervollmacht erteilt werden soll)

Sinnvoll zudem:
- Bezugnahme auf den TOP (Nummer der Einladung, wesentlicher Inhalt)
- Weisung zur Abstimmung (Ja, Nein, Enthaltung)

**Musterformulierung:
Vollmacht z.B. per SMS erteilen**

Geht es Ihnen wirklich nur um einen einzelnen TOP, kann das so formuliert sein:

„Ich erteile Anne Burkhardt eine Stimmrechtsvollmacht, bei der Eigentümerversammlung der WEG Kaiserstr. 5 in Bonn am 25.06.2021 für mich wie folgt abzustimmen: mit Ja für den Antrag zu TOP 10 auf Einrichtung eines überdachten Fahrradstellplatzes für 10 Fahrräder rechts neben dem Hauseingang. Hans Meier, Kaiserstraße 5, Bonn."

Beachten Sie: Die Stimme Ihres Bevollmächtigten in Ihrem Namen zählt! Das gilt selbst dann, wenn er oder sie anders abstimmt, als Sie es vorgegeben haben. Da sich Ihre Vertreter*in aber nicht über Ihre Weisungen und Interessen hinwegsetzen darf, bleibt Ihnen bei einer gravierenden Falschabstimmung die Klage auf Schadensersatz. Ansonsten können Sie gegen den betreffenden Beschluss nur dann vorgehen, wenn er ordnungsgemäßer Verwaltung widerspricht. Aber das ist dann ein ganz anderes Thema (siehe Beschlussklagen in Kapitel 2.8).

So läuft das große Treffen

Nach dem WEGesetz wird die Eigentümerversammlung von der Verwalter*in geleitet. Durch einen Geschäftsordnungsbeschluss kann die Versammlung das aber auch jederzeit anders bestimmen und die **Versammlungsleitung** z.B. dem oder der Beiratsvorsitzenden oder einer anderen Miteigentümer*in übertragen.

Für die Durchführung der Abstimmungen gibt es keine gesetzliche Regelung. Enthält auch Ihre Teilungserklärung/ Gemeinschaftsordnung hierzu keine Bestimmungen, kann die Eigentümerversammlung den **Abstimmungsmodus** frei wählen (Zettel, Handzeichen etc.). Gewöhnlich schlägt die Versammlungsleiter*in die Art und Weise der Abstimmung vor und die Eigentümer*innen entscheiden durch einen Geschäftsordnungsbeschluss mehrheitlich darüber. Das heißt: Es besteht kein Anspruch auf eine geheime Wahl, solange diese nicht mehrheitlich beschlossen wird. Bei Entscheidungen über Maßnahmen, die Kosten auslösen oder Nutzungsrechte regeln, wäre eine geheime Abstimmung gar nicht ordnungsmäßig, der Beschluss daher anfechtbar:

- Wer ist dafür, dass defektes Gemeinschaftseigentum repariert wird? Die

WEG muss die Namen festhalten. Denn wer Nein gesagt hat, sich enthalten hat oder gar nicht erschienen/vertreten ist, könnte unter Umständen für Folgeschäden haften, wenn der Beschluss nicht zustande kommt!

- Wer ist für die Errichtung eines Fahrradschuppens im Hof? Die WEG muss auch bei diesem Beschluss die Namen festhalten. Wer Ja sagt, darf ihn nutzen und muss ihn mitbezahlen, und das muss hinterher sicher feststehen!

XY aufgelöst: Mal Beweis, mal Geheimsache!

Noch mehr als vor der Reform kommt es auf den Inhalt des Beschlusses an, welches Verfahren sinnvoll ist. Manchmal ist eine Beweissicherung nötig. Gerade wenn es aber um die Bestellung von Personen geht, also um die Wahl des Verwaltungsbeirats oder der Verwalter*in, sollte eine geheime Abstimmung vorgezogen werden, damit sich niemand aus Loyalität oder gar Sozialdruck genötigt sieht, entgegen seiner eigentlichen Meinung abzustimmen.

Mit welchem **Stimmrecht** die einzelnen Eigentümer*innen entscheiden, legt entweder das Gesetz oder die Teilungs-erklärung/Gemeinschaftsordnung Ihrer WEG **einheitlich für alle Beschlüsse** fest: Gelten kann in Ihrer WEG das

- **Kopfprinzip** – jeder, der eine oder mehrere Wohnungen oder Teileigentume besitzt, hat eine Stimme (gesetzlicher Regelfall),
- **Objektprinzip** – jeder hat so viele Stimmen, wie er Wohnungen oder Teileigentums-Einheiten in der Anlage besitzt (kann in der Teilungserklärung/Gemeinschaftsordnung so festgelegt sein) oder
- **Verhältnis- oder Wertprinzip** – die Kraft der Stimme entspricht dem Miteigentumsanteil (kann in der Teilungserklärung/Gemeinschaftsordnung so festgelegt sein).

Kombiniere: Entscheidung mit Haut und Haar vertreten!

Jede Eigentümer*in muss ihr Stimmrecht einheitlich ausüben. Das heißt: Gilt in Ihrer WEG z.B. das Objektprinzip und jemand hat 4 Wohnungen, darf er oder sie die Stimmkraft nicht auf 2 Ja- und 2 Nein-Stimmen verteilen. Gehört eine Wohnung mehreren Eigentümer*innen zusammen, haben sie nur eine gemeinsame Stimme.

Nach der Auszählung einer Abstimmung muss die Versammlungsleiter*in den Beschluss noch in der Versammlung verkünden. Erst dadurch wird der Beschluss wirksam (und bleibt es dauerhaft, sofern er nicht erfolgreich angefochten wird oder nichtig ist, weil er gegen eine zwingende Vorschrift verstößt – siehe Kapitel 2.8.).

Schwarz auf Weiß – das Protokoll

Die Versammlungsleiter*in führt **Protokoll** bzw. überträgt diese Aufgabe jemandem. Das in der Versammlung gefertigte Protokoll ist die gesetzlich geforderte Niederschrift, die dann in aller Regel gleichlautend abgetippt wird. Das Protokoll ist von der Versammlungsleiter*in, also in der Regel von der Verwalter*in, unverzüglich, das heißt so schnell wie möglich, spätestens aber **eine Woche vor Ablauf der Anfechtungsfrist** bekannt zu geben. Hieran hat sich nichts geändert. Diese zeitlichen Vorgaben galten nach der Rechtsprechung und juristischen Fachliteratur auch schon vor dem neuen Gesetz. Für die, die nicht an der Versammlung teilgenommen haben, reicht sicherlich nicht die Beschluss-Sammlung, um anzufechten. Zur Klagebegründung, die innerhalb von zwei Monaten nach Verkündung bei Gericht eingereicht

werden muss, werden sie das Protokoll einsehen müssen. Es ist üblich, aber keine Pflicht, dass Verwalter*innen das Protokoll an alle Eigentümer*innen versenden, z.B. per E-Mail. Wenn Ihre WEG eine App oder eine Website mit einem geschützten Bereich zu Kommunikation nutzt, kann das Protokoll auch dort veröffentlicht werden. Alle Beschlüsse sind zudem in die **Beschluss-Sammlung** der WEG einzutragen.

>
>
> **Kombiniere: Gestalten Sie die Tagesordnung mit!**
> Nach der Eigentümerversammlung ist vor der Eigentümerversammlung! Jederzeit können Sie als Eigentümer*in der Verwalter*in Beschlussanträge für die nächste Versammlung einreichen. Ist die Sache dringend und von Bedeutung, muss die Verwalter*in auch unterjährig eine Eigentümerversammlung hierzu einberufen. Kann die Sache warten, sollten Sie sich in Textform bestätigen lassen, dass sie auf die Tagesordnung der nächsten jährlichen Versammlung kommt.

Exkurs: Umlaufbeschlüsse für Eiliges und Eindeutiges

Brauchen Sie eine schnelle Entscheidung der WEG und erwarten Sie keinerlei Gegenwind, kann ein **Umlaufbeschluss** – weiterhin – auch außerhalb von Eigentümerversammlungen getroffen werden. Das geht neuerdings in Textform, eine eigenhändige Unterschrift auf Papier ist also nicht mehr nötig, was die Sache vereinfacht und elektronische Kommunikationswege ermöglicht (siehe Teil 3 zu § 23 Abs. 3 WEGesetz).

Im Regelfall muss einem Umlaufbeschluss weiterhin jede Eigentümer*in zustimmen (**Allstimmigkeit**). Fehlt nur eine Zustimmung, kommt der Beschluss nicht zustande. Das grenzt die Anwendbarkeit vor allem in größeren WEGs stark ein.

Neu: Ausnahmsweise kann die Eigentümerversammlung aber jetzt beschließen, dass in einer einzelnen, genau bestimmten Frage die **einfache Mehrheit** auch im Umlaufverfahren entscheiden soll. Beispiel: Beschluss in der Eigentümerversammlung, dass

- die Fassade gestrichen werden soll und
- in einem folgenden Umlaufbeschluss mehrheitlich zwischen 3 noch einzuholenden Angeboten entschieden werden soll.

Auch ein Umlaufbeschluss ist anfechtbar. Die Anfechtungsfrist beträgt einen Monat von dem Zeitpunkt an, an dem alle Eigentümer*innen in Textform von dem Beschlussergebnis unterrichtet worden sind (= **Beschlussverkündung**).

2.4. Verwaltervertrag: Spielraum für (Nach-)Verhandlungen!

Nach wie vor der WEGesetz-Reform 2020 bestellen die allermeisten WEGs eine gewerbliche Verwalter*in. Diese handelt dann als **Ausführungs- und Vertretungsorgan für die WEG**, organisiert also die Verwaltung des Gemeinschaftseigentums und -vermögens und vertritt die rechtsfähige WEG nach außen, etwa bei Verträgen der WEG mit Dritten oder in Klageverfahren. Zur – gestärkten – Rolle der Verwalter*in haben Sie bereits in Kapitel 1.3. viel gelesen – und sich vielleicht das als **besonders wichtig** vorgemerkt: Die Aufgaben und Rechte der Verwalter*in kann und sollte Ihre WEG jetzt durch Beschlüsse regulieren (siehe Teil 3 zu § 27 Abs. 2 WEGesetz).

Ein wichtiger Beschluss, in dem das umgesetzt werden kann, ist der über einen

Verwaltervertrag! Was zeichnet jetzt also ein aus Eigentümersicht gutes Vertragswerk aus?

- Natürlich geht es darin auch heute noch um **konkrete, unmissverständliche Festlegungen** zu den Rahmenbedingungen (z.B. Laufzeit) und zur Vergütung (in der Regel aufgesplittet in monatliche Grundvergütung und aufgabenbezogene Sondervergütungen für seltene, außergewöhnliche Aufgaben).

- Darüber hinaus hat Ihre WEG jetzt aber den Spielraum, bereits im Vertrag die Aufgaben und Rechte Ihrer Verwalter*in zu **konkretisieren, zu erweitern und einzuschränken!** Vor der WEGesetz-Reform 2020 durften „Kardinalpflichten" der Verwalter*in hingegen nicht einmal durch eine Vereinbarung angetastet werden – geschweige denn durch einen Beschluss.

Der Gesetzgeber hat diese Möglichkeit eingeführt, damit die WEGs selbst entscheiden können, ob sie die grundsätzlich erstarkten Verwalter*innen gewähren lassen oder selbst die Zügel in der Hand behalten wollen. Und so schön das klingt, birgt es doch einen schweren Pferdefuß: Der Großteil der WEGs wird nicht die **Kenntnisse und Marktmacht** haben, um einen vorgelegten Vertrag umzugestalten und der Verwalter*in Beschränkungen aufzuerlegen. Dennoch hängt es jetzt leider an Ihnen (bzw. einem engagierten Verwaltungsbeirat), ob Ihre Verwalter*in zur „Drahtzieherin" oder zur „Mitstreiterin" in der WEG wird. Wie Sie damit künftig umgehen und was für noch laufende Verwalterverträge gilt, wird in diesem Kapitel umrissen.

Gesundes Misstrauen ist Pflicht

In der Praxis stammen die Entwürfe für die **Verträge über eine WEG-Verwaltung** in aller Regel von den Verwalter*innen, die sich damit auf die WEG-Ausschreibung „bewerben". Die Vorlagen orientieren sich ihrerseits an Mustern, die von **Verwalter- und Wohnungswirtschaftsverbänden** herausgegeben werden. Wen

wundert es da, dass diese Verträge aus Sicht und im Interesse der Gewerbetreibenden gestaltet sind?

Die Jurist*innen der Wirtschaftsverbände haben lange daran gefeilt, um Bedingungen zu formulieren, die **den Verwalter*innen nützen und ihnen Vorteile verschaffen**. Das soll nicht heißen, dass solche Verträge die WEGs grundsätzlich unangemessen übervorteilen würden – dann würde ja keine WEG mehr unterschreiben. Die Tücke aber liegt im Detail. Ausgewogen oder gar vorteilhaft für Sie sind die Vertragsentwürfe der Verwalter*innen in der Regel nicht!

Zu krasse Nachteile werden eigentlich abgefedert, da Ihre WEG vor dem Gesetz als Verbraucherin gilt: Klauseln in Formularverträgen, die Sie als Eigentümer*innen unangemessen benachteiligen oder überraschen, sind nichtig (Stichwort **AGB-Kontrolle**)! Aber das muss in Ihrer WEG jemand erkennen, sonst bleibt es folgenlos. Und um die Nichtigkeit durchzusetzen, wird in vielen Fällen eine Klage nötig sein. Zudem gilt: Werden Bedingungen zwischen WEG und Verwalter*in individuell verhandelt und angepasst, findet hinsichtlich dieser Vertragsklauseln keine AGB-Kontrolle statt.

Was neu ausgetüftelt werden muss

Neuland ist es auch für die Verwalterverbände, dass mit dem neuen WEGesetz die Aufgaben und Rechte der Verwalter*innen viel weitgehender **erweitert und eingeschränkt** werden können. Zumindest Letzteres werden Sie in den Mustern der Gegenseite nicht finden. Wohnen im Eigentum als Verbraucherschutzverband will diese Lücke schließen. Als Soforthilfe prüfen Sie gern, ob Klauseln wie die der folgenden Liste in Ihrem Verwaltervertrag (bzw. bei einem Verwalterwechsel im neuen Vertragsentwurf) stehen. Wenn nicht, regen Sie die Ergänzung an!

Übersicht: Einige wichtige Vertragsklauseln aus Eigentümersicht

Die Verwalter*in ist berechtigt und verpflichtet, ohne Beschluss der Wohnungseigentümer*innen folgende Maßnahmen zu treffen: Erhaltungsmaßnahmen

- bis zu einem Betrag von … Euro brutto je Maßnahme und bis zu einem Gesamtbetrag von … Euro brutto je Kalenderjahr;
- bis zu einem Betrag von … Euro brutto und bis zu einer Gesamtsumme von … Euro brutto je Kalenderjahr nach Freigabe durch den Verwaltungsbeirat, bei dessen Veto ein Beschluss der Eigentümergemeinschaft einzuholen ist;

Ab einem Betrag von … Euro brutto pro Einzelauftrag und … Euro Gesamtsumme pro Jahr ist ein vorheriger Beschluss der Eigentümergemeinschaft einzuholen.

Alle … Monate hat die Verwalter*in eine Begehung der Wohnanlage gemeinsam mit dem Verwaltungsbeirat durchzuführen zur Ermittlung des Erhaltungs- und Sanierungsbedarfs. Auf der Grundlage dieser Begehungen ist ein mittel- und langfristiger Erhaltungs- und Finanzierungsplan zu erstellen, der von der WEG zu beschließen ist. Der Erhaltungs- und Finanzierungsplan ist jährlich zu aktualisieren.

Die Verwalter*in ist berechtigt und verpflichtet, ohne Beschluss der Wohnungseigentümer*innen

- Hausgeldforderungen gegenüber einzelnen Wohnungseigentümer*innen, wenn diese seit mindestens … Monaten im Verzug sind, gerichtlich durchzusetzen;
- das gesamte noch offene Jahres-Hausgeld einzufordern, wenn eine Wohnungseigentümer*in mit (z.B. 2 oder 3) monatlichen Hausgeldzahlungen im Rückstand ist.

Die Verwalter*in ist berechtigt und verpflichtet, nur mit Beschluss der Wohnungseigentümer*innen folgende Maßnahmen zu treffen:

- Die Kündigung von bestehenden Verträgen, insbesondere von Versicherungs-
  verträgen, bedarf eines vorherigen Beschlusses der Eigentümergemeinschaft
  (alternativ: ... der Mitwirkung des Verwaltungsbeirats, bei dessen Veto ein
  Beschluss der Eigentümergemeinschaft einzuholen ist).
- Der Neuabschluss von Verträgen mit einer Laufzeit von mehr als 1 Jahr und/oder
  einem Gesamtvolumen von mehr als ... Euro brutto bedarf eines vorherigen
  Beschlusses der Eigentümergemeinschaft (alternativ: ... der Mitwirkung des
  Verwaltungsbeirats, bei dessen Veto ein Beschluss der WEG einzuholen ist).
  § 667 BGB bleibt unberührt.

Verpflichtungen für die Verwalter*in hinsichtlich der WEG-Konten:

- Alle Bankkonten der Gemeinschaft sind auf die „WEG (Straße, Ort)" als Inhaberin
  anzulegen (WEG-Eigenkonten). Die Verwalter*in ist verpflichtet, eingenomme-
  ne Gelder von ihrem Vermögen und von dem Vermögen Dritter, insbesondere von
  dem Vermögen anderer von ihr verwalteter Wohnungseigentumsgemeinschaf-
  ten, gesondert zu halten. Das Führen von Treuhandkonten ist der Verwalter*in
  nicht gestattet.
- Ein Bankkontowechsel oder die Auflösung bestehender WEG-Konten bedarf
  eines vorherigen Beschlusses der Eigentümergemeinschaft.
- Die Verwalter*in ist verpflichtet, dem Verwaltungsbeirat (alternativ: einer von
  der Eigentümerversammlung ermächtigten Wohnungseigentümer*in) die
  Online-Einsichtnahme in die WEG-Konten sowie ein Auskunftsrecht hinsichtlich aller Kontenangelegenheiten zu verschaffen und die hierzu erforderlichen
  Erklärungen gegenüber den Kreditinstituten abzugeben.
- Die Erhaltungs- und ggf. weitere Rücklagen sind auf separaten Bankkonten zu
  führen. Eine Entnahme (Rücküberweisung auf das WEG-Geschäftskonto)
  bedarf der Zustimmung des Verwaltungsbeirats, bei dessen Veto ein Beschluss
  der Eigentümergemeinschaft einzuholen ist. Die Verwalter*in ist verpflichtet,
  alle Voraussetzungen dafür zu schaffen, insbesondere die erforderlichen
  Erklärungen gegenüber dem kontoführenden Kreditinstitut abzugeben.

Weitere Vorschläge siehe Kapitel 2.5.

Kombiniere: Gestaltungs-spielraum nutzen mithilfe von WiE!
Mit WiE können Sie Ihre Position gegenüber gewerblichen Verwalter*innen durch Wissen und Arbeitshilfen weiter stärken. Zum einen gibt es von WiE über die genannten Klausel-Beispiele hinaus einen vollständigen Muster-Verwaltervertrag, der aus Sicht der Eigentümer*innen formuliert ist (und auch ein komplettes „Themenpaket Verwaltungswechsel"). Diesen Mustervertrag können WEGs mindestens zum Vergleich heranziehen. Zum anderen bietet WiE seinen Mitgliedern an, Verwalterverträge zu klaren, günstigen Konditionen von Experten prüfen zu lassen, die darauf spezialisiert sind und auf der Eigentümerseite stehen.

Laufende Verträge: Nicht in Stein gemeißelt

Das neue WEGesetz ist am 01.12.2020 in Kraft getreten. Ihr Verwaltervertrag wurde noch nach altem Recht abgeschlossen und läuft noch lange nicht aus? Dann **gilt er weiter** – es sei denn, Bestimmungen darin sind mit der neuen Rechtslage nicht mehr vereinbar. Ist das der Fall, tritt in aller Regel die neue gesetzliche Bestimmung an die Stelle der vertraglich vereinbarten.

Der Fall: Rosa Roth untersucht die Ladungsfrist
Kommissarin Roth hat erfahren, dass die Ladungsfrist zur Eigentümerversammlung jetzt mindestens 3 Wochen beträgt (§ 24 Abs. 4 WEGesetz). Sie meint sich zu erinnern, dass im Verwaltervertrag ihrer WEG eine Ladungsfrist von 2 Wochen (alte Rechtslage) steht. Das gilt dann nicht mehr, denn es ist zu kurz. Überrascht stellt Frau Roth jedoch fest, dass im noch laufenden Verwaltervertrag 4 Wochen festgelegt sind. Ein Anruf bei einer befreundet Richterin schafft Klarheit: Das bleibt gültig, weil es über den Sinn der neuen Vorschrift, die Vorbereitungszeit für die Eigentümer*innen zu verlängern, sogar noch hinausgeht.

Übrigens kann Ihre WEG über alle Bestimmungen **jederzeit Verhandlungen aufnehmen**. Entscheiden muss über einen nachverhandelten Vertrag natürlich immer die Eigentümersammlung per Beschluss – und die Verwalter*in muss die Änderungen annehmen. Einseitig gegen ihren Willen funktioniert die Vertragsänderung nicht. Gegenüber einer nicht kooperativen Verwalter*in gibt das neue WEGesetz den Eigentümer*innen aber jetzt zwei neue Mittel in die Hand:

Mittel 1: Einschränkungen oder Erweiterungen von Verwalteraufgaben, die im Vertrag gar nicht geregelt sind, kann die WEG **jederzeit beschließen** nach § 27 Abs. 2 WEGesetz. Dann ist die Verwalter*in an den Beschluss gebunden, auch wenn die Sache weder im Gesetz noch im Verwaltervertrag steht. Das geht natürlich nur, soweit es um eine ordnungsmäßige Verwaltung des Gemeinschaftseigentums und -vermögens geht.

Mittel 2: Ihre WEG kann eine Verwalter*in jederzeit auch ohne wichtigen Grund durch einen Beschluss abberufen. Dann **endet der Verwaltervertrag spätestens 6 Monate darauf** (siehe Teil 3 zu § 26 Abs. 3 WEGesetz). Erkennen Sie, dass Ihr Verwaltervertrag in vielen Punkten schlecht für die WEG ist, und lässt sich die Verwalter*in dennoch nicht auf Änderungswünsche ein? Dann kann dieses Druckmittel durchaus zur Sprache gebracht werden. Dies sollte über den Verwaltungsbeirat geschehen – mit Fingerspitzengefühl.

Der Fall: Konteneinsicht ja, Kegeln nein

Im Verwaltervertrag ist nichts zur Online-Einsicht in WEG-Konten geregelt? Frau Roth bringt einen Antrag auf die Tagesordnung der Eigentümerversammlung: Der Verwalter soll mit der Bank klären, dass und wie der Beirat Einsicht nehmen kann. Kommt eine Mehrheit hierfür zustande, muss sich der Verwalter daran halten. Was nicht geht: Auf Frau Roths Antrag hin darf die WEG nicht beschließen, dass der Verwalter künftig beim wöchentlichen Gemeinschaftskegeln erscheint. Auch wenn dabei regelmäßig über WEG-Angelegenheiten gesprochen wird, hat Kegeln nichts mit ordnungsmäßiger Verwaltung zu tun.

Eine **Abberufung kurzfristig** in die Wege zu leiten, wird nur in Ausnahmefällen sinnvoll sein, etwa wenn Ihre Verwalter*in „abgetaucht" ist oder der WEG ganz erheblich schadet. Dann kann Ihre WEG den Verwaltervertrag zudem meist **fristlos kündigen** aus „wichtigem Grund". Damit endet der Vertrag sofort und nicht erst 6 Monate nach dem Abberufungsbeschluss (siehe Kapitel 1.4.).

2.5. Wirtschaftsplan und Jahresabrechnung: Im Visier der Fahndung

Neues gibt es in Sachen Wirtschaftsplan und Jahresabrechnung. Hat Ihre WEG früher über den Wirtschaftsplan insgesamt und über die Jahresabrechnung insgesamt Beschlüsse gefasst, so sind jetzt nur noch die Vorschüsse und die Abrechnungsspitzen die Beschlussgegenstände, das heißt:

- Beim Wirtschaftsplan beschließen Sie über die Vorschüsse, also das zu zahlende **Hausgeld.**
- Bei der Jahresabrechnung beschließen Sie über **Nachschüsse oder Überschüsse**, also über zu wenig bzw. zu viel gezahltes Hausgeld, das ausgeglichen werden muss.

Bevor Sie in der Eigentümerversammlung also über die „neue" Jahresabrechnung – die nach dem neuen § 28

WEGesetz – diskutieren und die genannten Beschlüsse fassen, werden Sie sich sicherlich viele Gedanken machen, wie denn die neuen „Beschlussgegenstände" zu prüfen sind. So viel ist dem Gesetz und der Gesetzesbegründung zu entnehmen: Vorliegen muss Ihnen vor der Eigentümerversammlung

- weiterhin: der **Wirtschaftsplan** (Gesamtwirtschaftsplan und Ihr Einzelwirtschaftsplan),
- neu: eine Übersicht über die **Vorschüsse** (Liste aller Hausgeldzahlungen) und die Summe aller Vorschüsse,
- weiterhin: die **Jahresabrechnung** (Gesamtabrechnung und Ihre Einzelabrechnung),
- neu: eine Übersicht über alle **Abrechnungsspitzen**, also eine Liste der „Einforderung von Nachschüssen" und der

„Anpassung beschlossener Vorschüsse" inklusive der Abrechnungsergebnisse sowie

- neu: ein **Vermögensbericht.**

Alle diese Unterlagen sind erforderlich, damit Sie die beiden Beschlussgegenstände überprüfen und gegenprüfen können.

Neues zum Wirtschaftsplan

Der Wirtschaftsplan ist eine Aufstellung der für das Kalenderjahr zu erwartenden Ausgaben für die Verwaltung und Erhaltung des Gemeinschaftseigentums. Er enthält außerdem eine Aufstellung des Beitrags zur Ansparung von Rücklagen, in erster Linie der Erhaltungsrücklage. Stehen die Ausgaben und Beiträge fest, werden sie als Vorschüsse, damit ist das **Hausgeld** gemeint, über die Einzelwirtschaftspläne auf die Wohnungen verteilt. Neu ist, dass die WEG über die Höhe der Hausgelder den Beschluss fasst, nicht mehr über den Wirtschaftsplan insgesamt. Ist der Beschluss gefasst, sind alle Wohnungseigentümer*innen gesetzlich verpflichtet, das Hausgeld zu zahlen (siehe Teil 3 zu § 28 Abs. 1 WEGesetz).

Wie der Beschlussgegenstand zum Wirtschaftsplan genau aussehen soll oder muss, wird weder im Gesetz noch in der Gesetzesbegründung festgelegt. Demnach gibt es einen **Gestaltungsspielraum,** wie die „Hausgeldliste" aussehen kann. Denkbar ist ein Beschlussantrag mit den gebündelten Hausgeldbeträgen oder mit der Summe aller Hausgeldbeträge (die dann aber irgendwo aufgeschlüsselt erscheinen müssen). Die Auflistung und Aufschlüsselung der Hausgelder wird umso wichtiger, je mehr Baumaßnahmen jetzt von einzelnen oder Gruppen von Eigentümer*innen finanziert und je mehr andere Kostenverteilungsschlüssel nach § 16 WEGesetz beschlossen werden. Hier ein Vorschlag:

Beispiel: Hausgeldliste (SOLL-Hausgeld[10]) nach dem Wirtschaftsplan					
Wohnung Nr.	Vorschüsse (Hausgeldanteil) für die Bewirtschaftung des Gemeinschaftseigentums / Monat	Vorschüsse (Hausgeldanteil) für die Erhaltungsrücklage / Monat	Vorschüsse (Hausgeldanteil) für die Liquiditätsrücklage* / Monat	Summe der Vorschüsse (= SOLL-Hausgeld) / Monat	Summe der Vorschüsse (= SOLL-Hausgeld) / Jahr
1.	90 Euro	40 Euro	10 Euro	140 Euro	1.680 Euro
2.	110 Euro	55 Euro	15 Euro	180 Euro	2.160 Euro
3.	150 Euro	70 Euro	20 Euro	220 Euro	2.640 Euro
Gesamtsummen:				540 Euro	6.480 Euro

*) Nur, wenn von der WEG beschlossen, diese Position ist keine Pflicht

Nach Vorlage eines solchen oder ähnlichen Plans könnte der Beschlussantrag über die Vorschüsse gemäß Gesamtwirtschaftsplan so lauten: „Für 2022 werden als Vorschüsse für die Bewirtschaftungskosten und für die Rücklagen der Gemeinschaft die Beträge der vorliegenden Hausgeldliste für die einzelnen Sondereigentumseinheiten beschlossen. Die Zahlungen werden jeweils zum Ersten des Monats fällig, erstmals am 1.1.2022."

Vor der Eigentümerversammlung und der Beschlussfassung sollten Sie prüfen, ob
- wesentliche zu erwartende Einnahmen oder Ausgaben im Gesamtwirtschaftsplan vollständig aufgeführt sind,
- die Kostenverteilungsschlüssel im Gesamtwirtschaftsplan und in Ihrem Einzelwirtschaftsplan stimmen und richtig verwendet wurden,
- darüber hinaus alle Summen und Überträge korrekt sind,
- die Hausgeldliste über die Vorschüs-

---

10) Hausgelder nach Wirtschaftsplan sind immer SOLL-Beträge. Die konkrete Bezeichnung (bzw. die Differenzie-rung zwischen SOLL- und IST-Hausgeld) ist wichtig, um sie später mit dem tatsächlich gezahlten Hausgeld vergleichen zu können und um die Ermittlung der Abrechnungsspitze und des Abrechnungssaldos nachvollziehen zu können, siehe Teil 3 zu § 28 Abs. 2 WEGesetz.

se zur Bewirtschaftung und zu den Rücklagen übersichtlich und korrekt zusammengestellt ist und

- die Summe der Hausgeldliste (der Vorschüsse nach Wirtschaftsplan) stimmt. Außerdem sollte der Beschluss von einer Stellungnahme und Empfehlung des Beirats abhängig gemacht werden (siehe Teil 3 zu § 29 WEGesetz).

Neues zur Jahresabrechnung

Die Jahresabrechnung wird im Wohnungseigentumsgesetz definiert als „Abrechnung über den Wirtschaftsplan". Sie hat aber weitergehende Aufgaben. Neu: Die Hausgeldschulden und das Vermögen sollen nach dem neuen WEGesetz nun im Vermögensbericht aufgeführt werden (dazu unten mehr).

Hausbräu

Einnahmen ./. Ausgaben = Hausgelderstattung !!!

Von Eigentümer*innen gewünscht

Kombiniere: Sinn und Zweck der Jahresabrechnung

Mit der Jahresabrechnung sollen die Wohnungseigentümer*innen

- Auskunft erhalten über die Verwendung der eingenommenen Gelder (insbesondere Hausgeld der Wohnungseigentümer*innen); die Verwalter*innen haben hierüber sogar Rechenschaft abzulegen, dies dient dann auch der Kontrolle der Verwaltertätigkeiten;
- über den Stand und die Entwicklung des Vermögens der WEG informiert werden;
- über Hausgeldschulden informiert werden;
- die Aufstellung des künftigen Wirtschaftsplans festlegen können (auf der Grundlage mehrerer vorhandener Jahresabrechnungen);
- die vorhandenen Abrechnungen auf Plausibilität und auf sachliche und rechnerische Stimmigkeit überprüfen können.[11]

Auch bei der Jahresabrechnung ist neu, dass die Eigentümer*innen nach erfolgter Prüfung und Diskussion nicht mehr

---

11) Nach herrschender Rechtsprechung muss eine Plausibilitätsrechnung so erfolgen: „Die Jahresabrechnung (muss) eine Übersicht über alle tatsächlich geleisteten Einnahmen und Ausgaben enthalten und den Anfangs- und Endstand der Bankkonten angeben. Der Saldo zwischen den tatsächlich geleisteten Einnahmen und Ausgaben muss mit den Salden der Bankkonten übereinstimmen (rechnerische Schlüssigkeit: Kontenabstimmung). Nur wenn dies ohne Weiteres aus der Jahresabrechnung nachvollziehbar ist, können die Wohnungseigentümer unschwer erkennen, ob der Verwalter sämtliche Geldbewegungen der Abrechnungsperiode ordnungsgemäß erfasst hat." Niedenführ/Vandenhouten, WEG. Kommentar und Handbuch zum Wohnungseigentumsrecht, Bonn 2017, § 28 Rz. 46

über die Jahresabrechnung als Ganzes beschließen nebst sämtlicher Bestandteile, sondern allein über die **Abrechnungsspitze**, im neuen Gesetz umständlich formuliert als „Einforderung über Nachschüsse" und „Anpassung der beschlossenen Vorschüsse". Dieser Betrag ergibt sich aus dem Unterschied zwischen den tatsächlich angefallenen Kosten laut der Gesamtabrechnung und den Vorschüssen (Hausgeld) gemäß dem Wirtschaftsplan. Da Wirtschaftsplan (Kalkulation) und Jahresabrechnung (tatsächliche Kosten) so gut wie nie übereinstimmen, werden die Eigentümer*innen (fast) immer nach Ablauf eines Wirtschaftsjahrs Geld nachzahlen oder zu viel Gezahltes zurückerstattet

bekommen – dieser Betrag wird in der Verwaltungspraxis als Abrechnungsspitze bezeichnet.

Die **Abrechnungsspitze** wird so berechnet:

Hausgeld gemäß Wirtschaftsplan
- minus tatsächliche Bewirtschaftungskosten
- minus tatsächliche Beiträge zu den Rücklagen
= **Abrechnungsspitze (Nachschuss oder Überschuss)**
So kann die Abrechnungsspitze für die Gesamtabrechnung als auch für alle Einzelabrechnungen ermittelt werden.

Übersicht der Abrechnungsergebnisse und Abrechnungsspitzen/Jahr

Wohnung Nr.	Hausgeld gemäß Einzelwirtschaftsplänen	Abrechnungsergebnisse (Bewirtschaftungskosten und Rücklagenzufuhr)	Abrechnungsspitzen (= Spalte 2 minus Spalte 3), also Nachschüsse oder Überschüsse
1.	1.680 Euro	1.464 Euro	+ 216 Euro
2.	2.160 Euro	2.580 Euro	– 420 Euro
3.	2.640 Euro	3.204 Euro	– 564 Euro
Gesamtsumme	**6.480 Euro**		**–768 Euro**

Sie müssen also den errechneten Nachschuss noch nachzahlen bzw. erhalten den errechneten Überschuss zurück – das gilt natürlich nur, wenn Sie das Hausgeld auch immer korrekt bezahlt haben.

Nachzahlung oder Gutschrift? – Ein Exkurs zum Abrechnungssaldo

Die Abrechnungsspitze Ihrer Einzeljahresabrechnung entspricht noch nicht unbedingt der tatsächlich von Ihnen zu erbringenden Nachzahlung oder dem Guthaben, das Ihnen ausgezahlt wird – das ist der Abrechnungssaldo. Dieser Unterschiedsbetrag wird hier im WE-Gesetz oder in der Gesetzesbegründung nicht genannt oder erläutert, muss in der Praxis aber natürlich berechnet werden und wird häufig mit der Abrechnungsspitze verwechselt. Deshalb hier eine kurze Erläuterung.

Um genau zu erfahren, wie viel vom Hausgeld Sie nun zurückerhalten oder nachzahlen müssen, muss in der Abrechnung noch berücksichtigt werden, ob und wie viel Sie tatsächlich an Hausgeld gezahlt haben. Haben Sie den genauen SOLL-Hausgeldbetrag gemäß Ihrem Einzelwirtschaftsplan gezahlt, dann sagt Ihnen bereits Ihre Abrechnungsspitze, ob und wie viel Geld Sie zurückerhalten

oder nachzahlen müssen. Haben Sie weniger als das geforderte SOLL-Hausgeld gezahlt, sind Sie also im Rückstand, dann müssen Sie Ihr SOLL-Hausgeld mit der Abrechnungsspitze verrechnen. Das gilt umgekehrt natürlich auch, wenn Sie mehr als das geforderte SOLL-Hausgeld gezahlt haben. Es können sich ziemliche Differenzen zur Abrechnungsspitze ergeben.

Der Abrechnungssaldo wird so berechnet:

SOLL-Hausgeld gemäß Wirtschaftsplan
- IST-Hausgeld (tatsächlich gezahltes Hausgeld)
= Rückstand oder Überzahlung (im Vergleich zum Wirtschaftsplan)
+ Abrechnungsspitze
= **Saldo (Abrechnungssaldo)**

Damit für Sie und alle Miteigentümer*innen klar wird, wie viel sie für das betreffende Wirtschaftsjahr noch nachzahlen müssen oder zurückgezahlt bekommen, sollte die Verwalter*in Ihnen vor der Eigentümerversammlung auch über den Abrechnungssaldo eine Tabelle oder Übersichtsliste vorlegen. Darüber kann Ihre WEG einen **Ergänzungsbe-**

schluss fassen – also einen Beschluss allein über die tatsächlichen Nachzahlungen und Auszahlungen in Ergänzung zu dem geforderten Beschluss über die Abrechnungsspitze. Dies kann wich-tig sein, wenn bei der Berechnung der tatsächlichen Rückzahlung auch noch Rückstände aus früheren Jahren verrechnet werden, soweit ein Plus der Abrechnungsspitze dies hergibt.

XY aufgelöst: Jahresabrechnung prüfen ist nicht nur Sache des Beirats!
Prüfen sollten der Beirat und auch Sie vor der Eigentümerversammlung und Beschlussfassung, ob

- Einnahmen oder Ausgaben vollständig erfasst wurden, fehlen oder falsch sind,
- Zahlen und Verbrauchswerte stimmen und das Jahresergebnis korrekt ist,
- richtige Kostenverteilungsschlüssel angewendet werden,
- die Vorgaben zur Abrechnung nach Heizkostenverordnung korrekt umgesetzt wurden,
- nicht auf die einzelnen Eigentümer*innen zu verteilende Posten korrekt umgesetzt wurden (z.B. kann als Fehler passieren, dass aus der Erhaltungsrücklage bezahlte Maßnahmen noch einmal über die Einzelabrechnungen umgelegt, Ihnen also sozusagen zweimal in Rechnung gestellt werden).

Der Vermögensbericht

Eine **Übersicht über das Vermögen der Gemeinschaft**, der sogenannte Vermögensstatus, war nach früherer Rechtsprechung kein notwendiger Bestandteil der Jahresabrechnung. Darüber wurde kein Beschluss gefasst, da die Einnahmen-Ausgaben-Rechnung keine Vermögensaufstellung zulässt. Trotzdem wurde die Aufstellung eines Vermögensstatus immer empfohlen und von vielen Verwalter*innen umgesetzt.

Mit dem neuen Gesetz erhalten die Wohnungseigentümer*innen jetzt in § 28 Abs. 4 WEGesetz einen **Informationsanspruch** auf einen **Vermögensbericht**, der allerdings nicht Bestandteil der Jahresabrechnung ist. Als Inhalt fordert das Gesetz:

- IST-Stand der Rücklagen und
- Auflistung des wesentlichen Gemeinschaftsvermögens.

Die Summe der Hausgeldrückstände werden Sie zwar dem neuen Vermögensbericht entnehmen können, aber damit erhalten Sie keine Übersicht über das Zahlungsverhalten ihrer Miteigentümer*innen (ob es z.B. nur ein Eigentümer ist, der hohe Rückstände hat, oder ob es viele sind) und über die Zahlungsfähigkeit ihrer WEG. Je nach der Höhe der Rückstände werden aber Nachfragen erforderlich und ggf. auch Beschlüsse über das weitere Vorgehen zu fassen sein. Deshalb brauchen Sie eine Übersicht über die Hausgeldschulden (inklusive Altschulden) nach Wohnungen oder Eigentümer*innen, Jahren und ggf. Verjährungseintritt.

Kombiniere: Übersicht über Hausgeld-Rückstände sollte nicht fehlen!
Aufgrund dieser Liste können sich die betreffenden Wohnungseigentümer*innen zwar „an den Pranger" gestellt fühlen (auch wenn sie nicht namentlich genannt werden, sondern nur die Nummern ihrer Wohnungen), aber in diesem Fall hat der Datenschutz der einzelnen Wohnungseigentümer*innen hinter dem Informationsinteresse der WEG zurückzustehen.

Da die Gesamtabrechnung nur noch eine beschlussvorbereitende Funktion haben soll, müsste die **Kontrollfunktion** über das Gemeinschaftsvermögen eigentlich dem Vermögensbericht zugewiesen werden. Diesen Anforderungen wird der Vermögensbericht allerdings dann nicht gerecht, wenn nur die in der Gesetzesbegründung vorgegebenen Angaben dort aufgeführt werden. Damit Sie als die Eigentümer*innen auf einfache Art und Weise auch die Schlüssigkeit der Jahresabrechnung prüfen können, muss bzw. müssen

- Gesamtabrechnung und Vermögensbericht aufeinander abgestimmt sein,

Die Jahresabrechnung versteht sowieso keiner. Lassen Sie uns deshalb schnell zur Abstimmung kommen.

- die Gesamtabrechnung weiterhin die Kontostände der Bankkonten zu Beginn des Jahres und zum Ende des Jahres enthalten,
- im Vermögensbericht die Entwicklung der SOLL- und IST-Rücklage dargestellt sein.

Werden diese Angaben nicht gemacht, ist es komplizierter, unübersichtlicher und schwieriger, Jahresabrechnung und Vermögensbericht abzugleichen, den Zusammenhang herzustellen und überhaupt eine Plausibilitätsrechnung durchzuführen.

Seriöse, transparent arbeitende Verwalter*innen werden diese Angaben weiterhin freiwillig machen, ansonsten ist der WEG zu empfehlen, entsprechende Vorgaben im Verwaltervertrag zu vereinbaren bzw. darüber einen dauerhaft gültigen Beschluss zu fassen und diesen in den nächsten Verwaltervertrag aufzunehmen.

XY aufgelöst: Mindest-Tipps für den Verwaltervertrag

Legen Sie als Beschluss oder im Verwaltervertrag fest, dass die Verwalter*in die folgenden Übersichten und Angaben als Bestandteile der Jahresabrechnung allen Wohnungseigentümer*innen vorlegen soll:

- Übersicht über alle Hausgelder nach dem Wirtschaftsplan,
- Übersicht über die Abrechnungsergebnisse und Abrechnungsspitzen aller Wohnungen,
- Übersicht über die Abrechnungssalden aller Wohnungen,
- Übersicht über Hausgeldrückstände (inklusive noch nicht beglichener aus vergangenen Jahren),
- Anfangs- und Endstände der Bankkonten der WEG (weiterhin auch in der Gesamtabrechnung, da deren Plausibilität sonst nicht geprüft werden kann)
- Darstellung der Entwicklung der SOLL- und IST-Rücklage(n)

2.6. Bauliche Veränderungen: Zieht das Chaos in WEGs ein?

„Zementiertes" Gemeinschaftseigentum war gestern: Fensteraustausch, Heizungserneuerung, Gartenspielplatz, Sauna im Dach: Solange Ihre Wohnungseigentumsanlage nicht grundlegend umgestaltet wird, kann die Eigentümerversammlung heute **mit einfacher Mehrheit** alle möglichen baulichen Veränderungen beschließen – ganz gleich, wie viele Eigentümer*innen zur Versammlung gekommen sind und abstimmen (siehe Teil 3 zu § 20 WEGesetz). Bevor Sie jetzt vor Schreck erstarren, sei gleich das große „Aber" nachgereicht: Beschließt eine einfache Mehrheit bauliche Veränderungen, werden nach der neuen Grundregel die **Kosten der Maßnahmen** nur auf die Antragssteller*innen oder die Ja-Sager verteilt, sozusagen auf die „Koalition der Willigen"! Eine Kostenverteilung auf alle

Miteigentümer*innen ist nur möglich, wenn entweder doch eine größere „qualifizierte" Mehrheit zustimmt oder wenn sich die baulichen Maßnahmen amortisieren (siehe Teil 3 zu § 21 WEGesetz).

Als einzelne Wohnungseigentümer*in haben Sie sogar ein Recht darauf, bestimmte Veränderungen des Gemeinschaftseigentums – auf Ihre eigenen Kosten – zu verlangen, also auch gegen den Willen aller Miteigentümer*innen durchzusetzen (siehe Teil 3 zu § 20 Abs. 2 WEGesetz). Gefördert werden sollen damit sogenannte **privilegierte Maßnahmen** für

- mehr Barrierefreiheit (Rampen, Treppenlifte, Aufzüge etc.),
- E-Mobilität (Wallbox oder Ladesäule für Elektroautos etc.),

- Einbruchschutz (Fenstergitter, sichere Haus- oder Wohnungseingangstür etc.) oder
- schnellere Internet-Verbindungen (Anschluss an ein Glasfasernetz etc.).

Einen Anspruch auf solche Maßnahmen haben Sie **im Bereich des für alle zugänglichen Gemeinschaftseigentums.** Sie dürfen also etwa verlangen, dass Treppen am Eingang zum Haus mit einer Rampe überbrückt werden. Erst recht kann die WEG Ihnen solche Maßnahmen nicht untersagen, wenn sich betroffenes Gemeinschaftseigentum **im Bereich Ihrer Wohnung** befindet. So können Sie z.B. einen Beschluss erwirken, mit dem Ihnen zum Einbau einer bodengleichen Dusche ein Eingriff in den Estrich (Gemeinschaftseigentum) Ihres Badezimmers gestattet wird.

Ihr Anspruch beschränkt sich nicht nur auf die privilegierte Maßnahme an sich, also etwa das Anbringen einer E-Ladestation. Müssen dafür **weitere Änderungen** vorgenommen werden, z.B. Leitungen verlegt oder Kapazitäten aufgestockt werden, ist auch das inbegriffen. Sie können also weitreichende Maßnahmen durchsetzen, die die gesamte Versorgungsinfrastruktur betreffen oder das Gemeinschaftseigentum stark verän-

dern, etwa einen Fahrstuhl im Hausflur. **Grenzen setzt die WEG,** die Ihnen im – notwendigen! – Beschluss angemessene Auflagen machen kann: Verlangen können Sie nur, dass etwas geschieht, nicht das „Wie".

Abgesehen von vielen Einzelheiten, die bei den Neuregelungen zu den baulichen Veränderungen noch unklar sind und erst durch die Rechtsprechung näher ausgelegt werden, hat die große Baufreiheit auch Schattenseiten. So geht es in diesem Kapitel noch um einige **strategische Überlegungen.**

Ich kauf dich, ich nutz dich?!

Verlangen Sie eine bauliche Veränderung, tragen nur Sie die Kosten der Maßnahme und nur Sie dürfen die neue Installation nutzen. Das funktioniert auch prima, solange es um Veränderungen des Gemeinschaftseigentums im Bereich Ihres Sondereigentums geht: Wohnungseingangstür mit besserer Sicherung, barrierefreies Bad etc. – Sie zahlen alles, Sie nutzen es allein.

Geht es um eine Maßnahme im allgemein zugänglichen Bereich des Hauses oder Grundstücks, werden oft nicht nur Sie sich die Veränderung wünschen. Dann

MACH DAS DACH ZUM PLATZ
FÜR NEUE IDEEN.

können Sie den Antrag auch **gemeinsam mit weiteren Eigentümer*innen durchsetzen**, mit denen Sie sich alle Kosten und die Nutzung teilen. Mit Kosten sind übrigens nicht nur die Baukosten gemeint, sondern auch sämtliche Folgekosten wie Wartung, Reparaturen, Versicherung etc. Bedenken Sie dazu:

- Setzen Sie – allein oder gemeinsam mit anderen – einen Treppenlift oder gar Fahrstuhl durch, kann dieser abgeschlossen werden, sodass wirklich nur den Zahlenden die Nutzung möglich ist.
- Geht es Ihnen jedoch um eine einbruchssichere Hauseingangstür oder Rampe über die Treppenstufen draußen, **kann niemand von der Nutzung ausgeschlossen werden.** Sie zahlen die

Investition und auch die Folgekosten, während sich andere nur am Vorteil erfreuen.

Alternativ können Sie daher auch dann, wenn es um eine privilegierte bauliche Maßnahme geht, einen „normalen" Beschlussantrag stellen (§ 20 Abs. 1 WE-Gesetz) – und darauf hoffen, dass eine **Mehrheit für Ihr Projekt stimmt.** Dann müssen zumindest alle Ja-Sager für die Maßnahme zahlen. Kommt der Beschluss sogar mit einer „qualifizierten" Mehrheit zustande oder wird sich die Investition finanziell amortisieren (§ 21 Abs. 2 WE-Gesetz), werden die Kosten sogar auf alle Eigentümer*innen verteilt.

Kombiniere: In Schachzügen denken!

Ein Problem sind alle Maßnahmen, bei denen andere von der Nutzung nicht ausgeschlossen werden können (z.B. Treppenrampe): Sofern Sie annehmen, es könnte in Ihrer WEG eine (große) Mehrheit für die von Ihnen gewünschte, privilegierte bauliche Veränderung geben, stellen Sie besser zunächst einen „normalen" Beschlussantrag und berufen sich nicht auf Ihren neuen Anspruch! Vielleicht ist ja die – dann zahlende – Mehrheit dafür. In einer schlechten Position sind Sie jedoch, wenn Sie so dringend auf die Veränderung angewiesen sind, dass Sie die Ablehnung der Idee nicht riskieren können. Ist das der Fall, werden Sie Ihre Karten offenlegen müssen: Lassen Sie vorsorglich für den Fall, dass die Mehrheit sich nicht für Ihr Projekt entscheidet, auch Ihren Antrag auf einen Bauerlaubnisbeschluss auf die Tagesordnung setzen – auch wenn das strategisch natürlich Ihre Chance stark verringert, dass Sie die anderen noch mit ins Boot holen.

Mehr zum strategischen Vorgehen siehe Teil 3 zu §§ 20, 21 WEGesetz.

Energetische Sanierungen: Keine „Selbstläufer"

Ein wichtiges Ziel der WEGesetz-Reform 2020 war es, aus Klimaschutzgründen energetische Sanierungen in den WEGs zu erleichtern. So können jetzt auch Fassadendämmungen & Co. mit einfacher Mehrheit beschlossen werden. Doch wenn Eigentümer*innen davon profitieren würden, aber nicht zahlen müssen, wird wohl niemand mehr dafür stimmen. In der Praxis werden energetische Sanierungen wohl nur durchgeführt werden, wenn alle Eigentümer*innen sie mitbezahlen. Dies geht in zwei Fällen (siehe Teil 3 zu § 21 Abs. 2 WEGesetz):

- Eine „qualifizierte" Mehrheit entscheidet sich dafür (mehr als 2/3 der Stimmen in der Eigentümerversammlung, die zusammen mehr als 50 % der Miteigentumsanteile besitzen). Wie auch früher werden gute Argumente und viel Überzeugungsarbeit hierfür nötig sein.
- Es lässt sich zum Zeitpunkt der Beschlussfassung rechnerisch darstellen, dass die Investitionskosten durch Energieeinsparungen aufgewogen werden (Amortisierung). Dann reicht bereits eine einfache Mehrheit in der Eigentümerversammlung – egal wie viele teilnehmen – zur Verteilung der Kosten der Sanierung auf alle. Un-

erheblich ist, ob der Spareffekt später tatsächlich eintritt. Ein konkreter Zeitraum, innerhalb dessen sich die Sanierung rechnen muss, steht nicht im Gesetz; nach der Begründung sollen 10 Jahre meist angemessen sein. Zu amortisieren braucht sich nur der Kostenanteil, der nicht ohnehin für Reparaturen ausgegeben werden muss.

Gerade die Sache mit der Amortisierung soll laut Begründung des Gesetzgebers die energetischen Sanierungen fördern. Es darf aber bezweifelt werden, ob diese Neuerung in der Praxis tatsächlich als „Zünder" wirken wird. Zunächst wird die Rechtsprechung noch viele Details klären müssen – so z.B. die wichtige Frage, **ob Fördermittel in die Kalkulation eingehen können**. Bei der Beschlussfassung kann Ihre WEG noch gar nicht sicher sein, dass Förderanträge auch genehmigt werden, die „Töpfe" dann noch gefüllt sind. Ohne Berücksichtigung von Fördermitteln wird sich eine Amortisation hingegen nur schwer darstellen lassen, die gewünschte Erleichterung für energetische Sanierungen würde erheblich „verpuffen".

Zudem können mit dem Argument der Amortisation erste – und gut geförderte – Maßnahmen wie z.B. ein Heizungsaustausch in Ihrer WEG leichter durchgesetzt werden. Das **Errechnen weiterer Kostenvorteile wird aber immer schwieriger**, wenn dann später z.B. noch die äußere Gebäudehülle verbessert werden soll.

Das heißt: Um insgesamt zu wirklich nachhaltigen Sanierungslösungen zu kommen, darf das Berechnen der Wirtschaftlichkeit nicht den **Blick auf den Gesamtplan**, das Abwägen von Vor- und Nachteilen und die Suche nach Alternativen ersetzen! Einfließen sollten dabei auch Argumente wie Schimmelvorbeugung, Wärmeschutz und ein besseres Raumklima.

Kombiniere: Sanierungsfahrplan ist wichtiger!
Energetische Sanierungen stehen und fallen weiterhin mit der Zusammenarbeit der Eigentümer*innen, Verwalter*innen und externen Fachberater*innen. WiE stellt hierfür einen organisatorischen **Sanierungsfahrplan** kostenfrei zur Verfügung. Werden größere Projekte mit fachkundiger Unterstützung geplant, sorgfältig besprochen und koordiniert, werden sie viel eher von ausreichend vielen Eigentümer*innen gewollt und unterstützt, sodass die Hürde der Kostenverteilung auf alle oft übersprungen werden kann!

Der WEG-Sanierungsfahrplan im Überblick

Ideenphase
→ Initiative
→ Bestandsaufnahme
→ Bedarfsermittlung
→ Entwurf Sanierungsfahrplan

Vorbereitungsbeschluss
→ „Ja" zu Sanierungsplanung und Fahrplan
→ Wahl Bauausschuss
→ Auftrag an Verwaltung, Sanierung anzugehen

Konzeptphase
→ Beauftragung Planer/Energieberater
→ Energie- und Fachgutachten
→ Kosten-Nutzen-Analyse
→ Entwurf Sanierungskonzept mit
   Alternativen + Kostenplanung
→ Planungsbeschluss aufsetzen

Planungsbeschluss
→ Entscheidung, was konkret geplant werden
   soll
→ Auftrag an Verwaltung oder Planer für
   Ausführungsplanung

Ausführungsplanung
→ Ausführungspläne erstellen
→ Angebote einholen/Verträge entwerfen
→ Kostenverteilung/Finanzierung planen
→ Sanierungsbeschluss aufsetzen

Sanierungsbeschluss
→ Entscheidung über Maßnahmen,
   Kostenverteilung und Finanzierung

Ausführungsphase
→ Fördermittel beantragen
→ Verträge abschließen
→ Infos für Eigentümer/Vermieter
→ Bauausführung überwachen
→ Abnahme
→ Zahlungen/Abrechnung

Abschlussbesprechung + Feier
→ Ergebnisbetrachtung
→ Dank an Beteiligte

Nachverfolgung
→ ggf. Gewährleistung einfordern

Chaos bei Kosten und Folgekosten bedenken

Egal ob eine Maßnahme zur baulichen Veränderung des Gemeinschaftseigentums privilegiert ist oder nicht: Wenn sie sich **nicht amortisiert** und auch **keine „qualifizierte" hohe Mehrheit** dafür gestimmt hat, dann zahlen nur die Ja-Sager und alle anderen sind – wenn möglich – von der Nutzung der Veränderung ausgeschlossen: Auf den eingezäunten Spielplatz gelangen nur die Kinder aus den Wohnungen 2, 4, 7 und 12. Auf der

Dachterrasse treffen sich zum „Sundowner" nur 5 von 20 Parteien. Das muss nicht schön sein, aber es geht.

Hinter den Kulissen spielt dann der eigentliche Krimi: Die WEG, also in der Praxis die Verwalter*in, organisiert ein beschlossenes Bauprojekt und fordert von jeder Eigentümer*in, die sich beteiligt, eine Sonderumlage zur Finanzierung. Abgerechnet wird über die Maßnahme sowie über alle Folgekosten dann in der **Jahresabrechnung**, wobei die Verwalter*in die betreffenden Kosten

also nur in die Einzelabrechnungen der Beteiligten übernehmen darf. Das allein ist schon recht anspruchsvoll, zumal es ja viele verschiedene solcher Projekte in einer WEG geben kann. Noch schwieriger wird es, wenn weitere Eigentümer*innen sich erst später überlegen, dass die Mitnutzung der Sauna oder des Fahrstuhls ihnen oder ihren Mieter*innen doch gut gefallen würde. **Nachzügler** haben nämlich jederzeit das Recht, noch miteinzusteigen – gegen eine angemessene Ausgleichszahlung für die Investition sowie eine anteilige Beteiligung an den künftigen laufenden Kosten. Dann muss die Verwalter*in die Ausgleichszahlung berechnen (wie, lässt das Gesetz offen, Beispiele siehe Teil 3 zu § 21 WEGesetz), von den Nachzüglern einfordern, an die Erstinvestoren verteilen und ab dem Tag des Einstiegs die laufenden Kosten neu verteilen. Das in der Jahresabrechnung der WEG und den Einzelabrechnungen korrekt abzubilden, ist eine echte Herausforderung – und wird wohl leider eine **neue, große Fehlerquelle** sein.

Ist es also wirklich vorteilhaft, den neuen gesetzlichen Spielraum voll auszuschöpfen? Setzt jeder durch, was er kann oder will, wird das Gemeinschaftseigentum durch Einzelprojekte „zersplittert". Eine Fülle von unübersichtlichen Kosten- und Nutzungsregelungen würde für Chaos sorgen – und das wird dann keiner Eigentümer*in mehr gefallen.

Kombiniere: Vorausschauend und gemeinsam handeln!
Für alle in der WEG ist es besser, möglichst oft an einem Strang zu ziehen und bauliche Veränderungen – egal ob privilegiert oder nicht – so zu beschließen, dass alle die Kosten tragen müssen. Das geht wie gesagt, wenn sich Maßnahmen amortisieren oder von mehr als zwei Dritteln der Stimmen, denen zusammen mehr als 50 % der Miteigentumsanteile gehören, beschlossen werden (§ 21 Abs. 2 WEGesetz). Überzeugungsarbeit, möglichst viele Miteigentümer*innen bei Entscheidungen mit ins Boot zu holen, bleibt somit weiterhin äußerst wichtig.

Unbedingt zu empfehlen ist eine **mittel- und langfristige Planung** nicht nur von Erhaltungsmaßnahmen, sondern auch **von baulichen Veränderungen,** die Ihre Wohnungseigentumsanlage in einen zeitgemäßen und möglichst barrierefreien Zustand versetzen. Bringen Sie diese Sache vor und in der Eigentümerversammlung zur Sprache, am besten zusammen mit Ihrem Verwaltungsbeirat!

Was erlaubt ist, wer entscheidet und wer bezahlt

Übersicht: Erhaltung des Gemeinschaftseigentums laut WEGesetz

Maßnahme:	Entscheidung „ob?" (Wer?)	Entscheidung „wie?"	Wer zahlt?
Erhaltung – Wartung, Reparatur, Erfüllung gesetzl. Auflagen § 19 Abs. 2 Nr. 2 WEGesetz	Mehrheit der ETV (MUSS)	Mehrheit der ETV, Wahl zwischen mehreren Angeboten	Alle Eigentümer*innen
Not- oder dringliche Maßnahmen, z.B. Wasserrohrbruch § 27 Abs. 1 Nr. 2 WEGesetz	Verwalter*in (MUSS) oder einzelne Eigentümer*in § 18 Abs. 3 WEGesetz	Nur Behebung der Gefahr	
Untergeordneter Bedeutung, z.B. Leuchtmittelaustausch § 27 Abs. 1 Nr. 1 WEGesetz	Verwalter*in (MUSS);	Nur Austausch durch Gleichwertiges	
	Ausnahme: Mehrheit der ETV, wenn so festgelegt nach § 27 Abs. 2 WEGesetz	Mehrheit der ETV, Wahl zwischen mehreren Angeboten	

(ETV = Eigentümerversammlung)

Übersicht: Bauliche Veränderungen des Gemeinschaftseigentums laut WEGesetz

Maßnahme:	Entscheidung „ob"?	Entscheidung „wie?"	Wer zahlt?	Wer darf nutzen?
Alles, was über Erhaltung hinausgeht, z.B. neue Heizungsanlage, Hof- und Gartengestaltung § 20 Abs. 1 WEGesetz	Mehrheit der ETV*	Mehrheit der ETV, Wahl zwischen mehreren Angeboten	Alle bei Beschluss mit >2/3 der Stimmen und >50 % MEA oder Amortisation § 21 Abs. 2 WEGesetz Ansonsten: Nur JA-Sager § 21 Abs. 3 WEGesetz	Nur Zahlende § 21 Abs. 2, 3 WEGesetz (Ausnahme: Alle Eigentümer*innen, wenn Nutzung nicht einschränkbar ist)
Antrag Einzelner nur für sich, z.B. Saunaeinbau im Dach § 20 Abs 1 WEGesetz	Mehrheit der ETV*	Mehrheit der ETV, Ausführung so wie beantragt	Nur Antragsteller*innen § 21 Abs. 1 WEGesetz Auf späteres Verlangen dürfen andere gegen anteilige Beteiligung an der Investition und den künftigen Kosten in die Nutzung einsteigen, z.B. bei einem Fahrstuhl oder einer E-Ladestation § 21 Abs. 4 WEGesetz	
Privilegierter Antrag Einzelner, z.B. E-Ladesäule § 20 Abs. 2 WEGesetz	ETV MUSS zustimmen*	Mehrheit der ETV, angemessene Auflagen möglich		
Unwidersprochener Anspruch Einzelner, z.B. Balkonanbau § 20 Abs. 3 WEGesetz	ETV MUSS zustimmen*	Mehrheit der ETV, Ausführung so wie beantragt		

*) Veränderungssperre (§ 20 Abs. 4 WEGesetz): Bauliche Veränderungen, die die Wohnanlage grundlegend umgestalten oder die einen Wohnungseigentümer*in ohne dessen Zustimmung unangemessen benachteiligen, sind nicht zulässig.

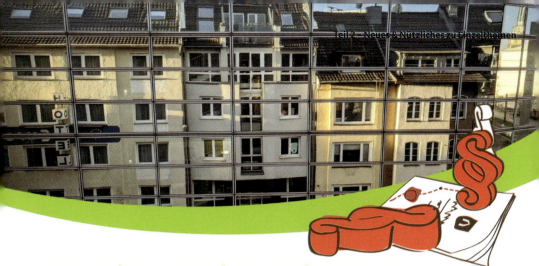

2.7. Vermietung: Wohnungseigentums- und Mietrecht jetzt inniger vereint?

Sie vermieten Ihre Eigentumswohnung? Das Mietrecht im Bürgerlichen Gesetzbuch (BGB) und das WEGesetz sind nur unzureichend aufeinander abgestimmt. Eine grundlegende **Harmonisierung** ist auch mit dem neuen WEGesetz nicht erfolgt. Änderungen gab es jedoch in drei wichtigen Bereichen:

- **Mieteranspruch auf privilegierte bauliche Maßnahmen:** Auch Mieter*innen dürfen neben Barrierefreiheit jetzt auch E-Mobilität, Einbruchschutz und schnelles Internet verlangen.
- **Neuer Duldungsanspruch gegenüber Mieter*innen:** Nicht mehr verhindern können Mieter*innen bauliche Veränderungen des Gemeinschaftseigentums durch die WEG (oder andere Eigentümer*innen).

- **Erleichterungen für die Betriebskostenabrechnung:** Ist zwischen den Mieter*innen und Ihnen nichts anders vereinbart, gelten die Kostenverteilungsschlüssel der WEG auch für das Mietverhältnis.

Weil auch das alles nicht so einfach ist, als dass es in drei Sätzen abschließend zu behandeln wäre, folgen einige Erläuterung. Zudem erfahren Sie, was die Reform zu verbessern verpasst hat.

Neue Umbaurechte mit Fußangeln

Die sogenannten privilegierten baulichen Veränderungen sind gesellschaftspolitisch erwünscht. Daher gibt es den Anspruch, Maßnahmen für Barrierefreiheit, E-Mobilität, Einbruchschutz und schnelles Internet **auf eigene Kosten** durchführen zu dürfen, nicht nur für Wohnungseigentümer*innen gegenüber ihren WEGs (siehe Teil 3 zu § 20 Abs. 2 WEGesetz). Mit dem neuen WEGesetz wurde auch das **Mietrecht geändert** – der neue § 554 BGB wirkt sich für alle Mieter*innen aus – egal ob sie eine Wohnung, ein Einfamilienhaus oder eine Gewerbeeinheit gemietet haben.

Der Fall: Vier Mieterprivilegien und die Frage nach der Geduld
Das Ermittler-Team „Hawaii Five-O" hat sich für den Einsatz gegen einen internationalen Waffenschmugglerring eine große Wohnung auf Rügen gemietet. Direkt nach dem Einzug im August nehmen sie sich den Vermieter zur Brust: Steven McGarrett verlangt neue Sicherheitsschlösser an der Wohnungstür und auch unten an der Haustür, die ganz leicht mit einem Tritt zu öffnen war. Danno Williams will einen Treppenlift, sonst schafft er es mit seinem kaputten Knie nicht bis in den 5. Stock. Chin Ho Kelley muss seinen E-Sportwagen auf dem gemieteten Garagenstellplatz laden und braucht eine Wallbox. Kono Kalakaua kann die Computersysteme des Teams nicht ins Laufen bringen ohne Anschluss der Wohnung ans schnelle Glasfasernetz, das unlängst bis vor die Grenzen des Grundstücks verlegt worden ist. Der Vermieter warnt, diese Maßnahmen würden das Team Tausende Euro kosten, wofür er von McGarrett nur ein Lächeln erntet. Das verschwindet jedoch, als der Vermieter weiter erklärt, er könne die Umbauerlaubnis ohnehin erst nach der nächsten Eigentümerversammlung erteilen – also voraussichtlich im kommenden Juli! Als Vermieter müsse er den Gestattungsbeschluss – also die Bauerlaubnis, ins Gemeinschaftseigentum einzugreifen – erst selbst von der WEG einholen, die für die einzelnen Baumaßnahmen Auflagen machen könne. Dann wäre noch zu klären, was das Team selbst veranlasst und was der Vermieter in Auftrag gibt und weiterberechnet und, und, und … Doch Five-O verlässt die Wohnung, noch bevor er ausgesprochen hat. „Germans", brummt McGarrett verdrießlich, „keine Zeit für eure Bürokratie, wir müssen die Welt retten."

Mieter*innen bekommen **kein gesetzliches Umbaurecht „auf eigene Faust"**. Sie brauchen für privilegierte bauliche Maßnahmen an Ihrer Wohnung oder Ihrem Stellplatz Ihre Zustimmung. Ist das Gemeinschaftseigentum mitbetroffen, etwa der Hausflur oder die Internet- und Elektroinstallation, kommt auch die WEG mit ins Spiel. Diese muss den Umbau gestatten und kann auch angemessene Auflagen zur Art und Weise machen – die reichen die Vermieter*innen dann an Ihre Mieter*innen weiter. Sie sind also im Prinzip nur verpflichtet, den WEG-Beschluss schnellstmöglich einzuholen, also bei der nächsten Eigentümerversammlung auf die Tagesordnung zu setzen.

Keinen Anspruch auf privilegierte bauliche Veränderungen haben Ihre Mieter*innen, wenn **Ihnen** die **Zustimmung nicht zugemutet** werden kann. So kann nicht von Ihnen verlangt werden, dass Sie bereits zustimmen, während Sie noch gegen Ihre WEG auf den Gestattungsbeschluss, also die Bauerlaubnis, klagen (eine solche Klage werden Sie wohl führen müssen, wenn Ihre WEG „uneinsichtig" ist). Auch müssen Sie keiner Maßnahme zustimmen, die nicht mit Brandschutz, Fluchtwegen oder anderen gesetzlichen Vorgaben vereinbar ist. Welche Änderungen an Ihrem Eigentum Ihnen darüber hinaus zumutbar sind, ist auslegungsfähig. Im Zweifel muss ein Gericht entscheiden, das die Interessen abwägt. So wird vermutlich eine Mieterin in einem stark renovierungsbedürftigen Altbau, in dem schon die normale Elektrik erneuerungsbedürftig ist, keinen Anspruch auf eine E-Ladestation durch-

setzen können, wenn es gleich neben dem Haus eine öffentliche E-Tankstelle gibt. Sie sehen: Hier öffnet sich eine **Grauzone**.

Wenn Sie dem Antrag der Mieter*in grundsätzlich zustimmen, sind noch **viele Fragen im Detail** zu klären: Wie wird beim Auszug mit einer Installation verfahren, die Mieter*innen bezahlt haben? Sind diese zum Rückbau verpflichtet? Müssen Sie, wenn die Sache bleibt, Wertersatz leisten? Wer haftet für Fehlfunktionen, wenn etwa das gemeinschaftliche Stromnetz Aussetzer hat – Sie? Legen Sie das alles am besten in einem Zusatz zum Mietvertrag fest, ohne gesetzliche Mieterrechte nach dem BGB auszuhebeln.

Wenn Mieter*innen für den Rückbau verantwortlich sind, sollten Sie dafür eine **Sonderkaution** erhalten. Das ist nach dem neuen § 554 Abs. 1 BGB zwar möglich, aber Sie können es nicht verlangen! Mieter*innen können Ihnen eine solche Sicherheit nur „freiwillig" anbieten – damit Sie sich etwa nicht darauf berufen, dass das Umbauverlangen nicht zumutbar ist, und die Sache vor Gericht geht. Das heißt im Klartext: In allen eindeutigen Fällen werden Sie keine Sonderkaution erhalten, was dann Ihr finanzielles Risiko erhöht.

> **XY aufgelöst: Gemengelage bleibt schwierig!**
> Verlangen Ihre Mieter*innen die genannten baulichen Veränderungen von Ihnen, sollten Sie sich unbedingt rechtlich beraten lassen – und eine Zusatzvereinbarung zum Mietvertrag aufsetzen, die möglichst wasserdicht alle Fragen klärt. Ohne Rechtsberatung werden Sie Ihre Interessen mit denen der Mieter*innen und denen Ihrer WEG kaum in Einklang bringen können.

Brandneue Duldungspflicht für Mieter*innen

Eine Verbesserung ergibt sich aus dem neuen § 15 WEGesetz. Erstmals werden Ihre Mieter*innen verpflichtet, **Wartungen, Reparaturen und Baumaßnahmen zu dulden**, die von der WEG veranlasst sind oder anderen Eigentümer*innen von der WEG gestattet worden sind. Einerseits betrifft das Auswirkungen wie Baulärm, andererseits Änderungen in der gemieteten Wohnung wie neue, andere Fenster sowie Einschränkungen des Gebrauchs von Gemeinschaftseigentum, etwa wenn im Treppenhaus ein Fahrstuhl installiert wird und daher künftig Platz für den Kinderwagen fehlt.

Früher gab es die Problematik, dass die Duldung der Maßnahmen eine Ankündigung durch Sie als Vermieter*in voraussetzte. Oft hatten Sie aber gar nicht (rechtzeitig) alle Informationen, um diese Pflicht zu erfüllen. Dann konnten Mieter*innen von der Gemeinschaft beschlossene Baumaßnahmen verhindern, etwa indem sie die Handwerksunternehmen gar nicht erst in ihre Wohnung ließen. Das galt auch für den Fall, dass Vermieter*innen ihre Ankündigungsfrist einfach gar nicht erfüllt haben. Heute hingegen ist Voraussetzung für den **Duldungsanspruch** nur noch, dass die Bauenden Ihren Mieter*innen **alle Maßnahmen ankündigen**, und zwar rechtzeitig und mit vorgeschriebenen Inhalten. Bei einer Maßnahme der WEG wird also die Verwalter*in alle Mieter*innen im Haus wie vorgeschrieben informieren (siehe Teil 3 zu § 15 WEGesetz).

In den genannten Fällen behalten Ihre Mieter*innen Ihnen gegenüber durchaus alle ihre Rechte, etwa auf **Mietminderung oder Schadensersatz** (z.B. fürs Entfernen von Farbflecken auf dem Teppich nach einem Fensteranstrich. Diese Kosten können Sie sich dann von der WEG ersetzen lassen, die sie ihrerseits vom schuldigen Handwerksunternehmen einfordern muss).

Genauso kann es sein, dass Sie nach einer Modernisierung durch die WEG gemäß mietrechtlichen Vorschriften die **Miete erhöhen** dürfen (§ 559 BGB), sofern auch Sie die Maßnahme wie vorgeschrieben rechtzeitig ankündigen. Dann kann es sein, dass die zu erwartende Mieterhöhung für Ihre Mieter*innen eine erheblich Härte darstellt. Deswegen dürfen sie dann zwar der WEG gegenüber nicht die Duldung verweigern, aber Ihnen gegenüber kann dann ein Sonderkündigungsrecht bestehen.

Das heißt für Sie als Vermieter*in: Wenn die WEG und andere Wohnungseigentümer*innen Ihren Mieter*innen Maßnahmen nach dem WEGesetz ankündigen müssen, dann müssen Sie das ebenfalls tun – und zwar auf der Grundlage der Vorschriften des BGB! Das eine ersetzt das andere nicht. In der Praxis ist es nicht notwendig, dass Mieter*innen doppelt informiert werden. Das kann **in einer Ankündigung zusammengefasst** werden. Es bieten sich zwei Möglichkeiten an:
• Die Ankündigung des Bauenden (WEG, andere Eigentümer*in) erfolgt gleichzeitig im Namen der Vermieter*innen – unproblematisch bei Erhaltungsmaßnahmen, weil es da nicht um eventuelle Modernisierungsmieterhöhungen geht.

- Sie nehmen in Ihre Ankündigung die Ankündigung der oder des Bauenden mit auf – bessere Lösung bei baulichen Veränderungen, wegen derer sich die Miete oder die Betriebskosten erhöhen. Denn so etwas muss in Ihrer Ankündigung extra erwähnt sein: Zu nennen ist der Betrag der zu erwartenden Mieterhöhung und der künftigen Betriebskosten sowie ggf. die zu erwartende Energieeinsparung, siehe § 555c BGB.

Wird einer dieser beiden Wege gewählt, sollte Ihre WEG das bereits **im Beschluss festlegen**, mit dem sie über eine eigene Erhaltungsmaßnahme oder bauliche Veränderung entscheidet oder mit dem die WEG eine Maßnahme gestattet. Wird keine der beiden Möglichkeiten gewählt, dann informieren Sie Ihre Mieter*in zu-

sätzlich! Um Ihre Ankündigungspflicht stets zu erfüllen, behalten Sie die Bau-Beschlüsse der WEG und die Gestattungs-Beschlüsse der WEG zugunsten von Miteigentümer*innen gut im Blick!

Jetzt wird abgerechnet

In § 556a BGB steht, wie Sie als Wohnungseigentümer*in die Betriebskosten mit Ihren Mieter*innen abrechnen – sofern das nicht eine anderweitige gesetzliche Vorschrift regelt (z.B. die Heizkostenverordnung). Vor der Reform gab es keine **Sonderregeln für das Wohnungseigentum**. Das hat sich geändert (neuer § 556a Abs. 3 WEGesetz): Sie können umlegbare Betriebskosten jetzt nach dem Verteilungsschlüssel weiterreichen, der in ihrer **Einzelabrechnung** steht. Folgende Einschränkungen gibt es jedoch:

Der Fall: Wer zahlt drauf?

Verhaftet, freut sich Kommissar Stephan Derrick und wendet sich an seinen Assistenten: „Harry, hol schon mal den Wagen." Während des Wartens hat er Zeit, gute Worte für Folgendes zu finden:

Derrick hat seine Zweitwohnung von 50 qm in Neuperlach an Inspektor Harry Klein vermietet. Im Mietvertrag ist zur Betriebskostenabrechnung nichts gesagt. Die Müllgebühren der WEG betrugen sowohl für 2019 als auch für 2020 insgesamt 500 Euro, sie werden von der WEG nach der Anzahl der Wohnungen verteilt: 500 Euro geteilt durch 10 Wohnungen – 50 Euro entfallen auf die Wohnung von Stephan Derrick. Die kann er in der Betriebskostenabrechnung 2020 einfach so an seinen Mieter weitergeben.

In der Betriebskostenabrechnung 2019 ging das noch nicht. Da hatte Derrick noch mit detektivisch akribischer Mühe herausfinden müssen, wie groß die Wohnungen aller anderen waren – er kam inklusive seiner eigenen auf 800 qm. Somit konnte er Klein nur (500 Euro : 800 qm x 50 qm =) 31,25 Euro weiterberechnen.

Der rechnerische Aufwand war vor der WEGesetz-Reform 2020 also nicht nur größer, der Kommissar zahlte in seinem speziellen Fall auch noch drauf! Dass damit jetzt Schluss ist, teilt Derrick seinem Assistenten auf der Fahrt nach Hause mit. Klein verlangt prompt eine Gehaltserhöhung, die nach Beamtenrecht aber wohl nicht durchsetzbar ist ...

- Sie dürfen im Mietvertrag nichts anderes vereinbart haben – eine Regelung darin geht vor.
- Der in der WEG geltende Verteilungsschlüssel darf nicht „erheblich" ungerecht sein – sonst müssen Sie doch die Wohnfläche zugrunde legen, wie es früher grundsätzlich der Fall war.

Im Wohnungseigentum wird im Regelfall nach Miteigentumsanteilen abgerechnet (§ 16 WEGesetz). Per Beschluss kann Ihre WEG das aber jederzeit ändern. So können z.B. Müllgebühren nach der Anzahl der Wohnungen verteilt werden. Das heißt, Ihre Betriebskostenabrechnung wird – erstmals für 2020 – deutlich einfacher, sofern Sie im Mietvertrag keine anderen Kostenverteilungsschlüssel als die in Ihrer WEG geltenden vereinbart haben. Möchten Sie den Mietvertrag deshalb ändern, geht das aber nur mit Zustimmung der Mieter*in.

Kombiniere: Rechnen Sie nach, was sich lohnt!

Ein im Mietvertrag vereinbarter Kostenverteilungsschlüssel kann für Sie wirtschaftlich vorteilhafter als der in der WEG geltende Schlüssel sein. Dann möchten Sie vielleicht die schwierigere Betriebskostenabrechnung weiter in Kauf nehmen. Prüfen Sie das, bevor Sie den Mieter*innen eine Änderung vorschlagen bzw. wenn Sie bei einer Neuvermietung einen neuen Vertrag abschließen!

XY aufgelöst: Unsicherheit bleibt!

Als Vermieter*in werden Sie auch künftig oft nicht in der Lage sein, Ihre Pflichten als Wohnungseigentümer*in gegenüber der WEG zu erfüllen, ohne die Rechte Ihrer Mieter*in zu verletzen. Zum Beispiel hätte im WEGesetz festgelegt werden können, dass für Mieter*innen in Wohnungseigentumsanlagen immer die aktuelle WEG-Hausordnung gilt. Schade, hier wurde eine Chance der Reform glatt verpasst.

Weitere Harmonisierung: Fehlanzeige

Praktische Probleme ergeben sich, wenn Ihre Mieter*innen sich ans Mietrecht und den Mietvertrag halten, aber dieser nicht mit Vereinbarungen und Beschlüssen der WEG übereinstimmt. Dann will die WEG, dass Sie als Vermieter*in Ihre Mieter*in zur Raison bringen, aber Sie haben gar **keine Handhabe** dafür. Solche Situationen sind nach wie vor kaum zu lösen – die Gerichte entscheiden dann mehr oder weniger logisch im Einzelfall - siehe Beispiel auf der nächsten Seite.

Der Fall: Schmerzensgeld als Lösung?

Nach einem schwierigen Fall sitzt Stephan Derrick mit Harry Klein am Kneipentisch und lässt sich überreden, seinem Mieter die häusliche Haltung von zwei Krokodilen zu erlauben. Die ungewöhnliche Idee des ansonsten sehr bürgerlichen Inspektors hinterfragt er nicht, der Tag war hart ... Sie vereinbaren das schriftlich mit einer Notiz auf dem Bierdeckel. Klein legt sich die Reptilien zu – und seine „Berechnung" geht ganz schnell auf: Auf Betreiben einer Nachbarin beschließt die WEG, die Hausordnung zu ändern und Reptilienhaltung zu verbieten. Klein beruft sich auf den schriftlichen Zusatz zu seinem Mietvertrag und gibt vor, er wolle die Krokodile nicht hergeben. So ist Derrick in einer rechtlichen Zwickmühle – nur ein Gericht kann den Fall rechtlich durch Abwägung lösen. Verklagt Derrick seinen Mieter nicht, wird er selbst von seiner WEG verklagt werden, seinen Mieter zu verklagen. Damit er sich also kein salomonisches Urteil erkaufen muss, bietet er Klein an, ihm bei einem freiwilligen Verkauf der Tiere auch noch einmal den Anschaffungspreis als Ausgleich für den Trennungsschmerz zu zahlen. Klein schlägt ein – und weint Krokodilstränen beim Abschied. Da er zuvor mit einer Gehaltserhöhung gescheitert war, hat er jetzt wenigstens einen kleinen Ausgleich erzielt.

2.8. Beschlussanfechtungen und andere Klagen: Miteinander ins Gericht gehen

Sie sind mit einem Beschluss Ihrer WEG nicht einverstanden? Die WEG will etwas nicht beschließen, was Sie für gut und richtig halten? In solchen und weiteren Fällen führt manchmal kein Weg daran vorbei, die Sache vor eine neutrale Instanz zu bringen, nämlich durch ein Gericht entscheiden zu lassen. Relevant im Wohnungseigentum sind die in diesem Kapitel besprochenen Klagen. An der ausschließlichen **Zuständigkeit des Amtsgerichts**, in dessen Bezirk das Grundstück Ihrer WEG liegt, hat sich im neuen Recht nichts geändert.

Im Folgenden geht es also zunächst um die drei Varianten der **Beschlussklagen** (§ 44 Abs. 1 WEGesetz): Gegen einen Beschluss können Sie als Eigentümer*in entweder mit einer Anfechtungsklage oder einer Nichtigkeitsklage vorgehen. Wenn Sie erreichen wollen, dass ein abgelehnter Beschluss doch zustande kommt, ist die Beschlussersetzungsklage der richtige Weg. Allen Beschlussklagen ist gemeinsam, dass sie nach dem neuen § 44 Abs. 2 WEGesetz nicht mehr gegen die übrigen Wohnungseigentümer*innen, sondern **gegen die WEG** gerichtet werden müssen. Im Anschluss an die Beschlussklagen werden dann noch besondere Fragen behandelt:

- Klagen unter Eigentümer*innen,
- Klagen zwischen WEG und Eigentümer*innen,
- Klagen gegen Verwalter*innen,
- Spezialthema Streitverkündung,
- Klagen Dritter gegen die WEG oder Sie,
- Selbstverwaltung,
- Vorteile einer Nebenintervention und

- schließlich die wichtige Frage der Streitwertberechnung, also wie teuer es vor Gericht für Sie werden könnte.

Anfechtungsklage – so verteidigen Sie Ihr gutes Recht

Schauen Sie sich zunächst die **Anfechtungsklage** an. Ziel ist es, einen gefassten Beschluss wieder „loszuwerden", da Sie ihn für nicht ordnungsmäßig halten und nicht wollen, dass er umgesetzt wird. Die Anfechtung ist beispielsweise die richtige Klageart in folgenden Fällen:

- Beschluss über „falsches" **Hausgeld:** Die WEG hat über die sich aus dem Wirtschaftsplan ergebenden Vorschüsse (= Hausgeld) beschlossen, doch ein Verteilungsschlüssel war falsch angesetzt. So müssen einige Eigentümer*innen zu wenig, andere zu viel zahlen. Daher können Sie wie auch alle anderen Eigentümer*innen einen solchen Beschluss anfechten.
- Beschluss über die **Entlastung** der Verwalter*in: Stellen Sie sich vor, Ihnen entsteht ein Schaden an Ihrem Parkett, weil Ihr Verwalter es versäumt hat, einen Beschluss auf Reparatur der Balkontür umzusetzen. Unklar ist, ob Sie nach der Gesetzesänderung dann noch einen Direktanspruch auf Schadenersatz gegen den Verwalter haben.[12]

Sicher ist nur, dass Sie gegen die WEG vorgehen können, die dann ihrerseits beschließen muss, den Verwalter in Regress zu nehmen. Damit das möglich bleibt, darf die WEG den Verwalter aber für den betreffenden Zeitraum nicht entlasten! Geschieht das dennoch, können Sie oder andere den Entlastungsbeschluss anfechten, weil er gegen ordnungsmäßige Verwaltung verstößt. (Unabhängig davon sollten WEGs Verwalter*innen generell gar nicht entlasten und ggf. Klauseln im Verwaltervertrag streichen, nach denen ein Recht auf Entlastung besteht. Denn die Entlastung ist keineswegs Pflicht!)

Für die Erhebung der Anfechtungsklage gilt eine recht kurze **Frist**, nämlich nur 1 Monat, gerechnet ab der Verkündung der Beschlussfassung. Die Anfechtung muss außerdem binnen 2 Monaten nach der Verkündung begründet werden, § 45 WEGesetz. Hier hat sich die Rechtslage nicht geändert. Wenn eine Frist an einem Samstag, Sonntag oder bundeseinheitlichen Feiertag abläuft, verlängert sie sich bis zum Ablauf des nächsten Werktags.

---

12) Lehmann-Richter/Wobst, WEG-Reform 2020, Köln 2020, Rz. 58 ff.; kritisch, aber befürwortend: Dötsch/ Schultzky/Zschieschak, WEG-Recht 2021, München 2021, Kap. 13, Rz. 90 ff. WiE fordert das Fortbestehen der Direktansprüche, mehr dazu siehe Seite 119 f.

Allein die Anfechtungsklage beseitigt den Beschluss (noch) nicht. Beispielsweise läuft Ihre Pflicht zur Zahlung des Hausgelds weiter oder Ihre Verwalter*in kann ein Handwerksunternehmen mit einer beschlossenen Sanierungsmaßnahme beauftragen. Werden damit Fakten geschaffen die nicht oder nur sehr schwer rückgängig zu machen sind? Dann können Sie neben der Anfechtungsklage auch den Erlass einer **einstweiligen Anordnung** beantragen, nach der die WEG mit der Beschlussumsetzung auf das Urteil warten soll. Ob Sie damit Erfolg haben, hängt aber vom Einzelfall ab.

Ist die Anfechtungsklage erfolgreich, erklärt das Gericht den Beschluss für **ungültig** – und zwar rückwirkend (§ 44 Abs. 3 WEGesetz). Wurde mit der Beschlussumsetzung dann bereits begonnen, ist das rückgängig zu machen. Scheitert die Klage hingegen, wird der Beschluss **bestandskräftig**; dann müssen sich also fortan alle an den Beschluss halten.

Nichtigkeitsklage – gefasste Beschlüsse haben „nie existiert"

Die Klage auf Feststellung der Nichtigkeit (kurz: **Nichtigkeitsklage**) hat ebenfalls zum Ziel, dass ein Beschluss nicht gelten soll. Das Gericht soll aber im Unterschied zur Anfechtungsklage feststellen, dass der Beschluss niemals gegolten hat. Der Unterschied mag kleinlich erscheinen, ist er aber nicht. Denn ein nichtiger Beschluss entfaltet **von Anfang an keine Rechtswirkung**, er darf also von Verwalter*innen gar nicht umgesetzt werden. Es kann nötig sein, die Nichtigkeit feststellen zu lassen. Das kann jederzeit geschehen, wenn Streit darüber aufkommt

– also auch dann, wenn der Beschluss fälschlicherweise längst umgesetzt wird oder worden ist! Für die Nichtigkeitsklage gelten **keine Fristen**.

Eine Nichtigkeitsklage kommt in Betracht, wenn die WEG für einen Beschluss **keine Beschlusskompetenz** hatte. Eine solche Kompetenz besteht nur in Angelegenheiten der Verwaltung des Gemeinschaftseigentums und -vermögens, also gemäß Abschnitt 4 WEGesetz. So darf die WEG z.B. per Beschluss die Kosten für

Erhaltungsmaßnahmen verteilen oder eine Verwalter*in bestellen – macht sie Fehler dabei, ist das „nur" anfechtbar, aber nicht nichtig. Aber die WEG darf gar nicht beschließen, dass z.B. die Teilungserklärung geändert wird, um Gemeinschaftseigentum in Sondereigentum umzuwandeln. Nichtig ist zudem auch

ein Beschluss trotz Beschlusskompetenz, wenn er nämlich **gegen zwingende gesetzliche Vorschriften** verstößt (z.B. darf die Vertretungsmacht der Verwalter*innen nicht eingeschränkt werden).

Nach früherem Recht wurde im Rahmen einer Anfechtungsklage zugleich geprüft, ob ein Nichtigkeitsgrund vorliegt. Diese gerichtliche Pflicht gibt es nun nicht mehr, weil der neue § 44 WEGesetz Anfechtungs- und Nichtigkeitsklagen als getrennte Klagearten ausformuliert hat. Deshalb sollten Sie, falls möglich, Anfechtungs- und Nichtigkeitsgründe in einer Klage geltend machen, also bei einer Anfechtung „hilfsweise" auch den Antrag auf Feststellung der Nichtigkeit stellen (und eventuelle Nichtigkeitsgründe darstellen). § 44 Abs. 2 Satz 3 WEGesetz sieht vor, dass mehrere Klagen gegen einen Beschluss zur gemeinsamen Verhandlung gebündelt werden sollen. Das gilt auch für eine Anfechtungs- und eine Nichtigkeitsklage gegen denselben Beschluss.

Beschlussersetzungsklagen – Ihr Recht auf eine „Mission"

Ziel einer Beschlussersetzungsklage ist es, einen **Beschluss herbeizuführen**, auf den Sie ein Recht haben. Damit können

Sie sich also wehren, wenn Ihr berechtigter Antrag in der Versammlung mangels Mehrheit abgelehnt wird oder gar nicht zur Abstimmung kam. Sie klagen dann darauf, dass das Gericht den Beschluss ersetzt.

Auch nach der neuen Gesetzeslage soll es ausreichen, wenn Sie mit der Klage das „**Rechtsschutzziel**" formulieren – also **das, was Sie erreichen wollen.**[13] Beispiele: Sie wollen, dass
- Ihr defektes Fenster ausgetauscht wird (notwendige Erhaltungsmaßnahmen muss die WEG beschließen) oder
- Ihnen gestattet wird, einen Treppenlift einzubauen (darauf haben Sie jetzt einen Anspruch).

Was im Beschluss konkret festgelegt wird, liegt dann im Ermessen des Gerichts; dieses hat genauso viel Spielraum, wie die WEG gehabt hätte. Es kann also z.B. Auflagen zur Art der Umsetzung machen. Wollen Sie das nicht, können Sie Ihre Klage auch konkreter formulieren – riskieren dann aber eher, dass sie abgewiesen wird, wenn Ihr Anspruch so weit eben nicht geht.

Auch künftig ist **Voraussetzung** für eine Beschlussersetzungsklage, dass die WEG sich mit Ihrem Anliegen vorher befassen konnte. Das heißt, ein von Ihnen eingebrachter Tagesordnungspunkt wurde nicht beachtet oder nicht in Ihrem Sinn beschlossen, obwohl Sie einen Anspruch darauf haben. Die Klage kann hingegen nicht dazu benutzt werden, die WEG zu überraschen.

Klagen unter Eigentümer*innen – Ihr Mittel gegen „teuflische Nachbarn"

Unter § 43 Abs. 2 Nr. 1 WEGesetz fallen alle Streitigkeiten über die Rechte und Pflichten der Wohnungseigentümer*innen untereinander. Es bleibt dabei, dass die Streitigkeiten einen wohnungseigentumsrechtlichen Bezug haben müssen. Fälle, in denen sich Eigentümer*innen „nur zufällig" als Gegner*innen gegenüberstehen, zählen also nicht darunter.

Neu: Nicht mehr Sie, sondern nur noch die WEG kann von Miteigentümer*innen eine **Unterlassung von Störungen im Gemeinschaftseigentum** fordern. Sie können gegen andere Eigentümer*innen nur dann rechtlich einschreiten, wenn Ihre Wohnung betroffen ist – dann muss sich die WEG heraushalten. Das ist jetzt also sauber getrennt. Von Bedeutung ist das vor allem bei Unterlassungsansprüchen:

---

13) Dötsch/Schultzky/Zschieschak, WEG-Recht 2021, München 2021, Kap. 14, Rz. 139 f.; Bundestags-Drucksache 19/18791, WEMoG, Gesetzentwurf der Bundesregierung, S. 82.

- Spielt jemand im Haus nachts Klavier und verstößt damit gegen die Hausordnung, kann die WEG und nur die WEG die Einhaltung der Hausordnung fordern und durchsetzen.
- Stört der nächtliche Lärm Sie in Ihrer Wohnung nachhaltig beim Schlafen, können Sie von der Miteigentümer*in Unterlassung der Störung fordern – das kann die WEG nicht an Ihrer Stelle tun. Auch die Unterlassung von Beleidigungen können Sie von einer Miteigentümer*in fordern, wenn die Beleidigung in der Eigentümerversammlung erfolgte[14] (und eben nicht nur zufällig beim Einkaufen in demselben Supermarkt).

Kombiniere: Schlichtungsverfahren oft Pflicht!
Bei Unterlassungsansprüchen wegen Störungen durch Geräusche, Gerüche, Dämpfe o.ä. oder Beleidigungen ist in den meisten Bundesländern vor der Erhebung einer Klage das Schlichtungsverfahren vor der Schiedsperson der jeweiligen Gemeinde durchzuführen. Das gilt auch, wenn die WEG solche Ansprüche geltend macht.

Klagen zwischen WEG und Eigentümer*innen

Der Wortlaut von § 43 Abs. 2 Nr. 2 WEGesetz ist nach der WEG-Reform 2020 zwar unverändert geblieben. Während früher aber im Wesentlichen Klagen der WEG auf rückständiges Hausgeld hierunter fielen, werden Klagen von Eigentümer*innen gegen den Verband WEG – den unsichtbaren Träger der Verwaltung des Gemeinschaftseigentums – erheblich steigen. Hierunter fallen jetzt nämlich auch **Leistungsklagen** und **Schadensersatzklagen** der Wohnungseigentümer*innen gegen die WEG. Eine solche Klage ist zu richten an die WEG, vertreten durch die Verwalter*in, da diese ja das handelnde Organ der WEG ist.

Mit einer Leistungsklage können Sie **ein bestimmtes Handeln erzwingen, zu dem die WEG (vertreten durch die Verwalter*in) verpflichtet wird.** Beispiele sind Klagen auf
- Einsicht in die Verwaltungsunterlagen,
- Einberufen der WEG-Versammlung,
- Vorlage des Wirtschaftsplans/der Jahresabrechnung/des Vermögensberichts,
- Durchführung von Beschlüssen.

14)   BGH, 17.11.2016, Az. V ZB 73/16

Wie das erstrittene Urteil dann zu vollstrecken ist, hängt von der Art der Leistung ab. Bei der Erstellung und Vorlage von Wirtschaftsplan und Jahresabrechnung handelt es sich um sogenannte **unvertretbare Handlungen**, die eben nur die Verwalter*in vornehmen kann. Weigert diese sich, wird das Urteil durch Zwangsgeld oder Zwangshaft vollstreckt.

- Da sich das Urteil aber gegen die WEG richtet, ist das misslich: Dann muss die WEG das Zwangsgeld zahlen und kann erst in einem zweiten Schritt die Verwalter*in in Regress nehmen. Soweit das Gericht – in der Praxis wohl selten – eine Zwangshaft verhängt, würde diese die Verwalter*in direkt treffen.
- Versuchen Sie, bei Gericht direkt die Zwangshaft zu beantragen, das schmerzt eine Verwalter*in natürlich mehr, als vom WEG-Konto Zwangsgeld zu bezahlen. Wie sich die Gerichte dazu stellen, muss sich erst noch zeigen.

Die Durchführung eines Beschlusses (z.B. einer Sanierung) ist hingegen eine **vertretbare Handlung**. Die Vollstreckung eines Urteils erfolgt durch **Ersatzvornahme** – das bedeutet, dass Sie als erfolgreiche Kläger*in ermächtigt werden, den Auftrag selbst zu vergeben und die Maßnahme durchzuführen, z.B. Ihr Fenster wie beschlossen austauschen zu lassen.

Sie können dazu bereits mit der Klage beantragen, dass die WEG für den Fall der Nichterfüllung innerhalb einer bestimmten Frist nach Verurteilung verpflichtet ist, einen Kostenvorschuss zu leisten. Die Zahlung dieses Vorschusses wird dann vollstreckt und damit die Auftragsvergabe finanziert.

Ein Unterfall der Leistungsklagen sind **Schadensersatzklagen**. Die „Leistung" ist dabei nämlich der Schadensersatz. Aufgrund der geänderten Gesetzeslage haftet nun die WEG für Pflichtverletzungen ihres Organs Verwalter*in. Handelt Ihre Verwalter*in also nicht oder schlecht und entsteht einer Wohnungseigentümer*in dadurch ein Schaden, kann (und ggf. muss) dafür die WEG in Anspruch genommen werden. Dasselbe gilt, wenn eine durch die WEG beauftragte Handwerksfirma[15] ihre Pflichten verletzt. Ob Geschädigte daneben einen Direktanspruch gegen die Verwalter*in oder das Handwerksfirma haben, ist noch unklar – siehe nächster Abschnitt. Beispiele für Schadensersatzklagen:

15) Schmidt-Räntsch, ZWE 2021, 2 (11)

- Verletzung der Verkehrssicherungs-pflichten – Sie stürzen, weil ein Weg nicht gestreut oder die Verankerung des Treppengeländers lose ist.
- Sie können die Betriebskostenab-rechnung für Ihre Mieter*innen nicht erstellen, weil Ihnen die Jahresabrech-nung nicht vorliegt.
- Ein Leck einer Wasserleitung im Ge-meinschaftseigentum wird nicht beseitigt und es entstehen Feuchtig-keitsschäden in Ihrer Wohnung.
- Ein Handwerker, der mit der Sanie-rung der Fassade beauftragt ist, lässt versehentlich Steine auf Ihr geparktes Auto fallen.

Natürlich ist auch der umgekehrte Fall denkbar, dass die WEG eine Eigentü-mer*in verklagen kann und muss:

- **Leistungsklagen** der WEG gegen einzelne Wohnungseigentümer*innen werden sich meist aus einem Beschluss ergeben. Beispiele: Klagen auf Zahlung des Hausgelds, Zutritt zur Wohnung für einen beschlossenen Fensteraustausch oder Rückbau einer unzulässigen bau-lichen Veränderung.
- **Unterlassungsansprüche** der WEG gegen Eigentümer*innen bestehen nach der Gesetzesänderung nur, soweit das Gemeinschaftseigentum betroffen ist. Beispiel: Eine Eigentümer*in stellt

immer wieder Abfall in den gemein-schaftlichen Fahrradkeller, der Unge-ziefer anlockt.

Klagen gegen Verwalter*innen – auch ganz direkt?

§ 43 Abs. 2 Nr. 3 WEGesetz gilt für Strei-tigkeiten zwischen WEG und Verwal-ter*in sowie zwischen einzelnen Eigen-tümer*innen und Verwalter*in. Möglich sind auch Klagen gegen bereits ausge-schiedene Verwalter*innen. Wiederum geht es um Leistungs- und Schadens-ersatzklagen.

- Erfüllt eine Verwalter*in ihre Pflichten aus dem Gesetz oder aufgrund des Ver-waltervertrags nicht, kann die WEG be-schießen, sie auf die **Leistung** zu ver-klagen. Beispiel: Klage auf Herausgabe von Verwaltungsunterlagen der WEG gegen die ehemalige Verwalter*in.
- Ein Unterfall der Leistungsklagen sind wiederum die Schadensersatzklagen, hier die der WEG gegen die Verwal-ter*in. Beispiel: Die Verwalter*in hat einen Schaden am Gemeinschafts-eigentum verursacht und soll diesen ersetzen. Solche Regressforderungen der WEG werden – nach der Gesetzes-änderung – nun wohl vermehrt vor-kommen.

Die bisherige BGH-Rechtsprechung hat geschädigten Eigentümer*innen zu-gestanden, eine Verwalter*in direkt auf Schadensersatz zu verklagen, wenn de-ren Pflichtverletzung zu einem Schaden an ihrem Sondereigentum geführt hat. Der BGH leitete diesen **Direktanspruch** daraus ab, dass der Verwaltervertrag auch die einzelnen Eigentümer*innen schützen soll. Nach dem Willen des Ge-setzgebers soll auch nach der WEGesetz-Reform 2020 diese rechtliche Konstruk-tion weitergelten. Ob es gelungen ist, das im Gesetz zu verankern, wird in der bisher vorhandenen Rechtsliteratur aber teilweise kritisch gesehen, mehr dazu in Teil 3 zu § 27 Abs. 2 WEGesetz. Das heißt für Sie:

- Wurde durch Nachlässigkeit Ihrer Ver-walter*in Ihr Sondereigentum geschä-digt, ist der sichere Weg eine Scha-densersatzklage gegen die WEG.
- Nach der Auffassung von WiE besteht daneben aber auch der Direktanspruch gegen die Verwalter*in fort. Wie die Gerichte das sehen werden, bleibt abzuwarten. Dieser Weg sollte also zunächst nur eingeschlagen werden, wenn Ihr Gerichtsverfahren direkt gegen eine Verwalter*in durch eine

Rechtsschutzversicherung abgedeckt ist oder Sie das Kostenrisiko eingehen wollen, damit eine noch **ungeklärte Rechtsfrage klären** zu lassen (also der Streitwert eher niedrig ist).

Streitverkündung nicht vergessen!

Eine Besonderheit im Verhältnis zwischen WEG, einzelnen Eigentümer*innen und Verwalter*in ist die sogenannte Streitverkündung. Das bedeutet **Bekanntgabe** – eine Partei eines Rechtsstreits „verkündet" einer bisher unbeteiligten Partei den Streit, teilt ihr also mit, dass es den Streit gibt und fordert sie auf, daran teilzunehmen. So etwas ist sinnvoll, wenn das Urteil nicht nur zwischen Kläger*in und Beklagter gelten soll, sondern auch gegenüber der weiteren Partei. Die Streitverkündung erfolgt durch eine „Streitverkündungsschrift", die bei Gericht eingelegt wird und mit der der unbeteiligten Partei der bisherige Prozessverlauf mitgeteilt – verkündet – wird.

Eine solche Vorgehensweise ist hilfreich, wenn es um Schadensersatzforderungen einer Eigentümer*in gegen die WEG geht, weil die **Verwalter*in ihre Pflicht verletzt** hat. Ist die WEG nämlich zum Schadensersatz verpflichtet, wird bzw. sollte sie bei der Verwalter*in Regress nehmen, siehe oben. Wird der Verwalter*in der Streit verkündet, muss sie die vom Gericht getroffenen Feststellungen (also z.B. welche Pflicht die Verwalter*in verletzt hat, warum das so ist und wie hoch der Schaden ist) gegen sich gelten lassen. Diese kann sie also in folgenden Gerichtsverfahren der WEG gegen sie selbst nicht mehr einfach so abstreiten.

Da der oder die **Verwaltungsbeiratsvorsitzende** die WEG gegenüber der Verwalter*in vertritt, ist er oder sie berechtigt, der Verwalter*in einen solchen Streit zu verkünden. Er oder sie sollte dafür aber einen Beschluss der WEG herbeiführen (damit die Verkündung auch im Innenverhältnis „erlaubt" ist und auf WEG-Kosten ein Anwalt hierfür engagiert werden kann).

Klagen Dritter gegen die WEG oder Sie – Geld her

Kommen wir nun zu dem Fall, dass Dritte (z.B. Handwerker, Nachbarn) Ansprüche gegen Ihre WEG oder Sie geltend machen (§ 43 Abs. 1 WEGesetz).
Beispiele: Klagen

- der Handwerker, die das Dach des Hauses repariert haben, aber nicht bezahlt worden sind,
- der Nachbarin, deren Gartenhaus durch einen vom Garten des Gemeinschaftsgrundstücks herüberfallenden Baum geschädigt wurde.

Das Besondere: Geht es um Geld, können Dritte nicht nur gegen die WEG, sondern anteilig auch gegen jede Eigentümer*in vorgehen, und zwar in Höhe des jeweiligen **Miteigentumsanteils**. Besteht die WEG z.B. aus 4 Einheiten mit je 250/1.000stel MEA, kann jede Eigentümer*in neben der Gemeinschaft auf ¼ der Forderung verklagt werden. Das kommt in der Praxis nicht so häufig vor, aber verhindern lässt es sich nicht.

WEG in Selbstverwaltung – einer gegen alle?

Eine wichtige Änderung seit der WEG-Reform betrifft interne Rechtsstreitig-

keiten in WEGs, die sich selbst verwalten. Im alten Recht richteten sich z.B. Beschlussklagen von Eigentümer*innen stets gegen die übrigen Eigentümer*innen, doch jetzt geht es nach § 44 WEGesetz gegen die WEG. Anders herum ist es jetzt auch die WEG, die ggf. eine einzelne Miteigentümer*in verklagen muss, z.B. auf Zahlung von Hausgeld. Dann stellt sich die Frage: Wer vertritt die WEG vor Gericht?

- Wurde eine Miteigentümer*in zur **interne Verwalter*in** bestellt, ist das aufgrund ihrer gesetzlichen Vertretungsmacht nach § 9b Abs. 1 WEGesetz so lange kein Problem, wie diese Verwalter*in nicht selbst gegen die WEG klagt oder von dieser verklagt werden soll. Aber wenn das zutrifft, stünde sie als Vertreterin der WEG auf der einen Seite und als Klägerin bzw. Beklagte auf der anderen Seite – das wäre ein nicht zulässiger In-Sich-Prozess.
- Bei der „echten" Selbstverwaltung ganz ohne eine bestellte Verwalter*in ist die geschilderte Sachlage eines Prozesses gegen oder für die WEG immer problematisch, da die verwalterlose WEG von allen Eigentümer*innen gemeinschaftlich vertreten wird.

Zur Lösung werden derzeit in der Rechtsliteratur drei Möglichkeiten diskutiert – welche davon gangbar, geschweige denn optimal ist, wird sich aber erst durch die Rechtsprechung zeigen:

Erstens: Auf Antrag der klagenden Partei wird eine **Prozesspfleger*in** für die WEG bestellt[16], was aber von Teilen der Literatur als unzulässig abgelehnt wird.[17] Es bleibt hier also abzuwarten, wie sich die Rechtsprechung entwickeln wird. Nach Auffassung von WiE müssen berechtigte Beschlussklagen auch in verwalterlosen WEGs geführt werden können. Das Gebot effektiven Rechtsschutzes spricht deshalb für den Weg über eine Prozesspfleger*in. Danach kann diese für die Gemeinschaft handeln, also die WEG z.B. gegen eine Beschlussklage verteidigen. Der Konflikt, dass die klagende Eigentümer*in auf beiden Seiten steht, ist damit gelöst.

Zweitens: Alle Eigentümer*innen in der selbstverwalteten WEG haben – möglichst schon vor der Krise – in einer **Vereinbarung** festgelegt, dass sie beschließen können, wer von ihnen die WEG bei Rechtsgeschäften und vor Gericht vertritt (vereinbarte Öffnungsklausel). Eine Eigentümerversammlung kann im Streitfall die Vertretung dann schnell per Mehrheit bestimmen und gleich mitentscheiden, dass z.B. ein Anwalt hinzuzuziehen ist.

Drittens: Die übrigen Eigentümer*innen können ohne eine solche Vereinbarung auch anderweitig das Heft in die Hand nehmen und im Rahmen einer Eigentümerversammlung eine **Verwalter*in bestellen**. Dies kann auch eine Miteigentümer*in sein. Wenn das geschieht, kann der Prozess geführt werden, weil das Organ Verwalter*in die Rechte der Gemeinschaft wahrnehmen kann. Mit der „echten" Selbstverwaltung ist es dann freilich zunächst zu Ende.

---

16) Lehmann-Richter/Wobst, WEG-Reform 2021, Köln 2020, Rz. 1905

17) Dötsch/Schultzky/Zschieschack, WEG-Recht 2021, München 2021, Kap. 14, Rz. 49

Mehr zur Selbstverwaltung siehe Teil 3 unter § 9 Abs. 1 Satz 2 WEGesetz.

Die Nebenintervention – Freiwillige vor

In großen WEGs kann die gemeinsame Willensbildung für eine Rechtsverteidigung viel Zeit in Anspruch nehmen. Wird Ihre WEG verklagt und wollen Sie nicht warten, wie sich die Mehrheit dazu stellt? Als möglicher Ausweg für eine schnelle Reaktion Ihrerseits bietet sich eine „Nebenintervention" an. Das heißt, Sie als Eigentümer*in treten dem Rechtsstreit gegen Ihre WEG freiwillig bei. Voraussetzung ist, dass Sie ein Interesse am Ausgang des Rechtsstreits vorweisen können. Das ist der Fall, wenn Ihnen als Eigentümer*in durch die Verurteilung der WEG ein Nachteil entsteht. Beispiel: Die WEG wird auf eine Zahlung verurteilt, die Sie anteilig mittragen werden.

Durch die Nebenintervention können Sie dann Einwendungen gegen die Forderung der Kläger erheben. Allerdings: Die Kosten einer solchen Nebenintervention tragen Sie selbst! Das ist also nur dann zu empfehlen, wenn die Verteidigung durch die WEG nicht organisiert werden kann.

Streitwertberechnung – jetzt wird abgerechnet

Für Sie von besonderem Interesse ist natürlich, welche Kosten ein Rechtsstreit auslöst. Die Anwalts- und Gerichtskosten bemessen sich nach dem „Streitwert" eines Rechtsstreits.

- Bei **Zahlungsklagen** ist das einfach: Verklagen Sie jemanden auf Zahlung von 1.000 Euro, ist Ihr Interesse an dem Rechtsstreit genau dieser Betrag.
- Bei anderen **Leistungs- und vor allem bei Beschlussklagen** ist das Interesse und damit der Streitwert deutlich schwerer zu bestimmen.

In **Beschlussklagen** ist das Interesse aller Eigentümer*innen an dem Beschluss zu berücksichtigen. Da sich deshalb schnell sehr hohe Streitwerte ergeben, hat der Gesetzgeber zum Schutz der Einzelnen den Streitwert „gedeckelt": Er darf nicht höher als das 7,5-fache Interesse der klagenden Eigentümer*in sein und (als zweite Grenze) nicht höher als der Verkehrswert ihrer Wohnung. Damit soll sichergestellt sein, dass einzelne Eigentümer*innen nicht von vornherein durch hohe Prozesskosten vor z.B. einer Beschlussanfechtung abgeschreckt werden.

Berechnungsbeispiel:

In einer großen Wohnanlage mit 200 Einheiten wird ein Sanierungsbeschluss mit Handwerkerkosten von 1 Mio. Euro gefasst. Die damit nicht einverstandene Eigentümer*in soll daran mit Kosten in Höhe 5.000 Euro beteiligt werden. „Normalerweise" wäre das Interesse aller Wohnungseigentümer*innen an dem Beschluss das Auftragsvolumen, also 1 Mio. Euro.
Die Sonderregelung des § 49 GKG „deckelt" den Streitwert hier aber auf das 7,5-fache des Interesses der klagenden Eigentümer*in, das sind 37.500 Euro. Wäre der Verkehrswert ihrer Wohnung niedriger, würde sogar der niedrigere Wert gelten.

Auf der Basis des Streitwerts können Sie nach einem Blick in die Gerichtskostentabelle bzw. die Anlage 2 zum Rechtsanwaltsvergütungsgesetz (RVG) die Gebühr bestimmen. Allerdings gilt, dass die tatsächlichen Kosten je nach konkreter Tätigkeit des Gerichts und des Rechtsanwalts noch mit einem **Multiplikator** versehen werden. Für ein Klageverfahren muss beispielsweise die dreifache **Gerichtsgebühr** als Vorschuss eingezahlt werden. Endet das Verfahren dann nicht mit einem Urteil, sondern mit einem durch das Gericht protokollierten Vergleich, werden 2/3 dieses Vorschusses erstattet. Andererseits können die Kosten auch durch zusätzliche Vorschussforderungen erhöht werden, nämlich dann, wenn das Gericht auf Antrag einer Partei Sachverständige hinzuzieht oder Zeugen vernimmt.

Auch bei den **Anwaltskosten** gibt es mehrere Multiplikatoren, die die in der Gebührentabelle angegebene Gebühr modifizieren. Typischerweise entsteht bei einem Klageverfahren zuerst eine sogenannte **Verfahrensgebühr** für das Betreiben des Verfahrens (Fertigen der Klageschrift, Klageerwiderung, Besprechung mit der Mandant*in, weitere Korrespondenz während des Verfahrens) und eine **Terminsgebühr** für die Wahrnehmung des Verhandlungstermins. Auch hier gibt es aber grundsätzlich Spielraum je nach Komplexität des Verfahrens und weitere Sonderregeln des Rechtsanwaltsvergütungsgesetzes (z.B. in besonders schwierigen Prozessen mit umfangreichen Gutachten oder wenn mehrere Kläger*innen vertreten werden).

Tabellen: Typische Beispiele für Klageverfahren und deren Streitwertberechnung	
Beschlussklagen	**Streitwert**
Anfechtung eines Beschlusses über eine bauliche Veränderung	Kosten der Maßnahme, gedeckelt durch den Kostenanteil der Kläger*in)*
Anfechtung eines Beschlusses über die Vorschüsse (= Hausgelder) gemäß Wirtschaftsplan	Die Summe der Vorschüsse (= Hausgelder) aller Eigentümer*innen, gedeckelt durch den Betrag, der nach Auffassung der Kläger*in zu hoch ist)*
Anfechtung eines Beschlusses über die Einforderung von Nachschüssen gemäß Jahresabrechnung	Gesamtinteresse aller Eigentümer*innen ist die absolute Summe aller Nachschüsse und Guthaben, gedeckelt durch die Nachschusspflicht der Kläger*in)*
Anfechtung der Verwalterbestellung	Verwaltervergütung für den Bestellungszeitraum, gedeckelt durch den Anteil der Kläger*in)*
Anfechtung eines Beschlusses über die Entlastung der Verwalter*in oder des Beirats	Höhe der möglichen Regressansprüche + 1.000 Euro (mit diesem Betrag wird von der Rechtsprechung das „abstrakte Vertrauen" in Verwalter*innen bzw. Beirat bemessen)
Beschlussersetzungsklage auf Gestattung (Genehmigung) einer baulichen Veränderung zugunsten einer einzelnen Sondereigentümer*in	Kosten der Maßnahme, denn diese bilden das Interesse der Kläger*in (deshalb hier keine Deckelung)
Beschlussersetzungsklage auf Durchführung einer notwendigen Sanierungsmaßnahme	Kosten der Maßnahme, gedeckelt durch den Anteil der Kläger*in)*
Beschlussersetzungsklage auf Abberufung der Verwalter*in	Verwaltervergütung für den restlichen Bestellungszeitraum, gedeckelt durch den Anteil der Kläger*in)*

*) Deckelung: Ist das Gesamtinteresse aller Eigentümer*innen höher als das Interesse der Kläger*in, beträgt der Streitwert maximal das 7,5-fache des Interesses der Kläger*in oder des Verkehrswerts des Eigentums der Kläger*in (je nachdem, welcher Wert niedriger ist).

Leistungsklagen	Streitwert
Klage auf Einsicht in die Verwaltungs-unterlagen	Unterlagen haben keinen eigenen materiellen Wert; 500 bis 2.000 Euro laut Rechtsprechung – höher, wenn ein besonderes Interesse vorliegt
Klage auf Erstellung des Wirtschaftsplans / der Jahresabrechnung	Rechtsprechung ging von einem Regelsatz von 3.000 bis 4.000 Euro aus[18]; im Einzelfall kann der Satz höher oder niedriger liegen (Anhaltspunkt: Höhe der Vorschüsse/Abrechnungssalden in der Vergangenheit)

Unterlassungsklagen	Streitwert
Klage auf Unterlassung von Lärm, Geruch etc.	Rechtsprechung sehr unterschiedlich, weil das Interesse an der Unterlassung stark variiert; Beispiele: Störung durch Hundegebell wurde mal mit 5.000 Euro bewertet[19], mal mit 15.000 Euro[20], in einem anderen Fall die Abschaffung der Hundehaltung nur mit 2.500 Euro[21] (Gibt es keine Anhaltspunkte, wird häufig der „Regelstreitwert für nicht vermögensrechtliche Streitigkeiten" verwendet – das sind 5.000 Euro.)
Klage auf Unterlassung vereinbarungswidriger Nutzung (z.B. Wohnung wird als Laden genutzt)	3,5-facher Jahreswert des Mietwerts der in Anspruch genommenen Fläche

18)   OLG Frankfurt/M., 02.06.2009, Az. 3 W 34/09
19)   OLG Brandenburg, 08.06.2017, Az. 5 U 115/15
20)   OLG Brandenburg, 11.01.2007, Az. 5 U 152/05
21)   AG Bremen, 05.05.2006, Az. 7 C 240/2005

Beispielrechnung bei einem Gegenstandswert von 5.000,00 €

(Gebührentabellen per 01.01.2021):

Anwaltsgebühren:	1,3 Verfahrensgebühr	434,20 €	
	1,2 Terminsgebühr	400,80 €	
	Auslagenpauschale	20,00 €	
	19 % Umsatzsteuer	162,45 €	
	Summe Anwaltsgebühren	1.017,45 €	1.017,45 €
Gerichtskostenvorschuss:	3 x 161,00 € =		483,00 €
			1.500,45 €

Die unterlegene Partei zahlt auch die Kosten des gegnerischen Rechtsanwalts. Da davon auszugehen ist, dass auf beiden Seiten Rechtsanwälte tätig werden, ist das Prozessrisiko: 2 x 1.017,45 € + 483,00 € = 2.517,90 €.

Das heißt: Sind Sie Kläger*in in einem Verfahren mit einem Streitwert von 5.000 Euro und verlieren Sie den Prozess, kostet Sie das rund 2.500 Euro! Wenn Sie hingegen gegen Ihre eigene WEG z.B. eine Anfechtungsklage gewinnen, dann muss die WEG diese Kosten übernehmen – und Sie werden im Rahmen der Jahresabrechnung **mit Ihrem Anteil belastet**, weil Sie ja auch Mitglied der WEG sind!

Kombiniere: Vorsorglich „Gerechtigkeit" beschließen!
Ihre WEG kann beschließen, zu Recht klagende Mitglieder von der Verteilung der Gerichts- und Anwaltskosten auszunehmen. Diskutieren Sie das in Ihrer WEG – es erscheint gerechter und sollte möglichst beschlossen werden, bevor ein Streit entsteht! Im Falle eines Vergleichs, der vor Gericht häufig geschlossen wird, hilft das dann aber nicht.

Teil 3

Liebesgrüße aus Berlin: Das neue WEGesetz für Sie kommentiert

In diesem Kapitel finden Sie den wichtigen ersten Teil des neuen Wohnungseigentumsgesetzes (WEGesetz) im Wortlaut.[22] Damit Sie auf einen Blick sehen, was neu ist, sind **alle Änderungen durch die Reform 2020** markiert. Rein redaktionelle Änderungen oder solche der Nummerierung sowie Streichungen sind aus Gründen der Übersicht aber nicht gekennzeichnet! Im Anschluss an den Gesetzestext wird der jeweilige Paragraf **erläutert**.

Als Zeugen herangezogen wurden die ausführliche Begründung des Gesetzgebers zum Wohnungseigentumsmodernisierungsgesetz (WEMoG)[23] sowie bereits vorliegende neue Rechtsliteratur. Fachkommentare, Rechtsprechung und WiE-Ratgeber zum früheren Wohnungseigentumsgesetz spielen ebenfalls eine Rolle, soweit sie Orientierung für die Auslegung auch der neuen Vorschriften bieten.

Kombiniere: Verfolgen Sie die Spuren weiter!
Zu diesem Ratgeber gibt es eine Internet-Seite, auf der WiE Sie über wichtige Fortentwicklungen in der Auslegung des neuen Wohnungseigentumsgesetzes auf dem Laufenden hält. Schauen Sie gern immer wieder einmal vorbei: www.wohnen-im-eigentum.de/WEGesetz-2020

---

22) Das vollständige neue Wohnungseigentumsgesetz finden Sie auch im Internet: https://www.gesetze-im-internet.de/woeigg/index.html

23) Bundestags-Drucksache 19/18791, WEMoG, Gesetzentwurf der Bundesregierung sowie Bundestags-Drucksache 19/22634, Beschlussempfehlung Rechtsausschuss zum WEMoG

Aus dem Maschinenraum des Gesetzgebers

Zu § 1: Begriffsbestimmungen hübsch eingereiht in die Indizienkette

Gesetz über das Wohnungseigentum und das Dauerwohnrecht (Wohnungseigentumsgesetz – WEG)

Teil 1 – Wohnungseigentum

Abschnitt 1 – Begriffsbestimmungen

§ 1 Begriffsbestimmungen

(1) Nach Maßgabe dieses Gesetzes kann an Wohnungen das Wohnungseigentum, an nicht zu Wohnzwecken dienenden Räumen eines Gebäudes das Teileigentum begründet werden.

(2) Wohnungseigentum ist das Sondereigentum an einer Wohnung in Verbindung mit dem Miteigentumsanteil an dem gemeinschaftlichen Eigentum, zu dem es gehört.

(3) Teileigentum ist das Sondereigentum an nicht zu Wohnzwecken dienenden Räumen eines Gebäudes in Verbindung mit dem Miteigentumsanteil an dem gemeinschaftlichen Eigentum, zu dem es gehört.

(4) Wohnungseigentum und Teileigentum können nicht in der Weise begründet werden, dass das Sondereigentum mit Miteigentum an mehreren Grundstücken verbunden wird.

(5) Gemeinschaftliches Eigentum im Sinne dieses Gesetzes sind das Grundstück und das Gebäude, soweit sie nicht im Sondereigentum oder im Eigentum eines Dritten stehen.

(6) Für das Teileigentum gelten die Vorschriften über das Wohnungseigentum entsprechend.

Das Gesetz trägt nun offiziell die Abkürzung WEG. Wohnen im Eigentum (WiE) wird es dennoch weiterhin durchgängig als „**WEGesetz**" bezeichnen. Damit soll eine Verwechslungsgefahr vermieden werden, da bereits die Wohnungseigentümergemeinschaft mit WEG abgekürzt wird.

Rein aus formalen Gründen steht § 1 WEGesetz jetzt nicht mehr vor allen Abschnitten, sondern wird in einen neuen Abschnitt 1 einsortiert. Dort bleibt er jedoch einsam als einziger Paragraf.

§ 1 WEGesetz definiert die wichtigsten Begriffe: **Sondereigentum** ist das, was Ihnen allein gehört. Das kann **Woh–**

nungseigentum sein (= Räume, die zu Wohnzwecken dienen) oder sogenanntes **Teileigentum** (z. B. Keller-, Hobby- oder Gewerberäume etc.). Alles, was nicht Sondereigentum ist, bleibt im **Gemeinschaftseigentum** (z.B. Dach, Hausflur, Hofeinfahrt etc.). Für dieses Gemeinschaftseigentum sind alle Eigentümer*innen verantwortlich. Daher muss Wohnungs- oder Teileigentum immer mit einem **Miteigentumsanteil** am Gemeinschaftseigentum verbunden sein. Geändert hat sich hieran nichts.

§ 1 Abs. 5 WEGesetz: Das **Grundstück** ist nicht mehr zwingend vollständig gemeinschaftliches Eigentum, da Grundstückflächen jetzt auch Sondereigentum sein dürfen – mehr dazu bei § 3 WEGesetz.

§ 1 Abs. 6 WEGesetz klärt: Die Vorschriften über das **Wohnungseigentum** gelten ebenso auch für **Teileigentum**, also nicht zu Wohnzwecken dienende Räume und Grundstückflächen.

Zu § 2: Vertrag und Teilungserklärung, die altbekannten Tatwaffen

Abschnitt 2 – Begründung des Wohnungseigentums
§ 2 Arten der Begründung
Wohnungseigentum wird durch die vertragliche Einräumung von Sondereigentum (§ 3) oder durch Teilung (§ 8) begründet.

Des Krimis Vorgeschichte: Abschnitt 2 erklärt, **wie Wohnungseigentum entsteht.** Auch die **Form- und Grundbuchvorschriften** finden sich in diesem Abschnitt.

Die Ausgangssituation: Auf **einem Grundstück** befindet sich ein Haus (oder eine Häusergruppe) mit mehreren, in sich abgeschlossenen Wohnungen – oder eine solche Immobilie soll erst auf das Grundstück gebaut werden. Dann sind nach § 2 WEGesetz 2 Fälle möglich:

Fall 1: Das Grundstück mit einem Mehrfamilienhaus gehört **mehreren Eigentümer*innen**, z.B. einer Erbengemeinschaft oder mehreren Personen, die sich die Immobilie gemeinsam für ein Wohnprojekt gekauft haben. Dann können diese Eigentümer*innen nach § 3 WEGesetz **vertraglich miteinander vereinbaren**, dass sie das gemeinsame

Immobilieneigentum in Wohnungseigentum umwandeln und jede von ihnen eine oder mehrere Wohnungen als Sondereigentum sowie Miteigentumsanteile am gemeinschaftlichen Eigentum erhält. Manchmal gehen auch Baugemeinschaften so vor, bei denen sich mehrere Personen gemeinsam ein Grundstück kaufen, auf dem sie dann eine Eigentumswohnungsanlage errichten.

Fall 2: Ein Grundstück – mit oder ohne Haus – gehört **nur einer Person oder Firma**, z.B. einer Bauträger-Gesellschaft, einem Investor oder der alleinerbenden Tochter. Dann kann die Alleineigentümer*in die (bestehende oder noch zu bauende) Immobilie nach § 8 WEGesetz durch einseitige Erklärung gegenüber dem Grundbuchamt in Eigentumswohnungen, verbunden mit jeweils einem Miteigentumsanteil am gemeinschaftlichen Eigentum, aufteilen. In der Praxis kommt die Variante „Aufteilung durch einseitige Erklärung" weit häufiger als die erste vor, vor allem beim Neubau von Wohnungseigentumsanlagen durch einen Bauträger oder wenn eine Wohnungsgesellschaft ihre Mietwohnungen in Eigentumswohnungen umwandelt.

Ob dem Entstehen von Wohnungseigentum ein **Vertrag** oder eine **einseitige Erklärung** zugrunde liegt, hat im Übrigen keine Auswirkungen auf die weiteren für Sie als Wohnungseigentümer*in wichtigen Vorschriften. Die folgenden Ausführungen zu den §§ 3 bis 7 WEGesetz gelten für beide Fälle. Ebenso muss in beiden Fällen ein Dokument aufgesetzt werden, aus dem die Aufteilung im Detail hervorgeht – der **Teilungsvertrag** (§ 3 WEGesetz) bzw. die **Teilungserklärung** (§ 7 WEGesetz).

Kombiniere: Teilungserklärung hat sich als Begriff durchgesetzt!
Die Inhalte von Teilungserklärung und Teilungsvertrag sind gleich. Da die Teilung nach § 7 WEGesetz der weitaus häufigere Fall ist, wird in der Praxis und so auch in diesem Ratgeber etwas ungenau immer nur von der Teilungserklärung gesprochen.

Aufteilungsplan von 1951

Zu § 3: Die neuen Sondereigentums-Verdächtigen – Stellplätze und Freiflächen

§ 3 Vertragliche Einräumung von Sondereigentum

(1) Das Miteigentum (§ 1008 des Bürgerlichen Gesetzbuchs) an einem Grundstück kann durch Vertrag der Miteigentümer in der Weise beschränkt werden, dass jedem der Miteigentümer abweichend von § 93 des Bürgerlichen Gesetzbuchs das Eigentum an einer bestimmten Wohnung oder an nicht zu Wohnzwecken dienenden bestimmten Räumen in einem auf dem Grundstück errichteten oder zu errichtenden Gebäude (Sondereigentum) eingeräumt wird. Stellplätze gelten als Räume im Sinne des Satzes 1.

(2) Das Sondereigentum kann auf einen außerhalb des Gebäudes liegenden Teil des Grundstücks erstreckt werden, es sei denn, die Wohnung oder die nicht zu Wohnzwecken dienenden Räume bleiben dadurch wirtschaftlich nicht die Hauptsache.

(3) Sondereigentum soll nur eingeräumt werden, wenn die Wohnungen oder sonstigen Räume in sich abgeschlossen sind und Stellplätze sowie außerhalb des Gebäudes liegende Teile des Grundstücks durch Maßangaben im Aufteilungsplan bestimmt sind.

§ 3 Abs. 1 WEGesetz: Wohnungseigentum ist **vollwertiges Eigentum** im Sinne des BGB – das macht die neue Definition des Begriffs Sondereigentum deutlich. Räume und Flächen, die kein Sondereigentum sind, bilden das allen Miteigentümer*innen gemeinsam gehörende Gemeinschaftseigentum.

Phantom-Räume: Stellplätze

Neu eingeführt wurde ebenfalls in § 3 Abs. 1 WEGesetz, dass **Stellplätze** rechtlich wie Räume behandelt werden. Damit können diese jetzt Ihr Sondereigentum sein – entweder im Zusammenhang mit Ihrer Wohnung oder auch solo! Steht das (künftig) so in einer Teilungserklärung, kann der Stellplatz weiterverkauft werden – an eine Miteigentümer*in oder auch an eine Person oder Firma, der bisher noch gar keine Wohnung und kein Teileigentum in Ihrer WEG gehört. Was Käufer*innen von Solo-Stellplätzen hinsichtlich ihrer Belastung mit Kosten für das Gemeinschaftseigentum beachten sollten, steht in Kapitel 2.2.

Nach der Gesetzesbegründung gilt die Sondereigentumsfähigkeit unabhängig davon, ob es sich um **Stellplätze in, auf oder unter einem Gebäude oder im Freien** handelt. Auch einzelne Stellplätze in einer Mehrfachparkanlage (sogenannte Duplex- oder Quadruplexparker) sollen Sondereigentum sein können.[24] Es kommt allein darauf an, dass die Fläche unter einem Carport, in einer Einzelgarage, einer Sammelgarage, auf einem Parkdeck oder auf dem Hof unter freiem Himmel durch eine Zufahrt von der Straße aus erreichbar und zum Abstellen von Fahrzeugen geeignet ist. Ob darauf dann Autos, Motorräder, Fahrräder oder Rollstühle etc. geparkt werden, ist unerheblich.

Jetzt als Komplizen bekannt: Freiflächen

§ 3 Abs. 2 WEGesetz: Während Stellplätze aufgrund ihrer wirtschaftlichen Bedeutung „selbstständiges" Sondereigentum sein können, gilt das für andere Grundstückflächen nicht. Immerhin ist jetzt geregelt, dass auch außerhalb des Gebäudes liegende Teile des Grundstücks Sondereigentum sein dürfen, solange die Wohnung die **wirtschaftliche Hauptsache** bleibt. Das heißt in der Praxis: Zufahrten und Zuwege zur Erreichbarkeit des Gebäudes und der Wohnungen müssen Gemeinschaftseigentum bleiben. Aber **ebenerdige Terrassen oder Gartenflächen** dürfen zu Ihrer Wohnung dazugehören. Das wird wohl auch für Flächen auf einem von Ihrer Wohnung entfernten Grundstückteil gelten.[25] So kann eine Eigentümer*in, die nicht im Erdgeschoss wohnt, eine eigene Gartenfläche miterwerben.

XY aufgelöst: Chance für künftige WEGs

Die neuen Möglichkeiten werden wohl in den meisten Fällen erst von Bauträgern für künftige WEGs genutzt werden, denn das Sondereigentum an Stellplätzen, Terrassen und Freiflächen muss natürlich in der Teilungserklärung mit Lageplan eingetragen sein. Damit kann dann der bekannte Spagat entfallen, solche Flächen als Gemeinschaftseigentum zu behandeln, aber bestimmten Eigentümer*innen daran Sondernutzungsrechte einzuräumen.

Sondernutzungsrechte sind nicht im Gesetz geregelt. Sie werden üblicherweise vor dem Erstverkauf geschaffen. Dass nur die betreffenden Eigentümer*innen bestimmte Bereiche nutzen dürfen, lässt

---

24) Bundestags-Drucksache 19/18791, WEMoG, Gesetzentwurf der Bundesregierung, Seite 39; zur Problematik der Abgrenzung siehe Beispiel zu § 5 WEGesetz, Seite 142

25) Dötsch/Schultzky/Zschieschack, WEG-Recht 2021, München 2021, Kap. 1 Rz. 25

der Bauträger in der Teilungserklärung eintragen. Nach wie vor können Sie also auch „nur" ein Sondernutzungsrecht an einer Terrasse, einer Gartenfläche oder einem anderen Bereich des Gemeinschaftseigentums (z.B. Kellerverschlag) behalten oder erhalten.

Kombiniere: Vereinbarung möglich!
Denkbar ist gerade in kleinen WEGs, dass sich alle Miteigentümer*innen einigen, bisher „Sondernutzungsberechtigten" ihre Stellplätze, Terrassen oder Gartenanteile gegen Zahlung eines angemessenen Betrags an die WEG zu verkaufen – das Geld kann z.B. in die Erhaltungsrücklage fließen. Stellplätze können dann auch einzeln weiterverkauft werden (siehe Kapitel 2.2.).

Ihre Zelle, Ihr Hof – jede Wohnung muss in sich abgeschlossen sein

§ 3 Abs. 3 WEGesetz: Eine **Eigentumswohnung muss in sich abgeschlossen** sein, also eine Wohnungseingangstür, Küche, Bad und WC haben. Eine Voraussetzung für das Anlegen der Wohnungsgrundbücher ist es deshalb, dass die Baubehörde die Grundrisse prüft und eine Abgeschlossenheitsbescheinigung ausstellt.

Freiflächen können naturgemäß nicht in sich abgeschlossen sein. Daher wurde neu bestimmt, dass es bei Stellplätzen, Terrassen und Gartenflächen im Sondereigentum allein auf die **Maßangaben im Aufteilungsplan** ankommt. Beim Wohnungskauf sollte jetzt ein „Amtlicher Lageplan 1:100" mitgeliefert werden, in dem die Sondereigentumsflächen auf dem Grundstück eingezeichnet sind! Markierungen dieser Flächen sind nicht (mehr) nötig. Wenn Sie als Sondereigentümer*in wollen, dass Ihre **Fläche markiert** wird, können Sie eine Kennzeichnung mit in den Landesgesetzen vorgeschriebenen oder ortsüblichen Kennzeichen, z.B. Grenzsteinen, verlangen.

XY aufgelöst:
Grenzmarkierung nicht mit Hecke oder Zaun verwechseln!
Eine ganz andere Frage ist es, ob Sie um Ihre Fläche einen beliebigen (Sichtschutz-)Zaun, eine Hecke etc. errichten dürfen. § 13 Abs. 2 WEGesetz erlaubt Veränderungen an Ihrem Sondereigentum ohne WEG-Beschluss nur, soweit kein relevanter Nachteil für eine andere Eigentümer*in entsteht!

Zu § 4: Formvorschriften für den Eigentumsübergang bleiben unversehrt

§ 4 Formvorschriften

(1) Zur Einräumung und zur Aufhebung des Sondereigentums ist die Einigung der Beteiligten über den Eintritt der Rechtsänderung und die Eintragung in das Grundbuch erforderlich.

(2) Die Einigung bedarf der für die Auflassung vorgeschriebenen Form. Sondereigentum kann nicht unter einer Bedingung oder Zeitbestimmung eingeräumt oder aufgehoben werden.

(3) Für einen Vertrag, durch den sich ein Teil verpflichtet, Sondereigentum einzuräumen, zu erwerben oder aufzuheben, gilt § 311b Abs. 1 des Bürgerlichen Gesetzbuchs entsprechend.

Nichts geändert hat sich an den Formvorschriften. „Von hinten aufgezäumt" läuft der Eigentumserwerb und -übergang (siehe dazu auch Kapitel 2.1.) so:

§ 4 Abs. 3 WEGesetz: Im **Immobilienkaufvertrag** (§ 311b BGB) werden die Leistung und die Gegenleistung vereinbart. Vor allem das Sondereigentum – Ihre Eigentumswohnung – wird genau bezeichnet und beschrieben. Auch der Preis und die Zahlungsweise werden festgelegt. Verträge über Grundstücksgeschäfte sind nur wirksam, wenn sie **notariell beurkundet** werden.

§ 4 Abs. 2 WEGesetz: Ist der Immobilienkaufvertrag unterschrieben, ist damit das Eigentum noch nicht übergegangen. Dazu ist zunächst eine Einigung über die Änderung der Eigentumsverhältnisse erforderlich (= **Auflassung**). Diese muss vor einer zuständigen Stelle erklärt werden, in der Regel einer Notar*in – daher erfolgt die Auflassung meist zusammen mit der Beurkundung des Kaufvertrags.

§ 4 Abs. 1 WEGesetz: Bei Immobilien setzt der Eigentümerwechsel neben der Auflassung immer auch eine **Eintragung im Grundbuch** voraus (§ 873 BGB). Nach der Auflassung wird die Notar*in zunächst eine Vormerkung eintragen lassen. Erst mit der Eintragung gehört die Wohnung dann Ihnen.

Zu § 5: Sonder- oder Gemeinschaftseigentum? Schwierige Frage, Herr Kommissar!

§ 5 Gegenstand und Inhalt des Sondereigentums

(1) Gegenstand des Sondereigentums sind die gemäß § 3 Absatz 1 Satz 1 bestimmten Räume sowie die zu diesen Räumen gehörenden Bestandteile des Gebäudes, die verändert, beseitigt oder eingefügt werden können, ohne dass dadurch das gemeinschaftliche Eigentum oder ein auf Sondereigentum beruhendes Recht eines anderen Wohnungseigentümers über das bei einem geordneten Zusammenleben unvermeidliche Maß hinaus beeinträchtigt oder die äußere Gestaltung des Gebäudes verändert wird. Soweit sich das Sondereigentum auf außerhalb des Gebäudes liegende Teile des Grundstücks erstreckt, gilt § 94 des Bürgerlichen Gesetzbuchs entsprechend.

(2) Teile des Gebäudes, die für dessen Bestand oder Sicherheit erforderlich sind, sowie Anlagen und Einrichtungen, die dem gemeinschaftlichen Gebrauch der Wohnungseigentümer dienen, sind nicht Gegenstand des Sondereigentums, selbst wenn sie sich im Bereich der im Sondereigentum stehenden Räume oder Teile des Grundstücks befinden.

(3) Die Wohnungseigentümer können vereinbaren, dass Bestandteile des Gebäudes, die Gegenstand des Sondereigentums sein können, zum gemeinschaftlichen Eigentum gehören.

(4) Vereinbarungen über das Verhältnis der Wohnungseigentümer untereinander und Beschlüsse aufgrund einer solchen Vereinbarung können nach den Vorschriften des Abschnitts 4 zum Inhalt des Sondereigentums gemacht werden. Ist das Wohnungseigentum mit der Hypothek, Grund- oder Rentenschuld oder der Reallast eines Dritten belastet, so ist dessen nach anderen Rechtsvorschriften notwendige Zustimmung nur erforderlich, wenn ein Sondernutzungsrecht begründet oder ein mit dem Wohnungseigentum verbundenes Sondernutzungsrecht aufgehoben, geändert oder übertragen wird.

Welche Bestandteile von Räumen, Stellplätzen und Freiflächen gehören zum Sondereigentum? Das definiert § 5 WEGesetz, der weiterhin sehr allgemein bleibt.

- Absatz 1 beschreibt, was grundsätzlich zum **Sondereigentum** gehören kann,
- Absatz 2 sagt aus, was auch im Bereich eines Sondereigentums **zwingend Ge-**

meinschaftseigentum sein muss,

- Absatz 3 klärt, dass Räume, die Sondereigentum sein können, auch **Gemeinschaftseigentum bleiben dürfen**, z.B. eine Hausmeisterwohnung.
- Absatz 4 fällt etwas aus der Reihe – er regelt, wie Vereinbarungen und neuerdings auch bestimmte Beschlüsse zum **Inhalt des Sondereigentums** werden, also auch gegenüber Wohnungskäufer*innen gelten.

Wichtig ist die Unterscheidung zwischen Sonder- und Gemeinschaftseigentum aus zwei Gründen:

- Über Ihr Sondereigentum bestimmen Sie grundsätzlich allein. Alle Wartungen, Reparaturen oder baulichen Veränderungen müssen Sie auch allein bezahlen.
- Über Gemeinschaftseigentum – auch wenn es sich im Bereich Ihrer Wohnung befindet – entscheidet hingegen die WEG. Ob die Kosten dann von allen Miteigentümer*innen getragen werden oder nur von Ihnen, das kann und muss die WEG – heute mit mehr Flexibilität als früher – beschließen (siehe §§ 16, 21 WEGesetz).

Ihr Sondereigentum bleibt überschaubar, auch ohne Detektiv

§ 5 Abs. 1 Satz 1 WEGesetz beschreibt, welche **Bestandteile Ihrer Räume** zu Ihrem Sondereigentum zählen – nämlich grob gesagt alles, was von Ihnen ohne Beeinträchtigung

- des Gemeinschaftseigentums,
- eines anderen Sondereigentums oder
- der äußeren Gestaltung des Gebäudes

geändert werden könnte. Beispiele: Zwischenwände Ihrer Wohnung, Putz und Tapeten, Bodenbeläge, Sanitäranlagen, Zimmertüren sind Sondereigentum, nicht aber die Außenfenster, die Wohnungseingangstür oder eine Außenwand Ihrer Wohnung hin zum Hausflur oder zum Nachbarn.

§ 5 Abs. 1 Satz 2 WEGesetz: Für **Freiflächen im Sondereigentum** ist das neu definiert: Zum Sondereigentum gehören hierbei die mit dem Grund und Boden fest verbundenen Sachen, also Bäume und andere Pflanzen, Zäune, Carports, Gartenhäuschen etc. Das heißt, Gebäude auf Freiflächen im Sondereigentum zählen komplett zum Sondereigentum – mit Außenfenstern, Außenwänden und Dach etc. Werden Sachen aber nur vorübergehend mit dem Grundstück verbunden, gehören sie nicht zum Sondereigentum

(§ 95 BGB); so bleiben z.B. nur für die Dauer der Miete aufgestellte Gartenhäuschen im Eigentum der Mieter*innen und gehören nicht zum Sondereigentum der Vermieter*innen.

> **XY aufgelöst: Prüfen Sie, was Sie verändern dürfen!**
>
> Vorsicht: Hier in § 5 WEGesetz geht es allein um die sachenrechtliche Zuordnung. Auch bei Freiflächen heißt das Gesagte nicht, Sie dürften jetzt nach Belieben im Bereich Ihres Sondereigentums neue Bäume pflanzen oder Gartenhäuser oder Zäune errichten: § 13 Abs. 2 WEGesetz erlaubt Veränderungen ohne WEG-Beschluss genauso wie im Bereich der Wohnungen nur, soweit kein relevanter Nachteil für eine andere Eigentümer*in entsteht!

Zur Abgrenzung des zwingenden Gemeinschaftseigentum brauchen Sie Sherlock Holmes

§ 5 Abs. 2 WEGesetz definiert darüber hinaus, was **zwingend Gemeinschaftseigentum** bleibt, auch wenn es sich im Bereich eines Sondereigentums befindet:

- Teile des Gebäudes, die für dessen **Bestand oder Sicherheit erforderlich** sind

(z.B. tragende Wände, Dachkonstruktion), sowie

- Anlagen und Einrichtungen, die dem **gemeinschaftlichen Gebrauch** der Wohnungseigentümer*innen dienen (z.B. zentrale Beheizung/Klimatisierung, Zufahrt, Haus- und Wohnungstüren, Wasch- und Trockenräume, Fahrradkeller oder Fahrradstellplätze vor der Haustür).

Es wird zudem klargestellt, dass diese Regelung nun auch für Bereiche des **Grundstücks** gilt, die im Sondereigentum stehen (z.B. im Erdreich verlegte Hausanschlussleitungen).[26]

Die **Abgrenzung** des zwingenden Gemeinschaftseigentums im Detail bleibt weiterhin schwierig. Dies wird der Rechtsprechung überlassen – deren Urteile schon viel zur Abgrenzung beigetragen haben. Beachten Sie hierzu auch die Liste in Kapitel 2.2.!

Der Fall: Mein Balkon?

Sherlock Holmes ist ratlos. Gehört der Balkon der Wohnung, die er sich am Starnberger See gekauft hat, wirklich ihm? Er kann es nicht herausfinden:

- Balkone werden von den meisten Gerichten – mit Ausnahme des „Luftraums" und des Bodenbelags – dem zwingenden Gemeinschaftseigentum zugeordnet. Das reformierte WEGesetz ändert das auch nicht ausdrücklich.
- Aber schon früher urteilten einzelne Gerichte, dass Balkone zum Sondereigentum der Wohnung gehören, an die sie angebaut sind, wenn das in der Teilungserklärung ausdrücklich so bestimmt ist (OLG München, 23.09.2011, Az. 34 WX 247/11).
- In der Rechtsliteratur wird jetzt vertreten[27], dass das neue WEGesetz mehr Interpretationsspielraum in Richtung „Sondereigentum" zulässt.

Sherlock Holmes würde das freuen. Denn für Sondereigentum kann die WEG keine Reparaturen beschließen. Er könnte den Austritt lassen wie er ist, solange er dort seine Pfeife mit Blick auf den See rauchen kann. Anstriche, Reparaturen könnte er sich schenken und so einiges an Erhaltungskosten sparen. Doch werden die Gerichte künftig unterstützen, dass die Eigentümer*innen mit von außen gut sichtbaren Balkonen machen können, was sie wollen? Das darf bezweifelt werden!

Der Fall: Mein Quadruplex-Stellplatz?

Watson wohnt in derselben WEG, hat aber keinen Balkon. Dennoch schlägt er sich mit einer ähnlichen Frage herum: Jeder Stellplatz kann heute Sondereigentum sein. Er hat sich einen gekauft, der Teil eines Quadruplexparkers ist – eine Anlage, 4 Eigentümer der 4 Stellplatzflächen. Unklar bleibt, wie die tragenden Teile und der Antrieb auf die Sondereigentums-Einheiten verteilt werden oder ob sie im Gemeinschaftseigentum verbleiben. Bedeutend ist das, wenn diese Teile repariert werden müssen – wer zahlt dafür? Watson weiß die Lösung: Reparaturkosten kann die WEG jetzt per Beschluss nur auf die 4 Sondereigentümer*innen verteilen. Dann ist das Ergebnis sachgerecht, egal ob die Rechtsprechung Motoren und Co. dem Gemeinschaftseigentum zuschlägt oder nicht.

27) Alexander C. Blankenstein, WEG-Reform 2020, S. 101

**Kombiniere: Teilungs-
erklärungen nicht immer
unschuldig vor Gericht**

In vielen Teilungserklärungen wird
und wurde versucht, die Zuordnung
von Gebäudebestandteilen zum
Sonder- oder Gemeinschaftseigentum zu konkretisieren – mit der
Folge, dass immer wieder Gerichte
dazu angerufen werden. Die können
Festlegungen dann für nichtig erklären, weil sie nicht mit dem Gesetz in
Einklang stehen. Das zeigen diverse
Gerichtsurteile zu Fenstern, Wohnungseingangstüren, Heizkörpern
oder Versorgungsleitungen. Gerade
Wohnungskäufer*innen sollten ihre
Teilungserklärung auf konfliktträch-
tige Klauseln überprüfen lassen!

**Vereinbarungen, Beschlüsse und neu im
Programm: mehr Erwerberschutz**

§ 5 Abs. 4 WEGesetz: Inhalte von Verein-
barungen und Beschlüssen können **zum
„Inhalt" des Sondereigentums** werden.
Denn nur dann behalten diese Regelun-
gen ihre Gültigkeit, wenn sogenannte
Sondernachfolger zu neuen Mitgliedern
Ihrer WEG werden.

- Sondernachfolger sind vor allem Käufer*innen von Eigentumswohnungen.
- Wird eine Wohnung vererbt, besteht
  das Problem nicht, da Erben vollständig in die Position der Erblasser
  einsteigen (siehe § 1922 BGB).

Vereinbarungen unter den Wohnungseigentümer*innen werden zum „Inhalt"
des Sondereigentums, sofern sie im
Grundbuch eingetragen sind. Daran hat
sich nichts geändert. Nur dann gelten sie
auch für Wohnungskäufer*innen.

Der Fall: Wenn „Wohnen" im Grundbuch steht ...

Miss Marple hat sich die Erdgeschoss-Wohnung Nr. 1 in einer WEG in Düsseldorf gekauft. In der Teilungserklärung (auch die ist eine Vereinbarung!) sind alle Sondereigentumseinheiten als Wohnungen ausgewiesen. Die Teilungserklärung ist im Grundbuch eingetragen. Miss Marple sehnt sich sehr bald nach St. Mary Mead in Downshire zurück. Ihr Neffe Raymond West bietet an, die Wohnung zu hüten, wenn er darin ein Teegeschäft eröffnen darf. Also überzeugt Miss Marple ihre Miteigentümer*innen, eine allstimmige Vereinbarung zu treffen, nach der ihre Wohnung Nr. 1 in das Teileigentum Nr. 1 umgewandelt wird. Sie zieht sich erfreut nach England zurück.

Monate später wird eine andere Wohnung an Hercule Poirot verkauft, der Tee nicht mehr riechen kann. Die Vereinbarung, an der Poirot nicht beteiligt war, gilt nicht für ihn, da sie nicht ins Grundbuch eingetragen wurde. Poirot verlangt daher von Miss Marple, dass Einheit Nr. 1 wieder als Wohnung genutzt wird. Das darf er – und der Neffe muss das Teegeschäft schließen.

Eine Neuerung gibt es bei **Beschlüssen** der Eigentümergemeinschaft. Anders als Vereinbarungen wurden diese nach altem Recht stets ohne Weiteres zum „Inhalt" des Sondereigentums. Jetzt aber müssen auch **bestimmte** Beschlüsse ins Grundbuch eingetragen werden, wenn sie nach einem Eigentumswechsel weitergelten sollen (siehe auch § 10 Abs. 3 Satz 1 WEGesetz). Anders ausgedrückt: Der **Erwerberschutz**, den das Grundbuch bietet, wurde ausgeweitet.

- Betroffen sind nur solche Beschlüsse, für die die Eigentümer*innen allein nach dem WEGesetz **keine Beschlusskompetenz** hätten, sich dieses Recht aber ausnahmsweise aus einer **vereinbarten Öffnungsklausel** ergibt – ein schwieriger Satz, den das gleich folgende Beispiel erklärt!
- Für in Ihrer WEG bereits ergangene Beschlüsse dieser Art gilt eine **Übergangsfrist bis 31.12.2025** – ist bis dahin das Eintragsverfahren nicht eingeleitet, erlöschen sie nach einem Eigentümerwechsel (§ 48 Abs. 1 WEGesetz). Denn es kann nicht angehen, dass Beschlüsse der WEG nur für manche Eigentümer*innen gelten und für andere nicht.

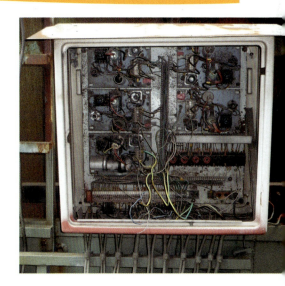

Der Fall: Beschluss zur Änderung der Zweckbestimmung

In der Teilungserklärung der WEG von Miss Marple sind alle Sondereigentumseinheiten als Wohnungen ausgewiesen. Rein nach dem Gesetz hat die Eigentümergemeinschaft keine Kompetenz, diese „vereinbarte" Nutzung durch einen Beschluss zu ändern. Aber die findige Miss Marple entdeckt in der Teilungserklärung diesen Satz: **„Die Zweckbestimmung eines Sondereigentums kann auf Antrag einer Eigentümer*in durch einen Beschluss der Eigentümergemeinschaft geändert werden."** Das ist eine „vereinbarte Öffnungsklausel". Miss Marple legt der Eigentümerversammlung also einen Beschlussantrag vor, ihre Wohnung Nr. 1 in Teileigentum umzuwandeln. Die Eigentümer*innen stimmen zu. Dann darf Neffe Raymond West in Miss Marples Einheit Nr. 1 sein Teegeschäft behalten.

Dieser Beschluss kann ins Grundbuch eingetragen werden. Passiert das bis spätestens 31.12.2025 nicht, erlischt der Beschluss nach einem Eigentümerwechsel. Wird also ab 2026 irgendeine Wohnung verkauft, können der Käufer und jede andere Miteigentümer*in von Miss Marple wieder verlangen, die Einheit Nr. 1 nur als Wohnung zu nutzen. Um das zu vermeiden, wird Miss Marple also dafür sorgen, dass der Beschluss ins Grundbuch eingetragen wird.

Um die Grundbücher nicht zu überfrachten, können **andere Beschlüsse** als solche, die wegen einer vereinbarten Öffnungsklausel zulässig sind, nach wie vor nicht ins Grundbuch eingetragen werden. Das müssen sie auch nicht, weil sie ohnehin auch so gegenüber Wohnungskäufer*innen gelten (und zwar unabhängig davon, ob sie in der Beschluss-Sammlung eingetragen sind oder nicht).

Der Fall: Beschlüsse, die nicht ins Grundbuch eingetragen werden
Miss Marple ist vorsichtig geworden und forstet die Beschluss-Sammlung durch, ob etwa auch weitere Beschlüsse ins Grundbuch eingetragen werden müssen. Fündig wird sie nicht, alle anderen Beschlüsse gelten ohne Weiteres auch gegenüber dem neu in die WEG eintretenden Hercule Poirot:

1. Die Eigentümer*innen haben beschlossen, Herrn Petherick zum Verwalter zu bestellen. Das durften sie nach dem Gesetz, nämlich nach § 26 Abs. 1 WEGesetz.
2. Die Eigentümer*innen haben beschlossen, die Müllgebühren nicht nach den Miteigentumsanteilen zu verteilen, sondern nach der Anzahl der Haushaltsmitglieder. Auch das durften sie nach dem Gesetz, nämlich nach § 16 Abs. 2 Satz 2 WEGesetz.
3. In der Teilungserklärung steht, dass Kosten für die Treppenhausreinigung nach der Anzahl der Haushaltsmitglieder verteilt werden. Die Eigentümer*innen haben aber beschlossen, diese Kosten doch lieber nach Wohnungen zu verteilen. Diese Abweichung von der Teilungserklärung durch einen Beschluss ist möglich, weil § 16 Abs. 2 Satz 2 WEGesetz das ausdrücklich erlaubt — es handelt sich hierbei um eine gesetzliche Öffnungsklausel.

In allen 3 Fällen gelten die Beschlüsse auch ohne Eintrag ins Grundbuch gegenüber dem Käufer Poirot. Da sie auf den gesetzlichen Regeln und im Fall 3 auf einer gesetzlichen (und nicht auf einer vereinbarten) Öffnungsklausel beruhen, sind die Beschlüsse auch gar nicht eintragungsfähig.

Zu § 6: Sondereigentum und MEA – untrennbar wie Finger und Abdruck

§ 6 Unselbständigkeit des Sondereigentums

(1) Das Sondereigentum kann ohne den Miteigentumsanteil, zu dem es gehört, nicht veräußert oder belastet werden.

(2) Rechte an dem Miteigentumsanteil erstrecken sich auf das zu ihm gehörende Sondereigentum.

MEA – das ist die gebräuchliche Abkürzung für den **Miteigentumsanteil** am Gemeinschaftseigentum, der immer mit einem Sondereigentum verbunden sein muss. Es kann Ihnen also keine Wohnung und kein Stellplatz gehören ohne einen Anteil am Gemeinschaftseigentum, also am Grundstück, an der Fassade des Hauses und den tragenden Wänden, der Heizungsanlage etc. Welcher Anteil das ist, legt der Aufteiler/Bauträger in der Teilungserklärung fest.

Angegeben werden die MEA in Bruchteilen, z.B. Tausendsteln. Beispiel: Eine Wohnung bekommt 100/1.000stel MEA, eine weitere 150/1.000stel MEA und so fort, bis 1.000/1.000stel verteilt sind. Der Maßstab für die Verteilung der MEA wird nicht offengelegt. Der konkrete Miteigentumsanteil kann sich an der Wohnungsgröße orientieren. Nicht selten wird aber auch ein anderer Maßstab zugrunde gelegt. Die MEA können nur durch Vereinbarung – also mit Zustimmung aller Eigentümer*innen – geändert werden. Dies wird in der Regel nur selten passieren, etwa wenn das Dach ausgebaut oder aufgestockt wird und neue Wohnungen entstehen.

Kombiniere: Miteigentumsanteil entscheidet über Ihre laufenden Kosten!
Alle Sondereigentümer*innen sind immer auch mit für das Gemeinschaftseigentum verantwortlich und müssen sich an sämtlichen Kosten der WEG beteiligen. Diese Kosten werden nach der gesetzlichen Grundregel im Verhältnis der Miteigentumsanteile verteilt – sofern Ihre WEG nichts anderes vereinbart oder beschlossen hat (mehr dazu bei §§ 16, 21 WEGesetz).

Zu § 7: Wohnungsgrundbuch – der verlässlichste Zeuge

§ 7 Grundbuchvorschriften

(1) Im Falle des § 3 Abs. 1 wird für jeden Miteigentumsanteil von Amts wegen ein besonderes Grundbuchblatt (Wohnungsgrundbuch, Teileigentumsgrundbuch) angelegt. Auf diesem ist das zu dem Miteigentumsanteil gehörende Sondereigentum und als Beschränkung des Miteigentums die Einräumung der zu den anderen Miteigentumsanteilen gehörenden Sondereigentumsrechte einzutragen. Das Grundbuchblatt des Grundstücks wird von Amts wegen geschlossen.

(2) Zur Eintragung eines Beschlusses im Sinne des § 5 Absatz 4 Satz 1 bedarf es der Bewilligungen der Wohnungseigentümer nicht, wenn der Beschluss durch eine Niederschrift, bei der die Unterschriften der in § 24 Absatz 6 bezeichneten Personen öffentlich beglaubigt sind, oder durch ein Urteil in einem Verfahren nach § 44 Absatz 1 Satz 2 nachgewiesen ist. Antragsberechtigt ist auch die Gemeinschaft der Wohnungseigentümer.

(3) Zur näheren Bezeichnung des Gegenstands und des Inhalts des Sondereigentums kann auf die Eintragungsbewilligung oder einen Nachweis gemäß Absatz 2 Satz 1 Bezug genommen werden. Veräußerungsbeschränkungen (§ 12) und die Haftung von Sondernachfolgern für Geldschulden sind jedoch ausdrücklich einzutragen.

(4) Der Eintragungsbewilligung sind als Anlagen beizufügen:

1. eine von der Baubehörde mit Unterschrift und Siegel oder Stempel versehene Bauzeichnung, aus der die Aufteilung des Gebäudes und des Grundstücks sowie die Lage und Größe der im Sondereigentum und der im gemeinschaftlichen Eigentum stehenden Teile des Gebäudes und des Grundstücks ersichtlich ist (Aufteilungsplan); alle zu demselben Wohnungseigentum gehörenden Einzelräume und Teile des Grundstücks sind mit der jeweils gleichen Nummer zu kennzeichnen;

2. eine Bescheinigung der Baubehörde, dass die Voraussetzungen des § 3 Absatz 3 vorliegen.

Wenn in der Eintragungsbewilligung für die einzelnen Sondereigentumsrechte Nummern angegeben werden, sollen sie mit denen des Aufteilungsplans übereinstimmen.

(5) Für Teileigentumsgrundbücher gelten die Vorschriften über Wohnungsgrundbücher entsprechend.

§ 7 Abs. 1 WEGesetz: Zu Ihrem Sondereigentum nebst Miteigentumsanteil
an einer Eigentumswohnungsanlage
existiert ein eigenes Grundbuchblatt, das
Wohnungsgrundbuch.[28]

§ 7 Abs. 2 WEGesetz: Neuerdings können
auch Beschlüsse aufgrund einer vereinbarten Öffnungsklausel ins Grundbuch
eingetragen werden, weil diese nur dann
gegenüber Käufer*innen gelten (siehe
§ 5 Abs. 4 WEGesetz). Zu dieser Beschluss-
Eintragung – sie gehört in jedes einzelne
Wohnungsgrundbuch – müssen grundsätzlich alle Eigentümer*innen ihre
Zustimmung erklären. Das darf aber entfallen, wenn die WEG, vertreten durch die
Verwalter*in, den Beschluss gegenüber
dem Grundbuchamt nachweist durch

- die **Niederschrift** (= Protokoll der
  Eigentümerversammlung) mit beglau-
  bigten Unterschriften oder

- das **Urteil** bei einem Beschluss im Wege
  einer Beschlussersetzungsklage (siehe
  Kapitel 2.8.).

Nach § 7 Abs. 3 WEGesetz sind **besonders
bedeutsame** Beschlüsse im Wortlaut
einzutragen:

- Aufhebung einer **Veräußerungsbe-
  schränkung** nach § 12 WEGesetz oder
- Haftung einer Wohnungskäufer*in für
  Geldschulden der Verkäufer*in (z.B.
  Hausgeldschulden).

Im Übrigen darf die Eintragung von Beschlüssen auf dem Weg der Bezugnahme
erfolgen, also ohne den Wortlaut des Beschlusses. Transparenter, aber wohl keine Pflicht, ist zumindest die Eintragung
einiger Stichwörter, z.B. „Sondereigen-
tumseinheit Nr. 5 darf zu Wohnzwecken
genutzt werden, siehe Beschluss gemäß
Top 12 der Niederschrift vom 01.03.2021,
eingetragen am 10.05.2021".

---

28) Der Begriff „Teileigentumsgrundbuch" wird verwendet, wenn das Sondereigentum nicht Wohnzwecken
dient, also z.B. bei Gewerbeeinheiten.

§ 7 Abs. 4 WEGesetz: Die Änderungen sind Folgeänderungen wegen der neuen Sondereigentumsfähigkeit von Teilen des Grundstücks. Vor der WEGesetz-Reform 2020 konnte Sondereigentum nur an Räumen innerhalb eines Gebäudes entstehen. Deshalb war es früher ausreichend, wenn sich der **Aufteilungsplan** aus den Bauzeichnungen ergab. Da es heute auch um Freiflächen gehen kann, reicht das nicht. Um später keinerlei Zweifel über die Lage der verkauften Freifläche (Terrasse, Gartenanteil, Stellplatz) aufkommen zu lassen, müssen diese Flächen in einem **Lageplan** eingezeichnet sein und ggf. mit derselben Nummer wie die Einzelräume der dazugehörigen Wohnung gekennzeichnet sein. WiE fordert, auch wenn das nicht im Gesetz steht, hierfür einen „Amtlichen Lageplan".

Zu § 8: Die war's – Besonderheiten bei der Teilung durch eine Alleineigentümer*in

§ 8 Teilung durch den Eigentümer

(1) Der Eigentümer eines Grundstücks kann durch Erklärung gegenüber dem Grundbuchamt das Eigentum an dem Grundstück in Miteigentumsanteile in der Weise teilen, dass mit jedem Anteil Sondereigentum verbunden ist.

(2) Im Falle des Absatzes 1 gelten § 3 Absatz 1 Satz 2, Absatz 2 und 3, § 4 Absatz 2 Satz 2 sowie die §§ 5 bis 7 entsprechend.

(3) Wer einen Anspruch auf Übertragung von Wohnungseigentum gegen den teilenden Eigentümer hat, der durch Vormerkung im Grundbuch gesichert ist, gilt gegenüber der Gemeinschaft der Wohnungseigentümer und den anderen Wohnungseigentümern anstelle des teilenden Eigentümers als Wohnungseigentümer, sobald ihm der Besitz an den zum Sondereigentum gehörenden Räumen übergeben wurde.

§ 8 WEGesetz regelt den in der Praxis weitaus häufigeren Fall, dass Wohnungseigentum nicht durch vertragliche Einräumung von Sondereigentum (§ 3 WEGesetz) entsteht, sondern **durch Teilung**. Der Aufteiler hat das Grundstücks also (noch) in seinem Alleineigentum. Bei einem Neubau ist das in aller Regel eine Bauträger-Gesellschaft.

Ihr Eintritt in das ehrenwerte Haus

§ 8 Abs. 3 WEGesetz enthält eine wesentliche Neuerung durch die WE-Gesetz-Reform 2020: Die durch die Rechtsprechung geschaffene Figur des „werdenden Wohnungseigentümers" steht jetzt im Gesetz; damit ist geregelt, wann Sie als Wohnungskäufer*in im Innenverhältnis zur WEG und zu Ihren Miteigentümer*innen als Eigentümer*in behandelt werden, obwohl Sie als solche noch nicht im Grundbuch stehen. Ab dann – Voraussetzungen siehe unten – dürfen Sie einerseits mit den anderen Eigentümer*innen **Beschlüsse fassen** und müssen andererseits Pflichten übernehmen, vor allem das **Hausgeld zahlen**.

Voraussetzung ist zunächst, dass die **Wohnungsgrundbücher angelegt** sind, also die WEG als sogenannte Ein-Personen-Gemeinschaft entstanden ist (siehe § 9a Abs. 1 WEGesetz). Ist das der Fall, übernehmen Sie als Käufer*in einer Wohnung Rechte und Pflichten, sobald

- Ihr Anspruch auf Übertragung von Wohnungseigentum durch eine **Vormerkung im Wohnungsgrundbuch** gesichert ist und
- Ihnen die zu Ihrem Sondereigentum gehörenden **Räume übergeben** wurden (nur noch Sie haben den Schlüssel, aber nicht mehr der Bauträger). Es kommt nur auf Ihre Wohnung an. Haben Sie auch einen Stellplatz oder Gartenanteil gekauft, müssen die noch nicht fertiggestellt sein, genauso wenig das Gemeinschaftseigentum.[29]

Diese Regelung gilt – auch das ergibt sich jetzt aus der gesetzlichen Formulierung – **für den erstmaligen Erwerb** von Wohnungseigentum **vom Aufteiler/Bauträger**. Es spielt keine Rolle, wie viel Zeit seit Anlegung der Wohnungsgrundbücher und Ihrem Eigentumserwerb vergangen ist. Da sich die Phase der Eintragung sämtlicher Erwerber*innen ins Grundbuch oft über mehrere Jahre hinzieht, kann so die WEG schon sehr viel zeitiger über die Ein-Personen-Gemeinschaft mit nur dem Bauträger als Mitglied hinauswachsen.

Kaufen Sie hingegen eine „**gebrauchte**" **Wohnung**, gibt es keinen Bedarf dafür, Sie zur „werdenden Wohnungseigentümer*in" zu erklären. Sie treten dann **erst mit der Eintragung im Wohnungsgrundbuch** als neues Mitglied in die WEG ein.

Kombiniere: Frage des Machtmissbrauchs weiter nicht geregelt
Der Aufteiler/Bauträger ist trotz der nach und nach hinzukommenden „werdenden Wohnungseigentümer" oft noch lange Zeit der Mehrheitseigentümer der WEG. So lange kann er seine Stimmenmehrheit dazu nutzen, Beschlüsse allein in seinem Interesse durchzusetzen oder zu verhindern – Beispiel: Der Bauträger setzt eine ihm verbundene Verwalter*in ein. Dagegen können sich die anderen Eigentümer*innen nur wehren, wenn sie beweisen können, dass die Stimmenmehrheit missbraucht wird.[30] Dies ist in der Regel schwierig, holen Sie ggf. Rechtsrat ein.

---

29) Bundestags-Drucksache 19/18791, WEMoG, Gesetzentwurf der Bundesregierung, Seite 44
30) Niedenführ, WEG Kommentar und Handbuch zum Wohnungseigentumsrecht, 12. Auflage, Bonn 2017, § 25 RN 47, mit Verweis auf BGH, 19.09.2002, Az. V ZB 30/02 sowie weitere Zitatstellen

Zu § 9: Des Wohnungseigentums letzte Stunde

§ 9 Schließung der Wohnungsgrundbücher

(1) Die Wohnungsgrundbücher werden geschlossen:

1. von Amts wegen, wenn die Sondereigentumsrechte gemäß § 4 aufgehoben werden;

2. auf Antrag des Eigentümers, wenn sich sämtliche Wohnungseigentumsrechte in einer Person vereinigen.

(2) Ist ein Wohnungseigentum selbständig mit dem Recht eines Dritten belastet, so werden die allgemeinen Vorschriften, nach denen zur Aufhebung des Sondereigentums die Zustimmung des Dritten erforderlich ist, durch Absatz 1 nicht berührt.

(3) Werden die Wohnungsgrundbücher geschlossen, so wird für das Grundstück ein Grundbuchblatt nach den allgemeinen Vorschriften angelegt; die Sondereigentumsrechte erlöschen, soweit sie nicht bereits aufgehoben sind, mit der Anlegung des Grundbuchblatts.

Aus einer Eigentumswohnungsanlage kann auch wieder eine „normale" Immobilie mit nur einem Grundbuchblatt werden. Das geht aber nur durch

- eine einvernehmliche Aufhebung des Sondereigentums, das heißt, alle Wohnungseigentümer*innen müssen der Auflösung des Wohnungseigentums zustimmen, oder
- einen Antrag, wenn sämtliches Sondereigentum (wieder) in nur einer Hand liegt.

§ 9 Abs. 1 Nr. 1 WEGesetz: Die Wohnungsgrundbücher werden von Amts wegen geschlossen, wenn sich alle Wohnungseigentümer*innen gemäß § 4 WEGesetz auf eine **Aufhebung des Sondereigentums** einigen und diese Einigung ins Grundbuch eingetragen wird. Es gelten dann nicht länger die Vorschriften des WEGesetzes, sondern die für eine Bruchteilsgemeinschaft nach §§ 741 ff. BGB.

- Aus den ehemaligen Sondereigentümer*innen werden die neuen Teilhaber*innen des Grundstücks (mit allem, was sich darauf befindet).
- Das Gemeinschaftsvermögen (z.B. Gartengeräte, Erhaltungsrücklage, offene Forderung gegen Dienstleister etc.) gehört im Gegensatz zum Gemeinschaftseigentum nicht den einzelnen früheren Wohnungseigentümer*innen, sondern der WEG. Es wird

verkauft und unter den neuen Teilhaber*innen des Grundstücks verteilt. Damit erlischt dann auch die rechtsfähige WEG.[31]

Neuerdings soll aus Gründen der Rechtsvereinfachung jetzt auch so verfahren werden, wenn eine **Eigentumswohnungsanlage zerstört** ist, etwa durch Brand oder Abriss – das war vor der Reform gesondert geregelt.

§ 9 Abs. 1 Nr. 2 WEGesetz: Liegt das Eigentum an allen Sondereigentumseinheiten (noch oder wieder) in der Hand nur einer Person, Gemeinschaft oder juristischen Person (z.B. GmbH), kann diese die **Schließung der Wohnungsgrundbücher beantragen** – das ist aber kein Muss. Es darf auch alles bleiben wie es ist, um dann irgendwann einmal wieder eine Wohnung zu verkaufen. Dieses Wahlrecht musste auch deshalb erhalten bleiben, weil eine WEG nach neuem Recht als Ein-Personen-Gemeinschaft mit dem Anlegen der Wohnungsgrundbücher entsteht, also mit dem Aufteiler/Bauträger als zunächst einzigem Eigentümer, siehe § 9a Abs. 1 WEGesetz.

Zu § 9a: Die Wohnungseigentümergemeinschaft – „Der unsichtbare Dritte"

Abschnitt 3 – Rechtsfähige Gemeinschaft der Wohnungseigentümer

§ 9a Gemeinschaft der Wohnungseigentümer

(1) Die Gemeinschaft der Wohnungseigentümer kann Rechte erwerben und Verbindlichkeiten eingehen, vor Gericht klagen und verklagt werden. Die Gemeinschaft der Wohnungseigentümer entsteht mit Anlegung der Wohnungsgrundbücher; dies gilt auch im Fall des § 8. Sie führt die Bezeichnung „Gemeinschaft der Wohnungseigentümer" oder „Wohnungseigentümergemeinschaft" gefolgt von der bestimmten Angabe des gemeinschaftlichen Grundstücks.

(2) Die Gemeinschaft der Wohnungseigentümer übt die sich aus dem gemeinschaftlichen Eigentum ergebenden Rechte sowie solche Rechte der Wohnungseigentümer aus, die eine einheitliche Rechtsverfolgung erfordern, und nimmt die entsprechenden Pflichten der Wohnungseigentümer wahr.

(3) Für das Vermögen der Gemeinschaft der Wohnungseigentümer (Gemeinschaftsvermögen) gelten § 18, § 19 Absatz 1 und § 27 entsprechend.

(4) Jeder Wohnungseigentümer haftet einem Gläubiger nach dem Verhältnis seines Miteigentumsanteils (§ 16 Absatz 1 Satz 2) für Verbindlichkeiten der Gemeinschaft der Wohnungseigentümer, die während seiner Zugehörigkeit entstanden oder während dieses Zeitraums fällig geworden sind; für die Haftung nach Veräußerung des Wohnungseigentums ist § 160 des Handelsgesetzbuchs entsprechend anzuwenden. Er kann gegenüber einem Gläubiger neben den in seiner Person begründeten auch die der Gemeinschaft der Wohnungseigentümer zustehenden Einwendungen und Einreden geltend machen, nicht aber seine Einwendungen und Einreden gegenüber der Gemeinschaft der Wohnungseigentümer. Für die Einrede der Anfechtbarkeit und Aufrechenbarkeit ist § 770 des Bürgerlichen Gesetzbuchs entsprechend anzuwenden.

(5) Ein Insolvenzverfahren über das Gemeinschaftsvermögen findet nicht statt.

Der neue Abschnitt 3 umfasst nur die §§ 9a und 9b WEGesetz und ist dennoch „explosiver Stoff" mit vielen Änderungen! Er betrifft die rechtsfähige Gemeinschaft der Wohnungseigentümer (WEG). Anders als die Eigentümer*innen und die

Verwalter*in bleibt die WEG zwar körperlich „unsichtbar", doch sie wurde durch die WEGesetz-Reform 2020 gestärkt (siehe Kapitel 1.1.). Abschnitt 3 klärt das **Außenverhältnis der WEG** zu Dritten:

- In § 9a WEGesetz wird die WEG definiert und zudem bestimmt, **wofür** die WEG im Außenverhältnis gegenüber Vertragspartnern der WEG oder anderen Dritten **zuständig** ist – und wofür nicht.

- Da die WEG ein abstraktes Rechtsgebilde ist, regelt § 9b WEGesetz, **welche Personen** die WEG im Außenverhältnis **vertreten**, also im Namen und mit Wirkung für die WEG handeln.

Rechtsfähig – ohne Wenn und Aber

§ 9a Abs. 1 WEGesetz: Alle Wohnungseigentümer*innen[32] sind Mitglieder der „Gemeinschaft der Wohnungseigentümer" oder „Wohnungseigentümergemeinschaft". Diese wird oft abgekürzt als „WEG" – oder als „Verband WEG" zur Betonung, dass die Gemeinschaft der Wohnungseigentümer ein rechtsfähiger Verband ist. Der **Name der WEG** muss nach wie vor die Anschrift des Grundstücks enthalten. Beispiel: „Wohnungseigentümergemeinschaft Amselweg 5-11, Bonn".

Rechtsfähig heißt nach wie vor, dass die WEG u.a. Verträge eingehen kann oder vor Gericht klagen kann und verklagt werden darf. Neu ist jedoch, dass die Rechtsfähigkeit **nicht mehr beschränkt ist auf den Verbandszweck** „Verwaltung des gemeinschaftlichen Eigentums".[33] Das heißt, die WEG kann jetzt unstrittig mit Rechtswirkung alle möglichen Rechte erwerben und Pflichten eingehen, also z.B. selbst Eigentümerin eines Nachbargrundstücks werden oder einen Bus für eine Fahrt zum Ort der Eigentümerversammlung chartern – sofern dies jeweils im Rahmen einer ordnungsgemäßen Verwaltung geschieht und dem Interesse aller Wohnungseigentümer*innen dient.[34]

---

32) In diesem Ratgeber ist immer nur vom Wohnungseigentum und den Wohnungseigentümer*innen die Rede. Aber auch alle Teileigentümer*innen, denen nicht zu Wohnzwecken dienende Räume wie z.B. Ladengeschäften, Arztpraxen im Haus gehören, sind Mitglieder der WEG. Denn für das Teileigentum gelten die Vorschriften über das Wohnungseigentum entsprechend, siehe § 1 Abs. 6 WEGesetz.

33) Bundestags-Drucksache 19/18791, WEMoG, Gesetzentwurf der Bundesregierung, Seite 45

34) BGH, 18.03.2016, Az. V ZR 75/15; diese Kriterien stellte der BGH zum Thema Grundstückkauf durch die WEG auf, der schon vor der WEGesetz-Reform 2020 dann zulässig war.

Einfallstor fürs perfekte „Verbrechen"? Die neue Ein-Personen-Gemeinschaft

§ 9a Abs. 1 Satz 2 WEGesetz verdient eine besondere Erläuterung: Neuerdings entsteht die WEG bereits mit dem **Anlegen der Wohnungsgrundbücher**. Ab diesem Zeitpunkt wird die Eigentumswohnungsanlage nach den Vorschriften des WEGesetz verwaltet. Das gilt ausdrücklich auch im Fall der Teilung nach § 8 WEGesetz. Somit werden jetzt die allermeisten neuen WEGs als **Ein-Personen-Gemeinschaften** mit dem Aufteiler/Bauträger als zunächst einzigem Mitglied entstehen. Sondervorschriften für diese Phase gibt es nicht. Das hat mehrere Auswirkungen:

Beschlüsse, die in der Ein-Personen-Gemeinschaft gefasst werden, bedürfen nach einer auf den BGH gestützten Rechtsansicht keiner besonderen Form.[35] Es soll ein nach außen erkennbarer „Entschluss" genügen, ganz gleich ob dafür eine förmliche Eigentümerversammlung abgehalten wird oder nicht. Da eine Ein-Personen-Gemeinschaft naturgemäß keine Versammlung abhalten kann, greift § 24 Abs. 6 WEGesetz, nach dem Beschlüsse in einem Protokoll festzuhalten sind, nicht unmittelbar. Gleichwohl müssen auch Beschlüsse einer Ein-Personen-Gemeinschaft in Textform (§ 23 Abs. 3 WEGesetz) dokumentiert und in die Beschluss-Sammlung (§ 24 Abs. 7 Nr. 2 WEGesetz) eingetragen werden.

Treten Sie in eine neu gegründete WEG ein, lassen Sie sich deshalb unbedingt alle Protokolle über Beschlüsse sowie die Beschluss-Sammlung zeigen, um sich ins Bild zu setzen, wer ggf. als Verwalter*in bestellt ist bzw. ob und welche Verträge bereits abgeschlossen wurden – kurzum: welche Verpflichtungen Ihre neue WEG bereits eingegangen ist. Nicht ordnungsmäßige Beschlüsse können Sie ggf. noch anfechten – oder nach Ablauf der Anfechtungsfrist in diesem Sonderfall sogar noch durch andere Rechtsmittel (Stichwort „Wiedereinsetzung in den vorherigen Stand") aus der Welt schaffen.

---

35) Dötsch/Schultzky/Zschieschack, WEG-Recht 2021, München 2021, Kap. 2 Rz. 19; Lehmann-Richter, WEG-Reform 2020, Köln 2021, Rz. 277 f.

Für das **Außenverhältnis** Ihrer WEG zu Dritten gilt: Vertreter der Ein-Personen-Gesellschaft ist zunächst der Aufteiler/Bauträger. Sobald er eine Verwalter*in bestellt, übernimmt diese die Vertretung (siehe § 9b Abs. 1 WEGesetz). Alle von der Vertreter*in für die WEG rechtswirksam abgeschlossenen **Verträge gelten!** Diese lassen sich später nicht etwa dadurch beseitigen, dass die WEG mit den Stimmen hinzugekommener weiterer („werdender") Wohnungseigentümer*innen einen Ein-Personen-Beschluss wieder aufhebt. Gegenüber den jeweiligen Vertragspartner*innen kann allenfalls eine Vertragskündigung zum nächstmöglichen Zeitpunkt beschlossen und umgesetzt werden.

Der Fall: Falscher Hausmeister darf bleiben!

Nach seiner Pensionierung hat der Pariser Ex-Kommissar Jules Maigret viel Zeit. Frisch aus New York zurück, widmet er sich der Untersuchung des Falls einer Neubau-WEG in Gelsenkirchen. Dort hatte der Bauträger einer Eigentumswohnungsanlage mit sich selbst beschlossen, den windigen Peter Flinke zum Verwalter zu bestellen (ein entfernter Vetter, dem es trotz seiner Ganovenkarriere bisher gelungen war, sein polizeiliches Führungszeugnis rein zu halten – aber das ist eine andere Geschichte). Es gab eine Hausmeisterwohnung, und hier quartierte Flinke gleich seinen Spezi Karl Flunker ein, indem er namens der WEG einen auf 5 Jahre befristeten Mietvertrag zu extrem günstigen Konditionen mit Flunker abschloss. Das gefiel dem ersten neuen Eigentümer, der 2 Monate später in die WEG eintrat, überhaupt nicht. Er rief Maigret zur Hilfe, um den zwielichtigen Flunker aus der Wohnung zu treiben. Doch in diesem Fall kann selbst Maigret nur die breiten Schultern zucken. Die WEG ist an den Mietvertrag gebunden und kann höchstens noch beschließen, ihn nach Ablauf der 5 Jahre nicht zu verlängern. Flunker brauchte es nämlich gar nicht zu interessieren, ob Flinke ihm die Wohnung vermieten durfte – der Vertrag mit ihm gilt. Also muss der dringend nötige „echte" Hausmeister nun auswärts wohnen.

Positiv ist: Nach der Gesetzesbegründung soll bereits die Ein-Personen-Gemeinschaft als Verbraucherin gelten – es sei denn, dass wie z.B. bei einem Einkaufszentrum „von vornherein klar ist, dass kein Verbraucher Mitglied der Gemeinschaft werden wird".[36] Verträge zwischen Unternehmen und Verbraucher*innen unterliegen den **Verbraucherschutz-Vorschriften der §§ 305 ff. BGB.** Beispiel: Formularverträge über Energiedienstleistungen dürfen die WEG als Verbraucherin nicht länger als 2 Jahre binden. Bei Verstößen gegen den Verbraucherschutz sind entsprechende Klauseln in den Verträgen nichtig. Das bedeutet, dass sich die jeweilige Vertragspartner*in – z.B. ein Energiedienstleister – auf Klauseln, die zu einer längeren Vertragsbindung führen, nicht berufen darf, auch wenn sie so in dem Vertrag stehen. Je nach sonstiger Vertragsgestaltung kann sich Ihre WEG also unter Umständen sehr viel früher aus einem ungünstigen Vertragsverhältnis lösen, als es nach dem Wortlaut des betreffenden Vertrags den Anschein hat.

Fazit: Nach dem Gesagten besteht eine gewisse Gefahr, dass ein Bauträger zunächst Ein-Personen-Beschlüsse fasst und **Verträge abschließt, die allein seinen Interessen entsprechen.** Eine rechtliche Beratung, welche Risiken ein Ihnen vorgelegter Bauträgervertrag birgt, ist jetzt jedenfalls wichtiger denn je!

Kombiniere: Mitwirkungsrechte verhandeln?

Versuchen Sie als Käufer*in durchzusetzen, dass Sie ein Mitwirkungsrecht ab dem Zeitpunkt des Abschlusses des notariellen Vertrags erhalten, indem der Bauträger Ihnen in diesem Vertrag eine **Vollmacht zur Stimmrechtsausübung**[37] mit sofortiger Wirkung einräumt – dann entscheiden Sie mit, noch bevor Sie „werdende Eigentümer*in" werden. Und noch wichtiger: Sie erfahren alles, was der Bauträger sonst nur mit sich selbst beschließt.

So wird das Gemeinschaftseigentum verteidigt

§ 9a Abs. 2 WEGesetz: Ihr Anteil am Gemeinschaftseigentum ist „**echtes**" **Eigentum:** Niemand – kein Passant, kein Mieter*in, kein Handwerksunternehmen und auch keine Miteigentümer*in – darf „Ihr" Gemeinschaftseigentum beschädigen. Andererseits sind Sie verantwortlich dafür, dass „Ihr" Gemeinschaftseigentum auch keinen anderen beeinträchtigt oder schädigt.

---

36) Bundestags-Drucksache 19/18791, WEMoG, Gesetzentwurf der Bundesregierung, S. 45; Bundestags-Drucksache 19/22634 Beschlussempfehlung Rechtsausschuss zum WEMoG, S. 42; dagegen aber Dötsch/Schultzky/Zschiesschack, WEG-Recht 2021, München 2021, Kap. 2 Rz. 40 – Rechtsprechung muss abgewartet werden.
37) Dötsch/Schultzky/Zschiesschack, WEG-Recht 2021, München 2021, Kap. 2 Rz. 26

Das Besondere im Wohnungseigentum: Nicht nur Sie, sondern auch **die anderen Miteigentümer*innen haben dieselben Rechte und Pflichten.** Damit nun nicht 20 Eigentümer*innen zugleich gegen einen Briefkastenzerstörer klagen oder die bei Glatteis gestürzte Postbotin erst grübeln muss, an welche möglichst zahlungskräftige Miteigentümer*in sie sich wenden soll, gibt es § 9a Abs. 2 WEGesetz: Der Verband WEG kann und muss **im Außenverhältnis**, also gegenüber den Schädigern oder Geschädigten, bestimmte Rechte der Wohnungseigentümer*innen durchsetzen bzw. Pflichten erledigen. Das ist zwingend, darf also weder durch eine Vereinbarung noch durch einen Beschluss abgeändert werden.

Diese Vorschrift dient somit in erster Linie dem **Schutz Dritter:** Verhindert werden soll eine „Zersplitterung der Rechtsverhältnisse" in verschiedene Verfahren, die unterschiedlich ausgehen könnten. Darüber hinaus trägt der neue § 9a Abs. 2 WEGesetz zu mehr **Rechtsklarheit** bei. Denn die frühere Ausformung, nämlich § 10 Abs. 6 WEGesetz-alt, galt allgemein als missglückt und warf Zuordnungsprobleme auf. Früher unterschied man zwischen sogenannten

- „geborenen" Ausübungsbefugnissen der WEG, die sich direkt aus dem alten Gesetz ergaben – da lief bereits alles so wie jetzt – und

- „gekorenen" Ausübungsbefugnissen der WEG; das waren solche, die die WEG nur bekam, indem sie die Rechte oder Pflichten der Eigentümer*innen durch einen Mehrheitsbeschluss an sich zog; diese sogenannte **Vergemeinschaftung gibt es heute nicht mehr** – entsprechende Beschlüsse haben am 01.12.2020 ihre Wirkung verloren.

Kombiniere: Direktansprüche aus dem Gemeinschaftseigentum gingen verloren
Sie und Ihre Miteigentümer*innen verlieren damit nicht Ihre Rechte und Pflichten hinsichtlich des Gemeinschaftseigentums. Der Gesetzgeber hat aber festgelegt, dass Sie sie nicht selbst verfolgen dürfen. Das macht die WEG für Sie. Juristisch heißt das: Sie haben in Sachen des Gemeinschaftseigentums keinen Direktanspruch mehr gegen Dritte!

Darüber, „wie" die WEG für die Rechte und Pflichten der Eigentümer*innen einsteht, entscheidet dann **im Innenverhältnis** die Eigentümerversammlung durch Beschluss (§ 19 Abs. 1 WEGesetz) –

soweit nicht die Verwalter*in auch schon ohne Beschluss handeln muss (§ 27 WE-Gesetz). Da es originär um Ihre Rechte und Pflichten geht, ist die WEG in aller Regel zur besonders sorgfältigen Behandlung verpflichtet. Das heißt, bei solchen Beschlüssen hat die Eigentümerversammlung einen **ganz geringen Ermessensspielraum**:

- Sie muss die Art der Rechtsverfolgung beschließen, die am besten geeignet ist, dem Interesse einer oder mehrerer betroffener Eigentümer*innen gerecht zu werden (z.B. außergerichtliche Forderung, Erhebung einer Klage, Abschluss eines Vergleichs etc.)
- Auch wenn sich eine Mehrheit gar nicht persönlich gestört fühlt, muss jetzt z.B. nach dem Willen nur einer Eigentümer*in eine Unterlassungsklage gegen eine Miteigentümer*in angestrengt werden, die einen Balkon eigenmächtig

ausbaut; das darf höchstens unterbleiben, wenn die Erfolgsaussichten einer Klage zu gering sind.[38]

Weil Ausübungsrechte und -pflichten der WEG in der Praxis eine große Rolle spielen, soll das im Folgenden noch näher erläutert werden. Dabei geht es zunächst um die **Rechte**, danach um die **Pflichten** aus dem Gemeinschaftseigentum.

Unzulässige Eingriffe ins Gemeinschaftseigentum – WEG muss handeln

Wichtigster Anwendungsfall für Ihre Rechte aus dem Miteigentum sind **Beseitigungs- und Unterlassungsansprüche** nach § 1004 BGB: Wird das **Gemeinschaftseigentum** beeinträchtigt, kann nach § 9a Abs. 2 WEGesetz jetzt nur noch die WEG gegen den Schädiger vorgehen – siehe Beispiel auf Seite 164.

Tabelle: Die wichtigsten Rechte, die jetzt einheitlich von der WEG ausübt werden

Ihre Rechte:	Gegen wen?	Beispiel:
❶ **Beseitigung und Unterlassung** einer Beeinträchtigung des Gemeinschaftseigentums (§ 1004 BGB)	Gegen Miteigentümer*innen, alle Besucher*innen und Mieter*innen im Haus, Nachbar*innen etc. („Dritte")	Fremder parkt sein Auto dauerhaft auf dem WEG-Hof. Miteigentümer baut sich im Dach eine Loggia aus.
❷ **Ersatz für einen Schaden** am Gemeinschaftseigentum (§ 823 BGB)	Gegen Miteigentümer*innen, alle Besucher*innen und Mieter*innen im Haus, Nachbarn*innen etc. („Dritte")	Besucherin zerstört mutwillig die Briefkastenanlage. Miteigentümer zerschlägt ein Fenster.
❸ **Grundbuchberichtigung** (§ 894 BGB) oder **Herausgabe** von Gemeinschaftseigentum einschließlich Verwendungsersatz (§§ 985 ff BGB)	Gegen alle, die Gemeinschaftseigentum unerlaubt in Besitz nehmen	Mieterin zäunt Teil des Gemeinschaftsgartens für sich ein. Abberufener Verwalter gibt WEG-Unterlagen nicht heraus.
❹ **Ansprüche gegen Nachbarn,** um das Gemeinschaftseigentum zu schützen (§§ 906 ff. BGB)	Gegen Eigentümer*innen von Nachbargrundstücken	Nachbar soll der WEG ein Notwegerecht einräumen oder herüberragende Äste entfernen.

Wie durchsetzen?	Vor der Reform:
Die **WEG** muss Ihr Recht ausüben (§ 9a Abs. 2 WEGesetz): • Bei Geringfügigkeit sollte die Verwalter*in von sich aus tätig werden. • In erheblichen Fällen beschließt die Eigentümerversammlung das Vorgehen. • Entscheidet die WEG Ihrer Ansicht nach falsch oder gar nicht: Anfechtung oder Beschlussersetzungsklage – WEG trägt die Kosten (Sie in Höhe Ihres Anteils). • Setzt Verwalter*in Beschluss nicht um: Leistungsklage gegen WEG – oder bei Einigkeit mit den Miteigentümern Verwalter*in abberufen, ggf. Schadensersatz einfordern.	Sie selbst konnten gegen „Täter" vorgehen; WEG wurde erst durch einen Vergemeinschaftungsbeschluss zuständig („gekorene Ausübungsbefugnis").
	Uneinheitlich: WEG musste vorgehen („geborene" Ausübungsbefugnis); Ausnahme: in Verbindung mit Unterlassungsanspruch wie ❶
	Keine Änderung, schon früher als „geborene" Rechte der WEG anerkannt
	Keine Änderung, schon früher als „geborene" Rechte der WEG anerkannt

Der Fall: Klammheimlicher Loggia-Einbau

Kommissarin Pia Kirchhoff hat sich im Frankfurter Umland eine Dachge-schosswohnung gekauft. Um ihren Blick auf den Taunus zu vergrößern, lässt sie einfach so die Dachkonstruktion verändern und eine Loggia für sich einbauen. Da es um das Gemeinschaftseigentum geht, darf sie das aber nicht. Die WEG muss Beseitigung verlangen, also Kirchhoff zum Rückbau auffordern und ggf. verklagen. Die Verwalterin legt der Eigentümerversammlung einen Beschlussantrag vor: Ein Anwalt soll das Mandat erhalten, den Rückbau durchzusetzen. Da der Fall klar liegt, muss sich die Eigentümerversammlung für eine Klage entscheiden, den Anwalt kann sie auswählen.

Etwas überraschend sagen die Teilnehmenden in diesem Fall aber mehrheitlich nein! Mit der Kommissarin will sich keiner anlegen. Nur Ingo Müller traut sich und akzeptiert das nicht, er zwingt die WEG mithilfe des Gerichts dazu, gegen Kirch-hoff vorzugehen – bis das Dach wieder aussieht wie früher. Die Kosten von Müllers Verfahrens gegen die WEG werden auf alle Miteigentümer*innen verteilt. Was aber nicht mehr geht: Weder Müller noch andere Miteigentümer*innen können Kirch-hoff auf eigene Faust verklagen.

Kombiniere: Anders läuft es bei Sondereigentum

Zur Abgrenzung: Ist Ihr Sondereigentum betroffen, können nur Sie als Eigentümer*in gegen den Störer vorgehen (siehe § 13 Abs. 1 WEGesetz). Damit hat die WEG nichts zu tun. Bei Überschneidungen – ein unberechtigter Loggia-Einbau schädigt Wohnung und Gemeinschaftseigentum – sind die WEG und die betreffende Wohnungseigentümer*in nebeneinander zuständig.

Verkehrssicherungspflicht liegt jetzt bei der WEG

Besondere praktische Bedeutung hat die **Verkehrssicherungspflicht** (§§ 823, 836 BGB). Eigentümer*innen müssen dafür sorgen, dass keine Gefahren von ihrem Grundstück oder ihrem Gebäude ausgehen. Die baurechtlichen Vorschriften sind einzuhalten (z.B. Handläufe an Treppen, Fluchtwege). Darüber hinaus müssen Vorkehrungen getroffen werden, die nach den konkreten Umständen zur Beseitigung von Gefahren erforderlich und zumutbar sind (z.B. Streuen bei Glatteis). Erforderlich und zumutbar ist, was ein umsichtiger und verständiger, in vernünftigen Grenzen vorsichtiger Mensch

für notwendig und ausreichend hält, so hat es die allgemeine Rechtsprechung definiert.

Für die Verkehrssicherung **Ihrer Wohnung** und auch eines Bereichs, für den Sie ein ausschließliches Sondernutzungsrecht haben (Balkon, Terrasse, Stellplatz, Kellerverschlag etc.) sind Sie wie früher auch selbst zuständig. Damit hat die WEG nichts zu tun.

Darüber hinaus trifft jede Wohnungseigentümer*in auch hinsichtlich des **Gemeinschaftseigentums** die Pflicht, dafür zu sorgen, dass niemand bei Glatteis ausrutscht oder dass die Dachziegel gesichert sind und niemanden erschlagen. § 9a Abs. 2 WEGesetz bestimmt aber, dass die **WEG** diese Verkehrssicherungspflicht anstelle der Eigentümer*innen erfüllen kann und muss (das war vom Ergebnis her auch schon früher so). Das heißt, niemand darf von den Eigentümer*innen im Erdgeschoss verlangen, Schnee zu schippen oder eine Stolperfalle im Treppenhaus abzubauen. Wer eine Verkehrssicherung durchsetzen will, muss sich an die WEG wenden und diese ggf. verklagen.

Die Pflicht zum **Schadensersatz wegen einer Verletzung der Verkehrssiche-**

rungspflicht des Gemeinschaftseigentums übernimmt die WEG ebenfalls nach § 9a Abs. 2 WEGesetz. Daraus ergibt sich, dass Geschädigte ihre **Forderungen an die WEG** richten können, die sie abwehrt oder erfüllt. Nach dieser Vorschrift werden auch Miteigentümer*innen wie „Dritte" behandelt. Das heißt: Die auf Glatteis gestürzte Postbotin wird von der WEG bedient, ebenso auch der Miteigentümer, dem ein Ast von einem morschen Baum auf dem WEG-Grundstück aufs Auto gefallen ist.

XY aufgelöst: Abwälzen der Verkehrssicherungspflicht geht nicht mehr!
Damit ist kein Raum mehr für eine frühere Rechtsansicht, nach der die WEG die Verkehrssicherungspflicht auf die Verwalter*in (als Vertragspartner*in der WEG) abwälzen konnte, sodass „nur" noch die Pflicht zur sorgfältigen Überwachung der Verwalter*in bei der WEG blieb; wurde sie ausreichend kontrolliert, sollten sich Geschädigte direkt an die Verwalter*in halten, die WEG war „fein heraus". Doch die Möglichkeit, eine solche Abwälzung mehrheitlich zu beschließen, fehlt im neuen System.

Das heißt: **Ihre WEG organisiert die Verkehrssicherung**, indem

- die Verwalter*in den Zustand des Gemeinschaftseigentums im Auge behält, nach § 27 WEGesetz selbst Maßnahmen ergreift, und darüber hinaus
- die Eigentümer*innen über die Verkehrssicherung beschließen, also z.B. die Verwalter*in beauftragen, einen Winterdienst zu engagieren oder Reparaturen nach einem Sturm auszuführen.

Kommt es zu einem **Schaden** durch „gefährliches" Gemeinschaftseigentum, übernimmt die WEG die Prüfung der Schadensersatzforderung. Wird sie dafür verklagt, muss sie eine berechtigte Forderung auch erfüllen. Die WEG haftet also im ersten Schritt für alle Schäden, verschuldet von

- als Hausmeister tätigen Miteigentümer*innen,
- beauftragten Firmen (sogenannte Erfüllungsgehilfen) oder
- der eigenen Verwalter*in (Organ der WEG), z.B. wegen unterlassener Beschlussumsetzung.

Erst in einem zweiten Schritt kann und muss die WEG **Regress** beim „Schuldigen" nehmen. Nur in krassen Ausnahmefällen kann der Regress sogar einzelne Eigentümer*innen treffen, die zu einem offenkundig unerlässlichen Verkehrssicherungsbeschluss nicht Ja gesagt haben.[39]

Über die Verkehrssicherung hinaus trifft Sie als Miteigentümer*in die Pflicht zum Schutz des Eigentums von Nachbar*innen (§§ 906 ff. BGB) – **vom Gemeinschaftseigentum dürfen keine Störungen ausgehen** (z.B. zu schädlicher Qualm, zu lauter Lärm, unzulässige Überbauten etc.). Ggf. ist die WEG zuständig für die Beseitigung der Störung, keine Nachbar*in kann das von Ihnen verlangen. Das ist auch sinnvoll, weil hierzu oft das Gemeinschaftseigentum verändert werden muss, was eine einzelne Eigentümer*in nicht allein entscheiden könnte. Im Innenverhältnis beschließt dann die WEG über die Art und Weise der Behebung der Störung.

Der Fall: Hals- und Beinbruch

Die Pflicht, bei Glatteis zu streuen, haben alle Wohnungseigentümer*innen aus ihrem Miteigentum, auch Kommissarin Kirchhoff. Die WEG ist aber dafür zuständig. Die Eigentümerversammlung beschließt, wegen der zunehmenden milden Winter aus Kostengründen auf einen Streudienst zu verzichten. Es schneit dennoch, jemand rutscht aus und verletzt sich. Er fordert Schadensersatz wegen der Verletzung der Verkehrssicherungspflicht von der WEG. Die Kosten werden mit der Jahresabrechnung auf alle Eigentümer*innen umgelegt.

- Kirchhoff hatte nicht mit Ja für einen Streudienst gestimmt. Dennoch hat sie wohl nichts zu befürchten. Auch wenn die Entscheidung „töricht" war, geht ihre interne Mitwirkungspflicht zur Verkehrssicherung nicht so weit, dass sie gar keinen Ermessensspielraum hätte.
- Anders ein Fall einer offenkundigen Gefahr, z.B. messerscharfe Spitzen am Treppengeländer: Die WEG muss dann beschließen, eine solche Gefährdung zu beheben. Wer dagegen mit Nein stimmt, sich enthält oder gar nicht mit abstimmt, muss im Fall eines Unfalls mit einer Regressforderung durch die WEG, die den Schaden ausgleicht, rechnen!

Tabelle: Die wichtigsten Pflichten, die von der WEG wahrgenommen werden		
Ihre Pflichten:	**Wem gegenüber?**	**Beispiele:**
❶ **Verkehrssicherungspflicht und Schadensersatzpflicht bei Verstößen** – das Gemeinschaftseigentum muss dem gebotenen Sicherheitsstandard entsprechen (§ 823 ff. BGB).	Gegenüber Miteigentümer*innen, allen Besucher*innen und Mieter*innen im Haus, Nachbar*innen etc. („Dritten")	**Entfernen** von an sich hübschen Metallspitzen am Treppengeländer, **Schneeräumung** etc. **Schadensersatzzahlung** an einen Passanten, der von einem losen Dachziegel getroffen wurde.
❷ Pflicht zum **Schutz des Eigentums der Nachbarn** (§§ 906 ff. BGB) – vom Gemeinschaftseigentum dürfen keine Störungen ausgehen.	Gegenüber Eigentümer*innen von Nachbargrundstücken	**Unterlassung** von Emissionen über zulässige Grenzwerte hinaus: Gase, Dämpfe, Gerüche, Rauch, Ruß, Wärme, Geräusche, Erschütterungen. Beseitigung von zum Nachbarn herüberragenden Ästen.

Wie wahrnehmen?	Vor der Reform:
• Gegner können wegen der Komplett-forderung nicht Sie, sondern müssen die **WEG** in Anspruch nehmen (§ 9a Abs. 2 WEGesetz). • Verwalter*in muss sich kümmern, Eigentümerversammlung entscheidet, wie konkret vorgegangen werden soll. • WEG muss Regress bei denjenigen nehmen, die ggf. eine Schuld an der Pflichtverletzung trifft.	Früher bereits von der herrschenden Meinung als „geborene" Pflicht der WEG anerkannt, also keine Rechtsänderung. Umstritten war früher, ob die Geschädig-ten die Wahl hatten, statt der WEG eine oder mehrere Wohnungseigentümer*in-nen zu verklagen. Zudem konnte die WEG früher die Verkehrssicherungspflicht auf andere (Verwalter*in, Dienstleister) übertragen.

Kommunale Gebühren etc. können Sie direkt treffen

Die Vorschriften der Gemeinden, Länder und des Bundes verlangen uneinheitlich bestimmte Zahlungen (Grundsteuer, Trinkwassergebühren, Straßenbauab-gaben etc.) entweder von der WEG oder von einzelnen Eigentümer*innen, die als „Gesamtschuldner" alles bezahlen sollen.

• Ist der Gebührenbescheid an die WEG adressiert, z.B. nach § 20 Abs. 2 Schornsteinfeger-Handwerksgesetz, muss sie die Zahlung ohnehin als Pflicht des Verbands erfüllen (§ 18 Abs. 2 WEGesetz).

• Sind die Eigentümer*innen als Ge-samtschuldner (= mehrere Personen haften in voller Höhe für ein- und die-selbe Forderung) adressiert, ist strittig, ob das ein Fall von § 9b Abs. 2 WEGe-

setz sein kann, also die WEG zahlen muss. Wenn nicht, müsste die betreffende Eigentümer*in zahlen und die Anteile der anderen dann intern von den Miteigentümer*innen einfordern.

Bei Zahlungspflichten, die alle Wohnungseigentümer*innen betreffen, ist es am einfachsten, § 9b Abs. 2 WEGesetz anzuwenden und die Bezahlung der WEG zu überlassen. Setzt sich diese Ansicht aber nicht durch, dann gilt wie früher Folgendes:

- Erhalten Sie als Gesamtschuldner einen Bescheid, der alle Miteigentümer*innen betrifft, z.B. über die gesamte Straßenbauabgabe? Dann haben Sie im Innenverhältnis einen **Freistellungsanspruch** gegen die WEG. Sie können also verlangen, dass die WEG an Ihrer Stelle zahlt. Der Betrag wird dann mit der Jahresabrechnung auf alle umgelegt.
- Zahlen hingegen Sie an die Gemeinde o.ä., dann haben Sie einen **Erstattungsanspruch** gegen die WEG. Auch dann wird die Zahlung an sich in der Jahresabrechnung auf alle umgelegt. Das Ergebnis ist somit ähnlich wie bei einer Anwendung des neuen § 9b Abs. 2 WEGesetz.

Ein Fall für sich: Der Bauträgervertrag

Als Erwerber*in einer neuen Eigentums-wohnung stehen Ihnen in Bezug auf Ihr **Sondereigentum** sämtliche Pflichten und Rechte gegenüber dem Bauträger al-lein zu. Das heißt, dass Sie zur Abnahme verpflichtet sind, wenn Ihr Sondereigen-tum fertiggestellt und im Wesentlichen frei von Mängeln ist. Das heißt auch, dass Sie wegen etwa noch bestehender Mängel – oder auch wegen Mängeln, die erst nach der Abnahme, aber innerhalb der Gewährleistungsfrist zutage treten – eigenständig gegen den Bauträger vor-gehen können und müssen. Das leuchtet ein. Wie aber steht es mit dem Gemein-schaftseigentum?

Beim Neubau einer Wohnungseigen-tumsanlage durch einen Bauträger wird die **Abnahme des Gemeinschaftseigen-tums** weiterhin nicht der WEG zuzuordnen sein. Das war früher schon herrschende juristische Meinung. Das neue WEGe-setz liefert erst recht keine Argumente für eine Änderung. Denn bei der Ab-nahme geht es um **vertragliche Rechte einer Wohnungskäufer*in** und nicht um Rechte aus dem Miteigentum. Das heißt für Sie als Wohnungskäufer*in von einem Bauträger: Die Pflicht zur Abnahme des Gemeinschaftseigentums haben Sie

weiterhin selbst und Sie üben sie auch selbst aus – das fällt nicht unter § 9a Abs. 2 WEGesetz. Auch wenn Eigentü-mer*innen erst Jahre nach den anderen ihre Wohnung vom Bauträger kaufen, können sie noch Mängel am Gemein-schaftseigentum reklamieren!

Kombiniere: Abnahme freiwillig der WEG überlassen?
Sie können anbieten, die Ausübung Ihres Rechts zur Abnahme des Ge-meinschaftseigentums im Innenver-hältnis an die WEG abzutreten (frei-willig, man kann Sie nicht mit einem Mehrheitsbeschluss dazu zwingen!). Dann kann die WEG beschließen, die Abtretung anzunehmen und die Ab-nahme zum Vorteil und auf Kosten aller Miteigentümer*innen an Ihrer Stelle zu verfolgen.

Auch bei der Verfolgung der **Gewähr-leistungsrechte aus einem Bauträger-vertrag** bleibt hinsichtlich des Gemein-schaftseigentums im Wesentlichen alles beim Alten. In die Gesetzesbegründung[40] wurde nämlich ein wichtiger Kommentar zum Bauträgervertragsrecht ausdrück-lich aufgenommen: Die Neuregelung in § 9a Abs. 2 WEGesetz lasse die aktuelle Rechtsprechung unberührt. Das heißt für

---

40) Bundestags-Drucksache 19/18791, WEMoG, Gesetzentwurf der Bundesregierung, S.47

Sie als Wohnungskäufer*in: Nicht Sie, sondern die WEG verfolgt gegenüber dem Bauträger die Beseitigung von Mängeln am Gemeinschaftseigentum. Hergeleitet wird das – wenn nicht unmittelbar aus § 9a Abs. 2 WEGesetz – dann aus § 19 Abs. 2 Nr. 2 WEGesetz, wonach insbesondere die Erhaltung des gemeinschaftlichen Eigentums zur ordnungsgemäßen Verwaltung gehört.[41]

Die WEG als Hüterin des Gemeinschaftsvermögens

§ 9a Abs. 3 WEGesetz: Während die Wohnungseigentümer*innen das Gemeinschafts-EIGENTUM (in Höhe ihres jeweiligen Miteigentumsanteils) innehaben, gehört der rechtsfähigen WEG das Gemeinschafts-VERMÖGEN.

- Dazu gehört zum einen das **Verwaltungsvermögen**, z.B. angeschaffte Gartengeräte, die Erhaltungsrücklage, die Einnahmen aus einer Vermietung von Gemeinschaftseigentum, die Regressforderung gegen einen WEG-Dienstleister etc. Das Verwaltungsvermögen wird gemindert durch Schulden der WEG.
- Zum anderen kann die jetzt voll rechtsfähige WEG auch **sonstiges Vermögen** losgelöst vom Verbandszweck „Verwaltung des Gemeinschaftseigen-

tums" erwerben (z.B. ein Auto, das sich die Eigentümer*innen nach einem Car-Sharing-Modell teilen, siehe § 9a Abs. 1 WEGesetz).

Für die Verwaltung des Gemeinschaftsvermögens gelten im Grunde dieselben Regeln wie für die Verwaltung des Gemeinschaftseigentums: Die **WEG** ist für die Verwaltung verantwortlich (Verweis auf § 18 WEGesetz). Wie die WEG mit dem Vermögen umgeht, entscheiden die Wohnungseigentümer*innen durch **Beschlüsse** (Verweis auf § 19 Abs. 1 WEGesetz), und die **Aufgaben und Befugnisse der Verwalter*innen** betreffen auch das Gemeinschaftsvermögen (Verweis auf § 27 WEGesetz).

Der Fall: Verkauf von Gemeinschaftsvermögen
Ein alter Aufsitzrasenmäher gehört zum Gemeinschaftsvermögen. Benötigt die WEG ihn nach einer Gartenumgestaltung nicht mehr, können die Wohnungseigentümer*innen (wegen des Verweises in § 9a Abs. 3 auf § 19 Abs. 1 WEGesetz) beschließen, ihn dem örtlichen Fußballverein zu verkaufen oder zu schenken.

41) Alexander C. Blankenstein, WEG-Reform 2020, S. 148

Für Schulden der WEG haften Sie!

§ 9a Abs. 4 WEGesetz: Die WEG schließt Verträge mit Dienstleistern, Handwerkerfirmen, Energielieferanten etc. Die Leistungen an die Vertragspartner muss die WEG bezahlen – auch wenn gar kein Geld in der Kasse ist. Wer haftet also den Vertragspartnern gegenüber für Schulden der WEG? An den Grundsätzen hat sich nichts geändert:

- Die **WEG haftet** als rechtsfähiger Verband gegenüber den WEG-Gläubigern für alle Schulden (= Verbindlichkeiten) in voller Höhe mit dem Gemeinschaftsvermögen.
- Vertragspartner haben daneben stets das Recht, von Ihnen als Wohnungseigentümer*in eine Zahlung **in Höhe Ihres Miteigentumsanteils** an den WEG-Schulden zu verlangen (= teilschuldnerische Haftung). Das ist unabhängig davon, ob Sie der WEG Ihren Anteil bereits gezahlt haben (z.B. im Rahmen immer pünktlicher Überweisungen des Hausgelds); so etwas muss dann intern ausgeglichen werden. Diese Regelung dient dem Schutz der Gläubiger einer WEG.

Kombiniere: Vor einer Teilschuld-Zahlung Rechtsberatung einholen!
WEG-Gläubiger können auf Sie zukommen, wenn Ihre Verwalter*in offene Rechnungen nicht mehr begleicht, etwa weil die Konten einfach leer sind. Dann heißt es: Erst prüfen, dann zahlen! Denn vielleicht ist die Forderung schon verjährt oder es gibt andere Gründe dagegen.

Eine Ausnahme von der teilschuldnerischen Haftung der einzelnen Wohnungseigentümer*innen gibt es bei **öffentlich-rechtlichen Forderungen**. Eventuell kann eine Kommune von einer beliebigen Wohnungseigentümer*in den **Gesamtbetrag** verlangen, die sich dann selbst um den Ausgleich von den anderen kümmern muss (siehe § 9a Abs. 2 WEGesetz).

§ 9a Abs. 5 WEGesetz: Nach wie vor kann eine WEG hinsichtlich des Gemeinschaftsvermögens **nicht insolvent werden**. Auch wenn die WEG Verbraucherin ist, kann sie sich somit auch nicht von Restschulden befreien lassen. Das ist gut für die Gläubiger der WEG. Doch für Sie als Wohnungseigentümer*in folgt daraus im Innenverhältnis eine **unbegrenzte Nachschusspflicht**: Reichen die Mittel

der WEG nicht aus, um Schulden zu begleichen, muss das Hausgeld erhöht oder eine Sonderumlage erhoben werden. Denn nach § 16 Abs. 2 WEGesetz sind alle Wohnungseigentümer*innen verpflichtet, die Kosten der WEG im Verhältnis ihrer Miteigentumsanteile zu tragen. Das kann schlimmstenfalls dazu führen, dass die einzigen noch zahlungsfähigen Wohnungseigentümer*innen immer wieder zur Kasse gebeten werden, während sich die Schulden der anderen gegenüber der WEG anhäufen.

Zu § 9b: Aus der Hüfte geschossen – die neue Vertretungsmacht der Verwalter*in

§ 9b Vertretung

(1) Die Gemeinschaft der Wohnungseigentümer wird durch den Verwalter gerichtlich und außergerichtlich vertreten, beim Abschluss eines Grundstückskauf- oder Darlehensvertrags aber nur aufgrund eines Beschlusses der Wohnungseigentümer. Hat die Gemeinschaft der Wohnungseigentümer keinen Verwalter, wird sie durch die Wohnungseigentümer gemeinschaftlich vertreten. Eine Beschränkung des Umfangs der Vertretungsmacht ist Dritten gegenüber unwirksam.

(2) Dem Verwalter gegenüber vertritt der Vorsitzende des Verwaltungsbeirats oder ein durch Beschluss dazu ermächtigter Wohnungseigentümer die Gemeinschaft der Wohnungseigentümer.

Der neue § 9b WEGesetz setzt die durch Beschluss bestellten Verwalter*innen[42] als **gesetzliche Vertreter** der WEGs ein. Damit können diese die WEG nach außen außergerichtlich und gerichtlich vertreten. Diese Vertretungsmacht kann weder durch einen Beschluss noch durch eine Vereinbarung eingeschränkt werden. Ausgenommen sind nur Grundstückskauf- und Kreditverträge.

§ 9b Abs. 1 Satz 1 WEGesetz (1. Halbsatz):

In der Praxis bedeutet die Änderung, dass die bestellten Verwalter*innen jetzt ohne Weiteres im Namen der WEG Rechtsgeschäfte tätigen können, also z.B. Verträge mit Handwerksbetrieben, Banken/Sparkassen, Energieversorgern abschließen, einen von der WEG angestellten Hausmeister*in kündigen, einen Versicherungsvertrag auflösen etc. Was Verwalter*innen diesen gegenüber erklären, gilt für die WEGs. Bei der Vertretung geht es also darum, was Verwalter*innen im Außenverhältnis zu Dritten wirksam machen KÖNNEN – das deckt sich nicht unbedingt mit dem, was sie im Innenverhältnis zu den Wohnungseigentümer*innen tun DÜRFEN.

---

42) Die neue Rolle der Verwalter*innen ist grundsätzlich beschrieben in Kapitel 1.3. ab Seite 31.

Der Fall: Vetternwirtschaft nicht ausgeschlossen

In Thomas Lynleys Borkumer WEG sollte der Verwalter Klaas Klasen Angebote für eine Fassadensanierung einholen. Doch bei der nächsten Eigentümerversammlung präsentiert er stolz einen Vertrag, den er bereits für die WEG abgeschlossen hat. Lynley prüft seine Rechte und reibt sich ungläubig die Augen: Unabhängig davon, ob die Konditionen günstig oder teuer sind, ob der Auftragnehmer ein Fachbetrieb – oder wie hier der arbeitssuchende Vetter des Verwalters – ist und ob die Eigentümer*innen sich überhaupt schon endgültig für die Sanierung entschieden hatten, muss die WEG ihre Pflichten aus dem Vertrag erfüllen.

Das mag für die Verwalter*in praktisch sein – und für die Geschäftspartner angenehm. Das Risiko, dass eine Verwalter*in im **Innenverhältnis** gar nicht zu dem Rechtsgeschäft berechtigt war, wird dadurch aber – außer in offenkundigen Missbrauchsfällen, siehe unten – auf die Wohnungseigentümer*innen verlagert. Diese können Verwalter*innen, die ihre Vertretungsmacht überschreiten, jetzt zwar sehr viel leichter „feuern" (siehe § 26 Abs. 3 WEGesetz), darüber hinaus aber höchstens noch abmahnen, nicht entlasten und auf Schadensersatz verklagen.

Kombiniere: Verwalter*in andere Handschellen anlegen!

An der Vertretungsmacht an sich können Sie zwar nichts ändern. Doch im Innenverhältnis können Sie die Verwalteraufgaben und -pflichten durch Vertrag und insbesondere durch Beschluss genauer als im Gesetz vorgesehen festlegen, also konkretisieren, einschränken oder auch erweitern. Verstößt die Verwalter*in dann dagegen, ist sie der WEG zum Schadensersatz verpflichtet (siehe Kapitel 1.4. und § 27 Abs. 2 WEGesetz).

Missbrauch „bricht" Vertretungsmacht

Handeln Verwalter*in und Geschäftspartner bewusst und gewollt zum Schaden der WEG, ist das Rechtsgeschäft **sittenwidrig** und damit nichtig (§ 138 Abs. 1 BGB). Dann bindet es die WEG also nicht. Darunter werden alle kriminellen Aktivitäten von Verwalter*innen fallen. Bereits geleistete Zahlungen kann die WEG vom Geschäftspartner zurückfordern.

Darüber hinaus gibt es Situationen, in denen Dritte erkennen können und müssen, dass die Verwalter*in im Innenverhältnis nicht zu dem Geschäft im Namen der WEG berechtigt ist; dann widerspricht es **Treu und Glaube** (§ 242 BGB), wenn sich Dritte auf das Bestehen der Vertretungsmacht der Verwalter*in berufen. Wenn Ihre WEG das Geschäft nicht noch nachträglich genehmigt, muss sie dann den Vertrag nicht erfüllen. Bereits geleistete Zahlungen kann sie zurückfordern.

Der Fall: „Nägel mit Köpfen" funktionieren nicht immer

Es kam, wie es kommen musste: New Scotland Yard hat Detective Sergeant Barbara Havers entlassen. Doch ihr Chef Thomas Lynley, dessen WEG den Verwalter Klaas Klasen gerade abberufen hat, bringt seine alte Vertraute als dessen Nachfolgerin ins Spiel – eine Berufsausbildung braucht sie hierfür ja nicht. Da Havers gerade knapp bei Kasse ist, nimmt sie den neuen Job auch gleich an. Havers alter Mini hat ausgedient. Also kauft sie sich einfach im Namen der WEG einen roten Sportwagen als Dienstauto – Marke egal, solange er nur schneller als Lynleys Bentley ist. Der Verkäufer runzelt zwar die Stirn, bucht das Geld aber gern vom WEG-Konto ab. Doch sein „guter Glaube" an Havers Vertretungsmacht ist nicht geschützt, weil ein solcher Autokauf bei der Verwaltung von Wohnungseigentum vollkommen unüblich ist. Der Vertrag ist nicht wirksam, solange die WEG ihn nicht noch nachträglich genehmigt. Die WEG kann fordern, dass das Autohaus ihr die bereits erfolgte Zahlung erstattet. Und der Verkäufer muss sich den roten Sportwagen dann selbst von Havers zurückzuholen.

Sonderbehandlung für Grundstückskauf und Kredite

§ 9b Abs. 1 Satz 1 WEGesetz (2. Halbsatz): Ausgenommen von der gesetzlichen Vertretungsmacht wurden im Laufe des Gesetzgebungsverfahrens **Grundstückskauf- und Darlehensverträge.** Will Ihre WEG also z.B. ein Grundstück für Stellplätze hinzukaufen oder einen WEG-Kredit für eine bauliche Sanierung aufnehmen, kann die Verwalter*in ohne einen **Beschluss keinen solchen Vertrag** abschließen.

Handelt die Verwalter*in ohne WEG-Beschluss, hängt die Wirksamkeit des Grundstückskauf- oder Darlehensvertrags von einer nachträglichen **Genehmigung** durch einen WEG-Beschluss ab (§§ 177 ff. BGB). Erfolgt diese nicht, ist die Verwalter*in gegenüber der Bank oder der Grundstücks(ver)käufer*in persönlich in der Haftung. Das heißt, in diesem Fall liegt das Risiko, dass die Verwalter*in vielleicht doch ohne Vertretungsmacht handelt, bei der Geschäftspartner*in und nicht bei Ihrer WEG.

Ist ein Grundstückskauf- oder Darlehensvertrag mit der Ermächtigung durch einen WEG-Beschluss wirksam zustande gekommen, kann die Verwalter*in weitere Erklärungen im Rahmen der **Vertragsabwicklung** dann mittels ihrer gesetzlichen Vertretungsmacht abgeben. Sie braucht dafür also keine weiteren Beschlüsse.

Nach der Gesetzesbegründung soll es möglich sein, Verwalter*innen die Vertretung bei Grundstückskauf- und Darlehensverträgen nicht nur im konkreten Einzelfall zu übertragen, sondern auch „auf Vorrat": WEGs können Verwalter*innen per Beschluss „in bestimmten Grenzen oder umfassend zum Abschluss solcher Verträge ermächtigen, wenn sie hinreichendes Vertrauen" haben.[43]

- Dieses Risiko sollte Ihre WEG hinsichtlich **Grundstückkaufverträgen** nicht eingehen. Dafür besteht keine Notwendigkeit, da diese nur selten vorkommen werden.
- Bei Darlehensverträgen ist zu bedenken, dass Verwalter*innen auch für die **Aufnahme eines Überziehungskredits** bei kurzfristigen Liquiditätsengpässen keine gesetzliche Vertretungsmacht haben. Das könnte zu ungewünschten unterjährigen Problemen führen, etwa wenn Jahreszahlungen für Energie oder Versicherungen fällig werden, aber noch nicht genug Hausgeld auf dem WEG-Konto eingegangen ist.

178 43) Bundestags-Drucksache 19/22634, Beschlussempfehlung Rechtsausschuss zum WEMoG, S. 43

Für solche Fälle sollte die WEG eine separate Liquiditätsrücklage beschließen und einrichten.

XY aufgelöst: Keine freiwillige Flucht vor dem Schutz durchs Gesetz!

Verlangt Ihre Verwalter*in von Ihrer WEG jetzt einen Ermächtigungsbeschluss für Darlehen, gilt: Hat Ihre WEG bereits die Eröffnung von WEG-Konten mit einem ausreichenden Überziehungsspielraum durch einen Beschluss gedeckt, ist keine weitergehende Ermächtigung der Verwalter*in notwendig. Wenn nicht, können Sie beschließen, dass Ihre Verwalter*in zu Kontoüberziehungen in einem sinnvollen Maß (je nach Ihrer WEG-Größe) berechtigt ist, also hierfür bei der Bank einen Spielraum beantragt – und für die Nutzung dann ggf. die Zustimmung des Beirats einholen muss. Einen umfassenden Freibrief, also eine unbeschränkte Ermächtigung zur Aufnahme von WEG-Darlehen, sollten Sie keinesfalls erteilen.

Neben einer Kreditaufnahme kann die Liquidität einer WEG auch durch einen **Rückgriff auf die Erhaltungsrücklage**

hergestellt werden. Nicht wenige Verwalter*innen haben von dieser Möglichkeit bereits in der Vergangenheit Gebrauch gemacht.

- Da die Eigentümer*innen die Erhaltungsrücklage in gewissen Grenzen durchaus umwidmen können, war und ist das kein Problem, wenn es offen kommuniziert wird und darüber hinaus sichergestellt ist, dass ein bestimmter, entnommener Betrag zwecks kurzfristiger Überbrückung eines nicht vorhersehbaren Liquiditätsengpasses zeitnah wieder zurückgeführt wird.

- Durchaus ein Problem war und ist aber eine stillschweigende Entnahme vom Erhaltungsrücklagen-Konto zur Deckung von an sich vorhersehbaren Finanzlücken oder um das Hausgeld nicht erhöhen zu müssen.

Stillschweigende Entnahmen vom Erhaltungsrücklagen-Konto sollten im Verwaltervertrag untersagt oder nur unter klaren Bedingungen (Beschluss, Höhe der Summe, Zeitfenster der Rückführung) gestattet werden.

Schreiten Sie zur Tat: Selbstverwaltung bleibt weiterhin möglich

§ 9b Abs. 1 Satz 2 WEGesetz: Längst nicht jede WEG bestellt eine gewerbliche Verwalter*in, um die Angelegenheiten des Gemeinschaftseigentums zu regeln. In vielen kleinen WEGs hat es sich bewährt, dass eine Miteigentümer*in die Aufgaben übernimmt (interne Verwalter*in) oder sich alle Miteigentümer*innen die verschiedenen Verwaltungsaufgaben teilen („echte" Selbstverwaltung). Beide **Formen der Selbstverwaltung** bleiben auch nach der WEGesetz-Reform möglich.

Im ersten Fall wird die **interne Verwalter*in** mit Mehrheitsbeschluss bestellt. Ohne Unterschiede gegenüber einer externen Verwalter*in wird sie damit zur Vertreter*in der WEG nach § 9b Abs. 1 Satz 1 WEGesetz.

Im zweiten Fall der „**echten**" **Selbstverwaltung** kommt § 9b Abs. 1 Satz 2 zum Tragen: „Hat die Gemeinschaft der Wohnungseigentümer keine Verwalter*in, wird sie durch die Wohnungseigentümer*innen gemeinschaftlich vertreten." Eine ärgerliche Änderung gegenüber der früheren Rechtslage ergibt sich daraus, dass eine verwalterlose WEG nicht mehr wirksam mehrheitlich beschließen kann, dass eine oder mehrere Wohnungseigentümer*innen sie nach außen vertreten. Das bedeutet Folgendes:

- Es müssen grundsätzlich immer alle Miteigentümer*innen alle Rechtsgeschäfte der WEG unterschreiben.
- Weil das sehr unpraktisch ist, dürfen sie sich untereinander zur Vertretung bevollmächtigen – das ist in der Rechtsprechung anerkannt (sogenannte Gesamtvertreter-Ermächtigung). Aus Beweisgründen sollten entsprechende Vollmachten schriftlich ausgestellt werden; diese müssen dann immer von allen Miteigentümer*innen unterschrieben sein.
- Eine Wohnungseigentümer*in darf nach der Rechtsprechung aber nicht pauschal für die gesamte Vertretung der WEG nach außen bevollmächtigt werden – dann würde sie ja wie eine Verwalter*in handeln, ohne offiziell

als solche bestellt zu sein. Genau das wollte der Gesetzgeber nicht.

- Jede Vollmacht darf sich deshalb nur entweder auf ein konkretes Rechtsgeschäft beziehen (z.B. Vollmacht für den Vertragsabschluss zwischen der WEG und dem Dachdecker über eine Reparatur) oder auf einen Kreis von Geschäften erstrecken (z.B. Vollmacht für alle Bankgeschäfte oder für alle Aufträge einer konkreten Sanierungsmaßnahme oder für alle Versicherungsangelegenheiten etc.).

WiE empfiehlt folgendes Vorgehen: Treffen Sie für eine „echte" Selbstverwaltung eine Vereinbarung über einen Geschäftsverteilungsplan, in dem festgelegt ist, welche Miteigentümer*innen für welche Aufgabenbereiche zuständig sind. Nehmen Sie in die Vereinbarung zudem die Regelung auf, den jeweils zuständigen Miteigentümer*innen Vollmachten auszustellen, nach denen sie ihre Aufgaben auch nach außen für die WEG erfüllen können. (Beispiel: Wer nach der Vereinbarung den Zuständigkeitsbereich „Versicherungsangelegenheiten" hat, bekommt auch eine von allen unterschriebene Vollmacht, Versicherungsverträge im Namen der WEG abschließen zu dürfen.)

Die gegenseitige Bevollmächtigung hilft aber nicht für die Vertretung der WEG vor Gericht gegenüber Miteigentümer*innen. Dazu lesen Sie mehr in Kapitel 2.8. ab Seite 122.

Kombiniere: Holen Sie sich den ausgetüftelten Plan!
Erwägt Ihre WEG den Wechsel zur Selbstverwaltung oder möchten Sie Ihre Selbstverwaltung an die neuen gesetzlichen Rahmenbedingungen anpassen? Dann bietet sich eine WEG-Mitgliedschaft bei Wohnen im Eigentum an. WiE unterstützt Sie, unter anderem mit

- dem für Mitglieds-WEGs kostenfreien „**Themenpaket Selbstverwaltung**", das einen Leitfaden sowie einen Muster-Vertrag für interne Verwalter*innen und einen Muster-Geschäftsverteilungsplan mit Muster-Vollmacht für die „echte" Selbstverwaltung enthält, sowie
- Informationen zu einer **Vermögensschadens-Haftpflichtversicherung für selbstverwaltete WEGs**, die WiE als Tippgeber für Sie recherchiert hat.

Beiratsvorsitzende – mit neuer Machtstellung in WEGs?

§ 9b Abs. 2 WEGesetz: Eine Verbesserung für das organisatorisch schwierige Vorgehen einer WEG gegen die eigene Verwalter*in wurde erst zum Ende des Gesetzgebungsverfahrens noch eingefügt. Danach sind jetzt Vorsitzende des Verwaltungsbeirats zugleich **gesetzliche Vertreter ihrer WEGs gegenüber den Verwalter*innen**. Laut Gesetzesbegründung wird damit „die Durchsetzung von Ansprüchen der Gemeinschaft der Wohnungseigentümer gegenüber dem Verwalter erleichtert".[44] Daneben gilt das natürlich auch für alle unproblematischen Rechtsgeschäfte zwischen der WEG und der Verwalter*in, z.B. die Unterschrift des Verwaltervertrags. Die WEG kann per Beschluss aber auch jederzeit eine andere Eigentümer*in zur Vertretung gegenüber der Verwalter*in ermächtigen – wichtig vor allem in dem Fall, dass es keinen Verwaltungsbeirat gibt.

XY aufgelöst: Vertretungsmacht und Beschluss nicht verwechseln!

Um gleich einem Missverständnis vorzubeugen: Einen Beschluss der WEG (Innenverhältnis zwischen den Wohnungseigentümer*innen und der WEG) können Beiratsvorsitzende kraft ihrer gesetzlichen Vertretungsmacht nie ersetzen. So braucht z.B. die Verwalterbestellung einen Beschluss nach § 26 Abs. 1 WEGesetz, den der oder die Vorsitzende natürlich nicht im Alleingang treffen kann. Somit haben sie nicht die Macht, eine Verwalter*in zu bestellen – oder abzuberufen.

Wenn Beiratsvorsitzende aber den Vertrag mit einer bestellten Verwalter*in unterschreiben (Außenverhältnis zwischen WEG und Verwalter*in), dann kommt genau dieser Vertrag wirksam zustande – auch wenn die WEG eigentlich einen anderen Text beschlossen hatte.

Für einen Schaden daraus müssen Vorsitzende eventuell haften, wenn vorsätzlich oder grob fahrlässig gehandelt wurde.

Übersicht: Was können, dürfen und müssen Vorsitzende des Verwaltungsbeirats

Eine Verwalter*in legt keine Jahresabrechnung vor. Die Verwaltungsbeiratsvorsitzende KANN sie im Namen der WEG wirksam unter **Fristsetzung und Androhung von Schadensersatz** dazu auffordern. Das DARF sie auch, wenn die Eigentümer*innen es nicht beschlossen haben.

Vergleichen Sie die Sache mit der Vertretungsmacht der Verwalter*in nach § 9b Abs. 1 WEGesetz: Wann eine Verwalter*in die WEG ohne Beschluss vertreten KANN und MUSS, regelt § 27 WEGesetz ausdrücklich. Danach erledigt eine Verwalter*in eigenverantwortlich die Maßnahmen ordnungsmäßiger Verwaltung, die **untergeordnete Bedeutung** haben und **nicht zu erheblichen Verpflichtungen** führen – es sei denn, die Eigentümer*innen haben diese Aufgaben durch einen Beschluss eingeschränkt, erweitert oder konkretisiert. Setzt sich die Verwalter*in im Außenverhältnis darüber hinweg, macht sie etwas, was sie KANN, aber im Innenverhältnis zur WEG nicht DARF – damit wird sie der WEG gegenüber schadenersatzpflichtig.

Entsprechend wird in der Rechtsliteratur[45] bereits die Auffassung vertreten, § 27 WEGesetz sei – mangels einer anderweitigen Regelung im WEGesetz und in der Begründung – für den oder die Verwaltungsbeiratsvorsitzende analog anzuwenden. Schließt man sich dieser Auffassung an, KÖNNEN und MÜSSEN Beiratsvorsitzende auch **ohne Beschluss** z.B. säumige Verwalter*innen zur Vorlage der Jahresabrechnung oder zur Durchführung eines schon vor längerer Zeit gefassten Beschlusses auffordern (dadurch entsteht **keine erhebliche Verpflichtung für die WEG**). Diese Auslegung entspricht auch der neu eingeführten Aufgabe des Verwaltungsbeirats, die Verwalter*innen zu überwachen (siehe § 29 Abs. 2 WEGesetz). Sie DÜRFEN dann aber NICHT einfach so einen Prozess gegen die Verwalter*in anstrengen, der mit einem erheblichen Kostenrisiko für die WEG verbunden ist.

Jedenfalls ist an Verwaltungsbeiratsvorsitzende ein **anderer Haftungsmaßstab** anzulegen als an gewerbliche Verwalter*innen: Beiräte haften nach dem neuen § 29 Abs. 3 WEGesetz nur noch bei Vorsatz und grober Fahrlässigkeit.

---

45) Lehmann-Richter/Wobst, WEG-Reform 2020, Köln 2020, Rz. 585

Kombiniere: Keine Panik auf der Titanic!

Als der oder die Vorsitzende des Verwaltungsbeirats brauchen Sie nicht zu befürchten, jetzt für jedes unterlassene Mahnschreiben im Namen der WEG an eine Verwalter*in sofort in eine Haftungsfalle zu geraten. Nehmen Sie Ihr neues Recht als Chance, **schnell und flexibel** auch ohne Beschluss gegen schlechte Verwalter*innen vorzugehen. Wird Ihnen eine Sache zu heiß, bringen Sie sie auf die Tagesordnung der nächsten Eigentümerversammlung und holen Sie sich einen **Beschluss als Rückendeckung.**

Durch die Vertretungsmacht kraft Gesetz besteht für WEGs allerdings jetzt ein Risiko, dass übereifrige Beiratsvorsitzende durch unüberlegtes Handeln ohne Beschluss das Verhältnis zu an sich guten Verwalter*innen trüben – und womöglich Schäden anrichten, für die sie wegen ihrer Haftungsbeschränkung nicht aufkommen müssen. Die Vertretungsmacht an sich kann die WEG nicht wirksam einschränken.

XY aufgelöst: Beschluss fassen!

Ihre WEG kann beschließen, in welchen Fällen der oder die Beiratsvorsitzende die WEG gegenüber der Verwalter*in auch ohne Beschluss vertreten darf und in welchen Fällen nicht. Das geht bereits im Zusammenhang mit der Wahl (gesonderter Beschluss). Schließlich kann auch eine **Vermögenschadens-Haftpflichtversicherung** für den Verwaltungsbeirat Risiken minimieren.

Zu § 10: Alles rund um Beziehungen und Tatwerkzeuge

Abschnitt 4 – Rechtsverhältnis der Wohnungseigentümer untereinander und zur Gemeinschaft der Wohnungseigentümer

§ 10 Allgemeine Grundsätze

(1) Das Verhältnis der Wohnungseigentümer untereinander und zur Gemeinschaft der Wohnungseigentümer bestimmt sich nach den Vorschriften dieses Gesetzes und, soweit dieses Gesetz keine besonderen Bestimmungen enthält, nach den Vorschriften des Bürgerlichen Gesetzbuchs über die Gemeinschaft. Die Wohnungseigentümer können von den Vorschriften dieses Gesetzes abweichende Vereinbarungen treffen, soweit nicht etwas anderes ausdrücklich bestimmt ist.

(2) Jeder Wohnungseigentümer kann eine vom Gesetz abweichende Vereinbarung oder die Anpassung einer Vereinbarung verlangen, soweit ein Festhalten an der geltenden Regelung aus schwerwiegenden Gründen unter Berücksichtigung aller Umstände des Einzelfalles, insbesondere der Rechte und Interessen der anderen Wohnungseigentümer, unbillig erscheint.

(3) Vereinbarungen, durch die die Wohnungseigentümer ihr Verhältnis untereinander in Ergänzung oder Abweichung von Vorschriften dieses Gesetzes regeln, die Abänderung oder Aufhebung solcher Vereinbarungen sowie Beschlüsse, die aufgrund einer Vereinbarung gefasst werden, wirken gegen den Sondernachfolger eines Wohnungseigentümers nur, wenn sie als Inhalt des Sondereigentums im Grundbuch eingetragen sind. Im Übrigen bedürfen Beschlüsse zu ihrer Wirksamkeit gegen den Sondernachfolger eines Wohnungseigentümers nicht der Eintragung in das Grundbuch.

Der neue Abschnitt 4 umfasst die §§ 10 bis 29 WEGesetz, also den Rest von Teil 1 des Wohnungseigentumsgesetzes. Geregelt wird in diesen Paragrafen das sogenannte **Innenverhältnis** zwischen den Wohnungseigentümer*innen, der WEG, der Verwalter*in und dem Verwaltungsbeirat. Festgelegt ist in diesem Abschnitt zudem alles, was zur **ordnungsmäßigen Verwaltung** des Gemeinschaftseigentums gehört, die jetzt dem Verband WEG übertragen worden ist.

Spezialbehandlung für Wohnungseigentümer*innen

§ 10 Abs. 1 WEGesetz klärt grundsätzlich, dass sich das Verhältnis der Wohnungseigentümer*innen untereinander und – neu – auch zum Verband WEG, in erster Linie nach dem **Wohnungseigentumsgesetz** richtet. Soweit das Verhältnis der Wohnungseigentümer*innen untereinander nicht im WEGesetz bestimmt ist,

gelten die Vorschriften für eine **Gemeinschaft nach Bruchteilen im Bürgerlichen Gesetzbuch** (§§ 741 ff. BGB – ein Beispiel dafür finden Sie bei § 7 WEGesetz: Wird das Wohnungseigentum aufgehoben, gehört das Grundstück den bisherigen Sondereigentümer*innen nach Bruchteilen.)

Vereinbarungen als allstimmiger Ehrenkodex

Ihr Verhältnis untereinander und zum Verband können alle Miteigentümer*innen abweichend vom WEGesetz auch in einer **Vereinbarung** bestimmen – aber nur, wenn das WEGesetz das und auch den Inhalt der Vereinbarung nicht ausdrücklich untersagt. Hierbei hat es keine Änderungen gegenüber der alten Rechtslage gegeben.

- Das Paradebeispiel für eine solche Vereinbarung ist die **Teilungserklärung/ Gemeinschaftsordnung**, in der z.B. die Kostenverteilung oder die Nutzungsrechte anders als nach dem WEGesetz bestimmt sein können.
- Darüber hinaus können Sie jederzeit weitere Vereinbarungen treffen, denen alle in den Wohnungsgrundbüchern eingetragenen Eigentümer*innen zustimmen müssen (= **Allstimmigkeit**).

Kombiniere: Vereinbarungen auch am Gartentisch möglich!
Da ohnehin alle zustimmen müssen, können Sie Vereinbarungen auch außerhalb von Eigentümerversammlungen schließen, z.B. am Gartentisch, vor einem Notar oder in einem Umlaufverfahren (nicht mit Umlaufbeschlüssen nach § 26 Abs. 3 WEGesetz verwechseln!).

Vereinbarung „brechen"? Nur im Härtefall

§ 10 Abs. 2 WEGesetz: Sie können in Ausnahmefällen verlangen, dass eine bestehende **Vereinbarung geändert** wird, ohne dass eine Zustimmung aller übrigen Miteigentümer*innen vorliegt. Sie werden sich denken können, dass dieser Anspruch wegen der im Gesetz genannten und nur sehr schwer nachweisbaren Voraussetzungen nicht leicht durchzusetzen ist. Erfasst werden hiermit vor allem Regelungen, die ein Aufteiler/Bauträger in die Teilungserklärung/Gemeinschaftsordnung aufgenommen hat, die aber ganz offensichtlich zu einem „unbilligen" (= besonders ungerechten) Ergebnis für die Wohnungseigentümer*innen führen. Inhaltlich gibt es keine Änderung gegenüber dem alten Recht.

BGH-Fall: Anspruch auf Änderung der Teilungserklärungl

In einer Teilungserklärung aus dem Jahr 1985 war festgelegt, dass einem Eigentümer A ein Sondernutzungsrecht an Wasch- und Trockenräumen im sehr großen Dach zustand. Tatsächlich befanden sich dort aber bereits 18 vermietete Wohnungen. Erst 2015 verlangten einige Eigentümer, dass die 18 Wohnungen aufgelöst werden und Eigentümer A die Räume – so wie es in der noch gültigen, ursprünglichen Teilungserklärung stand – nur als Wasch- und Trockenräume nutzen dürfe. Die Sache gelangte bis vor den BGH und der entschied: Eigentümer A hatte einen Anspruch auf Änderung der Teilungserklärung aus § 10 Abs. 2 WEGesetz: Die Zweckbestimmung der Dachräume musste so geändert werden, dass darin gewohnt werden darf. Ein Festhalten an der Nutzung als Wasch- und Trockenräume, die ja tatsächlich über 30 Jahre hinweg nicht stattgefunden hatte, wäre eine ungerechte Benachteiligung des Eigentümers A (BGH, 22.3.2019, Az. V ZR 298/16).

Neue Vereinbarungen ins Grundbuch eintragen!

§ 10 Abs. 3 WEGesetz: Das Problem bei Vereinbarungen ist, dass womöglich nur die sie kennen, die sie unterschrieben haben – spätere Käufer*innen aber nicht. In die Beschluss-Sammlung der WEG werden Vereinbarungen nicht aufgenommen und auch in den Protokollen der Eigentümerversammlung muss sich kein Hinweis darauf finden. Verkauft eine Wohnungseigentümer*in die Wohnung, wäre die neue Eigentümer*in daher grundsätzlich **nicht an frühere Vereinbarungen gebunden** – es sei denn, die verkaufende Wohnungseigentümer*in hat ihre Käufer*in im Kaufvertrag ausdrücklich dazu verpflichtet, einer „alten" Vereinbarung beizutreten. Da in allen anderen Fällen eine fehlende Bindung von Wohnungskäufer*innen an frühere Vereinbarungen nicht befriedigend ist, schafft § 10 Abs. 3 WEGesetz die Möglichkeit, Vereinbarungen sowie ihre

Abänderungen oder ihre Aufhebung in die **Wohnungsgrundbücher** einzutragen – dann gilt der Inhalt auch gegenüber **Rechtsnachfolgern**.

> **XY aufgelöst: Grundbuch lesen ist wichtig!**
> Eine ins Grundbuch eingetragene Vereinbarung gilt – ganz gleich, ob Sie sie kennen, ausführlich studieren oder gar nicht lesen.

Beschlüsse mit Bindungswirkung

§ 10 Abs. 3 WEGesetz: Neu ist, dass jetzt auch **bestimmte Beschlüsse** in die Wohnungsgrundbücher eingetragen werden müssen, wenn sie auf Dauer wirksam bleiben sollen. Gemeint sind Angelegenheiten, die die Eigentümer*innen nicht aufgrund des Gesetzes, sondern nur **aufgrund einer vereinbarten Öffnungsklausel** beschließen dürfen. Die Details dazu klärt § 5 Abs. 4 WEGesetz!

Der Fall: Vereinbarte Öffnungsklausel

Siggi Baumeister ist samt seiner Katze aus dem Eifel-Städtchen Brück nach Berndorf gezogen. Mit Wörtern kennt sich der Privatermittler und Journalist bestens aus, aber die Teilungserklärung/Gemeinschaftsordnung seiner frisch erworbenen Wohnung stellt ihn vor Rätsel. Darin steht:

- „Eine Änderung der Gemeinschaftsordnung ist, soweit das Gesetz nicht eine andere Mehrheit vorsieht, mit einer Mehrheit von drei Vierteln aller Wohnungseigentümer möglich, wenn ein sachlicher Grund für die Änderung vorliegt und einzelne Wohnungseigentümer gegenüber dem geltenden Rechtszustand nicht unbillig benachteiligt werden." – Nach einer Stunde Grübeln und Recherchearbeit versteht Baumeister, was gemeint ist: Es handelt sich um eine „generelle Öffnungsklausel", mit der **alle Bestimmungen der Gemeinschaftsordnung** durch einen entsprechenden Beschluss der WEG geändert werden können.

- Ein Freund aus einer anderen WEG legt Baumeister deren Gemeinschaftsordnung vor. Darin steht: „Die Zweckbestimmung eines Sondereigentums kann – soweit nach baurechtlichen Vorschriften zulässig – auf Antrag einer Eigentümer*in durch einen Beschluss der Eigentümergemeinschaft geändert werden." Das versteht Baumeister jetzt schon schneller: Gemeint ist, dass die Gemeinschaftsordnung **nur in dieser Sache** durch einen Beschluss geändert werden darf, z.B. wenn ein Gewerberaum der WEG zur Nutzung als Wohnung freigegeben werden soll.

Die Quintessenz: Fasst die WEG aufgrund solcher Öffnungsklauseln tatsächlich einen Beschluss, kann und sollte dieser in die Wohnungsgrundbücher eingetragen werden – nur dann gilt die Änderung weiter, wenn Wohnungen verkauft werden.

Diese Regelung ist neu im WEGesetz – vor der Reform 2020 blieben alle Beschlüsse stets gültig. Hierzu gibt es eine Übergangsregelung:

- Unterbleibt der Eintrag solcher Beschlüsse in die Wohnungsgrundbücher, bleiben sie noch längstens bis zum Stichtag 31.12.2025 wirksam (§ 48 Abs. 1 WEGesetz).

- Außerdem kann bis zum 31.12.2025 jede Wohnungseigentümer*in verlangen, dass ein solcher, von der WEG vielleicht gar nicht dokumentierter Beschluss erneut gefasst wird, damit

Übersicht: Vereinbarungen und Beschlüsse – was ist möglich, wo muss es dokumentier	
Art:	**Für Angelegenheiten, die ...**
Teilungserklärung/ Gemeinschaftsordnung (TE/GO) = eine Vereinbarung, die bereits der Auf- teiler/Bauträger festgelegt hat	... von Anfang an ergänzend zum oder abweichend vom WEGesetz festgelegt werden dürfen
Vereinbarung = eine weitere Regelung, die ALLE Woh- nungseigentümer*innen miteinander treffen („allstimmig")	... zwar nicht mehrheitlich beschlossen werden dürfen, aber auch nicht gegen zwingendes Recht verstoßen
Beschluss auf Basis einer vereinbarten Öffnungs- klausel („mit einfacher Mehrheit der in der ETV Anwesenden und Vertretenen")	... zwar anders vereinbart sind, aber schon **in der Vereinbarung steht**, dass ein Beschluss das ändern darf
Beschluss auf Basis einer gesetzlichen Öffnungs- klausel („mit einfacher Mehrheit der in der ETV Anwesenden und Vertretenen")	... zwar anders vereinbart sind, aber **im WEGesetz steht**, dass ein Beschluss das ändern darf
Beschluss auf Basis des WEGesetzes („mit einfacher Mehrheit der in der ETV Anwesenden und Vertretenen")	... die nicht anders vereinbart sind und die nach dem WEGesetz per Beschluss geregelt werden dürfen

werden?

Beispiele:	Wo dokumentiert?	Weitergeltung nach Wohnungsverkauf?
Generelle Aufteilung der Anlage; Klausel: „Stimmrecht nach Miteigentumsanteilen"	Wohnungsgrundbücher	Ja, da in den Wohnungsgrundbüchern eingetragen
Jede Ergänzung oder Änderung der TE/GO; Klausel: „Eigentümerversammlungen werden mit Frist von 1 Monat einberufen"	Ohne Eintrag nirgends, sonst in den Wohnungsgrundbüchern	Nur, wenn die **Vereinbarung** in die Wohnungsgrundbücher eingetragen wurde
TE/GO: „Vereinbarte Zweckbestimmung eines Sondereigentums **darf per Beschluss** geändert werden" => WEG beschließt: „Wohnung Nr. 1 kann als Gewerbeeinheit genutzt werden"	Protokoll, Beschluss-Sammlung; möglich: Eintrag auch in den Wohnungsgrundbüchern	Nur, wenn der **Beschluss** in die Wohnungsgrundbücher eingetragen wurde (neu, daher Übergangsfrist bis Ende 2025!)
TE/GO: „Müllgebühren sind nach Wohnungen zu verteilen" => WEG beschließt dennoch **nach § 16 Abs. 2 WEGesetz** Verteilung nach MEA	Protokoll, Beschluss-Sammlung	Ja, Eintrag in die Wohnungsgrundbücher nicht nötig und auch nicht möglich
Baumaßnahmen, Verträge mit Dienstleistern, Versicherungen, Bestellung einer Verwalter*in etc.		

er dann in die Wohnungsgrundbücher eingetragen werden kann.

- Ist der betreffende Beschluss bis zum Stichtag nicht eingetragen, wird er **ungültig**, und zwar sowohl gegenüber Käufer*innen als auch gegenüber allen anderen. Denn es kann nicht sein, dass für die Eigentümer*innen in einer WEG unterschiedliche Regeln gelten.[46]

XY aufgelöst: Verdächtige im Blick behalten!

Ihre WEG muss somit künftig bei Beschlüssen immer prüfen, ob diese **nur** aufgrund einer vereinbarten Öffnungsklausel zulässig sind und daher in die Wohnungsgrundbücher eingetragen werden sollten. Ihre WEG kann mit einem Beschluss die Verwalter*in beauftragen, eine **Liste aller vereinbarten Öffnungsklauseln** zu erstellen, die also entweder in Ihrer Teilungserklärung/Gemeinschaftsordnung oder in eventuellen weiteren Vereinbarungen stehen! Dann haben Sie die Sache – auch zur Kontrolle der Verwalter*in – besser im Blick.

In § 10 Abs. 3 WEGesetz wird darüber hinaus klargestellt, dass **alle anderen Beschlüsse der WEG** auch ohne Eintragung in die Wohnungsgrundbücher gegenüber neu in die WEG eintretenden Eigentümer*innen gelten. Daher ist es besonders wichtig, dass die **Beschluss-Sammlung** erhalten geblieben ist – und dass jede Wohnungskäufer*in vor ihrer Unterschrift Einblick in diese nimmt, um sich vor unliebsamen Überraschungen zu schützen (mehr dazu im Kapitel 2.1. zum Wohnungskauf und bei den Ausführungen zur Beschluss-Sammlung, § 24 Abs. 7 WEGesetz.)

46) BGH, 11.11.1986, Az. V ZB 1/86

Zu § 11: Lebenslänglich – ohne Einigung bleibt die WEG auf ewig bestehen

§ 11 Aufhebung der Gemeinschaft

(1) Kein Wohnungseigentümer kann die Aufhebung der Gemeinschaft verlangen. Dies gilt auch für eine Aufhebung aus wichtigem Grund. Eine abweichende Vereinbarung ist nur für den Fall zulässig, dass das Gebäude ganz oder teilweise zerstört wird und eine Verpflichtung zum Wiederaufbau nicht besteht.

(2) Das Recht eines Pfändungsgläubigers (§ 751 des Bürgerlichen Gesetzbuchs) sowie das im Insolvenzverfahren bestehende Recht (§ 84 Abs. 2 der Insolvenzordnung), die Aufhebung der Gemeinschaft zu verlangen, ist ausgeschlossen.

(3) Im Fall der Aufhebung der Gemeinschaft bestimmt sich der Anteil der Miteigentümer nach dem Verhältnis des Wertes ihrer Wohnungseigentumsrechte zur Zeit der Aufhebung der Gemeinschaft. Hat sich der Wert eines Miteigentumsanteils durch Maßnahmen verändert, deren Kosten der Wohnungseigentümer nicht getragen hat, so bleibt eine solche Veränderung bei der Berechnung des Wertes dieses Anteils außer Betracht.

Die Inhalte standen unverändert schon im alten WEGesetz, nur an anderer Stelle. Nach § 11 Abs. 1 WEGesetz ist die **Aufhebung der Gemeinschaft** möglich, wenn sich alle darauf einigen (§ 9 Abs. 1 Nr. 1 WEGesetz). In der Teilungserklärung/ Gemeinschaftsordnung darf jedoch eine Klausel stehen, nach der jede Wohnungseigentümer*in die Aufhebung bei (teilweiser) Zerstörung des Gebäudes und fehlender Verpflichtung zum Wiederaufbau gemäß § 22 WEGesetz verlangen kann. Das **beugt Konflikten vor**, wenn dieser Fall eintritt.

Wird eine WEG aufgehoben, gehören Grundstück und Gebäude den ehemaligen Wohnungseigentümer*innen (bis zu einem Verkauf) gemeinschaftlich nach Bruchteilen. Aufteilungsmaßstab des Verkaufserlöses ist dann der **Verkehrswert** für Wohnung und Miteigentumsanteil. So soll ausgeglichen werden, dass manche Eigentümer*innen in ihre Wohnung investiert haben, während andere Einheiten vielleicht durch Vernachlässigung im Wert gesunken sind. Einigen sich die Wohnungseigentümer*innen nicht, muss ein Gericht das mithilfe eines Sachverständigengutachtens klären.[47]

---

47) Niedenführ/Schmidt-Räntsch/Vandenhouten, WEG, § 17 Rz. 2 ff.

Zu § 12: Welche Fesseln es für den Verkauf der Wohnung geben kann

§ 12 Veräußerungsbeschränkung

(1) Als Inhalt des Sondereigentums kann vereinbart werden, dass ein Wohnungseigentümer zur Veräußerung seines Wohnungseigentums der Zustimmung anderer Wohnungseigentümer oder eines Dritten bedarf.

(2) Die Zustimmung darf nur aus einem wichtigen Grunde versagt werden. Durch Vereinbarung gemäß Absatz 1 kann dem Wohnungseigentümer darüber hinaus für bestimmte Fälle ein Anspruch auf Erteilung der Zustimmung eingeräumt werden.

(3) Ist eine Vereinbarung gemäß Absatz 1 getroffen, so ist eine Veräußerung des Wohnungseigentums und ein Vertrag, durch den sich der Wohnungseigentümer zu einer solchen Veräußerung verpflichtet, unwirksam, solange nicht die erforderliche Zustimmung erteilt ist. Einer rechtsgeschäftlichen Veräußerung steht eine Veräußerung im Wege der Zwangsvollstreckung oder durch den Insolvenzverwalter gleich.

(4) Die Wohnungseigentümer können beschließen, dass eine Veräußerungsbeschränkung gemäß Absatz 1 aufgehoben wird. Ist ein Beschluss gemäß Satz 1 gefasst, kann die Veräußerungsbeschränkung im Grundbuch gelöscht werden. § 7 Absatz 2 gilt entsprechend.

§ 12 Abs. 1 WEGesetz: Viele Teilungserklärungen/Gemeinschaftsordnungen enthalten eine Klausel, die den **Weiterverkauf einer Eigentumswohnung** von der Zustimmung der Miteigentümer*innen abhängig macht. Damit soll der Gefahr begegnet werden, dass eine Wohnung an wirtschaftlich unzuverlässige, gar insolvente Käufer*innen verkauft wird, mit deren Eintritt in die WEG Spannungen innerhalb der Eigentümergemeinschaft programmiert sind.

Damit nicht immer erst ein Beschluss ergehen muss, bekommen die Verwalter*innen das Recht, die Zustimmung im Namen der WEG auszusprechen. Bei Verweigerung muss die WEG doch darüber beschließen.

§ 12 Abs. 2 und 3 WEGesetz: Gibt es eine solche Klausel in Ihrer Gemeinschaftsordnung, gilt grundsätzlich nach wie vor, dass eine **Zustimmung zum Verkauf nur aus wichtigem Grund verweigert** werden darf. Das ist unabhängig davon, was vielleicht in der Gemeinschaftsordnung steht.

- Danach wäre eine Klausel in Ihrer Gemeinschaftsordnung ungültig, nach der eine Zustimmung zum Wohnungskauf **aus diskriminierenden Gründen** verweigert werden darf, z.B. „Eine Zustimmung darf nicht erfolgen, wenn die Wohnung an Alleinerziehende oder Migranten verkauft werden soll."

- Ein anerkannter wichtiger Grund für eine Zustimmungsverweigerung ist hingegen, wenn eine Kaufinteressent*in ein gravierendes **Bonitätsproblem** hat, das darauf schließen lässt, dass sie Hausgeld oder Sonderumlagen nicht zahlen kann. Da so etwas aber bei der „Bewerbung" um die Wohnung nur schwer zu erkennen und noch schwerer nachzuweisen ist, steht WiE Verkaufsbeschränkungs-Klauseln generell kritisch gegenüber.

§ 12 Abs. 4 WEGesetz: Der Gesetzgeber verweist hingegen auf die Vertragsfreiheit und hat jetzt sogar noch die Möglichkeit geschaffen, eine **vereinbarte Verkaufsbeschränkung „beschlussfest"** zu machen – das heißt:

- Zwar kann Ihre WEG eine Veräußerungsbeschränkung, die in Ihrer Gemeinschaftsordnung steht, weiterhin **durch einen Beschluss mit einfacher Mehrheit aufheben.** Ein solcher Beschluss muss auch nicht in die Wohnungsgrundbücher eingetragen werden – denn § 12 Abs. 4 WEGesetz ist eine „gesetzliche Öffnungsklausel", also eine Vorschrift im Gesetz, die es erlaubt, eine Vereinbarung durch Beschluss zu ändern.

- Neu ist aber, dass diese Möglichkeit (also die Beschlusskompetenz) jetzt bereits in der Vereinbarung selbst **ausgeschlossen werden** kann; das frühere Gesetz hatte das ausdrücklich verboten.

Der Fall: Die Gemeinschaftsordnung genau studieren

Privatermittler und Journalist Siggi Baumeister ist inzwischen Experte für die Auslegung von Gemeinschaftsordnungen geworden. Er erklärt seiner WEG, was gemeint ist:

- In der Gemeinschaftsordnung steht: „Der Weiterverkauf einer Eigentumswohnung erfordert die vorherige Zustimmung der WEG, vertreten durch den Verwalter. Die Zustimmung darf nur aus wichtigem Grund verweigert werden." – Prinzipiell heißt das: Nach § 12 Abs. 4 WEGesetz kann die WEG beschließen, diese Klausel aufzuheben. Die Gemeinschaftsordnung müsste die WEG nicht neu aufsetzen; die Klausel mit der Verkaufsbeschränkung wäre dann einfach unwirksam.

- Zu Ende lesen lohnt sich aber, denn in dieser Gemeinschaftsordnung steht auch noch ein Zusatz: „Entgegen § 12 Abs. 4 WEGesetz dürfen die Wohnungseigentümer **nicht** beschließen, die Verkaufsbeschränkung aufzuheben." – In diesem Fall kann also wirklich nur eine neue, allstimmige Vereinbarung dazu führen, die Klausel zu streichen. Bis dahin bleibt sie gültig.

Zu § 13: Hinter dem Vorhang alles erlaubt? Ihre Rechte aus dem Sondereigentum

§ 13 Rechte des Wohnungseigentümers aus dem Sondereigentum

(1) Jeder Wohnungseigentümer kann, soweit nicht das Gesetz entgegensteht, mit seinem Sondereigentum nach Belieben verfahren, insbesondere dieses bewohnen, vermieten, verpachten oder in sonstiger Weise nutzen, und andere von Einwirkungen ausschließen.

(2) Für Maßnahmen, die über die ordnungsmäßige Instandhaltung und Instandsetzung (Erhaltung) des Sondereigentums hinausgehen, gilt § 20 mit der Maßgabe entsprechend, dass es keiner Gestattung bedarf, soweit keinem der anderen Wohnungseigentümer über das bei einem geordneten Zusammenleben unvermeidliche Maß hinaus ein Nachteil erwächst.

Mit Ihrem Sondereigentum sind bestimmte Rechte verbunden. Diese sind nun in einem eigenen Paragrafen zusammengefasst.

Ihr Nutzungsrecht

§ 13 Abs. 1 WEGesetz enthält keine inhaltlichen Änderungen gegenüber der alten Rechtslage. Es wird lediglich klargestellt, dass Sie nicht nur mit Ihren eigenen Räumen im Gebäude „grundsätzlich" **nach Belieben verfahren** dürfen, sondern generell mit Ihrem Sondereigentum, das ja nun auch Stellplätze, Terrassen oder Gartenanteile umfassen kann.

Grundsätzlich heißt, dass Sie **Einschränkungen** akzeptieren müssen, die sich **aus dem WEGesetz** ergeben. Ist z.B. einer Ihrer Räume im Keller des Hauses in der Teilungserklärung als Teileigentum und nicht als Wohnungseigentum ausgewiesen, dürfen Sie ihn nach § 1 WEGesetz auch nicht zu Wohnzwecken nutzen. Dass Sie daneben auch **Einschränkungen aus anderen Gesetzen** akzeptieren müssen, braucht im WEGesetz nicht zu stehen. Denn Sondereigentum ist auch Eigentum im Sinne des BGB; nach § 903 BGB dürfen Sie damit nach Belieben verfahren, soweit nicht das BGB oder Rechte Dritter entgegenstehen.

Baumaßnahmen erlaubt?

§ 13 Abs. 2 WEGesetz: Nicht ganz so eindeutig, aber sehr wichtig, ist diese Regelung. Es geht um die Zulässigkeit von **Baumaßnahmen am Sondereigentum.**

Kombiniere: Erhaltung = Wartung, Reparatur!
Zunächst werden an dieser Stelle die altbekannten Begriffe Instandhaltung (= Wartung) und Instandsetzung (= Reparatur) zum neuen Begriff der **Erhaltung** zusammengefasst. Das ist auch gut so, denn eine Abgrenzung der alten Begriffe war so schwierig wie unnötig, da es keine unterschiedlichen Rechtsfolgen gab. Der Begriff Erhaltung wird jetzt auch bei der Erhaltungsrücklage verwendet (siehe § 19 Abs. 2 Nr. 4 WEGesetz).

Hier geht es um Maßnahmen, die **über die Erhaltung hinausgehen.** Diese kennen Sie vielleicht noch als modernisierende Instandsetzung, Modernisierung oder bauliche Veränderung. Das neue WEGesetz kommt ohne modernisierende Instandsetzung und Modernisierung aus. Das alles fällt jetzt unter „bauliche Veränderung". Diesen Begriff nennt das WEGesetz in § 13 WEGesetz nur deshalb nicht, weil er in § 20 WEGesetz verwendet und auf das Gemeinschaftseigentum begrenzt ist. Lassen Sie sich aber nicht verwirren – es geht um das Gleiche: Zur Unterscheidung sei hier also von **Baumaßnahmen am Sondereigentum** gesprochen. Selbstredend gehen solche Maßnahmen immer **auf Ihre eigenen Kosten,** weil nichts anderes dazu bestimmt ist – und auch nur Sie davon profitieren.

§ 13 Abs. 2 WEGesetz regelt, wann Sie über Baumaßnahmen am Sondereigentum allein entscheiden, also dafür **keinen Beschluss der WEG** brauchen: immer dann, wenn „keinem der anderen Wohnungseigentümer über das bei einem geordneten Zusammenleben unvermeidliche Maß hinaus ein Nachteil erwächst". Ohne einen solchen Nachteil müssen Ihre Miteigentümer*innen Ihre Maßnahme dulden – alles andere wäre eine „unangemessene Beschränkung".

Der Fall: Ohne „Opfer" ist Bauen kein Verbrechen

Detective Jane Rizzoli und die Gerichtsmedizinerin Maura Isles sind von Boston nach Bonn gekommen und haben sich probeweise eine gemeinsame Wohnung zugelegt. Mit deren Zustand ist Maura Isles aber gar nicht einverstanden. Schnell findet sie heraus, dass sie die WEG wegen ein paar nötiger Baumaßnahmen nicht fragen müssen:

- In der Küche und im Bad werden die alten Wandkacheln durch moderne Tapeten ersetzt.
- Die Wand[48] zwischen Flur und Wohnzimmer, durch die keine Versorgungsleitungen für andere Wohnungen laufen, wird gleich ganz entfernt.
- Alte Holzdielen im Wohnzimmer werden gegen einen weichen weißen Teppich ausgetauscht, der den Schallschutz nicht verschlechtert.
- Im Gartenbereich, der zur Wohnung gehört, lässt Isles einen Jacuzzi aufstellen sowie ein kleines Gewächshaus zum Züchten eigener Tomaten. Sie wird auch die gärtnerische Gestaltung nach eigenem Geschmack und Gutdünken[49] vornehmen – und nur darauf achten, dass das niemanden in relevantem Maße stört.

Rizzoli hält sich spottend zurück, doch am Ende findet sie das Ergebnis sehr gemütlich. Aber ihre geliebten Turnschuhe in der Wohnung nur wegen eines weißen Teppichs auszuziehen? Da macht sie gewiss nicht mit.

Die Formulierung der Ausnahme im neuen § 13 Abs. 2 WEGesetz „soweit keinem der anderen Wohnungseigentümer (…) ein **Nachteil** erwächst" ist übrigens § 14 WEGesetz-alt entlehnt, der sich auf Sonder- und Gemeinschaftseigentum bezog. Das heißt, die bisherige **Auslegung dieser Generalklausel** wird weiter anwendbar bleiben: Miteigentümer*innen sind beeinträchtigt, benachteiligt oder belästigt, wenn Ihre Baumaßnahme insbesondere eine der folgenden Auswirkungen hat:

- Sie verändern das **äußere Erscheinungsbild der Anlage** (Optik, z.B. durch das Errichten eines großen, auffälligen Gartenhauses auf Ihrer Gartenfläche),
- Sie sorgen für eine **dauerhafte erhebliche Emission** (z.B. Lärm bei Klima-

---

48) BGH, 21.12.2000, Az. V ZB 45/00: Gilt auch für tragende Wände innerhalb des Sondereigentums, solange die Statik des Gebäudes nicht gefährdet ist.
49) BayObLG, 06.10.2000, Az. 2 Z BR 53/00; bei einem bloßen Sondernutzungsrecht können aber Regelungen in der Teilungserklärung/Gemeinschaftsordnung einer freien Gestaltung der Gartenfläche entgegenstehen. **199**

oder Entlüftungsanlagen, Gerüche durch einen Komposter direkt unter dem Fenster eines Nachbarn),

- Sie **gefährden** die Standsicherheit, den Brandschutz oder die allgemeine Verkehrssicherheit des Gebäudes (z.B. durch Einreißen von Wänden oder Einrichten einer Werkstatt für Pyrotechnik).

Kommt es durch Ihre Baumaßnahme zu einem solchen Nachteil für mindestens eine Miteigentümer*in, dann brauchen Sie dafür erst einen **Beschluss Ihrer WEG**: § 20 WEGesetz, der für bauliche Veränderungen des Gemeinschaftseigentums gilt, kommt zur Anwendung.

**XY aufgelöst: Gemeinschafts-
eigentum mitbetroffen?**
Wichtig: Greifen Sie mit Ihrer Baumaßnahme am Sondereigentum
ohnehin auch in das Gemeinschaftseigentum ein, gilt § 20 WEGesetz
unmittelbar. Dann brauchen Sie
immer erst den Beschluss!

Es geht nur um Baumaßnahmen an
Ihrem Sondereigentum, ohne dass Sie
Gemeinschaftseigentum berühren?
Mindestens eine Miteigentümer*in wird
einen relevanten Nachteil haben, wes-
halb Sie einen WEG-Beschluss brauchen?
Dann lesen Sie weiter:

Ihr Recht auf eine Erlaubnis per Beschluss

Praktisch verfahren Sie so, dass Sie der
nächsten **Eigentümerversammlung**
einen Beschlussantrag vorlegen, in dem
Sie möglichst genau ausführen, was Sie
vorhaben. Dann haben Sie in zwei Fällen
einen Anspruch auf Zustimmung, also
auf einen Gestattungsbeschluss der WEG:

- Fall 1: Ihre Baumaßnahme dient
  der Barrierefreiheit, der E-Mobilität, dem Diebstahlschutz oder dem
  Anschluss an schnelles Internet
  (**privilegierte Maßnahmen**, vgl. § 20
  Abs. 2 WEGesetz).

- Fall 2: Die Miteigentümer*innen, die
  einen relevanten Nachteil von Ihrer
  Baumaßnahme im oben beschriebenen Sinne haben, sind **einverstanden** (vgl. § 20 Abs. 3 WEGesetz).

Im Fall 1 der **privilegierten Baumaßnahmen am Sondereigentum** kann
Ihnen niemand die Bauerlaubnis an sich
verweigern (solange nicht die Veränderungssperre von § 20 Abs. 4 greift,
dazu unten mehr!). In Ausnahmefällen
kann die WEG Ihnen höchstens **Auflagen**
machen. Ein Mehrheitsbeschluss der
Eigentümerversammlung reicht aber
aus, damit Sie bauen dürfen.

Der Fall: Auflagen für privilegierte Maßnahmen

Rizzoli & Isles grübeln: Solange nur das Sondereigentum betroffen ist, sind bei privilegierten Baumaßnahmen Beispiele für gerechtfertigte Auflagen schwierig zu konstruieren. Rizzoli überlegt, ob für den Fall eventueller Schussverletzungen eine Rollstuhlrampe von der Terrasse in ihren Gartenanteil (beides in ihrem Sondereigentum) sinnvoll wäre? Dann könnte die WEG ihnen wohl vorschreiben, das Material so zu wählen, dass es zur äußeren Gestaltung des Hauses passt.

Zur **Abgrenzung**: Muss zum Einbau einer bodengleichen Dusche in Ihrer Wohnung in den Estrich (= Gemeinschaftseigentum) eingegriffen werden? Dann kann die WEG z.B. bestimmen, dass zumindest diesen Teil der Arbeiten nicht Ihre handwerklich begabte Tochter machen darf, sondern ein Fachbetrieb engagiert werden muss. Wenn Sie zum Einbruchschutz „Ihre" Fenster von außen vergittern wollen, ist das gar keine Maßnahme am Sondereigentum mehr, weil die Fassade und auch die Fenster Gemeinschaftseigentum sind. In diesen Fällen haben Sie zwar einen Anspruch auf die Baumaßnahme und müssen sie auch bezahlen, aber die WEG bestimmt die Ausführung. Mehr dazu lesen Sie bei § 20 Abs. 2 WEGesetz.

Im Fall 2, also bei nicht privilegierten Baumaßnahmen am Sondereigentum, können Sie sich **nötige Einverständnisse** von Eigentümer*innen bereits vor der Eigentümerversammlung mündlich, besser noch schriftlich einholen. Es spricht auch nichts dagegen, dass Sie sich diese durch eine Geldzahlung oder eine andere Gegenleistung „erkaufen". Denn wenn Sie alle nötigen Einverständnisse haben, dann darf die WEG nicht mehr Nein sagen.

Kombiniere: Ausführliche Tatbeschreibung im Beschlussantrag
Informieren Sie betroffene Miteigentümer*innen (z.B. die direkten Nachbar*innen) bereits vor der Eigentümerversammlung, nehmen Sie Bedenken entgegen, diskutieren Sie darüber und widerlegen Sie Einwände dann bereits in Ihrem Beschlussantrag. Beispiel: Sie führen aus, warum durch Ihre Maßnahme z.B. der Schall- oder Brandschutz nicht beeinträchtigt wird. Sie könnten sogar ein Gutachten einholen und beilegen.

Notwendig ist das alles aber nicht unbedingt. Wenn **kaum Gegenwind** zu befürchten ist, dann können Sie auch einfach darauf vertrauen, dass die Eigentümerversammlung mehrheitlich für Ihren Beschlussantrag stimmt. Das darf die WEG auch dann tun, wenn bestimmte Eigentümer*innen nicht einverstanden sind. Diese können den Mehrheitsbeschluss dann zwar anfechten – aber nur, wenn die **Veränderungssperre** nach § 20 Abs. 4 WEGesetz greift: Der WEG ist es verboten, Ihnen eine grundlegende Umgestaltung der Wohnanlage zu erlauben oder etwas zu gestatten, was eine Miteigentümer*in ohne deren Einverständnis **„unbillig" benachteiligt, also besonders ungerecht behandelt.** Dafür reicht es nicht, dass sie sich durch die Optik oder etwas Lärm etc. gestört fühlt, es müssen schon gravierende Nachteile entstehen. Unterbleiben Anfechtungen nach § 20 Abs. 4 WEGesetz oder werden solche vom Gericht zurückgewiesen, wird der Beschluss nach einem Monat bestandskräftig – das heißt, Sie dürfen dann so wie beantragt bauen.

Der Fall: Beschluss ohne ausdrückliches Einverständnis

Jane Rizzoli will die Wohnräume jetzt doch lieber fliesen lassen, das findet sie einfach praktischer. Aber Maura Isles weiß es mal wieder besser: Dadurch könnte sich der Schallschutz gegenüber der Situation bei Errichtung des Gebäudes etwas verschlechtern. Ist das der Fall, hat die Eigentümerin der Wohnung im Souterrain unter ihnen, Eva Müller, einen Nachteil. Detective Rizzoli lässt es darauf ankommen und beantragt für die Fliesen einen WEG-Beschluss.

Ist Frau Müller nicht einverstanden, hat Rizzoli keinen Anspruch mehr auf den Beschluss. Sagt die Eigentümerversammlung dann mehrheitlich nein, ist die Sache zu Ende.

Aber die Versammlung stimmt mit Ja, weil man die Bedenken von Frau Müller für übertrieben hält (oder Frau Müller sich gar nicht äußert). Diesen Gestattungsbeschluss könnte Frau Müller als Betroffene nur anfechten, wenn die Auswirkungen sie „unbillig" benachteiligen – eine geringe Schallschutz-Verschlechterung reicht hierfür nicht. Zur Sicherheit wartet Rizzoli noch einen Monat, dann ist auch die Anfechtungsfrist abgelaufen. Jetzt wird sie den weißen Teppich endgültig los.

Klageweg und Folgen eines Umbaus ohne Beschluss

Sie brauchen einen Beschluss für Ihre Baumaßnahme am Sondereigentum und haben auch ein Recht darauf, aber Sie bekommen **keine Mehrheit** für Ihren Beschlussantrag? Dann können Sie den negativen Beschluss, also die Ablehnung, **anfechten.** Wird verhindert, dass Ihr Antrag überhaupt auf die Tagesordnung kommt, können Sie mit einer **Beschlussersetzungsklage** dagegen vorgehen (siehe Kapitel 2.8.). Scheitern Sie mit Ihrer Anfechtung oder der Beschlussersetzungsklage und bauen einfach ohne den notwendigen Beschluss, kann die WEG Sie auf **Rückbau und Schadensersatz** in Anspruch nehmen. Dasselbe gilt, wenn Sie von Anfang an gar keinen Beschluss beantragen, obwohl mindestens eine Miteigentümer*in einen relevanten Nachteil durch Ihre Baumaßnahme hat.

Erst nach drei Jahren sind Sie mit einem „Schwarzbau" ohne Beschluss auf relativ sicherer Seite:

- Soweit ausschließlich das Sondereigentum betroffen ist, gilt für den Anspruch auf Rückbau und Schadensersatz gegen Sie die gewöhnliche **Verjährungsfrist von drei Jahren,** beginnend mit dem Schluss des Jahres, in dem der Anspruch der WEG entstanden ist.

- Soweit Gemeinschaftseigentum mitbetroffen ist, ist ein **Anspruch der WEG auf Rückbau** praktisch unverjährbar. (Es gibt seltene Ausnahmen.) Der **Anspruch auf Schadensersatz** gegen Sie ist aber auch in diesem Fall nach drei Jahren verjährt. Das heißt: Dann kann die WEG den Rückbau noch beschließen, den Sie zu dulden haben – aber nicht mehr (allein) bezahlen müssen. Die Kosten werden ggf. auf alle Miteigentümer*innen, also auch auf Sie, im Verhältnis der Miteigentumsanteile verteilt.

Prüfschema:
Ihr Recht auf bauliche Maßnahmen, die nur Ihr Sondereigentum betreffen

Fall:	Folge:	Beispiele:
1. Keiner der anderen Wohnungseigentümer*innen hat einen Nachteil, der über das bei einem geordneten Zusammenleben unvermeidliche Maß hinausgeht?	**Ausführung erlaubt** – Sie brauchen keinen Beschluss der WEG. (= Ausnahme des § 13 Abs. 2 WEGesetz, die nur für Baumaßnahmen am Sondereigentum gilt!)	*Sie wollen das Parkett in Ihrer Wohnung gegen Teppichboden austauschen – besserer Trittschallschutz. Sie wollen in Ihrer Wohnung eine nicht tragende Zwischenwand versetzen.*
2a. Ein relevanter Nachteil besteht, aber Ihre **Maßnahme ist privilegiert:** Barrierefreiheit, E-Mobilität, Einbruchschutz, schnelles Internet?	**Anspruch auf eine Zustimmung** durch die WEG; der Beschluss kann Auflagen enthalten. (§ 20 Abs. 2 WEGesetz)	*Sie haben Terrasse und Gartenanteil im Sondereigentum und wollen eine Rollstuhlrampe bauen. Die WEG kann bei der optischen Gestaltung mitbestimmen.*
2b. Ein relevanter Nachteil besteht, aber die betroffenen Wohnungseigentümer*innen sind mit Ihrer Baumaßnahme **einverstanden?**	**Anspruch auf eine Zustimmung durch die WEG;** freie Entscheidung über die Durchführung, soweit vom Einverständnis gedeckt. (§ 20 Abs. 3 WEGesetz)	*Sie wollen auf Ihrem Gartenanteil einen kleinen Baum pflanzen, der bis vor das Fenster des Eigentümers über Ihnen wachsen wird.*
3. Der Nachteil **bleibt relevant,** weil Ihre Maßnahme nicht privilegiert ist und Sie kein Einverständnis der Betroffenen bekommen?	**Kein Anspruch** auf eine Zustimmung. Bekommen Sie trotzdem einen positiven Beschluss, kann dieser nur angefochten werden bei **grundlegender Umgestaltung der Wohnanlage** oder **unbilliger Benachteiligung** von Miteigentümer*innen. (§ 20 Abs. 4 WEGesetz)	*Sie wollen in Ihrem Gartenanteil (Sondereigentum) einen lauten, stinkenden Brennofen für Ihr Hobby installieren, weshalb Ihr Nachbar seine Terrasse nicht mehr nutzen könnte. Dieser kann einen Gestattungsbeschluss erfolgreich anfechten.*

Zu § 14: Pflichten der Wohnungseigentümer*innen oder die Grenzen Ihrer Freiheit

§ 14 Pflichten des Wohnungseigentümers

(1) Jeder Wohnungseigentümer ist gegenüber der Gemeinschaft der Wohnungseigentümer verpflichtet,

1. die gesetzlichen Regelungen, Vereinbarungen und Beschlüsse einzuhalten und

2. das Betreten seines Sondereigentums und andere Einwirkungen auf dieses und das gemeinschaftliche Eigentum zu dulden, die den Vereinbarungen oder Beschlüssen entsprechen oder, wenn keine entsprechenden Vereinbarungen oder Beschlüsse bestehen, aus denen ihm über das bei einem geordneten Zusammenleben unvermeidliche Maß hinaus kein Nachteil erwächst.

(2) Jeder Wohnungseigentümer ist gegenüber den übrigen Wohnungseigentümern verpflichtet,

1. deren Sondereigentum nicht über das in Absatz 1 Nummer 2 bestimmte Maß hinaus zu beeinträchtigten und

2. Einwirkungen nach Maßgabe des Absatz 1 Nummer 2 zu dulden.

(3) Hat der Wohnungseigentümer eine Einwirkung zu dulden, die über das zumutbare Maß hinausgeht, kann er einen angemessenen Ausgleich in Geld verlangen.

In § 14 WEGesetz sind die Pflichten geregelt, die Sie als Eigentümer*in gegenüber der **WEG** (Absatz 1) und gegenüber Ihren **Miteigentümer*innen** (Absatz 2) haben. Diese neue Trennung wurde durch die Festlegung der WEG als Trägerin der Verwaltung des Gemeinschaftseigentums nötig.

Verhältnis zwischen WEG und jeder Wohnungseigentümer*in

§ 14 Abs. 1 WEGesetz: Gegenüber der WEG sind Sie zunächst verpflichtet, sich an das WEGesetz sowie an alle Vereinbarungen und Beschlüsse Ihrer speziellen WEG zu halten, z.B. an die Hausordnung oder die Zahlung des Hausgelds.

Darüber hinaus müssen Sie bestimmte „**Einwirkungen**" der WEG auf Ihre Wohnung und das Gemeinschaftseigentum (das Ihnen ja mitgehört) dulden, vor allem Erhaltungs- und Baumaßnahmen.

- Das ist zunächst alles, was auf zulässige Weise **vereinbart oder beschlossen** wurde (z.B. der Austausch von Fenstern im Hausflur und in Ihrer Wohnung – einschließlich der Duldung des Betretens der Wohnung und des Baulärms).

- Darüber hinaus müssen Sie aber auch nicht beschlossene oder vereinbarte Einwirkungen dulden, die **nicht erheblich nachteilig** für Sie sind. (Beispiel: Dachdecker gehen durch Ihre Dachwohnung, um die Dachpappe rund um Ihr Fenster auszutauschen.) Erheblich ist ein Nachteil, wenn er über das „bei einem geordneten Zusammenleben unvermeidliche Maß hinaus" geht. (Beispiel: Ein Dachdecker will 14 Tage lang immer wieder durch Ihr Fenster aufs Dach klettern, obwohl es auf dem Dachboden eine Wartungsluke gibt.)

Führt ein **Dulden-Müssen** für Sie zu einer „Einwirkung" über das zumutbare Maß hinaus, können Sie von der WEG einen **Geldausgleich** verlangen (§ 14 Abs. 3 WEGesetz). Die Vorschrift bezweckt, dass Sie angemessen für sogenannte Sonderopfer entschädigt werden, wenn Sie also mehr als andere Eigentümer*innen betroffen sind. Sie haben diesen Anspruch auch dann, wenn niemand schuld an Ihrem Nachteil ist – aber nur dann, wenn Ihr Nachteil erheblich ist.

Der Fall: Sonderopfer werden ausgeglichen

Die Soko Leipzig quartiert Informanten gern in einer eigens für Undercover-Einsätze gekauften, schon ziemlich heruntergekommenen Eigentumswohnung ein. Gerade als Kriminalhauptkommissarin Ina Zimmermann den nächsten Einsatz starten will, fegt ein Sturm über die Messestadt mit sintflutartigen Regenfällen. Es kommt zu erheblichen Wasserschäden im Dach. Die WEG muss laute Trockenmaschinen aufstellen, auch in der unmittelbar darunter liegenden SOKO-Wohnung. Da diese in den nächsten 4 Wochen nicht benutzt werden kann, wird der Informant woanders eingemietet. Diese Kosten muss die WEG der Soko Leipzig erstatten. Wenn Zimmermann aber beschließt, den Informanten während der 4 Wochen im Hilton einzuquartieren, wäre dieses Übergangsdomizil nicht angemessen. Die Soko Leipzig bliebe auf einem erheblichen Teil der Hotelkosten sitzen.

Neu ist: **Nur noch die WEG** kann gegen Eigentümer*innen vorgehen, die ihre Pflichten **gegenüber der WEG** verletzen. Andere Eigentümer*innen dürfen das nicht länger (Ausnahme: Notfälle zur unmittelbaren Abwendung eines Schadens, siehe § 18 Abs. 3 WEGesetz). Ob eine Verwalter*in für die WEG von sich aus tätig werden darf oder muss oder ob hierfür erst ein Beschluss der Eigentümerversammlung nötig ist, bestimmt § 27 WEGesetz – siehe dort.

Beispielsweise sind Verwalter*innen – wie auch schon vor der Reform – berechtigt und verpflichtet, für die Einhaltung der Hausordnung zu sorgen. Bleiben sie untätig, kann jede Eigentümer*in die Sache in die nächste Eigentümerversammlung bringen. Das kann auch die Verwalter*in tun, wenn ihre Handlungen nichts bringen. Dann beschließt die WEG, wie sie vorgehen will.

Der Fall: Verletzung der Hausordnung
Hauptkommissarin Ellen Berlinger wird von Freiburg zum Tatort Mainz versetzt und zieht in eine WEG direkt in der Innenstadt. Zwar steht in der Hausordnung, dass im Treppenhaus keine Fahrräder abgestellt werden dürfen, doch Platz genug ist dafür. Also macht Berlinger das einfach. Frau Meise gefällt das nicht. Anstatt es ihr zu sagen, zeigt sie die Sache dem Verwalter an. Das ist zwar nicht besonders nachbarschaftsfreundlich, aber nach dem WEGesetz korrekt. Schon tags darauf hat Berlinger einen Brief im Kasten, in dem der Verwalter sie zu Unterlassung auffordert. Hält sie sich nicht daran, würde er im nächsten Schritt das Fahrrad an einen anderen (zugänglichen) Ort stellen und Frau Berlinger das mitteilen. Frau Meise aber darf das Fahrrad im Hausflur nicht anrühren.

Verhältnis zwischen den einzelnen Wohnungseigentümer*innen

§ 14 Abs. 2 WEGesetz: Ansprüche zwischen den Wohnungseigentümerinnen gibt es noch immer. Ist nur das **Sondereigentum** betroffen, muss sich nämlich die WEG heraushalten. Sie darf auch nicht mehr mehrheitlich beschließen, dass die WEG statt einzelner Eigentümer*innen gegen eine Störer*in vorgeht, das ist jetzt sauber getrennt.

Gegenüber Ihren Miteigentümer*innen sind Sie nach § 14 Abs. 2 WEGesetz zunächst verpflichtet, deren **Sondereigentum nicht zu beeinträchtigen**. Machen Sie das dennoch, kann und muss die Miteigentümer*in ohne Umweg über die WEG selbst gegen Sie vorgehen – und umgekehrt.

Der Fall: Wann Selbstverteidigung gefragt ist

Kommissarin Ellen Berlinger betreibt in ihrer Mainzer Wohnung einen lauten Wäschetrockner und lässt ihn auch gern mal während einer Nachtschicht laufen. Frau Meise hat ihr Schlafzimmer direkt nebenan; sie kann verlangen, dass Berlinger den Wäschetrockner zumindest nachts abstellt. Das ist eine Sache zwischen ihnen beiden, die WEG hat damit nichts zu tun.

Anders in diesem Fall: In der Hausordnung steht, dass zwischen 22:00 und 8:00 Uhr keine lauten elektrischen Geräte betrieben werden dürfen. Darauf beruft sich ein anderer Eigentümer, Herr Groß, der sich gerne mal als Haus-Sheriff betätigt und von dem Streit hört, aber von Berlingers Wäschetrockner gar nichts mitbekommt. Er darf nun nicht „aus Prinzip" gegen die Kommissarin vorgehen. Denn für die Einhaltung der Hausordnung sorgt die WEG, vertreten durch den Verwalter.

Zudem sind Sie untereinander verpflichtet, Beeinträchtigungen Ihres Sondereigentums und „Einwirkungen" durch Miteigentümer*innen zu **dulden**, wenn deren Verhalten auf Beschlüssen oder Vereinbarungen beruht oder für Sie nicht zu Nachteilen über das „bei einem geordneten Zusammenleben unvermeidliche Maß hinaus" führt.

Der Fall: Viel Lärm um nichts

Tatort Frankfurt: Hauptkommissarin Anna Janneke hat geerbt – jetzt gehört ihr eine schicke Wohnung am Westhafen mit Blick auf den Main, in der zufällig auch ihr Kollege Paul Brix wohnt. An einem Freitagmorgen lässt Janneke sich eine Einbauküche liefern und einpassen. Das führt vorübergehend zu Baulärm, der ihren nach einem langen Einsatz sehr dünnhäutigen Nachbarn Brix ärgert. Dennoch muss er die Maßnahme außerhalb der üblichen Nacht- und Feiertagsruhe dulden – so etwas ist beim Zusammenleben in einer Wohnungseigentümergemeinschaft unvermeidlich.

Wiederum gilt: Führt unter den Wohnungseigentümer*innen ein **Dulden-Müssen** über das zumutbare Maß hinaus,

kann die eine Eigentümer*in von der anderen dafür einen **Geldausgleich** verlangen (§ 14 Abs. 3 WEGesetz) – und umgekehrt. Auch das wird dann nicht über die WEG abgewickelt.

Der Fall: Unzumutbarer Verlust

Die Wohnung von Paul Brix wurde von einem Tatverdächtigen zwecks Einschüchterung des Kommissars „auseinandergenommen", und zwar gründlich. Jetzt muss sie komplett renoviert werden, was vier Wochen lang zu solchem Lärm führt, dass der Mieter des Nachbarn die Miete mindert. Die Renovierung an sich muss der Nachbar dulden, weil sie unvermeidlich ist. Aber seinen Mietausfall kann er sich von Brix ersetzen lassen. Die WEG hat mit einem Streit hierüber nichts zu tun.

Auch Kommissarin Janneke stört der Lärm, doch sie hat keinen Mietausfall und wird ihn dulden müssen. Sie versucht auch gar nicht erst, daraus Geld zu schlagen, denn das könnte der Beginn einer dauerhaften und intensiven Nachbarschaftsfehde werden, auf die sie gewiss auch dann keine Lust hätte, wenn Brix nicht ihr Kollege wäre.

Zu § 15: Erhaltungs- und Baumaßnahmen – was Mieter*innen dulden müssen

§ 15 Pflichten Dritter
Wer Wohnungseigentum gebraucht, ohne Wohnungseigentümer zu sein, hat gegenüber der Gemeinschaft der Wohnungseigentümer und anderen Wohnungseigentümern zu dulden:
1. die Erhaltung des gemeinschaftlichen Eigentums und des Sondereigentums, die ihm rechtzeitig angekündigt wurde; § 555a Absatz 2 des Bürgerlichen Gesetzbuchs gilt entsprechend;
2. Maßnahmen, die über die Erhaltung hinausgehen, die spätestens drei Monate vor ihrem Beginn in Textform angekündigt wurden; § 555c Absatz 1 Satz 2 Nummer 1 und 2, Absatz 2 bis 4 und § 555d Absatz 2 bis 5 des Bürgerlichen Gesetzbuchs gelten entsprechend.

Der Gesetzgeber hat mit § 15 WEGesetz eine **neue Duldungspflicht für Mieter*innen** in Eigentumswohnungsanlagen eingeführt, die sich erstmals auf deren Beziehung zur WEG und zu anderen Eigentümer*innen als der eigenen Vermieter*in auswirkt! Dulden muss eine Mieter*in (und grundsätzlich jeder, der die Wohnung nutzen darf) jetzt Erhaltungsmaßnahmen und sonstige Baumaßnahmen

- am Gemeinschaftseigentum **durch die WEG** (Beispiel: Die WEG streicht die Holzfenster in allen Wohnungen.) sowie
- an einer anderen als der gemieteten Wohnung **durch deren Eigentümer*in** (Beispiel: Ein anderer Wohnungseigentümer als die eigene Vermieterin stellt für den Einbau einer bodengleichen Dusche das Wasser im Haus ab.).

Damit will der Gesetzgeber möglichen Blockaden von Sanierungsmaßnahmen durch Bewohner*innen vorbeugen, also dem Sanierungsstau in Wohnungseigentumsanlagen entgegenwirken.

Die Duldungspflicht von Mieter*innen gegenüber der WEG und „fremden" Eigentümer*innen setzt nur voraus, dass die Maßnahme angekündigt wird – wie, das bestimmt § 15 WEGesetz, der auf einige Regelungen im BGB verweist. Diese Ankündigung kann die WEG bzw. die bauende Nicht-Vermieter*in aussprechen – oder Vermieter*innen fassen das mit ihrer eigenen Ankündigung zusammen.

§ 15 Nr. 1 WEGesetz schreibt vor, welche Informationen die Mieter*in bei **Erhaltungsmaßnahmen** bekommen muss. Der Duldungsanspruch besteht analog § 555a Abs. 2 BGB, wenn betroffen

Mieter*innen die Maßnahme **rechtzeitig angekündigt** wird, das heißt:

- Beschreibung der konkreten Maßnahme,
- voraussichtlicher Tag des Beginns und Ausführungszeitraum,
- Ankündigung mit genügend Vorlaufzeit für eventuelle Vorbereitungen, wofür es keine starre Frist gibt (für Erhaltungsmaßnahmen werden 2 Wochen jedenfalls ausreichend sein).

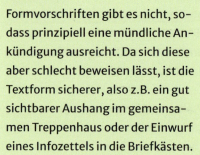

Kombiniere: Aushang oder Infozettel!
Formvorschriften gibt es nicht, sodass prinzipiell eine mündliche Ankündigung ausreicht. Da sich diese aber schlecht beweisen lässt, ist die Textform sicherer, also z.B. ein gut sichtbarer Aushang im gemeinsamen Treppenhaus oder der Einwurf eines Infozettels in die Briefkästen.

Die Ankündigung darf entfallen bei

- **Bagatellmaßnahmen**, bei denen die Wohnung der Mieter*in nicht betreten werden muss (Beispiel: Eine WEG lässt das Treppenhausgeländer lackieren.) oder
- zwingend **sofort nötigen Maßnahmen** (Beispiel: Wegen eines Wasserrohrbruchs in der Wohnung nebenan muss das Wasser abgestellt oder auch die Wohnung der Mieter*in betreten werden.).

§ 15 Nr. 2 WEGesetz regelt den Ablauf bei Maßnahmen, die über eine Erhaltung hinausgehen, also bei **Baumaßnahmen** der WEG oder einzelner Eigentümer*innen, die nicht die Vermieter*innen sind. Diese müssen von allen Mieter*innen im Haus geduldet werden,

- wenn es um Bagatellen geht, bei denen ihre Wohnung nicht betreten werden muss (Beispiel: Eine WEG lässt eine neue Briefkastenanlage einbauen.) oder
- wenn der oder die Bauende sie spätestens **3 Monate vor Beginn ankündigt** und die Mieter*in dagegen keine „Härte" einwenden kann – Erläuterungen folgen! Für eine solche Ankündigung ist die Textform vorgeschrieben.

Kombiniere: Beweis kann wichtig werden

Besser als ein Aushang ist ein Schreiben, das – bei besonderer Wichtigkeit nachweisbar per Einwurf-Einschreiben – in die Briefkästen der betroffenen Mieter*innen gelangt. Auch die Ankündigung per E-Mail ist gestattet.

Zudem muss diese Ankündigung bestimmte **Pflichtinhalte** nennen (analog § 555c Absatz 1 Satz 2 Nummer 1 und 2, Absatz 2 bis 4 und § 555d Absatz 2 bis 5 BGB):

- Art und voraussichtlicher Umfang der Baumaßnahme in wesentlichen Zügen – das ist eine schlagwortartige Beschreibung, z.B. „Anlegen eines Spielplatzes im Gemeinschaftsgarten" oder „Fensteraustausch mit Fassadendämmung",
- voraussichtlicher Tag des Beginns und voraussichtliche Dauer der Baumaßnahme,
- Hinweis darauf, dass ein Härteeinwand nach § 555d in Textform geltend gemacht werden kann, und zwar bis zum Ablauf des Monats, der auf den Zugang der Ankündigung folgt.

Was zählt als **Härteeinwand**? Mieter*innen müssen Baumaßnahmen der WEG oder „fremder" Eigentümer*innen nicht dulden, wenn daraus eine nicht zu rechtfertigende Härte für sie und die anderen Angehörigen des Haushalts folgt. Ob das so ist, muss im Einzelfall abgewogen werden. Nach dem Willen des Gesetzgebers soll die neue Vorschrift Hürden für Baumaßnahmen in WEGs verringern, sodass ein Härtefall durch Maßnahmen der WEG und anderer Eigentümer*innen als der eigenen Vermieter*in kaum zu konstruieren ist. Das gilt insbesondere, weil die Frage einer Modernisierungsmieterhöhung für die Duldungspflicht hier keine Rolle spielt. Denkbar ist hingegen, dass aus Härtegründen eine Verschiebung der Maßnahme verlangt werden kann.

Der Fall: Verschiebung wegen Härtefalls

Privatdetektiv Mike Hammer ist zur Ruhe gekommen und hat sich in einer friedlichen deutschen WEG eingemietet. Die WEG will Rasen im Hof am 2. Juni herausreißen und durch Pflaster ersetzen. Die Lärmbelästigungen werden erheblich sein. Die Maßnahme kündigt die WEG den Mieter*innen im Haus 3 Monate zuvor, nämlich am 2. März an. Genau am 2. Juni feiert Hammer seinen 80. Geburtstag. Sämtliche Vorbereitungen für eine große Gartenparty sind bereits getroffen, Tische, Bänke, Zelte, ein aufwändiges Catering und eine Band sind bestellt, alle Gäste, auch sämtliche Nachbarn sowie Angehörige aus Übersee wurden ein Jahr zuvor eingeladen. Unter diesen Umständen lässt sich schwerlich eine Pflicht des Mieters begründen, die Baumaßnahmen an genau diesem Tag zu dulden. Das Interesse des Mieters an einer Verschiebung überwiegt das Interesse der WEG, den Hof genau an diesem Tag zu pflastern. Seinen Einwand muss Hammer aber rechtzeitig anmelden, also bis zum 30. April.

Vermieterrechte und -pflichten bleiben unberührt

Durch den Duldungsanspruch gegenüber der WEG und anderen Eigentümer*innen sind Mieter*innen nicht schutzlos gestellt.[50] Denn in allen Fällen haben sie – dann nur **gegenüber ihren Vermieter*innen** – Mieterrechte gemäß BGB sowie Rechte aus ihrem Mietvertrag, etwa auf Mietminderung oder Schadensersatz. Genauso kann es auch sein, dass Vermieter*innen nach einer Modernisierung durch die WEG gemäß mietrechtlichen Vorschriften die Miete erhöhen dürfen (§ 559 BGB) – und dadurch hart getroffene Mieter*innen ein Sonderkündigungsrecht erhalten. Das WEGesetz mischt sich in diese Angelegenheiten nicht ein. Mehr dazu lesen Sie in Kapitel 2.7. Dort geht es auch um die **Harmonisierung von BGB und WEGesetz** im Bereich des Mieteranspruchs auf bauliche Veränderungen und der Betriebskostenabrechnung.

Kombiniere: Zu späte oder fehlende Bau-Infos sind kein Problem mehr!

Durch den neuen § 15 WEGesetz wurde für Sie als Vermieter*in ein wichtiges Problem aus der Welt geschafft, das vor der Reform bestand. Es kann jetzt nicht mehr zu der Situation kommen, dass die WEG einfach mit Maßnahmen anfängt, ohne dass Sie zuvor alle nötigen Angaben hatten, um Ihre Mieter*innen rechtzeitig zu informieren. Denn die Angaben und Fristen für die nötigen Ankündigungen durch die WEG und durch Sie als Vermieter*in sind nun dieselben. Dadurch können Sie eine mögliche Modernisierungsmieterhöhung stets rechtzeitig genug ankündigen.

Zu § 16: Gerecht ist gerecht – Verteilung der Nutzungen und Kosten

§ 16 Nutzungen und Kosten

(1) Jedem Wohnungseigentümer gebührt ein seinem Anteil entsprechender Bruchteil der Früchte des gemeinschaftlichen Eigentums und des Gemeinschaftsvermögens. Der Anteil bestimmt sich nach dem gemäß § 47 der Grundbuchordnung im Grundbuch eingetragenen Verhältnis der Miteigentumsanteile. Jeder Wohnungseigentümer ist zum Mitgebrauch des gemeinschaftlichen Eigentums nach Maßgabe des § 14 berechtigt.

(2) Die Kosten der Gemeinschaft der Wohnungseigentümer, insbesondere der Verwaltung und des gemeinschaftlichen Gebrauchs des gemeinschaftlichen Eigentums, hat jeder Wohnungseigentümer nach dem Verhältnis seines Anteils (Absatz 1 Satz 2) zu tragen. Die Wohnungseigentümer können für einzelne Kosten oder bestimmte Arten von Kosten eine von Satz 1 oder von einer Vereinbarung abweichende Verteilung beschließen.

(3) Für die Kosten und Nutzungen bei baulichen Veränderungen gilt § 21.

Die möglichst gerechte Verteilung von Nutzungen und Kosten unter den Miteigentümer*innen ist der wichtige Regelungsinhalt in § 16 WEGesetz. Die Neuregelung führt neben begrifflichen Anpassungen und Klarstellungen zu **mehr Flexibilität bei der Verteilung von Kosten.**

§ 16 Abs. 1 WEGesetz: Zu den Nutzungen zählen zum einen die „**Früchte**" – also vor allem Einnahmen – aus dem Gemeinschaftseigentum und -vermögen (z.B. Erträge aus der Vermietung gemeinschaftlicher Pkw-Stellplätze), zum anderen der **Mitgebrauch** des Gemeinschaftseigentums.

§ 16 Abs. 2 WEGesetz: Zu den **Kosten** gehört alles, was die WEG für die Bewirtschaftung des Gemeinschaftseigentums ausgibt.

§ 16 Abs. 3 WEGesetz: **Wichtige Ausnahme** – für die Nutzungen und Kosten bei baulichen Veränderungen des Gemeinschaftseigentums gelten andere Spielregeln, nämlich § 21 WEGesetz!

Verteilung von „Beute" und Kosten nach „MEA"

Sowohl hinsichtlich der Einnahmen als auch der Kosten bleibt es dabei, dass die **Miteigentumsanteile (MEA)** der **gesetzliche Verteilungsschlüssel** sind. Beispiel: Ihnen gehören 180/1.000stel Miteigentumsanteile. Für einen Putzdienst gibt die WEG 1.000 € aus. Dann zahlen Sie davon im Regelfall 180 € als Ihren Anteil an die WEG.

Gerecht ist anders?

Nur die **Kosten** der Gemeinschaft können Sie durch einen Beschluss auch **abweichend** vom gesetzlichen Schlüssel verteilen. Es gibt jetzt mehr Flexibilität, die Verteilung den jeweiligen Erfordernissen anzupassen. Nach § 16 Abs. 2 Satz 2 WEGesetz kann die WEG mit einem einfachen Mehrheitsbeschluss

- einzelne Kosten oder jetzt auch bestimmte Arten von Kosten **über den Einzelfall hinaus anders als nach MEA** verteilen sowie
- Kosten sogar anders verteilen, als es in der Gemeinschaftsordnung oder einer anderen bestehenden Vereinbarung bestimmt ist (= **gesetzliche Öffnungsklausel**).

- Nichtig aber wäre ein genereller Beschluss, alle Kosten der WEG anders als nach MEA, also z.B. stets nach Wohnungen, zu verteilen.

Als **mögliche Verteilungsschlüssel** außer den Miteigentumsanteilen bieten sich an: Die Verteilung nach Köpfen (besitzt eine Eigentümer*in 2 Wohnungen, ist das nur 1 Kopf), nach Wohnungen, nach Wohnfläche in Quadratmetern, nach Haushaltsmitgliedern etc.

- **Einzelne Kosten** sind die, auf die sich ein bestimmter Beschluss bezieht.
- Arten von Kosten sind zum Beispiel **regelmäßig wiederkehrende** Kosten wie Müllgebühren. Aber auch **gleichartige Kosten** wie alle Jubeljahre einmal auftauchende Ausgaben für neue Schlosszylinder der Wohnungseingangstüren fallen hierunter.

Beschließt Ihre WEG eine abweichende Kostenverteilung für eine Kostenart, muss sie das später in einzelnen Beschlüssen berücksichtigen. Beschließt sie es für einzelne Kosten, soll sich daraus nach der Gesetzesbegründung ein **Anspruch auf Gleichbehandlung** späterer Einzelfälle der gleichen Art ergeben (sogenannte Maßstabskontinuität – siehe Beispiel auf Seite 219).[51]

---

51) Bundestags-Drucksache 19/18791, WEMoG, Gesetzentwurf der Bundesregierung, S. 56

Beschlüsse können angefochten werden, wenn eine Kostenverteilung dem „billigen Ermessen" (siehe § 18 Abs. 2 WE-Gesetz) widerspricht, also im Prinzip zu einem „besonders ungerechten" Ergebnis führt. Achten Sie deshalb darauf, dass ein **Verteilungsschlüssel gut begründet** ist – ein gutes Argument ist es, wenn der Schlüssel die Gebrauchshäufigkeit oder -intensität berücksichtigt. Auch wenn der Maßstab „Gebrauch" so nicht mehr im Gesetz steht, wird er für die Einschätzung einer Anfechtung geprüft werden.

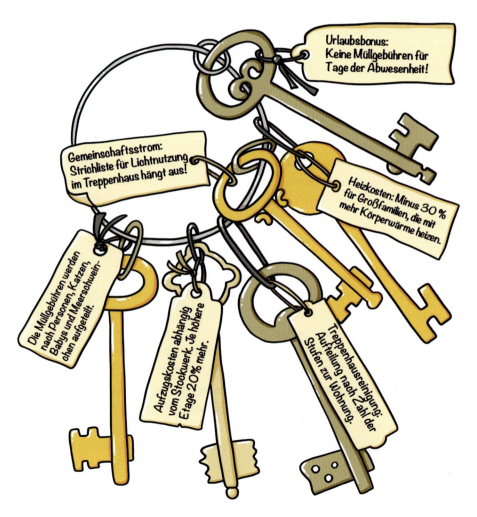

Urlaubsbonus: Keine Müllgebühren für Tage der Abwesenheit!

Gemeinschaftsstrom: Strichliste für Lichtnutzung im Treppenhaus hängt aus!

Heizkosten: Minus 30 % für Großfamilien, die mit mehr Körperwärme heizen.

Die Müllgebühren werden nach Personen, Katzen, Babys und Meerschweinchen aufgeteilt.

Aufzugskosten abhängig vom Stockwerk. Je höhere Etage 20% mehr.

Treppenhausreinigung: Aufteilung nach Zahl der Stufen zur Wohnung.

Der Fall: Balkon mit rostigem Charme

Commissario Guido Brunetti hat sich ins Venedig des Nordens aufgemacht. In Dresden kauft er sich eine Wohnung mit Blick auf die Elbe. Sein Balkon auf der Ostseite erinnert ein bisschen an Italien, alles nicht ganz perfekt, auch Rost hat seinen Charme… Das sehen in der WEG nicht alle so.

Es gibt Balkone auf der Westseite und auf der Ostseite. Die WEG will zunächst nur die Balkone im Westen reparieren (Erhaltungsmaßnahme) und die Kosten nur auf die Wohnungen mit diesen Balkonen verteilen, also nicht nach Miteigentumsanteilen. Das heißt, Brunetti und die anderen Eigentümer*innen mit Balkonen auf der Ostseite oder ohne Balkone zahlen nichts. Brunetti wundert sich: Eine „Balkonsanierung Westseite" ist kein Einzelfall, wenn es weitere Balkone gibt. Die WEG könnte ja im Jahr darauf beschließen, die Kosten der „Balkonsanierung Ostseite" wieder anders zu verteilen – ungerecht! Werden die anderen das wirklich mitmachen? Doch er braucht nicht einzuschreiten, das neue WEGesetz hat den Fall schon gelöst: Beschließt die WEG jetzt, die Kosten abweichend zu verteilen, ist sie auch bei künftigen Reparaturen anderer Balkone daran gebunden. Bis dahin, hofft Brunetti, wohnt er schon wieder im Süden mit Blick auf den Canale Grande.

Kombiniere: So kommt bei der Verteilung kein Müll heraus

Ihre WEG sollte darauf achten, dass die Kostenverteilung nach unterschiedlichen Schlüsseln übersichtlich bleibt. Sonst wird die Fehlergefahr spätestens in den Einzel-Jahresabrechnungen sehr groß. Es muss also gute Gründe geben, um von der gesetzlichen Verteilung nach MEA abzuweichen. Bedenken Sie dabei zudem, dass sich auch mit den verschiedenen Kostenverteilungsschlüsseln keine umfassende Gerechtigkeit herstellen lässt. Beispiel Müllgebühren: Eine Verteilung nach Haushaltsmitgliedern kann genauso ungerecht wie eine nach MEA sein, wenn bestimmte Personen viel seltener als andere zu Hause sind oder bestimmte Haushalte wegen Windeln, Katzenstreu oder einfach der persönlichen Einstellung sehr viel mehr Müll pro Person erzeugen als andere. Außerdem muss dann jede Änderung der Verwalter*in angezeigt werden, was unpraktisch sein kann.

Zu § 17: Schluss mit lustig – Entziehung des Wohnungseigentums

§ 17 Entziehung des Wohnungseigentums

(1) Hat ein Wohnungseigentümer sich einer so schweren Verletzung der ihm gegenüber anderen Wohnungseigentümern oder der Gemeinschaft der Wohnungseigentümer obliegenden Verpflichtungen schuldig gemacht, dass diesen die Fortsetzung der Gemeinschaft mit ihm nicht mehr zugemutet werden kann, so kann die Gemeinschaft der Wohnungseigentümer von ihm die Veräußerung seines Wohnungseigentums verlangen.

(2) Die Voraussetzungen des Absatzes 1 liegen insbesondere vor, wenn der Wohnungseigentümer trotz Abmahnung wiederholt gröblich gegen die ihm nach § 14 Absatz 1 und 2 obliegenden Pflichten verstößt.

(3) Der in Absatz 1 bestimmte Anspruch kann durch Vereinbarung der Wohnungseigentümer nicht eingeschränkt oder ausgeschlossen werden.

(4) Das Urteil, durch das ein Wohnungseigentümer zur Veräußerung seines Wohnungseigentums verurteilt wird, berechtigt zur Zwangsvollstreckung entsprechend den Vorschriften des Ersten Abschnitts des Gesetzes über die Zwangsversteigerung und die Zwangsverwaltung. Das Gleiche gilt für Schuldtitel im Sinne des § 794 der Zivilprozessordnung, durch die sich der Wohnungseigentümer zur Veräußerung seines Wohnungseigentums verpflichtet.

In entschlackter und gegenüber der alten Rechtslage sogar noch verschärfter Form kann die WEG durchsetzen, dass Eigentümer*innen ihre Wohnungen verkaufen und somit die Gemeinschaft verlassen müssen. Das wird als „Entziehung des Wohnungseigentums" bezeichnet. So etwas ist nur **zulässig im Fall sehr schwerer Pflichtverletzungen**, wegen derer Ihnen, Ihren Miteigentümer*innen und der WEG die Fortsetzung der Gemeinschaft mit „Übeltäter*innen" **nicht mehr zugemutet** werden kann.

Kombiniere: Nur für „Härtefälle"!
Bevor es zu einem solchen Beschluss mit all seinen gerichtlichen Folgen kommt, sollten alle Wege einer anderen Konfliktlösung ausgeschöpft sein.

§ 17 Abs. 1 WEGesetz: Was den Miteigentümer*innen gegenüber unzumutbar ist, ergibt sich zunächst aus der Generalklausel im ersten Absatz. Hierunter fallen auch schwerwiegende Drohungen oder Beleidigungen gegenüber Miteigentümer*innen. Die Gesetzesbegründung nennt als Beispiel für ein Fehlverhalten gegenüber der WEG die **Verletzung der „Pflicht zur Kostentragung"**[52], also ausbleibende Hausgeldzahlungen – das wird der häufigste Entziehungsgrund sein und bleiben.

Entziehungsbeschluss – das geschärfte Schwert

Der Anspruch auf Entziehung wird im Gesetz der WEG zugewiesen. Für den Beschluss, das Verfahren einzuleiten, reicht nach dem neuen WEGesetz **die Mehrheit der in der Eigentümerversammlung anwesenden und vertretenen Eigentümer*innen** (nach Köpfen – siehe § 25 Abs. 2 WEGesetz). Der oder die Betroffene darf nicht mit abstimmen, siehe § 25 Abs. 4 WEGesetz.

Der Fall: Goliath und der Schuldenberg

Privatermittler Billy McBride hat zu viele schlechte Erfahrungen aufgetürmt. Er beschließt, Los Angeles zu verlassen und lieber im verschlafenen Odenwald Fällen nachzugehen. Mit seinen letzten Ersparnissen kauft er eine winzig kleine Wohnung, die ihn an sein altes Zimmer im Ocean Lodge Hotel Santa Monica erinnert. Als Ex-Anwalt hat er längst herausgefunden, was früher im WEGesetz stand: Verzug mit Hausgeld in erheblicher Höhe über mehr als 3 Monate rechtfertigte einen Entziehungsbeschluss. Er weiß auch, dass das gestrichen wurde – aber nicht, um Schuldner zu schützen. Die Hausgeldzahlung ist eine Kardinalpflicht aller Wohnungseigentümer*innen – wird sie „wiederholt" trotz Abmahnung unterlassen, reicht das jetzt prinzipiell für den Entziehungsanspruch aus. Dennoch ist McBrides Geld eben alle. Er zahlt über mehrere Monate sein Hausgeld sowie Sonderumlagen nicht – und lässt es darauf ankommen, dass die WEG bald beschließen wird, ihm die Wohnung zu entziehen. Dann wird er weiterziehen, wohin es ihn eben verschlägt.

52) Bundestags-Drucksache 19/18791, WEMoG, Gesetzentwurf der Bundesregierung, S. 57

- Früher mussten mehr als die Hälfte aller **stimmberechtigten** Miteigentümer*innen Ja sagen – eine sehr viel höhere Hürde, da zu Eigentümerversammlungen gerade in größeren WEGs eine so hohe Zahl von Eigentümer*innen oft gar nicht erscheint.
- Wegen dieser Änderung wird die Durchsetzung einer **Entziehung realistischer**. Krasses Beispiel: Gehen in einer WEG mit 50 Eigentümer*innen 10 zur Versammlung und enthalten sich 5, kann die Entziehung mit 3 Ja-Stimmen beschlossen werden!

Betroffene können einen solchen Beschluss natürlich **anfechten**. Das wird Erfolg haben, wenn die Gründe nicht haltbar sind und nur wenige in der Eigentümerversammlung anwesende bzw. vertretene „Missgünstige" eine unliebsame Miteigentümer*in um ihr grundrechtlich geschütztes Eigentum bringen wollten.

§ 17 Abs. 2 WEGesetz: Ein Entziehungsanspruch besteht insbesondere, wenn Eigentümer*innen „**wiederholt gröblich**" gegen das WEGesetz, Vereinbarungen oder bestandskräftige Beschlüsse verstoßen. Durch den Verweis auf § 14 WEGesetz wird für diese Fälle klargestellt, dass betreffende Wohnungseigentümer*innen zuvor aber (mindestens) eine **Abmahnung** erhalten müssen.

Der Fall: Grober Verstoß gegen Hausordnung

Nachdem McBride auf wundersame Weise erst an einen Mandanten und dann an ein sehr hohes Honorar gekommen war, konnte er seine WEG-Schulden zahlen. Doch der Fall hinterließ ihm ein Terrarium mit 2 Skorpionen. Zudem hat er seine alte Angewohnheit wieder aufgenommen, sich um streunende Hunde zu kümmern. In seiner Wohnung nächtigen schon vier, einer größer als der andere. Doch nach der Hausordnung ist das Halten von Haustieren nur gestattet, wenn es sich um wohnungstaugliche ungefährliche Kleintiere handelt. Seine Miteigentümer*innen fühlen sich bedroht und befürchten zudem eine zunehmende Verwahrlosung der Wohnung. So beschließen sie, McBride abzumahnen, sich an die Hausordnung zu halten – was sie dann gleich mit der Drohung verbinden, dass die WEG ansonsten ein Verfahren zur Entziehung des Wohnungseigentums einleiten wird. McBride kümmert das nicht – er wird es überleben, auch wenn er den Kürzeren zieht …

Kombiniere: Abmahnung beschließen!

Kann eine Verwalter*in von sich aus eine Abmahnung in die Wege leiten, in der mit Wohnungsentzug gedroht wird? Wohl nicht! Wegen der „Bedeutung für den Gemeinschaftsfrieden", weil es um eine interne Angelegenheit geht und weil schon die Vorbereitung für einen Eingriff in das grundgesetzlich geschützte Eigentum kein Gegenstand untergeordneter Bedeutung ist, wird ein Beschluss der Eigentümergemeinschaft nötig sein.[53] Für die Umsetzung ist dann die Verwalter*in zuständig.

§ 17 Abs. 3 WEGesetz: Die Möglichkeit, Wohnungseigentümer*innen unter den genannten Voraussetzungen ihr Eigentum zu entziehen, ist zwingend im WEGesetz vorgesehen. Sie kann also nicht durch eine Vereinbarung, z.B. die Gemeinschaftsordnung, wirksam ausgeschlossen werden.

§ 17 Abs. 4 WEGesetz: Besteht der Entziehungsanspruch infolge eines bestandskräftigen Beschlusses und widersetzen sich Betroffene, muss die WEG sie **auf den Verkauf der Wohnung verklagen.** Nach dem Urteil kann die WEG den Verkauf der Wohnung im Wege der Zwangsvollstreckung durchsetzen, das heißt, eine Zwangsversteigerung veranlassen. Bis zum Ende des Verfahrens und sogar noch nach einem Urteil können Schuldner*innen doch noch zahlen und damit die Zwangsversteigerung der Wohnung abwenden, wobei sie dann allerdings die Kosten des Verfahrens tragen. Andere erhebliche Pflichtverletzungen wie Drohungen und schwere Beleidigungen sind aber kaum wieder aus der Welt zu schaffen.

Kombiniere: Alternative zum Entziehungsbeschuss

Bei Geldschulden gegenüber der WEG kann die WEG übrigens auch anders vorgehen, nämlich beschließen, die Schuldner*in auf Zahlung der Hausgeldrückstände zu verklagen. Ein entsprechendes Urteil kann die WEG durch Eintragung einer Zwangssicherungshypothek vollstrecken lassen, aus der dann die Verwalter*in die Zwangsversteigerung der Wohnung veranlassen kann. Das wird oft ein schnellerer Weg sein als die Entziehung des Wohnungseigentums zu betreiben.

---

53) Lehmann-Richter/Wobst, WEG-Reform 2020, Köln 2020, Rz. 1535

Zu § 18: Das Phantom – die WEG verwaltet das Gemeinschaftseigentum

§ 18 Verwaltung und Benutzung

(1) Die Verwaltung des gemeinschaftlichen Eigentums obliegt der Gemeinschaft der Wohnungseigentümer.

(2) Jeder Wohnungseigentümer kann von der Gemeinschaft der Wohnungseigentümer

1. eine Verwaltung des gemeinschaftlichen Eigentums sowie

2. eine Benutzung des gemeinschaftlichen Eigentums und des Sondereigentums

verlangen, die dem Interesse der Gesamtheit der Wohnungseigentümer nach billigem Ermessen (ordnungsmäßige Verwaltung und Benutzung) und, soweit solche bestehen, den gesetzlichen Regelungen, Vereinbarungen und Beschlüssen entsprechen.

(3) Jeder Wohnungseigentümer ist berechtigt, ohne Zustimmung der anderen Wohnungseigentümer die Maßnahmen zu treffen, die zur Abwendung eines dem gemeinschaftlichen Eigentum unmittelbar drohenden Schadens notwendig sind.

(4) Jeder Wohnungseigentümer kann von der Gemeinschaft der Wohnungseigentümer Einsicht in die Verwaltungsunterlagen verlangen.

Bisher lag die interne Verwaltung des gemeinschaftlichen Eigentums bei der Gesamtheit der Wohnungseigentümer (bei den „Wohnungseigentümern gemeinschaftlich", § 21 Abs. 1 WEGesetz-alt). Wenn es aber um die „Außen"-Zuständigkeit ging – also um Aufträge an oder Verträge mit Dritten (Handwerkern, Banken etc.), dann war die WEG verantwortlich. Die Grenze – wann die Gesamtheit der Wohnungseigentümer und wann die WEG (Gemeinschaft) verantwortlich und zuständig war – war nicht klar geregelt.

Jetzt ist in den §§ 18 und 19 WEGesetz geregelt, dass die WEG nun auch intern **für die gesamte Verwaltung des Gemeinschaftseigentums zuständig** ist und wie sie die ihr zugewiesenen Rechte und Pflichten auszuüben hat. (Zum Vergleich: In § 9a WEGesetz ist die Außenzuständigkeit der WEG klargestellt).

Das Geheimnis der WEG-Verwaltung

Nach dem neuen § 18 Abs. 1 WEGesetz ist klar: Es ist immer die WEG, also immer der rechtsfähige Verband, der für die Verwaltung des Gemeinschaftseigentums zuständig und verantwortlich ist. Demnach haben Sie als einzelne Wohnungseigentümer*in gemäß § 18 Abs. 2 Satz 1 WEGesetz Ihr Recht auf eine ordnungsgemäße Verwaltung an die WEG zu richten (Punkt 1), nicht mehr an die übrigen Wohnungseigentümer*innen und nicht mehr an die Verwalter*in. Als Wohnungseigentümer*in haben Sie zudem einen **Anspruch** gegen die WEG **auf Benutzung** (= früher hieß es „Gebrauch") des Gemeinschaftseigentums und Ihres Sondereigentums (Punkt 2).

Inhaltlich bleibt es weiterhin dabei, dass Sie eine Verwaltung verlangen können, die

- im Interesse aller Wohnungseigentümer*innen nach billigem (= angemessen gerechtem) Ermessen liegen muss (Dabei haben die Wohnungseigentümer*innen einen Entscheidungsspielraum bezüglich der Verwaltung, der angemessen und gerecht ausgeübt werden muss. Das wird im Gesetz als „ordnungsmäßig" bezeichnet.), und
- den gesetzlichen Vorgaben, Vereinbarungen und Beschlüssen entspricht.

Was ist eine ordnungsmäßige Verwaltung?

Hierbei handelt es sich um einen unbestimmten Rechtsbegriff, der in der Fachliteratur wie folgt ausgelegt wird: „Ordnungsmäßig sind alle Maßnahmen, die im Interesse aller Wohnungseigentümer – nicht nur Einzelner – auf die Erhaltung, Verbesserung oder dem der Zweckbestimmung des gemeinschaftlichen Eigentums entsprechenden Gebrauch gerichtet sind. Eine Maßnahme erfolgt im Interesse der Gesamtheit der Wohnungseigentümer, wenn sie (…) unter Berücksichtigung (…) des Einzelfalles, nützlich ist."[54] Zur ordnungsmäßigen Verwaltung gehören beispielsweise die Aufstellung einer Hausordnung, Maßnahmen zur Erhaltung des Gemeinschaftseigentums, notwendige Versicherungen, die Festlegung des Hausgelds, das Ansparen einer angemessenen Erhaltungsrücklage, die Aufstellung des Wirtschaftsplans und der Jahresabrechnung, die Durchführung der jährlichen Eigentümerversammlung und viele weitere Maßnahmen, je nach WEG. Mehr dazu in § 19 WEGesetz.

---

54) Niedenführ/Vandenhouten, WEG Kommentar und Handbuch, Bonn 2017, § 21 Rz. 29

Mit Anspruch auf ordnungsmäßige Verwaltung ist ganz allgemein gemeint, dass Sie Beschlussanträge einbringen und Beschlüsse fassen können, sollen und müssen – siehe § 19 WEGesetz – und dass diese dann umgesetzt bzw. ausgeführt werden müssen. Sie haben somit einen **Anspruch auf Regelungen** (Regelungsanspruch) für eine ordnungsmäßige Verwaltung sowie ein **Mitwirkungsrecht** an der Beschlussfassung.

Und was heißt das konkret? Sie allein und auch alle Miteigentümer*innen haben das Recht und sind damit auch verpflichtet, in der Eigentümerversammlung oder in Umlaufbeschlüssen über Erhaltungsmaßnahmen, diverse Ausgaben, die Finanzen der WEG, bauliche Veränderungen etc. im Sinne einer ordnungsmäßigen Verwaltung abzustimmen und das Hausgeld zu zahlen. Bezüglich vieler Abstimmungen haben Sie einen Entscheidungsspielraum, bezüglich der Hausgeldzahlungen oder möglicher beschlossener Sonderumlagen nicht.

Die WEG hat Ihnen gegenüber die Pflicht, dafür zu sorgen, dass die Eigentümerversammlung einberufen, der Wirtschaftsplan und die Jahresabrechnung erstellt, ein Vermögensbericht vorgelegt, Beschlüsse gefasst und umgesetzt, Ihnen Einsicht in die Verwaltungsunterlagen gewährt und Sie über Beschlussklagen informiert werden.

Die Zuweisung der gesamten Verwaltung an die Gemeinschaft der Wohnungseigentümer (WEG) bringt **weitreichende Änderungen und neue Rechtsfolgen** mit sich:

- Alle Angelegenheiten und Probleme im Zusammenhang mit der Verwaltung des Gemeinschaftseigentums müssen jetzt **über die WEG abgewickelt** werden. „Alleingänge" einzelner Wohnungseigentümer*innen gegen Miteigentümer*innen, gegen die

Verwalter*in oder gegen Handwerksbetriebe sind nicht mehr möglich (ausgenommen, es betrifft nur Ihr Sondereigentum). Dies soll einer einheitlichen Vorgehensweise dienen, einer Vorgehensweise im Sinne einer Mehrheit der Wohnungseigentümer*innen.

- Die **Haftungsverhältnisse** in der WEG haben sich umfassend geändert. Die Gemeinschaft tritt jetzt nicht nur für alle Schäden am Gemeinschaftseigentum ein, sondern auch für alle Schäden an einem Sondereigentum, verursacht durch schadhaftes Gemeinschaftseigentum. Die WEG muss den Schaden selbst beseitigen lassen und dann – wenn es einen Verursacher (Verwalter*in, Miteigentümer*in, Handwerksunternehmen etc.) gibt – von diesem Schadensersatz (Regress) fordern oder direkt von diesem die Beseitigung des Schadens verlangen.

- Muss die WEG Ihnen einen **Schaden an Ihrem Sondereigentum** ersetzen, dann finanzieren Sie als Mitglied der WEG einen Anteil des Schadensersatzes im Rahmen Ihres Miteigentumsanteils (MEA) mit.

- Erledigen die Organe ihre Aufgaben nicht, ist die WEG verantwortlich –

Der Fall: Nicht nur die Verjährung ist das Problem

Emma Peel ist aufgrund ihres Charmes, ihres Sex-Appeals und ihrer engen ledernen Catsuits bei den männlichen Wohnungseigentümern sehr beliebt. Da wird ihr einiges nachgesehen (die Frauen sehen das eher anders). So hat sie dem Facility Manager schon mal klare Kante gezeigt, als der – wieder einmal betrunken – den Rasenmäher reparierte und dabei endgültig zu Schrott verarbeitete. Der Verwalter hatte auch bei früheren Vergehen der Hausmeister-Firma nichts unternommen. Peel vermutet, dass er dafür geschmiert wurde. Nach ihrem Faustschlag kündigte die Firma von sich aus den Vertrag. Aber die WEG muss jetzt einen neuen Rasenmäher kaufen und der Verwalter unternimmt nichts, um von der Hausmeister-Firma Schadensersatz zu verlangen. So mutig wie Peel sind leider die anderen Wohnungseigentümer nicht, sie vermeiden jeden Stress mit dem Verwalter, in der Eigentümerversammlung wird ihr Beschlussantrag dazu abgelehnt. Nach neuem Gesetz müsste Emma Peel jetzt die WEG verklagen, dass diese dann im zweiten Schritt gegen den Verwalter vorgeht, der dann im dritten Schritt gegen die Hausmeister-Firma vorgehen muss. In der Zwischenzeit wird die Sache sicherlich verjährt sein. – Bei diesen gesetzlichen Rechtsschutz-Vorgaben resigniert selbst eine Emma Peel.

nur an diese können Sie Ihre Ansprüche, Forderungen und nötigenfalls **alle Arten von Klagen** (Leistungs-, Beschlussanfechtungs-, Beschlussersetzungs- und Schadensersatzklagen – für letztere gibt es ggf. eine Ausnahme, siehe unten) richten, siehe Kapitel 2.8.

- Auch das ist neu: Fechten Sie einen Beschluss an, richten Sie Ihre Anfechtung an die WEG. Gewinnen Sie den Prozess, müssen Sie – als Mitglied der WEG – im Rahmen Ihres Miteigentumsanteils die Prozesskosten der unterlegenen WEG grundsätzlich mittragen. (Ihre WEG kann dazu eine Ausnahmeregelung beschließen, siehe Seite 128.) Bisher richtete sich eine solche Klage immer gegen die anderen („übrigen") Wohnungseigentümer*innen.

XY aufgelöst: So „arbeitet" die WEG ordnungsgemäß, so können Sie Ihren „Anspruch" durchsetzen

Wenn Sie annehmen, dass ein Feuchtigkeitsschaden in Ihrer Wohnung von einer undichten Wasserleitung im Gemeinschaftseigentum herrührt, dann haben Sie einen Anspruch gegen die WEG, dass die Schadensursache geklärt und der Schaden beseitigt wird. Wenn Sie nun einen entsprechenden Antrag in die Eigentümerversammlung einbringen, dann dürfen die dort anwesenden und vertretenen Wohnungseigentümer*innen den Antrag nicht einfach ablehnen, sie müssen ihm zustimmen – nur das ist ordnungsmäßige Verwaltung. Es liegt aber in deren Ermessen, ob sie die Wasserleitung direkt auf Kosten der WEG reparieren lassen (weil die Schadensursache eindeutig ist) oder ob sie zuerst einen Gutachter beauftragen, der die Schadensursache klärt und die Art der Schadensbeseitigung ermittelt. Die Eigentümerversammlung entscheidet dann auch mehrheitlich, welchen Gutachter sie zu welchen Kosten beauftragt, und später dann, wie sowie von welchem Unternehmen der Schaden beseitigt werden soll. All diese Entscheidungen liegen im Ermessensspielraum der abstimmenden Wohnungseigentümer*innen.

Kombiniere: Die WEG ist immer in der Pflicht

Bezüglich der Verwaltung des Gemeinschaftseigentums müssen Sie sich immer an die WEG wenden, z.B. wenn

- Sie bei der Verwalter*in keinen Termin erhalten, um Verwaltungsunterlagen einzusehen (siehe § 18 Abs. 4 WEGesetz),
- in Ihrer WEG keine Eigentümerversammlung stattfindet (siehe § 24 Abs. 1 WEGesetz und Kapitel 2.3.),
- Sie keine Jahresabrechnung erhalten (siehe § 28 WEGesetz und Kapitel 2.5.).

Haben Sie sich dazu bereits an die Verwalter*in gewandt (sie auch angeschrieben) und keine plausible Antwort erhalten, kann der oder die Beiratsvorsitzende der Verwalter*in eine Frist setzen. Gibt es keine guten Gründe für die Weigerung oder Passivität der Verwalter*in, dann ist der weitere Weg: Abmahnung der Verwalter*in durch die Beiratsvorsitzende, dann müsste die WEG die Verwalter*in verklagen (Leistungsklage) und sie im schlechtesten Fall absetzen. Wird die WEG nicht aktiv, können (oder müssen) Sie in all diesen Fällen die WEG gerichtlich in Anspruch nehmen. Sie wären dann Kläger und gleichzeitig quasi auch Mit-Beklagter.

Alarmstufe Rot – erste Hilfe ist geboten!

In § 18 Abs. 3 WEGesetz – ist festgelegt, dass die einzelnen Wohnungseigentümer*innen Notmaßnahmen vornehmen dürfen. Wenn eine Gefahrensituation vorliegt, in der Sie nicht abwarten können, bis die Verwalter*in tätig wird oder die Wohnungseigentümer*innen im Rahmen einer Eigentümerversammlung einen Beschluss fassen, dann sind Sie verpflichtet, Notmaßnahmen zu ergreifen, um Schäden oder die Vergrößerung eines Schadens zu verhindern. Sie dürfen dabei allerdings nur eine **Maßnahme zur Beseitigung der Gefahr** vornehmen, **keine** Maßnahme zur d**auerhaften Ursachenbehebung.** Nur die Kosten, die den Wohnungseigentümer*innen bei der Beseitigung einer akuten Gefahr entstehen, hat die WEG zu erstatten.

Der Fall: Schon wieder ein Wasserrohrbruch

Ein Wasserrohr platzt, während der Verwalter im Urlaub ist. Die pflichtbewusste Frau Dr. Prohacek bemerkt das im Keller austretende Wasser, holt einen Klempner, der die undichte Stelle schnell findet und ihr mitteilt, dass die Leitung insgesamt schon sehr alt ist, weitere Lecks zu erwarten sind und es am kostengünstigsten ist, sie vom Keller bis zum Dachgeschoss auszutauschen. Sie beauftragt ihn trotzdem nur mit der provisorischen Schließung des Lecks und bittet ihn, die Rechnung auf die WEG auszustellen. Ansonsten müsste sie das Geld vorstrecken (noch eine bessere Idee siehe unten). Sobald der Verwalter aus dem Urlaub zurück ist, informiert sie ihn und lässt sich – falls sie die Rechnung selbst bezahlen muss – die Kosten vom WEG-Konto rückerstatten. Sie hat – korrekt wie sie ist – alles richtig gemacht. Der Verwalter muss nun prüfen lassen, wie porös die Leitung vom Keller bis ins Dachgeschoss ist, und dann die Prüfergebnisse nebst Kostenvoranschlägen in eine kurzfristig einberufene oder die nächste Eigentümerversammlung einbringen.

Kombiniere: Für den Notfall vorsorgen!

Für solche Notfälle sollte die Verwalter*in eine Liste mit Handwerksunternehmen bereitstellen, die im Notfall ohne großen „bürokratischen Aufwand" beauftragt werden können. Eine solche Liste sollte allen Wohnungseigentümer*innen zugänglich sein. Am besten, Ihre WEG vereinbart im Verwaltervertrag klare Regelungen, wer die Verwalter*in bei Abwesenheit vertritt und wie dieser „Notdienst" erreichbar ist.

Der Verwalter*in auf die Finger schauen

In § 18 Abs. 4 WEGesetz findet sich einer der wenigen Individualansprüche, die neu ins WEGesetz aufgenommen wurden: das Recht auf **Einsichtnahme in die Verwaltungsunterlagen**. Dieses Recht war bisher schon „gefestigte" Rechtsprechung. Durch die Aufnahme ins Gesetz wird dieser Anspruch betont und aufgewertet. „Das Einsichtsrecht umfasst alle Dokumente, die für die Verwaltung des gemeinschaftlichen Eigentums relevant sind, etwa Verträge, Kontoauszüge und Pläne, wobei freilich zwingende datenschutzrechtliche Vorgaben einzuhalten sind"[55] – Datenschutz siehe

55) Bundestags-Drucksache 19/18791, WEMoG, Gesetzentwurf der Bundesregierung, S. 60

unten. Erfasst sind sowohl Papierdokumente als auch digitale Dokumente.

Das Einsichtsrecht ist **kein Herausgaberecht**. Das heißt, damit können Sie nicht die Herausgabe von Verträgen (Originale) verlangen und auch nicht die Zusammenstellung und Herausgabe von E-Mail-Adresslisten. Sie können aber die Verträge fotografieren, fotokopieren oder die Adressen der Eigentümer*innen aus den Unterlagen herausschreiben oder – wenn Adresslisten als Dateien vorliegen – diese auf einen USB-Stick ziehen.

Insbesondere der Verwaltungsbeirat kann so vorgehen. Mit der Möglichkeit, direkt auf diesen Paragrafen im WEGesetz zu verweisen, mit dem Hinweis „da steht es schwarz auf weiß", wird es

sicherlich für viele Wohnungseigentümer*innen einfacher, in die Verwaltungsunterlagen Einsicht zu nehmen. Immer mal wieder kommt es vor, dass Verwalter*innen die Einsicht in Unterlagen oder die Herausgabe von Adressen unter Berufung auf den **Datenschutz** verweigern. Dies ist nicht zulässig. Spätestens seit Beschlüssen des OLG München ist geklärt, dass der Datenschutz den berechtigten (Prüf-)Interessen der Wohnungseigentümer*innen nicht entgegensteht.[56] Begründung: Die WEG ist keine anonyme Gemeinschaft. Vielmehr ergibt sich aus dem gegenseitigen Treueverhältnis der durch das Gemeinschaftseigentum miteinander verbundenen Eigentümer*innen ein Informationsanspruch, der von der WEG zu erfüllen ist.

56) OLG München, 09.03.2007, Az. 32 Wx 177/06, sowie OLG München, 29.05.2006, Az.: 34 Wx 27/06

Kombiniere: So vorgehen zur Einsichtnahme in Verwaltungsunterlagen

Wenn es auf dem „kleinen Dienstweg" nicht funktioniert, dann schreiben Sie die WEG, vertreten z.B. durch Verwalterin „Maxi Müller" an deren Adresse an (es geht natürlich auch per E-Mail) und verlangen Sie einen Termin. Sie können, müssen der Verwalterin in diesem Schreiben aber nicht mitteilen, was Sie einsehen wollen. Wollen Sie Zeit sparen, ist die Angabe bestimmter Dokumente sicherlich sinnvoll, damit ein Mitarbeiter diese vorher aus den Akten heraussuchen kann.

Wissen Sie im Voraus, dass die Verwalterin mit Ausflüchten reagieren wird, sollten Sie parallel den Beirat informieren, damit dieser Ihr Anliegen unterstützt, also ebenfalls die Verwalterin schriftlich auffordert, Ihnen Einsicht zu gewähren. Passiert dann immer noch nichts, müssen Sie Ihr Anliegen in die Eigentümerversammlung einbringen. Und wenn das alles nichts nützt? Dann müssen Sie die WEG verklagen, denn die Verwalterin ist nur noch als Vertreterin der WEG im Spiel. Konkret richten Sie Ihre Klage an: „WEG Hauptstr. 18 in Ingolstadt, vertreten durch Maxi Müller, Geschäftsführerin der Immobilienverwaltung Groß GmbH, Mühlenweg 6 in Augsburg". Lässt sich die Verwalterin auch durch ein Gerichtsurteil nicht zum Handeln – also zum Öffnen der Bürotür und des Aktenschranks – bewegen, dann müssten Sie einen Vollstreckungstitel beantragen, wiederum gerichtet an die WEG, vertreten durch die Verwalterin, ausgestellt an die Adresse der Verwalterin. Mit dieser Adresse kann dann auch der Gerichtsvollzieher direkt gegen die Verwalterin vorgehen, also Ihnen die Tür öffnen oder ggf. die Unterlagen aus dem Büro abholen.

Ein Recht auf Auskunft durch die Verwalter*in ist mit dem Einsichtsrecht allerdings nicht verbunden. Dieses Recht, Auskünfte zu erhalten, wird jetzt dem Verwaltungsbeirat zustehen.

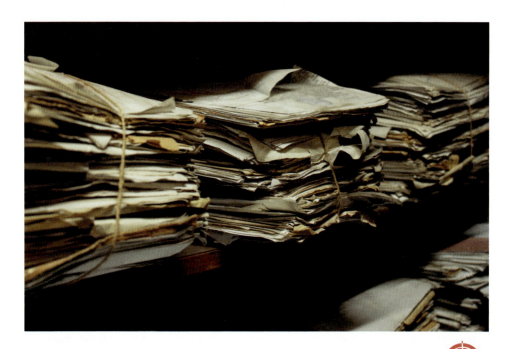

XY ungelöst? Einsichtsrecht – Auskunftsrecht. Das ist der Unterschied!

Der Unterschied zwischen Einsichts- und Auskunftsrecht ist, dass die Verwalter*in bei der Einsicht nur die Unterlagen zur Verfügung stellen muss. Sie muss die Unterlagen nicht erklären und keine Fragen beantworten. Dass muss sie nur gegenüber der WEG, also in der Eigentümerversammlung – es sei denn, die WEG bevollmächtigt eine Wohnungseigentümer*in zur Wahrnehmung des Auskunftsrechts in einer bestimmten Frage.

Als Eigentümer*in haben Sie also keinen Anspruch darauf, dass Ihnen bei der Einsicht in die Verwaltungsunterlagen, z.B. zu einzelnen Verträgen oder Belegen, Fragen beantwortet werden. Als Beirat sieht das anders aus: Der Beirat muss von der Verwalter*in verlangen können, dass diese zu Vorgängen, die er prüft, Stellung nimmt, sie erläutert und Fragen beantwortet. Das braucht nicht ausdrücklich im Gesetz zu stehen, denn anders kann der Verwaltungsbeirat seine Aufgaben nicht erfüllen.

Zu § 19: Die Pflicht ruft: Vorschriften aller Art ... zur WEG-Verwaltung

§ 19 Regelung der Verwaltung und Benutzung durch Beschluss

(1) Soweit die Verwaltung des gemeinschaftlichen Eigentums und die Benutzung des gemeinschaftlichen Eigentums und des Sondereigentums nicht durch Vereinbarung der Wohnungseigentümer geregelt sind, beschließen die Wohnungseigentümer eine ordnungsmäßige Verwaltung und Benutzung.

(2) Zur ordnungsmäßigen Verwaltung und Benutzung gehören insbesondere

1. die Aufstellung einer Hausordnung,
2. die ordnungsmäßige Erhaltung des gemeinschaftlichen Eigentums,
3. die angemessene Versicherung des gemeinschaftlichen Eigentums zum Neuwert sowie der Wohnungseigentümer gegen Haus- und Grundbesitzerhaftpflicht,
4. die Ansammlung einer angemessenen Erhaltungsrücklage,
5. die Festsetzung von Vorschüssen nach § 28 Absatz 1 Satz 1 sowie
6. die Bestellung eines zertifizierten Verwalters nach § 26a, es sei denn, es bestehen weniger als neun Sondereigentumsrechte, ein Wohnungseigentümer wurde zum Verwalter bestellt und weniger als ein Drittel der Wohnungseigentümer (§ 25 Absatz 2) verlangt die Bestellung eines zertifizierten Verwalters.

Hände hoch – die einfache Mehrheit zählt

In Verbindung mit § 25 Abs. 1 WEGesetz ist in § 19 Abs. 1 WEGesetz festgelegt, dass die Wohnungseigentümer*innen **über alle Maßnahmen zur Verwaltung** und zum Gebrauch des gemeinschaftlichen Eigentums immer **mit einfacher Mehrheit beschließen** – es sei denn, es gibt hierzu eine abweichende Vereinbarung, z.B. in der Gemeinschaftsordnung. Rechtlich haben die Wohnungseigentümer*innen hiernach wie früher die Beschlusskompetenz über die Verwaltung und über den Gebrauch des Gemeinschaftseigentums.

Irritierend kann die Erwähnung des Sondereigentums in Abs. 1 sein. Klar, Ihr Sondereigentum, also Ihre Wohnung, verwalten Sie selbst! Ein Beschluss der

WEG über die Verwaltung von Sondereigentum wäre nichtig. Aber es gibt Sonderfälle oder Gegebenheiten, bei denen die Wohnungseigentümer*innen sich über den Gebrauch von Sondereigentum auseinandersetzen und darüber beschließen müssen, wenn z.B. eine Wohnung als Disko oder Bordell umgenutzt wird. In solchen Fällen muss die WEG auch beim Sondereigentum einschreiten.

XY-aufgelöst: Mitwirkung ist Pflicht!

Es heißt nicht mehr, „die Wohnungseigentümer KÖNNEN über die Verwaltung des Gemeinschaftseigentums beschließen", sondern „die Wohnungseigentümer beschließen." Diese Änderung soll verdeutlichen, dass Sie, also alle Wohnungseigentümer*innen, die Pflicht haben, an Beschlussfassungen mitzuwirken – also zur Eigentümerversammlung zu gehen und dort mit abzustimmen. Sind Sie verhindert, sollten Sie sich z.B. durch eine Miteigentümer*in vertreten lassen. Da Sie die Tagesordnung kennen, können Sie ihr eine Vollmacht ausstellen (siehe Kapitel 2.3. und § 25 Abs. 3 WEGesetz).

Bleiben Sie der Eigentümerversammlung hingegen einfach fern, wird über Ihren Kopf hinweg entschieden. Da die Eigentümerversammlung immer beschlussfähig ist, können einige wenige erschienene Eigentümer*innen unter Umständen weitreichende Entscheidungen mit erheblichen Konsequenzen für die WEG und die einzelnen Miteigentümer*innen treffen.

Eine erste Auflistung von Verwaltungsaufgaben

§ 19 Abs. 2 WEGesetz entspricht der bisherigen Rechtslage (dem „früheren" § 21 Abs. 5 WEGesetz-alt) mit ein paar Anpassungen an die heutige Zeit. Damit wird der in § 18 und § 19 WEGesetz genannte unbestimmte Rechtsbegriff „ordnungsmäßige Verwaltung" – Definition siehe § 18 Abs. 2 WEGesetz – durch bestimmte Aufgaben konkretisiert: Aufstellung einer Hausordnung, Erhaltung des gemeinschaftlichen Eigentums, Abschluss von wichtigen Versicherungen, Ansparung einer Erhaltungsrücklage (vorher: Instandhaltungsrückstellung), Festlegung des Hausgelds (der Vorschüsse). Diese Aufzählung ist nicht abschließend, sondern nur beispielhaft. Weitere

Der Fall: Der Weg über die WEG muss sein

Die korrekte und sehr ordentliche Frau Dr. Prohacek, die auch den Konflikt mit der Bayerischen Obrigkeit nicht scheut, ärgert sich, dass Herr Schimanski und Herr Columbo vor ihren Wohnungstüren immer ihre ausgelatschten Hausschuhe, müffelnden Laufschuhe und alten Wanderschuhe liegen lassen und dass Frau Ammerhuber, immer in Eile, ihre volle Mülltüte im Hausflur zwischenlagert – was nach der Hausordnung untersagt ist. Dadurch sieht der Hausflur weder gepflegt aus noch duftet er frisch. Persönliches Vorsprechen und alle Beschwerden helfen nichts. Dr. Prohacek kann nach dem neuen WEGesetz nicht mehr direkt gegen die drei vorgehen, also vor Gericht ziehen, sondern muss sich an die WEG wenden und von dieser fordern, gegen die drei Mitbewohner*innen vorzugehen. Die WEG – vertreten durch den Verwalter, der auch ohne Beschluss für diesen Akt zuständig ist – muss die drei dann abmahnen. Bringt auch das nichts, kommt die Sache in die Eigentümerversammlung, die über das weitere Vorgehen beschließt.

236

Aufgaben wie z.B. die Durchführung der Eigentümerversammlung, die Aufstellung des Wirtschaftsplans und die Erstellung der Jahresabrechnung gehören ebenfalls dazu, werden aber in anderen Paragrafen geregelt.

Geld hat man zu haben - Erhaltungsmaßnahmen mittragen und mitfinanzieren

Die **Erhaltung** des gemeinschaftlichen Eigentums – ausdrücklich in § 19 Abs. 2 Nr. 2 WEGesetz genannt – dient der Werterhaltung der Wohnanlage. Dafür müssen immer alle Wohnungseigentümer*innen aufkommen, sei es durch ihren Beitrag zur Erhaltungsrücklage oder durch eine Sonderumlage bei kurzfristigem Bedarf. Als zentrale, unverzichtbare Pflicht aller Wohnungseigentümer*innen steht die Erhaltung hier im gesetzlichen Katalog der Aufgaben der ordnungsmäßigen Verwaltung, siehe § 19 Abs. 2 Nr. 4 WEGesetz. Diese Regelung ist nicht neu. Neu ist lediglich der Begriff: Anstelle der beiden langen Worte „Instandhaltung und Instandsetzung" ist jetzt nur noch von „Erhaltung" die Rede.

Mit **einfacher Mehrheit** können und müssen die Wohnungseigentümer*innen über Erhaltungsmaßnahmen entscheiden und wie jede andere Eigentümer*in können Sie von der Gemeinschaft verlangen, dass sie notwendige Erhaltungsmaßnahmen am Gemeinschaftseigentum durchführt. Geschieht dies nicht, können Sie Ihren Anspruch – wie sonst auch – gerichtlich gegen die WEG durchsetzen und so erzwingen, dass dringend erforderliche Maßnahmen durchgeführt werden. Im umgekehrten Fall – Sie haben bei einer erforderlichen Maßnahme mit „Nein" gestimmt – könnten Sie im Schadensfall (bisher sind dies noch Ausnahmefälle) auch zur Haftung herangezogen werden, das heißt, die WEG kann von jeder Eigentümer*in, die objektiv vorwerfbar (= schuldhaft) nicht mit „Ja" gestimmt hat, Schadensersatz fordern.[57]

Der Fall: Schadensersatz von den „Nein-Sagern"?

Die Wasserleitungen der WEG, in der Philip Marlowe sein Büro hat, sind genauso vintage wie seine Büroausstattung. Immer wieder gibt es kleine Lecks. Mehrfach hat auch Marlowe (sonst kein Mann der Konventionen) in den Eigentümerversammlungen darauf hingewiesen, dass die Hauptleitungen unbedingt erneuert werden müssen. Verwalter wie Beirat bestätigen dies und warnen, dass die Leitungen in einem frostigen Winter platzen werden, weil sie in den Außenwänden verlaufen und nicht gedämmt sind. Trotz aller Warnungen findet sich keine Mehrheit in der Eigentümerversammlung. Viele Eigentümer haben dafür kein Geld, weil sie die Vergrößerung der Carports präferieren. Dann tritt das Malheur ein. Bei -10° C platzen die Leitungen, der Keller steht unter Wasser und die Elektrik der Heizungsanlage ersäuft. Nach der Beseitigung des Schadens wird jetzt in der WEG heftig darüber diskutiert, die „Nein-Sager" in die finanzielle Verantwortung zu nehmen. Denn die Versicherung zahlt nicht.

Es kann auch keine Mehrheit der Wohnungseigentümer*innen notwendige Erhaltungsmaßnahmen mit dem Argument ablehnen, dass ihnen das **Geld dafür** fehlt. Nötige Sonderumlagen, weil es z.B. keine Erhaltungsrücklage gibt, sie nicht ausreicht oder Miteigentümer*innen sie aufgrund einer zu niedrigen Rente oder hoher Krankheitskosten nicht aufbringen konnten, müssen alle Eigentümer*innen im Verhältnis ihrer Miteigentumsanteile begleichen. Fehlende finanzielle Mittel sind kein Grund zur Rücksichtnahme und kein Grund, notwendige Maßnahmen nicht durchzuführen. Dies hat der BGH ausdrücklich festgestellt.[58] Das ist hart. Denn die Entscheidung bedeutet, dass Wohnungseigentümer*innen notfalls ihre Wohnung verkaufen oder sogar die Versteigerung ihres Wohnungseigentums in Kauf nehmen müssen, wenn sie die Erhaltung des Gemeinschaftseigentums nicht mitfinanzieren können. Gerade aus diesem Grund ist es wichtig, dass alle Eigentümer*innen rechtzeitig und stetig in die Erhaltungsrücklage einzahlen und eine angemessene Rücklage ansparen.

Erhaltung = Instandhaltung und Instandsetzung

Klassische Erhaltungsmaßnahmen sind Reparaturen bzw. – wenn nicht mehr möglich – Ersatzbeschaffungen, z.B.

- die Reparatur eines defekten Dachs oder einer undichten Wasserleitung,
- der Pflegeschnitt in der Gartenanlage,
- das Ausbessern eines Plattenwegs,
- der Austausch eines nicht mehr reparablen Fensters.

Zur Erhaltung gehören auch Maßnahmen, die über eine einfache Reparatur hinausgehen, weil

- die Reparatur technisch nicht mehr machbar ist,
- erforderliche Ersatzteile nicht mit wirtschaftlich vertretbarem Aufwand beschafft werden können oder
- eine Vorschrift, z.B. das Gebäudeenergiegesetz, den Austausch verlangt.

In diesen Fällen ist also auch eine Reparatur mit Einbau eines verbesserten oder neuen Bauteils noch als Erhaltung einzustufen. Entscheidend hierfür ist, dass die WEG gezwungen ist, die Bestandsverbesserung vorzunehmen, weil eine reine Reparatur aus technischen oder wirtschaftlichen Gründen ausscheidet.

Alles, was als Erhaltung des Gemeinschaftseigentums einzustufen ist, kann und muss in der Eigentümerversammlung mehrheitlich beschlossen werden. Dann werden die **Kosten auf alle Miteigentümer*innen verteilt** – wie, das klärt § 16 WEGesetz. Bei baulichen Veränderungen, die über eine Erhaltung hinausgehen, ist das hingegen oft anders – mehr dazu in § 21 WEGesetz. Deshalb ist die Abgrenzung, was alles noch als Erhaltung gilt, so wichtig.

Der Anspruch auf eine sachkundige, zertifizierte Verwalter*in kommt

Ab dem 1.12.2022 soll nach § 19 Abs. 2 Nr. 6 WEGesetz die Bestellung einer **zertifizierten Verwalter*in** zur ordnungsmäßigen Verwaltung gehören, siehe § 26a WEGesetz. Dann haben Sie grundsätzlich einen Anspruch darauf, dass eine Verwalter*in bestellt wird, die ihre Sachkunde vor einer IHK nachgewiesen oder eine einschlägige Ausbildung hat. Trotzdem kann Ihre WEG weiterhin mit einer Verwalter*in arbeiten, die nicht über ein Zertifikat verfügt, aber das Vertrauen aller Wohnungseigentümer*innen besitzt. Wird ab dem 1.12.2022 eine nicht-zertifizierte Verwalter*in mit Mehrheitsbeschluss bestellt, kann der Bestellungsbeschluss gerichtlich angefochten werden. Einen Anspruch, nach Ablauf der Anfechtungsfrist eine Verwalter*in nur deshalb abberufen zu wollen, weil sie nicht zertifiziert ist, gibt es nicht.

Für kleine WEGs mit **weniger als neun Sondereigentumsrechten** gibt es eine Ausnahme: Soll eine Verwalter*in aus den „eigenen Reihen" bestellt werden, dann muss diese nicht zertifiziert sein – es sei denn, **mindestens ein Drittel** der Wohnungseigentümer*innen verlangt das. Gezählt werden Sondereigentumsrechte, das heißt neben Wohnungseigentum auch Teileigentum (z.B. Ladenlokale) oder sogar Garagen oder Stellplätze.[59] Diese Grenze wird sicherlich in einigen WEGs Streit und sogar Rechtsstreit hervorrufen, da sie so niedrig angesetzt ist, dass es kleinen WEGs – für die es sowieso schwierig ist, überhaupt (bezahlbare) Verwalter*innen zu finden – erhebliche Probleme bereiten wird, Dienstleister mit Zertifikat zu bestellen.

XY aufgelöst: In jedem Fall gilt das Kopfprinzip
Bei einer WEG mit 8 Wohnungen und 8 Eigentümer*innen ist das Drittel mit 3 Eigentümer*innen erreicht. Bei einer WEG mit 8 Wohnungen, die nur 4 Eigentümer*innen gehören, braucht es 2 Eigentümer*innen für das Drittel.

59) Nach Meinung von Lehmann-Richter/Wobst, WEG-Reform 2020, Köln 2020, Rz. 566 bleiben Stellplätze außeracht, sind für die Verwalterbestellung irrelevant, da der Verwaltungsaufwand im Wesentlichen von der Zahl der Wohnungen abhängt.

Zu § 20: Irrgarten der Möglichkeiten für bauliche Veränderungen?

§ 20 Bauliche Veränderungen

(1) Maßnahmen, die über die ordnungsmäßige Erhaltung des gemeinschaftlichen Eigentums hinausgehen (bauliche Veränderungen), können beschlossen oder einem Wohnungseigentümer durch Beschluss gestattet werden.

(2) Jeder Wohnungseigentümer kann angemessene bauliche Veränderungen verlangen, die

1. dem Gebrauch durch Menschen mit Behinderungen,

2. dem Laden elektrisch betriebener Fahrzeuge,

3. dem Einbruchsschutz und

4. dem Anschluss an ein Telekommunikationsnetz mit sehr hoher Kapazität

dienen. Über die Durchführung ist im Rahmen ordnungsmäßiger Verwaltung zu beschließen.

(3) Unbeschadet des Absatzes 2 kann jeder Wohnungseigentümer verlangen, dass ihm eine bauliche Veränderung gestattet wird, wenn alle Wohnungseigentümer, deren Rechte durch die bauliche Veränderung über das bei einem geordneten Zusammenleben unvermeidliche Maß hinaus beeinträchtigt werden, einverstanden sind.

(4) Bauliche Veränderungen, die die Wohnanlage grundlegend umgestalten oder einen Wohnungseigentümer ohne sein Einverständnis gegenüber anderen unbillig benachteiligen, dürfen nicht beschlossen und gestattet werden; sie können auch nicht verlangt werden.

Für Maßnahmen zur Erhaltung der Wohnanlage müssen weiterhin alle Wohnungseigentümer*innen zahlen. Die Erhaltung ist in § 19 Abs. 2 Nr. 2 WEGesetz als Aufgabe ordnungsgemäßer Verwaltung vorgeschrieben. § 20 WEGesetz regelt **bauliche Veränderungen des Gemeinschaftseigentums**. Unter die Bezeichnung „bauliche Veränderung" fallen jetzt **alle** Baumaßnahmen, die über Erhaltungsmaßnahmen (Wartung, Reparaturen) hinausgehen. Gemeint sind **Modernisierung, energetische Sanierungen, An- und Umbauten aller Art**. Die Spielregeln hierfür werden mit dem neuen WEGesetz vollkommen umgestaltet. Die Kostenverteilung für bauliche Veränderungen ist in § 21 WEGesetz geregelt. Die §§ 20 und 21 WEGesetz müssen immer zusammen beachtet werden.

Hart auf hart – die einfache Mehrheit reicht

Im neuen **§ 20 Abs. 1 WEGesetz** ist festgelegt, dass für jede bauliche Veränderung des Gemeinschaftseigentums ein **Beschluss erforderlich** ist. Gleichzeitig wird damit bestimmt, dass jetzt für bauliche Veränderungen stets die **einfache Mehrheit in der Eigentümerversammlung**[61] genügt. Es müssen nicht mehr alle (betroffenen) Eigentümer zustimmen und es gibt keine erhöhten Beschluss-quoten mit doppelt qualifizierter Mehrheit mehr! Somit auch kein sogenanntes Vetorecht, wie die erforderliche Zustimmung aller (betroffenen) Eigentümer*innen von manchen Eigentümern gedeutet wird. Das heißt, die in der Versammlung anwesenden oder durch eine Vollmacht vertretenen Miteigentümer*innen beschließen immer mehrheitlich, dass und wie die WEG oder einzelne Wohnungseigentümer*innen das Gemeinschaftseigentum baulich verändern dürfen: Balkone anbauen, Fenster austauschen, den Garten umgestalten.

Das ist eine **gravierende Änderung**. Mitbedenken müssen Sie dabei auch, dass die Eigentümerversammlung immer beschlussfähig ist. Das heißt: Kommen nur wenige Wohnungseigentümer*innen zur Versammlung, kann bereits eine (ganz) kleine Gruppe wichtige und ggf. teure bauliche Veränderungen beschließen. Haben Sie „Nein" gesagt und wurden überstimmt, dann können Sie bauliche Veränderungen nur noch mit gerichtlicher Anfechtung verhindern – und das auch nur noch, wenn der Beschluss zu einer grundlegenden Umgestaltung der Wohnanlage führt, Sie dadurch im Verhältnis zu anderen Eigentümer*innen

---

60) Nach Ansicht von Dötsch/Schultzky/Zschieschack, WEG-Recht 2021, München 2021, Kap. 6, Rz. 44 wird hier ein eigenständiger neuer Anfechtungsgrund gesehen.

61) Manche Gemeinschaftsordnungen enthalten Sonderregelungen, dass eine bauliche Veränderung z.B. nur mit 2/3 der in der Eigentümerversammlung abgegebenen Stimmen beschlossen werden kann. Die Gültigkeit solcher Regelungen wird die Rechtsprechung klären müssen.

erheblich und/oder nachhaltig benachteiligt werden (siehe § 20 Abs. 4 WEGesetz) oder wenn der Beschluss aus anderen Gründen gegen ordnungsmäßige Verwaltung verstößt. Wie bereits oben erwähnt: Hier in § 20 WEGesetz geht es nur um das „ob" einer baulichen Veränderung, noch nicht um die Kostenverteilung, die in § 21 WEGesetz geregelt ist.

Darüber hinaus kann die WEG auch Ihnen als einzelner Eigentümer*in oder einer Gruppe von Eigentümer*innen mit einem Mehrheitsbeschluss gestatten, Gemeinschaftseigentum (auf Ihre Kosten) zu verändern. Auch darüber muss immer ein Mehrheitsbeschluss gefasst werden. Wann Sie sogar einen Anspruch darauf haben, bestimmen § 20 Abs. 2 und Abs. 3 WEGesetz.

Privilegien für Sie und jede Eigentümer*in

Nach § 20 Abs. 2 Satz 1 WEGesetz muss die Eigentümerversammlung Beschlussanträgen einzelner Wohnungseigentümer*innen zustimmen, wenn diese bestimmte bauliche Veränderungen am Gemeinschaftseigentum verlangen: Maßnahmen für Barrierefreiheit, E-Ladestationen, Einbruchschutz oder schnelles Internet.

Einen Individualanspruch (= Anspruch jeder einzelnen Wohnungseigentümer*in) auf diese sogenannten privilegierten Maßnahmen haben alle Eigentümer*innen. Eine Wohnungseigentümer*in muss demnach keine Behinderung nachweisen, um **barrierereduzierende Maßnahmen** wie einen zweiten Handlauf für die andere Treppenseite, eine Rampe, einen Treppenlift oder sogar einen Aufzug zur Wohnung genehmigt zu bekommen. Mit baulichen Veränderungen zur **E-Mobilität**, also für das Laden eines E-Autos, E-Motorrads oder E-Rollstuhls o.a. sind alle Maßnahmen gemeint, die erforderlich sind, um die Batterie eines Fahrzeugs aufzuladen, also die Aufstellung von Ladestationen und die Verlegung von Leitungen und ggf. die Erweiterung des Hausanschlusses. Der Anspruch besteht nicht nur für die Ersteinrichtung, sondern auch für Modernisierungen oder technische Weiterentwicklungen. Maßnahmen zum **Einbruchschutz** können sein der Einbau eines Türspions, einer Gegensprechanlage, einbruchhemmende Türen oder Fenster, Alarmanlagen, Gitter oder Rollläden u.a. Schließlich haben Eigentümer*innen einen Anspruch auf **Hochgeschwindigkeits-Internetanschlüsse** in ihrer Wohnung. Zu den dafür notwendigen Maßnahmen gehören die Verlegung von Kabeln auf dem Grundstück, der Hausanschluss, die Verkabelung im Gebäude.

Alle diese baulichen Veränderungen müssen **angemessen** sein. Was das bedeutet, lässt sich allgemein schwer festlegen. Die Angemessenheit wird deshalb eher von den Gerichten im Einzelfall beurteilt werden müssen, wenn es zum Streit kommt. Am ehesten kann es für den Einbruchschutz formuliert werden: Einzelne Maßnahmen sollen dem Schutz vor Einbrüchen dienen, aber die WEG nicht in einen Hochsicherheitstrakt verwandeln, in dem jeder beobachtet wird und sich überwacht fühlt. Das Anbringen von Kameras etwa wird – mit Blick

auf die Vorschriften der Datenschutzgrundverordnung (DSGVO) – ein heikles Thema bleiben.

Weigert sich die Mehrheit der Eigentümer*innen in der Eigentümerversammlung, Ihnen die Maßnahme zu genehmigen, dann können Sie – wen wundert's – nur gerichtlich dagegen vorgehen. Sie können eine **Beschlussersetzungsklage** beantragen. Dann entscheidet das Gericht anstelle der Miteigentümer*innen über Ihren Antrag.

Keine Privilegien hinsichtlich der Durchführung

In § 20 Abs. 2 Satz 2 ist für die privilegierten baulichen Veränderungen festgelegt, dass die Wohnungseigentümer*innen in der Eigentümerversammlung die **Art und Weise der Aus- und Durchführung** festlegen, indem sie darüber einen Mehrheitsbeschluss fassen. Das heißt, neben dem Mehrheitsbeschluss über das „Ob" einer baulichen Veränderung muss die Eigentümerversammlung auch einen Beschluss über das „Wie" fassen. Hier haben die Wohnungseigentümer*innen einen weiten **Entscheidungsspielraum**: So können sie der Antragsteller*in die Durchführung selbst überlassen. Sie können andererseits auch (detaillierte)

Vorgaben machen, wie die Antragsteller*in die Maßnahme durchführen muss, welche Baumaterialien, welche Bauweise (z.B. Unterputz oder Aufputz). Sie können auch festlegen, welche Firma die Maßnahme durchführen soll. Als dritten Weg können sie auch beschließen, dass die WEG selbst die Baumaßnahme in die Hand nimmt, also die Verwalter*in die Maßnahme im Namen der WEG, aber auf Kosten der Antragsteller*in, durchführt.

Hierdurch wird das neue Recht der Einzeleigentümer*innen also wieder etwas eingeschränkt. Damit soll gewährleistet werden, dass bauliche Maßnahmen aufeinander abgestimmt werden. In der Gesetzesbegründung finden sich leider keine Erläuterungen, wie weit der Entscheidungsspielraum der Miteigentümer*innen gehen darf, wo die Grenzen ihrer Durchführungsauflagen liegen, also wann die **Auflagen nicht mehr angemessen oder zumutbar** sind. Diese gesetzliche Regelung hat sicherlich ein erhebliches Streitpotenzial.

Kombiniere: Die Vorstellungen der „Anderen": Angemessen, zu teuer oder zumutbar?

Zusammen mit dem Antrag auf Gestattung (=Bauerlaubnis) können und sollten Sie auch gleich den Durchführungsantrag stellen. Auch für den Durchführungsbeschluss werden Sie, also die Antragsteller*innen, den Beschlussantrag bei kleineren Maßnahmen sicher selbst formulieren – idealerweise mit Unterstützung der Verwalter*in – und Pläne, Kostenvoranschläge, Alternativvorschläge etc. mit einreichen müssen. Denn die Miteigentümer*innen benötigen für ihre Entscheidungsfindung in der Eigentümerversammlung natürlich ausreichende Informationen und ggf. auch Alternativvorschläge. Die Vorschläge sollten Sie möglichst in Zusammenarbeit mit der Verwalter*in und dem Beirat entwickeln. Anzunehmen ist, dass die Verwalter*in sich ihre Unterstützung dazu vergüten lässt. Werden in der Eigentümerversammlung sogar Durchführungsalternativen entwickelt, kann über den endgültigen Durchführungsbeschluss dann erst in einer weiteren Eigentümerversammlung oder mit Hilfe eines Umlaufbeschlusses eine Entscheidung getroffen werden. Zum Mehrheitsbeschluss im Umlaufverfahren sind die Regelungen in § 23 Abs. 3 WEGesetz zu beachten.

Kombiniere: Baumaßnahme – teuer oder preiswert?

Wollen Sie die kostengünstigste Variante und die anderen Wohnungseigentümer*innen eine teurere Variante, dann müssen Sie sich einigen, am besten schon vor der Versammlung. Ansonsten hat die Eigentümerversammlung hier das Sagen. Sie haben jedenfalls keinen Anspruch auf die günstigste oder einfachste Variante. Umgekehrt können die anderen Wohnungseigentümer*innen nicht einfach „Trick 17" anwenden und eine besonders teure Luxusvariante wählen, um über diesen Weg die Maßnahme zu verhindern. Immerhin können Sie, also die Antragsteller, darauf bestehen, dass die Vorgaben der anderen Wohnungseigentümer*innen

- zumutbar sind, dass damit Ihr Anspruch aus § 20 Abs. 2 Satz 1 WEGesetz nicht ausgehöhlt oder untergraben wird, und
- ordnungsmäßiger Verwaltung entsprechen.

Ist dem nicht so, können Sie – wie immer – den Durchführungsbeschluss anfechten.

Durchsetzbar ist alles, was keinem weh tut

Nach § 20 Abs. 3 WEGesetz muss die Eigentümerversammlung auch bestimmten anderen Beschlussanträgen einzelner Wohnungseigentümer*innen zustimmen, in denen es nicht um privilegierte Baumaßnahmen geht. Antragssteller haben einen Individualanspruch, wenn

1. mit der Maßnahme keine erheblichen Beeinträchtigungen für die anderen Wohnungseigentümer*innen verbunden sind oder
2. die Miteigentümer*innen, die beeinträchtigt sind, mit der Maßnahme einverstanden sind.

Gemeint sind hier bauliche Veränderungen am Gemeinschaftseigentum wie z.B. das Anbringen eines Parkbügels auf dem Stellplatz, für den die Eigentümer*in ein Sondernutzungsrecht hat, das Anbringen von Solarpaneelen an der „eigenen" Balkonbrüstung oder der Durchbruch durch die Außenwand für eine Dunstabzugshaube in der Küche.

Ist **keine relevante Beeinträchtigung** oder Benachteiligung zu erwarten, dürfen Antragsteller allein über die Art und Weise der Durchführung entscheiden.

Weigern sich die Miteigentümer*innen, einem solchen Antrag zuzustimmen, kann der Antragsteller seinen Anspruch im Rahmen einer Beschlussersetzungsklage durchsetzen. Ein Beispiel hierfür: Der Einbau eines Parkbügels auf dem Stellplatz, für den die Eigentümer*in ein Sondernutzungsrecht hat.

Liegt **eine Beeinträchtigung** vor, wird es komplizierter: Ist zu erwarten, dass einige oder alle Wohnungseigentümer*innen von der baulichen Veränderung in irgendeiner Form beeinträchtigt (benachteiligt, beschädigt oder behindert) sein werden – z.B. durch Solarpaneele an der „eigenen" Balkonbrüstung, die in andere Wohnungen reflektieren oder diese beschatten können –, dann kann der Bauwillige seinen Anspruch auf eine Bauerlaubnis (Gestattung) durchsetzen, indem er das **Einverständnis** aller Betroffenen für die bauliche Veränderung am Gemeinschaftseigentum einholt. Gelingt das, dann muss die WEG zustimmen.

Das neue Wunschkonzert

Kombiniere: Einverständnisse einholen und Beschluss fassen lassen!

In jedem Fall brauchen Sie einen Beschluss der Eigentümerversammlung. Liegen die Einverständnisse aller Betroffenen vor und stimmt eine Mehrheit in der Eigentümerversammlung dafür, ist alles „paletti". Liegen der Eigentümerversammlung keine Einverständnisse vor und wird der Bau-Antrag trotzdem mehrheitlich beschlossen, dann kann ein Beeinträchtigter den Beschluss nur noch nach § 20 Abs. 4 WEGesetz anfechten – siehe dort. Wird der Beschluss nicht oder nicht erfolgreich angefochten, dürfen Sie bauen. Wird Ihr Antrag abgelehnt, obwohl alle Einverständnisse vorliegen und Sie demnach einen Anspruch auf den Beschluss haben, dann können Sie Ihr Recht über eine Beschlussersetzungsklage durchsetzen. Haben Sie keine Einverständnisse eingeholt, dann wäre eine Klage erfolglos, denn Sie haben in dem Fall keinen Anspruch auf die Maßnahme.

Der Fall, Folge 1: Eine Hand wäscht die andere

Kommissar Freddy Schenk will sich an der Balkonbrüstung seiner Wohnung in einem Hochhaus am Kölnberg ein relativ großes Solarpaneel anbringen lassen. Da zu erwarten steht, dass damit die Wohnung unter ihm im Oktober keine Spätnachmittagssonne mehr erhält, gibt er dem Wohnungseigentümer unter ihm, Herrn Hellauf, im Gegenzug für dessen schriftliches Einverständnis mit dem Solarpaneel ebenfalls eine schriftliche Zusage: Schenk wird Hellaufs Antrag auf Aufstellung eines gemauerten Außengrills zustimmen, von dem eine gewisse Rauch- und Geruchsbelästigung zu seinem Balkon ausgehen wird. Kurz hatte Schenk auch überlegt, Hellauf 5.000 € „Entschädigung" zu zahlen – doch dann kam ihm die bessere Idee mit dem „Tauschgeschäft".

Zu erwarten ist auch, dass das Wohnzimmer von Frau Danni Lowinski im gegenüberliegenden Hochhaus derselben WEG im Juli von der Sonne, die dann vom Solarpaneel reflektiert wird, geblendet wird. Als Anwältin, die die Kölner Richter gut kennt, droht sie sofort mit einer Klage. Ihr sagt der gutmütige Schenk schriftlich zu, dass das Paneel so ausgerichtet und auf ihren Wunsch nachjustiert werden wird, dass es nicht blenden kann – im Gegenzug bekommt er von Lowinski das Einverständnis. Damit hat er die beiden „im Sack". Aber was ist mit den anderen Miteigentümer*innen? Die Fortsetzung können Sie im Tatort am nächsten Sonntagabend sehen oder die Auflösung direkt im nächsten Fall-Beispiel.

Der Fall, Folge 2: Beschluss ersetzt die Zustimmung aller!

Das Anbringen des Paneels kann auch als optische Veränderung der Fassade eingestuft werden, für die Kommissar Schenk, wohnhaft auf dem Kölnberg bei Köln, dann – wie früher – die Einwilligung aller Miteigentümer*innen benötigen würde. Da er bei einer so großen WEG wie auf dem Kölnberg mit so verstreut im In- und Ausland lebenden Eigentümern nie die Erlaubnis aller Miteigentümer*innen bekommen würde, setzt er voll auf die Eigentümerversammlung. Er entwickelt eine aufwendige Präsentation mit verschiedenen Simulationen und Fotomontagen, die verdeutlichen, dass das Paneel in keinster Weise zur optischen Verschlechterung der Fassade beiträgt, im Gegenteil, und trägt diese fulminant auf der Versammlung vor. Die Miteigentümer*innen lassen sich überzeugen und stimmen seinem Antrag mehrheitlich zu. Nicht wenige überlegen direkt, selbst demnächst ein Paneel anbringen zu lassen. Die Stecker-Solargeräte sind ja nicht teuer und wenn man damit sogar Stromkosten einsparen kann, spricht nichts dagegen. Mit dem Beschluss hat Schenk nun alles erreicht. Er kann das Solar-Paneel anbringen und muss nicht mal die Anfechtungsfrist abwarten. Denn da die Anbringung des Paneels in keinster Weise zu einer grundlegenden Umgestaltung der Wohnanlage nach § 20 Abs. 4 WEGesetz führt, wäre eine Klage dagegen erfolglos.

Im Nachhinein fällt ihm auf, dass er sich die Absprachen mit Hellauf und Rechtsanwältin Lowinski auch hätte sparen können, der Beschluss in der Eigentümerversammlung hätte ausgereicht. Aber was tut man nicht alles für seine Nachbarn oder den sozialen Frieden. ...

Allein dieses Beispiel zeigt, dass die vereinfachte und scheinbar einfache gesetzliche Regelung in der Praxis nicht so einfach umsetzbar, sondern streitanfällig und gerichtslastig sein wird. Es wird auch viele bauliche Veränderungen geben, bei denen während der Planungsphase noch nicht eindeutig klar sein wird, ob und in welchem Umfang Miteigentümer*innen davon beeinträchtigt sein werden. Umso wichtiger ist es für Sie als Eigentümer*in, die Tagesordnungen der Eigentümerversammlungen zu prüfen, sich auf solche Anträge vorzubereiten und an den Eigentümerversammlungen teilzunehmen! Ansonsten besteht die Gefahr, von baulichen Veränderungen zum eigenen Nachteil überrascht zu werden.

Das Stoppschild – Das darf die Eigentü-merversammlung nicht beschließen

§ 20 Abs. 4 WEGesetz zeigt die **Grenze für bauliche Veränderungen** auf, erklärt also, welche baulichen Veränderungen gar nicht zulässig sind. Das heißt, die WEG darf sie nicht beschließen und auch keiner Eigentümer*in erlauben. Hier setzt § 20 Abs. 4 WEGesetz ein Stopp-schild. Auch hierfür werden unbestimmte Rechtsbegriffe verwendet, die es zu interpretieren gilt. Zwei wesentliche Grenzen werden genannt:

Punkt 1: Die Wohnanlage darf nicht grundlegend umgestaltet werden.

Punkt 2: Keine Eigentümer*in darf ohne ihr Einverständnis gegenüber anderen unbillig (= erheblich und/oder nachhal-tig) benachteiligt werden.

Keine grundlegende Umgestaltung der Wohnanlage

Zu Punkt 1: Vor der Reform 2020 durften bauliche Maßnahmen nur mit Zustim-mung **aller** (betroffenen) Wohnungs-eigentümer*innen durchgeführt werden, wenn damit die „Eigenart der Wohnan-lage" verändert worden wäre. Damit war auch das Erscheinungsbild der Wohn-anlage gemeint bzw. eine „Beeinträchti-gung des optischen Gesamteindrucks".

Somit sollten immer **alle** Eigentü-mer*innen einem Balkonanbau, einem Wintergarten, dem Anbau eines Außen-aufzugs oder auch nur der Verglasung von Balkonen oder der Anbringung von Markisen zustimmen müssen.[62] Ma-terialien, Form, Aussehen der Anlage und Nutzungsart konnten die Eigenart der Anlage verändern. Jetzt ist die **Zu-stimmung aller Betroffenen** zu solchen baulichen Veränderungen **nicht mehr er-forderlich**, Mehrheitsbeschlüsse reichen aus (siehe § 20 Abs. 1 WEGesetz), auf die Einzelne in bestimmten Fällen sogar einen Individualanspruch haben (siehe § 20 Abs. 2 und 3 WEGesetz). Beispiels-weise wird der Anbau von Balkonen oder Wintergärten damit erleichtert. In diesen Fällen kann sich niemand mehr auf eine Eigentumsgarantie oder einen Bestands-schutz berufen. Das heißt, keine Woh-nungseigentümer*in darf erwarten, dass die Anlage genau so bleiben muss, wie sie sie beim Kauf der Wohnung vorgefun-den und schätzen gelernt hat. Die neue Veränderungsgrenze oder -sperre – **die Wohnanlage darf nicht grundlegend umgestaltet werden** – ist deutlich höher angesetzt. Die Latte hängt hoch, darun-ter gibt es viel Gestaltungsfreiraum.

Welche baulichen Maßnahmen nun dazu führen, dass eine Wohnanlage grundlegend

---

62) Ausnahmen bestätigten die Regel: Wurde die bauliche Veränderung mehrheitlich beschlossen, der Beschluss aber nicht innerhalb eines Monats angefochten, wurde oder blieb der Beschluss gültig: Die bauliche Verände-rung durfte rechtmäßig durchgeführt werden.

verändert wird, kann nach der Gesetzesbegründung nur „im Einzelfall unter
Berücksichtigung aller Umstände des
Einzelfalles entschieden werden"[63]. Das
heißt, hierfür gibt es keine allgemeinen
Kriterien, sondern die Gerichte werden
von Fall zu Fall entscheiden müssen.
Wichtigstes Kriterium dafür, dass eine
Baumaßnahme abgelehnt werden kann
ist, dass die **Wohnanlage ALS GANZES
von der Veränderung betroffen** ist.

**XY aufgelöst: Was ist keine
bzw. was kann eine grundlegende
Veränderung sein?**
Vermutlich keine grundlegende Veränderung: Ausbau des Dachgeschos-
ses zu Wohnzwecken, Aufstockung
eines mehrgeschossigen 70er-Jah-
re-Gebäudes, Verklinkerung der
zuvor nur verputzen Hauswand.
Vermutlich eine grundlegende Veränderung: Aufstockung einer zwei-
geschossigen Gründerzeitvilla oder
eines alten Fachwerkhauses, Abriss
von Gebäudeteilen oder Nachver-
dichtung mit mehreren kleineren
Gebäuden auf einem großen Grundstück, Entfernung von Stuck und
Verklinkerung der Fassade eines
Altbaus, um ihn optisch in einen
Pseudo-Neubau zu verwandeln.

VORHER

NACHHER

Mit der neuen, hochgehängten Veränderungssperre soll die bauliche Veränderung – vor allem die Modernisierung
– von Wohnungseigentumsanlagen
erleichtert werden. Positiv betrachtet
erhalten alle Wohnungseigentümer*innen damit einen **größeren Gestaltungs-
spielraum**. Negativ betrachtet kann es
zu einem **Sammelsurium** von Baumaßnahmen ohne Gesamtkonzept und zu
Lasten der architektonischen Bauqualität
führen.

Keine unverhältnismäßige Benachteiligung einzelner Eigentümer*innen

Zu Punkt 2: Das Verbot, eine Wohnungs-eigentümer*in durch eine bauliche Veränderung des Gemeinschaftseigentums ohne ihr Einverständnis gegenüber anderen **unbillig zu benachteiligen**, entspricht in etwa dem bisherigen Gesetz.[64]

Billig = gerecht oder angemessen

Das Wort „billig" ist ein unbestimmter Rechtsbegriff, unter dem eine gerechte oder angemessene, verhältnismäßige Anwendung verstanden wird. Das Wort bedeutet also nicht etwa „preiswert"! Unbillig bedeutet eine Benachteiligung. Eine solche muss akzeptiert werden, nur darf sie nicht schwerwiegend oder unverhältnismäßig sein.
Und die Redewendung „Was dem einen recht ist, ist dem anderen billig" heißt demnach, dass beide damit einverstanden sind, es beiden genehm ist.

Zu interpretieren ist diese Regelung wie folgt: Ein Verstoß gegen dieses Verbot setzt voraus, dass einer oder mehreren Wohnungseigentümer*innen Nachteile zugemutet werden, die nicht durch die mit der baulichen Veränderung kommenden (verfolgten) Vorteile ausgeglichen werden. Die Benachteiligung muss schwerwiegend sein, also über der „durchschnittlichen" Benachteiligung liegen, die alle hinnehmen müssen. Das heißt konkret: Sie haben nach § 20 Abs. 4 WEGesetz keine guten Gründe für eine gerichtliche Anfechtung eines Beschlusses über eine bauliche Veränderung, wenn

- Sie keine deutlich größeren Nachteile hinnehmen müssen als die anderen Miteigentümer*innen (Ihr „Sonder-opfer" muss besonders groß sein. Wird z.B. das Treppenhaus durch den Einbau eines Aufzugs enger und dunkler, müssen alle diesen Nachteil hinnehmen. Dies wäre kein ausreichender Grund für eine Anfechtung),
- Sie etwas (z.B. das neue Fahrradhaus) nicht werden nutzen können, weil Sie nicht dafür zahlen wollen,
- Baulärm oder –dreck Sie stören wird (angefochten werden kann nur der Beschluss über die Baumaßnahme, nicht die Durchführung),
- Sie selbst nicht direkt betroffen sind, sondern nur ihre Nachbarn (anfechten kann nur, wer selbst unbillig benachteiligt ist).

64) Bisher war im Gesetz von „Beeinträchtigung" die Rede. Nach Dötsch/Schultzky/Zschieschack, WEG-Recht 2021, München 2021, Kap. 6 Rz. 59 ist dies aber nur eine sprachliche Anpassung.

Der Fall: Das ist unverhältnismäßig

Guido Brunetti kocht gerne und liebt die venezianische Küche. Aber genau vor seinem Küchenfenster im Erdgeschoss sollen nun die Mülltonnen aufgestellt und dafür eine Umzäunung errichtet werden. Herr Brunetti und auch Frau Conti im darüber liegenden Obergeschoss befürchten erhebliche Geruchsbelästigungen in ihren Küchen und Wohnungen. Sie haben gegen den Beschluss gestimmt. Trotzdem hat sich eine Mehrheit in der Eigentümerversammlung dafür ausgesprochen. Jetzt werden die beiden den Beschluss anfechten (müssen).

Recht oder Gerechtigkeit? Nur anfechtbar, nicht nichtig![65]

Was können Sie tun, wenn ein Beschluss gegen § 20 Abs. 4 WEGesetz verstößt? Wenn die Anlage grundlegend umgestaltet werden soll, dann können Sie wie jede andere Eigentümer*in den Beschluss anfechten. Soll nur eine Eigentümer*in mit einem Beschluss ohne ihr Einverständnis gegenüber anderen unbillig benachteiligt werden, dann sollte und kann nur diese Eigentümer*in den Beschluss anfechten. In beiden Fällen können sich Eigentümer*innen nur innerhalb eines Monats nach der Eigentümerversammlung dagegen wehren, also eine Beschlussanfechtungsklage einreichen.[66]

---

65) Erläuterungen der Begriffe „anfechtbar" und „nichtig" finden Sie im Kapitel 3 zu § 23 WEGesetz.

66) Bundestags-Drucksache 19/18791, WEMoG, Gesetzentwurf der Bundesregierung, S. 66: Zu erkennen ist die zeitlich begrenzte Anfechtbarkeit an dem Wort „darf", so die Erläuterung dazu im Gesetzentwurf.

Problematisch oder besonders streitanfällig umzusetzen sein werden Eingriffe, die in den Wohnungsgrundbüchern festgelegte **Zweckbestimmungen, Sondernutzungsrechte oder andere Nutzungsrechte** verletzen. Als streitvorbeugende Lösungen für solche Konflikte können die Bauwilligen anbieten:

- **Ausgleichszahlungen** an die WEG und an die betroffenen Eigentümer*innen,
- **Ausgleichsmaßnahmen** für die betroffenen Eigentümer*innen (z.B. dass der Fahrradkeller durch ein Fahrradhaus am Hauseingang ersetzt wird).

Die geänderte Zweckbestimmung oder das umgestaltete Sondernutzungsrecht muss dann in den Wohnungsgrundbüchern geändert bzw. eingetragen werden.

**XY eingedöst: Ohne „Deals"
bringen diese Änderungen Stress**

- Auf im Grundbuch eingetragenen Garten- und Grünflächen sollen Autoparkplätze, ein Fahrradhaus oder eine Hausmeisterwohnung errichtet werden.
- Durch neue Ständerbau-Balkone werden die Terrassenflächen der EG-Wohnungen reduziert, die neuen Stützen stören.
- Ein in der Teilungserklärung eingetragener und genutzter Fahrradkeller soll zur Sauna umgebaut werden, oder anders herum.

In all diesen Fällen sind Anfechtungen programmiert – wie die Gerichte entscheiden werden, ist nicht vorhersehbar.

**Kombiniere: Verhandeln
statt blockieren**

Prüfen Sie, unter welchen Bedingungen Sie einer baulichen Maßnahme, die Sie beeinträchtigt, zustimmen würden (gilt für § 20 Abs. 3 und 4 WEGesetz). Vielleicht ergibt sich ja ein „Deal" – Sie unterstützen die gewünschte Maßnahme der Nachbarn, dafür genehmigen Ihre Nachbarn auch Ihre Maßnahme, obwohl sie beide davon beeinträchtigt sind. Sie können Ihr Einverständnis schriftlich abgeben, können einen Plan darüber gegenzeichnen o.a. Eine mündliche Zustimmung im Gespräch im Treppenhaus ist zu unsicher, da die Antragsteller (die Bauwilligen) diese im Streitfall nachweisen müssen. Die Einverständniserklärung sollte somit immer besser schriftlich erfolgen.

Ob ein Beschluss, der ein Sondernutzungsrecht oder ein grundbuchrechtlich eingetragenes Nutzungsrecht oder Mitgebrauchsrecht einfach ignoriert, nichtig ist, bleibt unklar. Die betroffenen Wohnungseigentümer*innen sollten also besser fristgerecht anfechten, wenn sie mit Maßnahmen nicht einverstanden sind, weil z.B. der neue Balkon ihre Terrasse extrem verschattet und das dahinterliegende Wohnzimmer sehr verdunkelt. Leider können sie sich nicht auf eine mögliche Nichtigkeit verlassen.

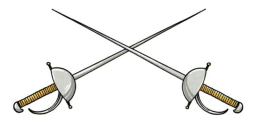

Zu § 21: Folgt der Kosten-Blues nach baulichen Veränderungen?

§ 21 Nutzungen und Kosten bei baulichen Veränderungen

(1) Die Kosten einer baulichen Veränderung, die einem Wohnungseigentümer gestattet oder die auf sein Verlangen nach § 20 Absatz 2 durch die Gemeinschaft der Wohnungseigentümer durchgeführt wurde, hat dieser Wohnungseigentümer zu tragen. Nur ihm gebühren die Nutzungen.

(2) Vorbehaltlich des Absatzes 1 haben alle Wohnungseigentümer die Kosten einer baulichen Veränderung nach dem Verhältnis ihrer Anteile (§ 16 Absatz 1 Satz 2) zu tragen,

1. die mit mehr als zwei Dritteln der abgegebenen Stimmen und der Hälfte aller Miteigentumsanteile beschlossen wurde, es sei denn, die bauliche Veränderung ist mit unverhältnismäßigen Kosten verbunden, oder

2. deren Kosten sich innerhalb eines angemessenen Zeitraums amortisieren.

Für die Nutzungen gilt § 16 Absatz 1.

(3) Die Kosten anderer als der in den Absätzen 1 und 2 bezeichneten baulichen Veränderungen haben die Wohnungseigentümer, die sie beschlossen haben, nach dem Verhältnis ihrer Anteile (§ 16 Absatz 1 Satz 2) zu tragen. Ihnen gebühren die Nutzungen entsprechend § 16 Absatz 1.

(4) Ein Wohnungseigentümer, der nicht berechtigt ist, Nutzungen zu ziehen, kann verlangen, dass ihm dies nach billigem Ermessen gegen angemessenen Ausgleich gestattet wird. Für seine Beteiligung an den Nutzungen und Kosten gilt Absatz 3 entsprechend.

(5) Die Wohnungseigentümer können eine abweichende Verteilung der Kosten und Nutzungen beschließen. Durch einen solchen Beschluss dürfen einem Wohnungseigentümer, der nach den vorstehenden Absätzen Kosten nicht zu tragen hat, keine Kosten auferlegt werden.

Mit dieser Regelung wird klargestellt, **wer welche Kosten für bauliche Veränderungen am Gemeinschaftseigentum zu übernehmen hat** und **wer die bauliche Veränderung dann nutzen darf**: also unter welchen Voraussetzungen einzelne Eigentümer*innen (Abs. 1), alle Eigentümer*innen (Abs. 2) oder nur die „Ja-Sager" (Abs. 3) die jeweils beschlossenen Baumaßnahmen bezahlen müssen und dann nutzen dürfen.

Danach können Wohnungseigentümer*innen, die bauliche Veränderungen mit einem „Nein" abgelehnt haben, diese zwar häufig nicht mehr verhindern, aber sie müssen diese dann nur in bestimmten Fällen – siehe Abs. 2 – mitfinanzieren. So sollen „bauunwillige Wohnungseigentümer vor finanziellen Überlastungen geschützt (werden), ohne dass die bauliche Weiterentwicklung der Wohnungseigentumsanlage unnötig erschwert wird."[67] Grundsätzlich gilt: § 21 WEGesetz ist immer im Zusammenhang mit § 20 WEGesetz zu beachten.

Kombiniere: Es geht um Kosten und Folgekosten

Beim Fassen des Beschlusses über eine bauliche Maßnahme in der Eigentümerversammlung werden meistens nur die zu erwartenden Kosten bekannt sein. Denn abgestimmt werden kann nur über mehr oder weniger detaillierte Kostenvoranschläge. Die tatsächlichen Kosten sind erst nach Fertigstellung und Vorlage der Schlussrechnung klar und können somit von den Kostenvoranschlägen abweichen. Das heißt, die in der Jahresabrechnung aufgeteilten und Ihnen nach § 21 WEGesetz auferlegten Kosten können auch höher ausfallen. Zudem werden Ihnen nicht nur die einmalige Investition in Rechnung gestellt, sondern auch die späteren Erhaltungskosten für Wartung und Reparaturen, ggf. auch für Erneuerung oder Abriss. Behalten Sie das immer im Auge, wenn Sie für eine bauliche Veränderung stimmen!

Kies und Schotter – Nur wer bauen und nutzen will, muss zahlen

§ 21 Abs. 1 WEGesetz ist klar: Haben einzelne Wohnungseigentümer*innen spezielle Wünsche – sie wollen sich beispielsweise eine Klimaanlage in ihre Wohnung einbauen und müssen dafür ein Kühlgerät an der Fassade bzw. Außenwand anbringen – dann kann ihnen die WEG die eigenständige Durchführung dieser Maßnahme (natürlich) per Mehrheitsbeschluss gestatten. Oder die WEG entscheidet, dass sie selbst mittels ihrer Verwalter*in die Durchführung der Maßnahme in die Hand nimmt. In beiden Fällen muss die Nutznießer*in die Baumaßnahme inklusive Folgekosten allein zahlen. Wird eine Maßnahme von mehreren Miteigentümer*innen gemeinsam durchgesetzt – beispielsweise der Einbau eines Aufzugs –, dann sind die Kosten nach deren Miteigentumsanteilen zu verteilen, es sei denn, es wird eine andere Aufteilung unter den Beteiligten verabredet. Den zahlenden Eigentümer*innen wird ein exklusiver Gebrauch der Veränderung zugestanden, soweit das möglich ist. Um diese Maßnahme genehmigt zu bekommen, müssen auch Eigentümer*innen für diese Baumaßnahme stimmen, die diese weder mitfinanzieren noch davon profitieren.

XY aufgelöst: Wer nutzen will, muss zahlen? Nicht immer!
Werden einige Fahrradständer mit einem Regenschutz versehen, also überdacht, dann dürfen diese Fahrradständer nur von den Eigentümer*innen benutzt werden, die das Regendach bezahlen. Wünschen und bezahlen nur einige aber eine Überdachung des Hauseingangs, dann kann den Eigentümer*innen, die dazu nicht Ja sagen und diese nicht mitfinanzieren, gar nicht verboten werden, die Hauseingangstür weiter zu benutzen! So kann es in WEGs künftig zu „Trittbrettfahrer-Effekten" kommen.

So zahlen entweder alle oder nur die „Koalition der Willigen"

Damit alle zahlen müssen, muss eine der beiden Voraussetzungen zutreffen: doppelt qualifizierte Mehrheit für angemessene Maßnahme (Nr. 1) oder Amortisation (Nr. 2).

Alle Wohnungseigentümer*innen müssen nach § 21 Abs. 2 Nr. 1 WEGesetz eine bauliche Veränderung grundsätzlich bezahlen, wenn diese Maßnahme

- mit mehr als zwei Dritteln der in der Eigentümerversammlung abgegebenen Stimmen beschlossen wird, wobei die Wohnungseigentümer*innen, die dafür sind, zugleich
- mehr als die Hälfte aller Miteigentumsanteile halten müssen.

Das noch aus der Zeit vor der Reform bekannte Prinzip der **doppelt qualifizierten Mehrheit** findet sich an dieser Stelle des neuen WEGesetzes wieder. Bei einer so hohen Zustimmung wird davon ausgegangen, dass die Baumaßnahme sinnvoll und angemessen ist, sie unter den Eigentümer*innen weitgehend breit akzeptiert wird und deshalb von allen Wohnungseigentümer*innen bezahlt werden muss. Kommt nur eine einfache Mehrheit zustande, dann kann oder muss

Die neue „Gemeinschaft"

auch gebaut werden, aber es müssen dann eben nur die Eigentümer*innen zahlen, die mit Ja gestimmt haben. Wie in solchen Fällen vorgegangen werden kann, damit die potenziellen Ja-Sager vor ihrer Zustimmung erfahren, wie hoch die Kosten für sie sein werden – sonst werden sie sicherlich nicht zustimmen –, siehe § 21 Abs. 2 Nr. 2 WEGesetz.

Ausnahme: Keine unverhältnismäßigen Kosten: Es gibt aber eine Schutzregel für Eigentümer*innen, die mit „Nein" gestimmt, sich enthalten haben oder gar nicht dabei waren: Auch wenn der Maßnahme mehr als zwei Drittel der Eigentümer*innen mit der Hälfte aller Miteigentumsanteile zugestimmt haben,

müssen die Nein-Sager, die „Sich-Enthaltenden" und die nicht vertretenen Wohnungseigentümer*innen sie nur dann mitbezahlen, wenn die Maßnahme nicht mit „unverhältnismäßig" hohen Kosten verbunden ist. Ob die Kosten als unverhältnismäßig hoch anzusehen sind, ist individuell zu bewerten und hängt u.a. vom Charakter der Wohnanlage ab. Entscheidend sind hier nicht die finanziellen Mittel oder Bedürfnisse der überstimmten Wohnungseigentümer*innen. Bleibt unklar, ob die Kosten zu hoch oder angemessen sind, werden letztendlich diejenigen, die nicht mit Ja gestimmt haben, die Unverhältnismäßigkeit der Kosten – wieder einmal – in einem Gerichtsverfahren darlegen und beweisen müssen.

**XY aufgelöst: Designer-
leuchten: mal unverhältnismäßig,
mal angemessen**

In einer – vom Baubestand her –
relativ einfachen Wohnungseigentumsanlage aus den 50er-Jahren
soll das Treppenhaus mit neuen
besonders teuren Designerleuchten
ausgestattet werden. Dann sind die
Kosten im Verhältnis zum Gebäude-
standard unverhältnismäßig hoch.
Selbst wenn die Maßnahme mit der
nötigen doppelt qualifizierten Mehrheit (mehr als 2/3 der Stimmen und
mehr als 50 % der MEA) beschlossen
wird, müssen doch nur die „Ja-Sager" zahlen.

Handelt es sich bei dieser Anlage
aber um eine Wohnanlage eines be-
rühmten Architekten, z.B. Max Taut,
steht das Haus unter Denkmalschutz
und müssen dort passende Leuchten
extra nachgebaut werden, damit sie
dem Stil der 50er-Jahre-Architektur
entsprechen, dann werden auch die
überstimmten Wohnungseigentümer*innen die höheren – dann
angemessenen – Kosten mitzahlen
müssen.

änderung mitzufinanzieren, wenn sich
die Maßnahme nach § 21 Abs. 2 Nr. 2 WE-
Gesetz in einem angemessenen Zeitraum
amortisiert. Mit dieser Regelung sollen
vor allem energetische Sanierungsmaßnahmen gefördert und finanziert
werden. Da davon ausgegangen wird,
dass alle Wohnungseigentümer*innen
davon profitieren werden, sollen auch
alle zahlen.

**Amortisierung = Rentabilität,
Wirtschaftlichkeit**

Damit ist der kalkulierte Zeitraum
gemeint, bis sich eine Maßnahme
rechnen kann, weil dann die Investition zu geringeren (anderen) Ausgaben oder zusätzlichen Einnahmen
führt.

Beispiel: Werden das Dach und die
Außenwände der Wohnanlage gedämmt, wird dies zu einer – je nach
Haustyp unterschiedlich hohen
– Einsparung an Heizenergie und
damit Heizkosten führen. Sobald
das die Investitionskosten aufwiegt,
hat sich die Maßnahme ausgezahlt =
amortisiert.

Darüber hinaus haben alle Wohnungseigentümer*innen eine bauliche Ver-

Ein **konkreter Zeitraum**, bis wann sich
eine Maßnahme rechnen muss, wurde

im Gesetz bewusst nicht festgelegt. In der Begründung[68] heißt es, dass der Gesetzgeber sich hier einerseits an der Rechtsprechung des BGH[69] zur modernisierenden Instandsetzung orientiert – wonach der Zeitraum im Regelfall 10 Jahre betragen soll –, aber der Zeitraum je nach Maßnahme auch überschritten werden kann.

Rentabilitätsberechnungen hängen von vielen **Unwägbarkeiten** ab (z.B. von der Entwicklung der Erdöl- und Gaspreise auf dem Weltmarkt). Für die Beschlussfassung kommt es allein darauf an, wie die Wirtschaftlichkeit zu diesem Zeitpunkt beurteilt wird. Ob die Amortisation später tatsächlich eintritt, spielt keine Rolle. Amortisieren müssen sich auch nur diejenigen Kosten, die ohne die bauliche Veränderung **nicht angefallen** wären. Ist z.B. der Anlass der Dachdämmung eine sowieso anstehende Flachdachsanierung aufgrund immer wieder auftretender Wasserschäden, dann müssen sich nur die Kosten für die Wärmedämmung des Dachs, also die energetische Verbesserung amortisieren, nicht die Kosten der Erhaltungsmaßnahme, also der Reparatur des Flachdachs. Für solche Berechnungen müssen Energieberater*innen hinzugezogen werden.

XY aufgelöst: Aus Sicherheitsgründen Doppelbeschluss fassen

Sollte ein Beschluss über die Baumaßnahme angefochten und nach einem Jahr vom Gericht für ungültig erklärt werden oder sollte die Kostenverteilung dieser Baumaßnahme über eine Anfechtung des Beschlusses über die Abrechnungsspitze der Jahresabrechnung angefochten und für ungültig erklärt werden, dann besteht die Gefahr, dass nur noch die Ja-Sager die Baumaßnahmen bezahlen müssen. Um das zu verhindern, wird eine Abstimmung über zwei Beschlussanträge (ein sogenannter Bau- und Verteilungs-Doppelbeschluss) empfohlen. Der doppelte Beschlussvorschlag könnte wie folgt lauten:

- 1a: „Es wird beschlossen, die Baumaßnahme Y durchzuführen gemäß dem Angebot Z zu einem Preis in Höhe von ... € (siehe Anlage M) [bei einem Amortisationsbeschluss ist noch zu ergänzen: und auf der Basis der Amortisationsberechnung des Sachverständigen Schmidtlein (siehe Anlage N)]."
- 1b: „Die Kosten der Maßnahme gemäß Beschluss 1a werden auf alle Wohnungseigentümer*innen nach Miteigentumsanteilen verteilt."

---

68) Bundestags-Drucksache 19/18791, WEMoG, Gesetzentwurf der Bundesregierung, S. 69
69) BGH, 14.12.2012, Az. V ZR 224/11 Rz. 10

Kombiniere: Keine Kostensicherheit vor der Beschlussfassung mehr – was tun?

Vor einer Abstimmung werden Sie aber meistens nicht wissen, ob und welche Mehrheit für die bauliche Veränderung stimmen wird und wie hoch dann die Kosten für die Antragsteller und „Ja-Sager" ausfallen. Genau davon hängt aber Ihre persönliche Zahlungspflicht ab! Zur Lösung dieses Problems gibt es folgende Vorgehensweisen:

- Eine unverbindliche Probeabstimmung in der Eigentümerversammlung kann dem Beschluss vorgeschaltet werden.
- Die WEG legt eine andere Abstimmungsabfolge fest: Wenn zuerst mit der „Nein"-Abstimmung begonnen wird, „kann jeder Wohnungseigentümer, wenn er sieht, dass die Zahl der „Nein"-Stimmen ein Drittel übersteigt, das Quorum [nach dem alle zahlen müssen] also nicht erreicht werden kann, seine Hand auch noch heben."[70]
- Die Verwalter*in wird mit Hilfe eines Geschäftsordnungsantrags – eingebracht von einer Eigentümer*in oder vom Beirat – angewiesen, das Ergebnis über den Baubeschluss nur dann zu verkünden, wenn die doppelt qualifizierte Mehrheit nachweislich erreicht und dokumentiert ist. Wird der Beschluss nicht verkündet, hat es ihn rechtlich nie gegeben und die Abstimmung kann als eine Art Probeabstimmung gewertet werden. Dies ist wohl die sicherste Methode.

Wenn nur die „Ja-Sager" zahlen

Nach § 21 Abs. 3 WEGesetz müssen bauliche Veränderungen, die nicht von Abs. 1 oder 2 erfasst sind und mehrheitlich beschlossen wurden, nur von den Wohnungseigentümer*innen finanziert werden, die sie wollen und mit „Ja" gestimmt haben. Deshalb ist es wichtig, dass auch in diesen Fällen namentlich abgestimmt wird und im Protokoll zumindest die Namen der „Ja-Stimmer" genannt werden. Die Kosten und auch die Folgekosten werden im Verhältnis der Miteigentumsanteile (MEA) untereinander aufgeteilt.

70) Bundestags-Drucksache 19/22634, Beschlussempfehlung Rechtsausschuss zum WEMoG, S. 44

Der Fall: Aufteilung im Verhältnis der MEA

Precious Ramotswe hat einen Miteigentumsanteil (MEA) von 10/100steln, Young Kurd Wallander hat 20/100stel, Horst Schimanski und Bella Block jeweils 15/100stel. Die anderen 8 Miteigentümer*innen mit weiteren 40/100steln MEA haben sich enthalten oder waren nicht anwesend. Die Baukosten für den Aufzug, den die vier nur aus reiner Bequemlichkeit haben wollen (nicht weil sie auf ein Recht oder einen Anspruch nach § 20 Abs. 2 WEGesetz pochen, denn fit sind sie noch alle) – betragen 100.000 €, die gemäß der MEA im Verhältnis zu 10:20:15:15 auf die Ja-Sager aufgeteilt werden müssen, Rechenbeispiel siehe Tabelle. Im gleichen Verhältnis müssen die künftig anfallenden Kosten für Reinigung, Strom, Wartung, Reparaturen etc. verteilt und in den Einzel-Jahresabrechnungen aufgeführt werden. Verkauft eine diese Eigentümer*innen die Wohnung, dann muss der Käufer (Rechtsnachfolger) diese Kosten übernehmen.

1. Beispielrechnung: Verteilung der Kosten des Aufzugs auf die vier Nutzer

Die vier Antragsteller*innen haben zusammen 60 % der Miteigentumsanteile in unterschiedlicher Höhe:

Wohnungseigentümer*in	Miteigentumsanteile (MEA)	Kostenverteilung (%)	Kostenverteilung (€)
Precious Ramotswe	10/100	16,66	16.665
Horst Schimanski	15/100	25,00	25.000
Bella Block	15/100	25,00	25.000
Young Kurd Wallander	20/100	33,33	33.335
Gesamt		100,00	100.000

Die laufenden, jährlich anfallenden Kosten z.B. für Wartung, Reinigung, Reparaturen, Strom müssen für die Jahresabrechnung noch zusätzlich ermittelt und ebenso verteilt werden.

Nachträglicher „Einkauf" in die Nutzung

§ 21 Abs. 4 WEGesetz macht die Sache noch komplizierter: Nach dieser Regelung haben Wohnungseigentümer*innen einen Anspruch, sich auch nachträglich noch in eine bestimmte Nutzergruppe einzukaufen.

Der Fall: Rechenbeispiel für „Nachzügler"

Vor fünf Jahren wurde ein Aufzug eingebaut, den 4 von 12 Wohnungseigentümer*innen finanzieren und nutzen. Karly Chan, in dessen Etage der Aufzug bisher nicht hält, möchte ihn künftig auch in Anspruch nehmen. Nach § 21 Abs. 4 WEGesetz hat er einen Anspruch darauf. Er muss sich dafür an die WEG wenden (nicht an die Nutzergruppe), da der Aufzug Gemeinschaftseigentum ist. Er reicht seinen Beschlussantrag zur nächsten Eigentümerversammlung ein. Genehmigt die WEG ihm die Nutzung des Aufzugs nicht, kann er den ablehnenden Beschluss anfechten und die Genehmigung durch eine Beschlussersetzungsklage erreichen. Liegt der Beschluss vor, muss sich Karly Chan nachträglich an den Investitions- und Baukosten abzüglich des Wertverlustes des Aufzugs nach 5 Jahren und an den künftigen laufenden Betriebskosten beteiligen (nicht an den Betriebskosten vor seinem Einstieg). Die Verwalterin muss also ausrechnen, wie hoch der Ausgleichsbeitrag ist, den Chan an die WEG zahlen muss. Dieser Betrag wird im Rahmen der Jahresabrechnung auf die Miteigentümer*innen, die bisher die Kosten allein getragen haben, umverteilt. Außerdem müssen die künftigen Kosten des Aufzugs im Wirtschaftsplan neu verteilt und nun auf fünf statt auf vier Wohnungseigentümer*innen umverteilt werden. Die gesamte Umverteilung und künftige Verteilung läuft stets nach den Verhältnissen der Miteigentumsanteile aller 5 Nutzer, wenn diese nichts anderes vereinbart haben. Da kann man nur sagen: Viel Spaß beim Berechnen – und Nachkontrollieren!

2. Beispielrechnung: Neu-Verteilung der Kosten des Aufzugs auf die fünf Nutzer

Der Aufzug hat vor 5 Jahren 100.000 Euro inkl. Einbau gekostet. Nach 5 Jahren hat er noch einen Wert von ca. 80.000 Euro. Die nun 5 Nutzer haben zusammen 70 % der Miteigentumsanteile (MEA) in unterschiedlicher Höhe.

Eigen-tümer*in	MEA (von 100)	Anteil bei neuer Kostenver-teilung (%)	Kostenanteil Neu-Investor (€)	Anteil bei ehem. Kostenver-teilung (%)	Rückzahlung an Erst-Investoren (€)
Rechenweg:		100 : 70 x MEA	80.000 € x 14,29 %	100 : 60 x MEA	11.428,60 € x %-Anteil ehem. Kostenver-teilung
Ramotswe	10	14,29	0	16,67	1.905,15
Schimanski	15	21,43	0	25,00	2.857,15
Block	15	21,43	0	25,00	2.857,15
Wallander	20	28,56	0	33,33	3.809,15
Chan	10	14,29	11.428,60	---	0
	= 70/100 MEA	= 100 % (Kosten verteilt auf 70/100 MEA)		= 100 % (Kosten verteilt auf 60/100 MEA)	= 11.428,60 € (Anteil Chan verteilt auf 60/100 MEA)

Die laufenden, jährlich anfallenden Kosten z.B. für Wartung, Reinigung, Reparaturen, Strom müssen für die Jahresabrechnung noch zusätzlich ermittelt und ebenso auf die jetzt 5 Nutzer verteilt werden.

Noch kniffliger – andere Kostenverteilung ist auch möglich

Die gesetzlich vorgegebene Verteilung erfolgt nach Miteigentumsanteilen (MEA). Im letzten Absatz, also § 21 Abs. 5 Satz 1 WEGesetz, wird festgelegt, dass die Wohnungseigentümer*innen auch über eine **andere Verteilung der Kosten** beschließen können. Beispiel: Kosten der E-Ladestationen könnten nach der Anzahl der Autos verteilt werden, die die Ladestation nutzen. Da hierbei viele Unklarheiten auftreten können, sollte mit dem Beschlussantrag über eine bauliche Maßnahme auch direkt ein Beschlussantrag über die Kostenverteilung verknüpft werden. Wollen Wohnungseigentümer*innen eine Maßnahme beschließen lassen, auf die sie einen Individualanspruch haben und die sie allein oder mit einigen wenigen Miteigentümer*innen finanzieren und nutzen wollen, sollten sie im Beschlussantrag über die Durchführung der Maßnahme direkt ihre Vorstellungen zur Kostenverteilung einbringen und beschließen lassen.

Falsche Abstimmungsauszählung oder falsche Verteilung?

In § 21 Abs. 5 Satz 2 WEGesetz wird festgelegt, dass **keiner Eigentümer*in Kosten auferlegt werden dürfen, wenn sie sich enthalten, mit „Nein" oder gar nicht abgestimmt hat** – es sei denn, es geht um die Kostenverteilung auf alle nach § 21 Abs. 2 WEGesetz. Ist ein Beschluss mit einer falschen Kostenverteilung zu Ihren Lasten gefasst worden, dann müssen Sie diesen – wen wundert's – innerhalb eines Monats nach der Beschlussfassung **gerichtlich anfechten**. Ansonsten wird der Beschluss einen Monat nach der Beschlussfassung gültig und Sie müssen zahlen. Fällt die falsche Kostenverteilung erst in der Jahresabrechnung auf und wird der Beschluss über die Über- bzw. Nachschüsse (die Abrechnungsspitzen) genehmigt, dann müssen Sie diesen anfechten, siehe § 28 WEGesetz.

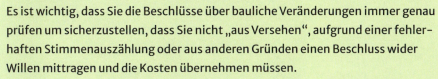

**Kombiniere: Angesichts der neuen Unübersichtlichkeit –
Nutznießerin und Zahlende wider Willen?**

Es ist wichtig, dass Sie die Beschlüsse über bauliche Veränderungen immer genau
prüfen um sicherzustellen, dass Sie nicht „aus Versehen", aufgrund einer fehlerhaften Stimmenauszählung oder aus anderen Gründen einen Beschluss wider
Willen mittragen und die Kosten übernehmen müssen.

Deshalb muss vor jeder Abstimmung über Baumaßnahmen allen Stimmberechtigten klar sein, ob

- gezielt einzelne oder mehrere Antragsteller*innen eine Bauerlaubnis (= Gestattung) beantragen und die Kosten selbst übernehmen wollen und werden (gemäß
  § 21 Abs. 1 WEGesetz),
- der Antrag auf Empfehlung von Wohnungseigentümer*innen oder auf Initiative
  der Verwalter*in auf der Tagesordnung steht und nur die zahlen werden, die zustimmen (gemäß § 21 Abs. 3 WEGesetz), oder
- alle Eigentümer*innen die Kosten mittragen sollen, also eine Zustimmung von
  2/3 der vertretenen Eigentümer*innen und der Hälfte der Miteigentumsanteile
  erwartet wird bzw. sich die Sache amortisiert (§ 21 Abs. 2 WEGesetz).

Ein fehlerhafter Kostenverteilungs–Beschluss ist nach der Gesetzesbegründung
nicht nichtig, sondern nur anfechtbar (siehe § 23 WEGesetz). Das heißt, Sie haben
nach der Beschlussfassung nur einen Monat Zeit, gerichtlich dagegen vorzugehen.
Ansonsten werden Sie zu den Finanzierern und Nutznießern bestimmter Maßnahmen gehören – auch wider Willen.

Zu § 22: Lösungsmittelfrei – zum Umgang mit Problemimmobilien

§ 22 Wiederaufbau

Ist das Gebäude zu mehr als der Hälfte seines Wertes zerstört und ist der Schaden nicht durch eine Versicherung oder in anderer Weise gedeckt, so kann der Wiederaufbau nicht beschlossen oder verlangt werden.

Dieser Paragraf entspricht unverändert der Rechtslage vor der Reform. Im Prinzip ist gesagt, dass keine Eigentümer*in den Wiederaufbau des Wohngebäudes mitfinanzieren muss, also dazu gezwungen werden kann, wenn der Wiederaufbau unwirtschaftlich ist.

Aber auch das neue Gesetz sieht keine Lösung für die künftig sicher noch zunehmende Anzahl von sogenannten „Schrottimmobilien" vor, also überalterten und verwahrlosten Problemimmobilien. Ist eine WEG in die bauliche und soziale Schieflage geraten, bietet das Gesetz den Wohnungseigentümer*innen keine Unterstützung und keinen Schutz, wenn eine Sanierung nicht mehr möglich ist oder wenige verbleibende noch zahlungskräftige Eigentümer*innen überfordert sind – sie werden weiter zur Kasse gebeten.

Zu § 23: Das Gipfeltreffen – Konstruktives Parlament oder Quasselbude?

§ 23 Wohnungseigentümerversammlung

(1) Angelegenheiten, über die nach diesem Gesetz oder nach einer Vereinbarung der Wohnungseigentümer die Wohnungseigentümer durch Beschluss entscheiden können, werden durch Beschlussfassung in einer Versammlung der Wohnungseigentümer geordnet. Die Wohnungseigentümer können beschließen, dass Wohnungseigentümer an der Versammlung auch ohne Anwesenheit an deren Ort teilnehmen und sämtliche oder einzelne ihrer Rechte ganz oder teilweise im Wege elektronischer Kommunikation ausüben können.

(2) Zur Gültigkeit eines Beschlusses ist erforderlich, dass der Gegenstand bei der Einberufung bezeichnet ist.

(3) Auch ohne Versammlung ist ein Beschluss gültig, wenn alle Wohnungseigentümer ihre Zustimmung zu diesem Beschluss in Textform erklären. Die Wohnungseigentümer können beschließen, dass für einen einzelnen Gegenstand die Mehrheit der abgegebenen Stimmen genügt.

(4) Ein Beschluss, der gegen eine Rechtsvorschrift verstößt, auf deren Einhaltung rechtswirksam nicht verzichtet werden kann, ist nichtig. Im Übrigen ist ein Beschluss gültig, solange er nicht durch rechtskräftiges Urteil für ungültig erklärt ist.

Die **Eigentümerversammlung** ist das **Entscheidungsorgan** der WEG, hier bestimmen die Wohnungseigentümer*innen über die Verwaltung des Gemeinschaftseigentums. Die Eigentümerversammlung gilt somit als das „Parlament". Darin findet – wie die Juristen sagen – die Willensbildung der Eigentümer*innen statt. Mit Ausnahme von Umlaufbeschlüssen können nur im Rahmen der Eigentümerversammlung Beschlüsse gefasst werden. Die Bedeutung der Versammlung können Sie auch daran erkennen, dass ihr drei Paragrafen im WEGesetz – §§ 23 bis 25 – sowie weitere Vorgaben in § 28 WEGesetz gewidmet sind.

§ 23 WEGesetz bleibt gegenüber dem bisherigen Gesetz in mehreren Absätzen unverändert. Die **wichtigsten Neuerungen** sind die **Einführung der Online-Teil-**

nahme an der Eigentümerversammlung und Vereinfachungen beim **Umlaufbeschluss.** Konkrete Tipps zur Eigentümerversammlung können Sie im Kapitel 2.3. nachlesen.

Beschlussfassungen durch Abstimmung

§ 23 Abs 1 WEGesetz besagt, dass die Wohnungseigentümer*innen ihre Angelegenheiten rund um die Verwaltung des Gemeinschaftseigentums grundsätzlich in Eigentümerversammlungen regeln müssen. Dazu sind Anträge zu den verschiedenen Verwaltungsaufgaben, Finanzfragen, Baumaßnahmen etc. – über die Verwalter*in – zu stellen. Die Eigentümer*innen müssen sich dann in der Versammlung darüber einigen. Haben auch Sie ein Anliegen an die WEG, müssen Sie einen Antrag über die Verwalter*in in die Eigentümerversammlung hineintragen. Hier in § 23 WEGesetz wird allgemein vorgegeben, dass über einen Antrag abgestimmt werden muss, damit er zu einem Beschluss wird. (In § 25 WEGesetz ist dann das weitere Abstimmungsverfahren vorgegeben, damit ein wirksamer Beschluss zustande kommen kann. Soviel sei verraten: Mit einem einfachen Mehrheitsbeschluss werden Anträge genehmigt oder abgelehnt.)

Ist die Eigentümerversammlung der Gesetzgeber, dann sind die Beschlüsse somit die selbst auferlegten „Gesetze" der WEG. Sie werden für alle Beteiligten gültig, also wirksam, wenn sie nicht innerhalb eines Monats ab Beschlussfassung angefochten (siehe § 45 WEGesetz) und vom Gericht für unwirksam oder auf anderem Wege vom Gericht für nichtig erklärt werden (§ 44 Abs. 1 WEGesetz). Beschlüsse müssen unter Beachtung des WEGesetzes und z.B. der Gemeinschaftsordnung gefasst werden, heißt es in § 23 Abs. 1 WEGesetz weiter.

Beschlüsse können also **grundsätzlich** nur in einer (formal korrekt einberufenen und durchgeführten) **Eigentümerversammlung** gefasst werden. Ansonsten kommt kein gültiger, also wirksamer Beschluss zustande. Eine Ausnahme sind Umlaufbeschlüsse, siehe § 23 Abs. 3 WEGesetz.

Eine wesentliche Neuerung steht in § 23 Abs. 1 Satz 2 WEGesetz: Mussten bisher alle Eigentümerversammlungen als Präsenzveranstaltungen durchgeführt werden, hat die WEG ab jetzt die Möglichkeit, auch die Einführung einer **Online-Teilnahme an der Eigentümerversammlung** zu beschließen. Einen Anspruch darauf haben die Eigentümer*innen nicht. Online-Teilnahme heißt, dass es **immer eine Präsenz-Veranstaltung** geben muss, damit einzelne Eigentümer*innen persönlich daran teilnehmen können. Ist klar, dass alle oder fast alle Eigentümer*innen online teilnehmen wollen, dann kann die Präsenzveranstaltung auch im Büro der Verwalter*in stattfinden.

Der Fall: Gute Vorsätze

Precious Ramotwse, die in Gabarone in Botswana die „No. 1 Ladies' Detective Agency" betreibt, hat sich – mit finanzieller Unterstützung ihres Autors, eines gut situierten Jura-Professors in Glasgow – eine Eigentumswohnung in Wilhelmshaven gekauft. Zur Altersvorsorge. Sie weiß, dass so ein Kauf riskant ist, wenn man sich mit den Gesetzen, Rechten und Gepflogenheiten eines fremden Landes nicht auskennt. Aber die Immobilienpreise waren im Vergleich zu Großbritannien deutlich günstiger und der Makler umso hartnäckiger. Bald nach dem Kauf kam sie ins Grübeln, ob das Geschäft wirklich eine so gute Idee war. Aber jetzt setzt sie darauf, dass in ihrer WEG demnächst Online-Eigentümerversammlungen stattfinden, damit sie sich zuschalten und sich dann aktiv – auf Englisch – an den Diskussionen und Abstimmungen beteiligen kann. Sobald Wohnen im Eigentum auch Infomaterial auf Englisch bereithält, wird sie dem Verein beitreten wollen, um sich Grundkenntnisse im deutschen WEGesetz anzueignen. Und schließlich will sie dann endlich auch mal den Kontakt zu ihrem Mieter herstellen, der weder ihre Adresse kennt noch weiß, wie er sie sonst im Not- oder Verhandlungsfall erreichen kann – Mma Ramotswe hat gerade einen Trainings-Kurs „Positiv Denken" absolviert.

Die Durchführung von Eigentümerversammlungen mit Online-Teilnahme bietet die große Chance, dass die **Beteiligung** der Eigentümer*innen an den Versammlungen größer wird. Entscheidet sich Ihre WEG hierfür, können somit auch weit entfernt wohnende Miteigentümer*innen teilnehmen oder solche, die wegen Krankheit, Alter oder aus anderen Gründen nicht persönlich kommen können oder wollen.

XY aufgelöst: Online-Teilnahme direkt beschließen!

Der Beschlussantrag steht als TOP 1 auf der Tagesordnung der nächsten Versammlung. Stimmt dann eine Mehrheit der anwesenden und vertretenen Eigentümer*innen dafür, wird er mit der Verkündung sofort wirksam und kann direkt in dieser Versammlung umgesetzt werden. Ist technisch dann schon alles vorbereitet, können ab TOP 2 Eigentümer online zugeschaltet werden.

Klare Sache: Antrag muss auf die Tagesordnung der Einladung

In § 23 Abs. 2 WEGesetz ist festgelegt, dass über einen Antrag nur dann in der Eigentümerversammlung abgestimmt werden kann, wenn das Thema des Antrags als **Tagesordnungspunkt in der Einladung** (konkret in der Tagesordnung) zur Eigentümerversammlung aufgeführt ist. Ein Antrag kann also nicht erst in der Eigentümerversammlung vorgestellt und zur Abstimmung gebracht werden. Weitere gesetzlichen Vorgaben gibt es dazu nicht.

Kombiniere: Einladung mit Anlagen!

Es ist nicht vorgeschrieben, dass ein kompletter **Beschlussantrag nebst Anlagen** schon mit der Einladung zur Eigentümerversammlung verschickt werden muss. Um Missverständnissen oder Fehlinterpretationen vorzubeugen, sollte sich ein **unkomplizierter, einfacher** Beschlussantrag schon aus der Tagesordnung ergeben oder spätestens zur Eigentümerversammlung schriftlich vorgelegt werden. Vielleicht kann die Verwalter*in helfen? Beschlussanträge über Sanierungen, denen auch mindestens drei Kostenvoranschläge zugrunde liegen, oder andere wichtige Angelegenheiten wie der Abschluss neuer Versicherungsverträge müssen schon mit der Einladung zur Versammlung versandt werden, damit die Eigentümer*innen diese prüfen und sich darauf vorbereiten können.

Zwar bestimmt die Verwalter*in als Einladende zunächst, was auf die Tagesordnung gesetzt werden muss. Eine Verwalter*in darf aber Anträge einzelner Wohnungseigentümer*innen nicht ablehnen, es sei denn sie sind fach- und sachfremd, entsprechen also nicht ordnungsmäßiger Verwaltung oder enthalten diskriminierende Äußerungen gegenüber Miteigentümer*innen oder der Verwalter*in.

Kombiniere: So gelangt Ihr TOP in die Einladung

Je eher Sie Ihren Antrag der Verwalter*in melden, umso sicherer ist das. Ist die (Mindest-)Einladungsfrist für die Eigentümerversammlung von drei Wochen bereits verstrichen, haben Sie in der Regel (Ausnahme: ganz besondere Dringlichkeit) keinen Anspruch mehr darauf, dass Ihr Anliegen auf die Tagesordnung kommt und darüber in der Eigentümerversammlung entschieden wird. Sie können dann nur zu erreichen versuchen, dass die Verwalter*in den TOP für die nächste Eigentümerversammlung vormerkt. Und damit die Verwalter*in später nicht sagen kann, Ihr Anliegen habe sie nicht erreicht, lassen Sie sich bestätigen, dass Ihr TOP eingegangen ist und auf die Tagesordnung der nächsten Eigentümerversammlung gesetzt werden wird. Setzen Sie der Verwalter*in hierfür eine Frist („Bitte bestätigen Sie mir bis zum ..., dass dieser TOP auf die nächste Tagesordnung gesetzt wird."). Erhalten Sie diese Bestätigung nicht, können Sie zwei Wege[71] einschlagen:

- Sie informieren den Verwaltungsbeirat darüber, der dann seinerseits die Verwalter*in ansprechen oder anschreiben soll, um den Druck zu erhöhen. Weigert sich die Verwalter*in weiterhin, kann der Beirat die Tagesordnung durch ein eigenes Schreiben an die Wohnungseigentümer*innen ergänzen (siehe Teil 1, Kapitel 1.4.).
- Alternativ können Sie die Verwalter*in an die Bestätigung erinnern und sie schriftlich anmahnen und – wenn wieder ergebnislos – die WEG vorsorglich verklagen, diesen Punkt auf die Tagesordnung zur nächsten Eigentümerversammlung zu setzen. Dieses Vorgehen macht natürlich nur Sinn, wenn der TOP besonders wichtig ist.

---

71) Niedenführ/Vandenhouten, WEG Kommentar und Handbuch zum Wohnungseigentumsrecht, Bonn 2017. WEG § 24 Rz. 23f

Umlaufbeschluss – in einzelnen Fällen auch mit Mehrheitsbeschluss gültig

In § 23 Abs. 3 WEGesetz wird der Beschluss im Umlaufverfahren behandelt. Das heißt, hier werden alle Wohnungseigentümer*innen per Brief oder E-Mail etc. angeschrieben, um über einen Antrag abzustimmen. Der Umlaufbeschluss soll Diskussionen und Abstimmungen in der Eigentümerversammlung nicht ersetzen. Deshalb bleibt er von untergeordneter Bedeutung. Zwei Änderungen gibt es:

Zum einen werden Umlaufbeschlüsse formal erleichtert: Die Antwort auf einen Beschlussantrag per Umlauf muss nicht mehr persönlich unterschrieben an die Verwaltung zurückgeschickt werden. Die Textform reicht aus, das heißt, dass Ihre eigenhändige Unterschrift nicht mehr nötig ist. So können sie auch per E-Mail oder App oder SMS abstimmen.

Zum anderen müssen Umlaufbeschlüsse nicht mehr in jedem Fall allstimmig erfolgen. Zulässig ist jetzt für einzelne Angelegenheiten auch ein Mehrheitsbeschluss im Umlaufverfahren. Das muss aber die Eigentümerversammlung vorab für den betreffenden einzelnen, noch nicht abgeschlossenen oder ausstehenden Vorgang beschließen. Die Umlauf-Abstimmung kann dann – im Anschluss an die Versammlung oder im Laufe des Jahrs – erfolgen, sobald alle erforderlichen Informationen für die Entscheidung vorliegen.

Der Fall: Umlaufbeschluss im Zusammenhang mit Dachsanierung

Das Thema Dachdämmung steht schon wieder auf der Tagesordnung der jährlichen Eigentümerversammlung. Nicht nur Bella Block ist genervt, dass sie nun schon drei Jahre über die Dachsanierung diskutieren. Die Wohnungseigentümer*innen stellen während der Diskussion über eine neue Dachdämmung in der Eigentümerversammlung auch noch fest, dass ihnen immer noch ein Kostenvoranschlag für eine alternative Lösung mit einem ökologischen Dämmstoff fehlt. Über den Dachaufbau (Ziegel, Lattung, Unterspannbahn etc.) sind sie sich inzwischen einig, der soll nicht mehr geändert werden. Um keine außerordentliche Eigentümerversammlung einberufen oder ein Jahr bis zur nächsten Versammlung warten zu müssen, beschließen sie auf Vorschlag von Bella Block, dass sie über die Dachdämmung einen Umlaufbeschluss mit einfacher Mehrheit fassen, sobald sie den fehlenden Kostenvoranschlag über den Ökodämmstoff vorliegen haben. Wie so häufig kommen nach langem Palaver die guten Ideen von Bella Block, die sich im Gegensatz zu ihren wortgewaltigen, aber ansonsten eher unengagierten Miteigentümern auf die Versammlungen vorbereitet und ins WEGesetz sowie in die Teilungserklärung schaut.

Für alle Umlaufbeschlüsse, also auch für solche, die weiterhin allstimmig getroffen werden müssen, sollte eine **Frist von mindestens 3 Wochen** angesetzt werden, in Anlehnung an die Einladungsfrist zur Eigentümerversammlung (siehe § 24 Abs. 4 WEGesetz). Auch ein Umlaufbeschluss muss verkündet, also allen Eigentümer*innen bekannt gegeben werden – erst dadurch kommt er zustande. Auch hierfür reicht neuerdings die Textform, also z.B. eine E-Mail, möglichst zusätzlich zum Aushang im Treppenhaus oder eine Veröffentlichung im geschützten Bereich auf der WEG-Website. Die Bekanntgabe sollte möglichst auf dem gleichen Weg erfolgen wie der Versand bzw. die Übermittlung des Antrags an alle Eigentümer*innen und sollte möglichst dokumentiert werden. Mit der Verkündung des Umlaufbeschluss-Ergebnisses beginnt die Anfechtungsfrist. Des Weiteren muss auch über den Umlaufbeschluss ein Protokoll verfasst werden, unterschrieben von der Initiator*in, dem oder der Verwaltungsbeiratsvorsitzenden und einer dritten Person. Schließlich muss auch dieser Beschluss in die Beschluss-Sammlung eingetragen werden.

XY aufgelöst: Jede Wohnungs-eigentümer*in kann einen Umlauf-beschluss starten - theoretisch

Ein Umlaufbeschluss muss nicht zwingend von der Verwalter*in in die Wege geleitet werden. Im Prinzip kann jede Eigentümer*in einen Umlaufbeschluss initiieren, wenn sie denn die (E-Mail-)Adressen aller Miteigentümer*innen hat. In der Regel ist der Umlaufbeschluss aber Sache der Verwalter*in. Sie sollte den Antrag formulieren, versenden und das Abstimmungsergebnis verkünden, also bekannt machen.

Geschüttelt oder nur gerührt – nichtig oder nur anfechtbar?

In § 23 Abs. 4 WEGesetz wird sehr allgemein definiert, wann und in welchem Umfang fehlerhafte Beschlüsse ungültig sind. Dabei werden fehlerhafte Beschlüsse danach unterteilt, ob sie nichtig oder nur anfechtbar sind.

Nichtig ist ein Mehrheitsbeschluss, der gegen eine Rechtsvorschrift verstößt, also gegen ein Gesetz oder eine Verordnung. Beispielsweise darf er nicht gegen das Grundgesetz verstoßen, also gegen Grundrechte auf Unverletzlichkeit der Wohnung, freie Entfaltung der Persön-

lichkeit, Eigentum, Meinungsfreiheit u.a., ebenso wenig gegen das Bürgerliche Gesetzbuch (BGB) oder gegen Verordnungen wie die Heizkostenverordnung. Der häufigste Fall wird freilich der sein, dass der Beschluss gegen das WEGesetz verstößt, z.B. dass die Eigentümer*innen einen Mehrheitsbeschluss über eine Angelegenheit fassen, über die sie gar nicht mehrheitlich abstimmen dürfen – wozu sie keine Beschlusskompetenz haben.

Was heißt nichtig?

Nichtig heißt, dass ein Beschluss verkündet wurde, obwohl er von vornherein unwirksam war. Nur ist dies keinem aufgefallen oder es war den Beteiligten egal. Im Juristendeutsch heißt es, dass er zu keinem Zeitpunkt irgendeine Rechtswirkung entfaltet. Die Nichtigkeit eines Beschlusses muss nicht erst gerichtlich festgestellt werden. Eigentlich. Besser ist es jedoch, die Nichtigkeit gerichtlich durch ein Feststellungsurteil klären zu lassen, dann besteht in dieser Frage Sicherheit, gerade wenn es in der WEG darüber Streit gibt. Eine solche Klage kann immer bei Gericht eingereicht werden, auch noch Jahre nach der Beschlussfassung. Dafür gibt es keine Klagefristen. (Mehr dazu in Kapitel 2.8.)

Der Fall: Beschluss verstößt gegen WEGesetz – nichtig!

Eine Mehrheit in der Eigentümerversammlung will nett sein und räumt Prof. Boerne durch einen einfachen Mehrheitsbeschluss ein Sondereigentumsrecht für einen vor seiner Terrasse liegenden Gartenbereich ein. Prof. Boerne ist sich noch nicht schlüssig, plant aber schon eifrig, ob er dort hinter einer hohen Hecke ein eigenes Wellness-Ressort mit Schwimmbecken oder einen Goldfischteich anlegen will. Dieser Beschluss sei nichtig und dauerhaft unwirksam, behaupten die „Nein-Sager". Sie drohen: Er soll bloß nicht anfangen, dort irgendwas zu bauen, denn das würde er auf eigene Kosten wieder entfernen müssen. Prof. Boerne will das nicht einsehen, andererseits ist er sparsam und rechtstreu. Er ruft das Gericht an und muss leider mit dem Feststellungsurteil erfahren, dass der Beschluss tatsächlich nichtig ist. Denn Sondereigentum kann nicht durch einen Beschluss „geschaffen" werden, sondern nur durch eine Änderung der Teilungserklärung, der alle zustimmen.

„Nur" anfechtbar sind nicht so gravierende, nicht so grundlegenden Fehler. Dies können sein: **formale Fehler**, die bei der Organisation der Eigentümerversammlung, auf dem Weg zur oder bei der Abstimmung bzw. Bekanntmachung (Verkündung) eines Beschlusses passieren, oder **inhaltliche Fehler** im Beschlussantrag, z.B. wenn ein neuer Auftrag beschlossen wurde, für den keine Kostenvoranschläge vorliegen. Es geht im Grunde um jede Maßnahme, die der ordnungsmäßigen Verwaltung widerspricht. Wird ein solcher Beschluss nicht angefochten, wird er nach einem Monat bestandskräftig, also gültig.

Richtig, überlegt und vorausschauend anfechten!

Ist ein Beschluss nicht ordnungsmäßig, können Sie ihn innerhalb eines Monats nach der Beschlussfassung, also nach Abstimmung und Verkündung des Beschlusses in der Eigentümerversammlung, anfechten, § 45 WEGesetz (siehe dazu auch Kapitel 2.8.). Das heißt, Sie müssen innerhalb dieses Zeitraums eine Anfechtungsklage beim zuständigen Amtsgericht einreichen. In einem zweiten Schritt müssen Sie bzw. Ihr Rechtsanwalt die Klage innerhalb von zwei Monaten nach der Beschlussfassung gegenüber dem Gericht schriftlich begründen. Nach den zwei Monaten können keine weiteren Anfechtungsgründe mehr nachgereicht werden. Wird der Beschluss angefochten, bleibt er solange schwebend wirksam, bis er gerichtlich aufgehoben oder die Klage abgewiesen wird. Eine Anfechtung hat also keine aufschiebende Wirkung, das heißt, die Verwalter*in muss tätig werden. Diese Regelung gibt es, damit Ihre WEG nicht jahrelang auf das Gerichtsurteil warten muss, ehe sie den Beschluss umsetzen kann. Das kann sowohl für die Kläger*in als auch für die WEG riskant sein, siehe folgendes Beispiel. Daher können die Wohnungseigentümer*innen ausdrücklich beschließen, dass die Verwalter*in einen Beschluss erst nach einem Monat umsetzen soll, wenn ihn bis dahin niemand angefochten hat. Wird er angefochten, muss die WEG bei einer Baumaßnahme das Risiko eines späteren Rückbaus eingehen oder in einem zweiten Schritt erneut entscheiden, ob sie den Beschluss trotz des noch laufenden Gerichtsverfahrens umsetzen will. Will die klagende Wohnungseigentümer*in die Umsetzung des Beschlusses verhindern – um zu vermeiden, dass sie nachher noch einen zweiten Prozess führen muss –, muss sie beim Gericht einen Antrag auf einstweilige Verfügung stellen.

Der Fall: Während des Gerichtsverfahrens – Beschlussumsetzung unter Vorbehalt

Power-Detektivin Vic Warshawsky ist mal wieder blank. Trotzdem soll sie eine Sonderumlage von 10.000 € zahlen. In der Hoffnung, dass sie bald wieder einen halbwegs lukrativen Ermittlungsauftrag bekommt, richtet sie eine Anfechtungsklage gegen den Beschluss und ist erstaunt, trotzdem die Sonderumlage erst einmal zahlen zu müssen. Erst wenn ihr das Gericht Recht gibt, muss ihr die Sonderumlage wieder zurückgezahlt werden. Ihr bleibt nichts anderes übrig, als ihren ungeliebten Ex anzupumpen.

Schwieriger wird es, wenn eine Erhaltungsmaßnahme oder eine bauliche Veränderung angefochten wird. Vic weiß, dass auch eine Baumaßnahme trotz ihrer Anfechtungsklage durchgeführt werden muss, da Verwalter*innen Beschlüsse grundsätzlich sofort umsetzen müssen. Wird der Beschluss über eine Baumaßnahme nach zwei Jahren vom Gericht rückwirkend für ungültig erklärt, hätte sie einen Anspruch auf Rückbau und auf Beseitigung der Folgen. Ein für alle Wohnungseigentümer*innen teures Spiel. Soll in besonders dringenden Fällen mit der Anfechtung auch die Umsetzung des Beschlusses gestoppt werden, muss beim Amtsgericht zusätzlich ein Antrag auf einstweilige Verfügung gestellt werden. Hier ein großes „Aber": Sollte sich nachträglich herausstellen, dass die Maßnahme nicht fehlerhaft ist, kann ein Antrag auf einstweilige Verfügung zu Schadensersatzforderungen der Gemeinschaft gegen Vic Warshawsky führen. Die kann sich Vic auf keinen Fall leisten.

Zu § 24: Gipfeltreffen der Bosse – Vor- und Nachbereitung

§ 24 Einberufung, Vorsitz, Niederschrift

(1) Die Versammlung der Wohnungseigentümer wird von dem Verwalter mindestens einmal im Jahr einberufen.

(2) Die Versammlung der Wohnungseigentümer muss von dem Verwalter in den durch Vereinbarung der Wohnungseigentümer bestimmten Fällen, im Übrigen dann einberufen werden, wenn dies in Textform unter Angabe des Zweckes und der Gründe von mehr als einem Viertel der Wohnungseigentümer verlangt wird.

(3) Fehlt ein Verwalter oder weigert er sich pflichtwidrig, die Versammlung der Wohnungseigentümer einzuberufen, so kann die Versammlung auch durch den Vorsitzenden des Verwaltungsbeirats, dessen Vertreter oder einen durch Beschluss ermächtigten Wohnungseigentümer einberufen werden.

(4) Die Einberufung erfolgt in Textform. Die Frist der Einberufung soll, sofern nicht ein Fall besonderer Dringlichkeit vorliegt, mindestens drei Wochen betragen.

(5) Den Vorsitz in der Wohnungseigentümerversammlung führt, sofern diese nichts anderes beschließt, der Verwalter.

(6) Über die in der Versammlung gefassten Beschlüsse ist unverzüglich eine Niederschrift aufzunehmen. Die Niederschrift ist von dem Vorsitzenden und einem Wohnungseigentümer und, falls ein Verwaltungsbeirat bestellt ist, auch von dessen Vorsitzenden oder seinem Vertreter zu unterschreiben.

(7) Es ist eine Beschluss-Sammlung zu führen. Die Beschluss-Sammlung enthält nur den Wortlaut

1. der in der Versammlung der Wohnungseigentümer verkündeten Beschlüsse mit Angabe von Ort und Datum der Versammlung,
2. der schriftlichen Beschlüsse mit Angabe von Ort und Datum der Verkündung und
3. der Urteilsformeln der gerichtlichen Entscheidungen in einem Rechtsstreit gemäß § 43 mit Angabe ihres Datums, des Gerichts und der Parteien,

soweit diese Beschlüsse und gerichtlichen Entscheidungen nach dem 1. Juli 2007 ergangen sind. Die Beschlüsse und gerichtlichen Entscheidungen sind fortlaufend einzutragen und zu nummerieren. Sind sie angefochten oder aufgehoben worden, so ist dies anzumerken. Im

Falle einer Aufhebung kann von einer Anmerkung abgesehen und die Eintragung gelöscht werden. Eine Eintragung kann auch gelöscht werden, wenn sie aus einem anderen Grund für die Wohnungseigentümer keine Bedeutung mehr hat. Die Eintragungen, Vermerke und Löschungen gemäß den Sätzen 3 bis 6 sind unverzüglich zu erledigen und mit Datum zu versehen. Einem Wohnungseigentümer oder einem Dritten, den ein Wohnungseigentümer ermächtigt hat, ist auf sein Verlangen Einsicht in die Beschluss-Sammlung zu geben.

(8) Die Beschluss-Sammlung ist von dem Verwalter zu führen. Fehlt ein Verwalter, so ist der Vorsitzende der Wohnungseigentümerversammlung verpflichtet, die Beschluss-Sammlung zu führen, sofern die Wohnungseigentümer durch Stimmenmehrheit keinen anderen für diese Aufgabe bestellt haben.

§ 24 WEGesetz enthält **organisatorische Vorgaben** zur Vor- und Nachbereitung der Eigentümerversammlung sowie zur Sitzungsleitung. Nur sehr wenig ist geändert worden: Die Textform ist jetzt auch für ein Verlangen nach einer Eigentümerversammlung zulässig, es kann eine Eigentümer*in zur Einberufung einer Versammlung durch Beschluss bestimmt werden. Und die Einladungsfrist ist jetzt auf drei Wochen (wichtig!) verlängert worden. Die Beschluss-Sammlung ist geblieben.

Die WEG muss sich mindestens einmal im Jahr treffen

§ 24 Abs. 1 WEGesetz besagt ohne Änderungen, dass die Verwalter*in zu **mindestens einmal im Kalenderjahr** zu einem solchen „Familientreffen" einladen muss. In dieser Pflichtveranstaltung müssen Sie als die Eigentümer*innen zumindest über den Wirtschaftsplan und die Jahresabrechnung beraten und Beschlüsse über das künftige Hausgeld (die – in der Regel monatlichen – Abschlagszahlungen) und über die Nachschüsse oder Überschüsse (Abrechnungsspitzen) des letzten Wirtschaftsjahrs fassen. Außerdem sollten Sie über den Vermögensbericht – neu – beraten. Mehr dazu siehe § 28 WEGesetz.

Darüber hinaus werden viele weitere Entscheidungen in der Eigentümerversammlung zu treffen sein. Jede Wohnungseigentümer*in hat deshalb auch einen Anspruch darauf, dass die ihr wichtigen Tagesordnungspunkte (TOP) in die Einladung zur Eigentümerversammlung aufgenommen werden, wenn sie ord-

Messenger-Dienst) verlangen. Darüber hinaus kann in Gemeinschaftsordnungen vorgegeben sein, wann außerordentliche Eigentümerversammlungen stattfinden müssen.

> **XY aufgelöst: Es zählen die Köpfe**
> In einer WEG mit 20 Wohnungen gehören 6 Wohnungen jeweils einer Person (= 6 Köpfe), 8 Wohnungen gehören einer Erbengemeinschaft (= 1 Kopf) und 6 Wohnungen jeweils zwei Partnern (= 6 Köpfe). Diese WEG besteht somit aus 13 Köpfen – das sind die Eigentümer*innen. 25 % davon sind 3,25 – also müssen 4 Eigentümer*innen die Einberufung verlangen.

nungsmäßiger Verwaltung entsprechen. Die Verwalter*in hat nicht darüber zu entscheiden, ob ein TOP wichtig oder angemessen genug ist, um auf die Tagesordnung genommen zu werden (siehe § 24 Abs. 2 WEGesetz).

„Extra"-Touren – wer kann Eigentümerversammlungen wann verlangen?

In § 24 Abs. 2 WEGesetz wird darüber hinaus festgelegt, dass die Verwalter*in weitere – außerordentliche – Eigentümerversammlungen organisieren muss, wenn **mehr als 25 % aller Eigentümer*innen**, gerechnet nach Köpfen, dies unter Angabe der Gründe und des Zwecks in **Textform** (also ohne eigenhändige Unterschrift z.B. per E-Mail, SMS oder auch

Wollen mehr als 25 % der Eigentümer*innen eine Versammlung, müssen sie nur erklären, **welche Angelegenheiten** in der Versammlung behandelt werden sollen und warum dies nicht bis zur nächsten regulären Eigentümerversammlung warten kann. Beschlussanträge müssen im Vorfeld nicht vorformuliert und versandt werden, wenngleich das zu empfehlen ist. Ebenso wenig hat die Verwalter*in nachzuprüfen, ob die Gründe wahr und plausibel sind. Nur wenn die Angabe von Gründen für die Versammlung ganz fehlt oder das Anliegen definitiv mit der Verwaltung des Gemeinschaftseigentums nichts zu tun hat, darf die Verwalter*in die Organisation der Versammlung ablehnen. Ansonsten hat sie **unverzüglich** einzuladen.

Kombiniere: Für Extra-Versammlungen zweistufige Frist setzen!

Die Eigentümer*innen, die eine außerordentliche Versammlung verlangen, sollten der Verwalter*in eine Frist (je nach Dringlichkeit einige Tage bis ca. zwei Wochen) setzen, bis wann sie die Versammlung zu organisieren und die Einladung zu verschicken hat, zuzüglich der dreiwöchigen Mindest-Einladungsfrist. Somit kann ein „Extra"-Treffen innerhalb von 4–6 Wochen nach der Aufforderung stattfinden. Nur in dringenden Angelegenheiten sollte, kann oder muss das schneller gehen, siehe § 24 Abs. 4 WEGesetz. An genaue Terminvorgaben der Eigentümer*innen ist die Verwalter*in nicht gebunden.

XY aufgelöst: Auf „Nummer sicher" gehen!

Um sicherzustellen, dass die Verwalter*in die Aufforderung zur Einberufung einer Eigentümerversammlung erhält, ist eine Übergabe durch einen Boten oder ein Versand als Einwurf-Einschreiben zu empfehlen (nicht: Einschreiben mit Rückschein – das geht der Verwalter*in nicht zu, wenn sie nicht da ist oder den Empfang ablehnt). Auch eine persönliche Übergabe in den Geschäftsräumen der Verwalter*in ist möglich. Lassen Sie sich dabei eine Empfangsbestätigung aushändigen.

Darüber hinaus ist es weiterhin möglich, dass alle Eigentümer*innen **gemeinsam** zu einer außerordentlichen Eigentümerversammlung einladen oder dass eine **Vollversammlung** aller Eigentümer*innen auch ohne Einladungsfrist stattfindet.[72] Beides ist sicherlich nur in kleinen WEGs praktisch umsetzbar, z.B. wenn alle Wohnungseigentümer*innen sich zu einem Grill-Abend treffen und spontan entscheiden, daraus eine Eigentümerversammlung zu machen.

Schließlich muss die Verwalter*in eine außerordentliche Eigentümerversammlung einberufen, wenn ein Beschluss der Eigentümer*innen – z.B. über eine kurzfristig nötige Erhaltungsmaßnahme oder einen wichtigen Versicherungsabschluss – **dringend** eingeholt werden muss. In diesem Fall ist die Verwalter*in dann auch nicht an die Ladungsfrist von 3 Wochen gebunden. Verkürzt sie die Frist, darf nur der dringende Beschlussantrag auf der Tagesordnung stehen.

Der Spezial-Fall: Auch eine dringliche Eigentümerversammlung will sorgfältig vorbereitet sein!

Eine wahre Geschichte dafür, wie es nicht laufen sollte: Nachdem das Verwaltungsunternehmen einer großen WEG sich über Monate nicht gekümmert hatte, drohte die Stadtverwaltung mit einer Räumung der Wohnanlage, wenn die WEG der Forderung der Stadt nach dringenden Brandschutzmaßnahmen nicht nachkommen würde. Die Verwalterin hat dann sozusagen in letzter Minute eine Eigentümerversammlung einberufen und den Eigentümer*innen hektisch den Beschluss aufgedrängt, mal eben ihre Fassadenverkleidung abreißen zu lassen, um den Brandschutzforderungen der Stadt in einem ersten Schritt entgegenzukommen. Über die Sanierung sollte später nachgedacht und entschieden werden. Nachher stellte sich heraus, dass der Abriss der Fassadenverkleidung gar nicht notwendig gewesen wäre, aber da war es schon geschehen und ein Schaden von mehreren Millionen Euro entstanden. Aber das ist eine andere Geschichte. Hier ist einfach nach einer enormen zeitlichen „Verschleppung" übereilt und hektisch gehandelt worden. So sollten außerordentliche Eigentümerversammlungen nicht organisiert werden.

Verwalter entführt – wer darf einladen?

Nach § 24 Abs. 3 WEGesetz ist es eine der Pflicht- und Hauptaufgaben der Verwalter*in, zu einer ordentlichen oder außerordentlichen Eigentümerversammlung einzuladen. Macht sie das nicht, muss sie zunächst vom Beirat, dann ggf. von Eigentümer*innen dazu aufgefordert werden, siehe oben. Verzögert sie die Einladung trotz Fristsetzung, verlegt sie den Termin mehrmals oder weigert sie sich einzuladen, z.B. weil sie auf dieser Versammlung abberufen werden soll, dann handelt sie „**pflichtwidrig**". Die gleiche Situation kann eintreten, wenn die Verwalter*in vorzeitig vom Amt zurücktritt, nicht mehr erreichbar oder verstorben ist.

Wenn aus den genannten Gründen eine Einladung unterbleibt, muss der oder die **Verwaltungsbeiratsvorsitzende oder ihre Stellvertreter*in** zur Eigentümer- versammlung einladen, auch wenn das Wort „kann" etwas anderes vermuten lässt. Das gehört zu den Amts- oder Organpflichten des Beirats, siehe § 29 WEGesetz. Der Beirat gemeinsam oder die Vorsitzende legen dann „nach pflichtgemäßem Ermessen", das heißt so gut wie es eben geht, die notwendigen Punkte der Tagesordnung im Einla- dungsschreiben fest.

Gibt es keinen Beirat oder will oder kann auch dieser aus irgendwelchen Gründen nicht zur Versammlung einladen, kann die Eigentümerversammlung nach § 24 Abs. 3 WEGesetz vorausschauend auch eine **Eigentümer*in ermächtigen**, eine künftige Eigentümerversammlung einzuberufen. Das heißt, in jeder jähr- lichen Eigentümerversammlung kön- nen die Wohnungseigentümer*innen entscheiden, wer von ihnen künftig im Krisen- oder Notfall einladen soll.[73] Die Wohnungseigentümer*in muss gefragt werden, ob sie diese Aufgabe annehmen

will. Stimmt sie der Wahl zu, dann muss sie im Bedarfsfall einladen. Dadurch soll – so der Gesetzgeber – die Organisation von Eigentümerversammlungen gerade in verwalter- und beiratslosen Gemein- schaften „erleichtert" werden.

> **XY aufgelöst: Der letzte Weg**
> Ist eine WEG zerstritten, muss eine Eigentümer*in, die eine „Extra"- Versammlung einberufen will und von der WEG dafür keinen Ermäch- tigungsbeschluss erhalten hat, dies gerichtlich mit Hilfe einer Beschluss- ersetzungsklage[74] durchsetzen.

Ob die neue Option der vorsorglichen Be- vollmächtigung per Beschluss eine „gute Idee" ist, das wird die Praxis zeigen: Einerseits bleibt einer Eigentümer*in, die eine Eigentümerversammlung ein- berufen und leiten will oder muss, wenn weder Verwalter*in noch Beirat ihre Pflichten erfüllen, der **umständliche Weg über das Gericht erspart**. Die ansonsten notwendige Ermächtigung durch einen Richter entfällt. Andererseits ist es mit der Einladung nicht getan. Der Grund für die Versammlung muss angemessen recherchiert, das Problem muss erkannt und in der Versammlung dargestellt wer- den. Die Versammlung muss geleitet,

73)   Bundestags-Drucksache 19/18791, WEMoG, Gesetzentwurf der Bundesregierung, S. 72
74)   Bundestags-Drucksache 19/18791, WEMoG, Gesetzentwurf der Bundesregierung, S. 72

eine Problemlösung entwickelt, Beschlüsse müssen möglichst rechtssicher gefasst und protokolliert werden. Zudem hat die jeweilige Versammlungsleiter*in die Beschluss-Sammlung fortzuführen. **Keine leichte Aufgabe** für jemanden, der in die Aufgabe nicht „reingewachsen" ist, sondern sie „spontan" übernehmen muss.

Kombiniere: Ein-Personen-Beirat wählen
Besser ist es, die WEG wählt zumindest einen Ein-Personen-Beirat – das ist neuerdings möglich, siehe § 29 WEGesetz –, der die Verwalter*in generell unterstützt, kontrolliert, mit den Aufgaben vertraut wird und somit eher weiß, wie die WEG-Verwaltung funktioniert.

Das Gipfeltreffen der Bosse

Zeit zum Ermitteln: Die Einladungsfrist beträgt mindestens 3 Wochen

Neu ist die **Verlängerung der Mindesteinladungsfrist** in § 24 Abs. 4 WEGesetz. Sie beträgt **jetzt 3 Wochen** statt bisher 2 Wochen. Damit soll den Wohnungseigentümer*innen mehr Zeit gegeben werden, sich auf die Eigentümerversammlung vorzubereiten und sich bei Bedarf zu bestimmten Tagesordnungspunkten von Experten beraten zu lassen. In besonders dringenden Angelegenheiten, z.B. zur Abwehr einer Gefahr, Einhaltung einer wichtigen Frist oder zur Abberufung der Verwalter*in, darf die Einladung ausnahmsweise auch mit kürzerer Frist erfolgen, siehe § 24 Abs. 2 WEGesetz.

XY aufgelöst: Einladungsfristen in Gemeinschaftsordnungen

Steht in Ihrer Gemeinschaftsordnung die bisherige gesetzliche Mindesteinladungsfrist, ist diese also aus dem „alten" WEGesetz nur abgeschrieben worden, dann gilt ab sofort die neue 3-Wochen-Frist. Beträgt die Mindesteinladungsfrist in Ihrer Gemeinschaftsordnung dagegen 4 Wochen oder mehr, dann gilt die längere Frist weiterhin.

Die Einladung zur ordentlichen jährlichen Eigentümerversammlung muss neben der Tagesordnung auch **weitere Bestandteile** enthalten, etwa die Jahresabrechnung und den Wirtschaftsplan, siehe § 28 WEGesetz. Bei Baumaßnahmen, neuen Verträgen oder bei einer Verwalter-Neubestellung ist es erforderlich, dass den Eigentümer*innen auch die Vergleichsangebote, Leistungsverzeichnisse, Pläne, Kostenvoranschläge etc. zur Kenntnis gegeben werden, damit sie sich vorbereiten können und eine ausreichende Entscheidungsgrundlage erhalten. Es ist nicht ausreichend, den Eigentümer*innen in der Einladung nur Eckdaten zu nennen und die vollständigen Unterlagen erst in der Eigentümerversammlung zur Einsichtnahme bereitzulegen oder erst dort mündlich bekannt zu geben. Entweder sind die Unterlagen den Eigentümer*innen per E-Mail mit der Einladung zu übermitteln oder ihnen ist auf zumutbare Weise die Einsichtnahme zu ermöglichen – z.B. im geschützten Bereich der WEG-Website oder ggf. in der Geschäftsstelle der Verwalter*in, wenn diese mit wenig Aufwand aufgesucht werden kann.[75]

---

75) BGH, 24.01.2020, Az. V ZR 110/19

Wer hat den Hut auf – wer wird Versammlungsleiter*in?

In der Praxis hat die Verwalter*in die **Versammlungsleitung** inne. Nach § 24 Abs. 5 WEGesetz kann auf den Geschäftsordnungsantrag einer Wohnungseigentümer*in hin beschlossen werden, dass jemand anderes die Sitzungsleitung übernimmt. Gibt es einen Beirat, wird diese Aufgabe dann meistens der oder die Beiratsvorsitzende übernehmen. Es kann aber auch eine andere Wohnungseigentümer*in mit der Sitzungsleitung betraut werden. Die Übernahme der Sitzungsleitung kann auch für einzelne Tagesordnungspunkte (TOPs) erfolgen, wenn es einen Interessenskonflikt mit der Verwalter*in gibt (und sie für diesen TOP vielleicht sogar die Versammlung verlassen soll) oder wenn die Verwalter*in abberufen oder neu bestellt werden soll.

Darüber hinaus ist der **Ablauf der Eigentümerversammlung** gesetzlich nicht geregelt. Trotzdem sollten bestimmte Formalia eingehalten werden, damit die Versammlung nicht allein schon deshalb angefochten werden kann. Mehr dazu in Kapitel 2.3.

Zur Beweisaufnahme: Das Protokoll

Über die Eigentümerversammlung ist nach § 24 Abs. 6 WEGesetz ein Protokoll (= Niederschrift) zu verfassen. Das Protokoll dient der **Dokumentation** der behandelten Tagesordnungspunkte und der in der Eigentümerversammlung gefassten Beschlüsse. Außerdem ist es **Nachschlagewerk** und Erinnerungsstütze. Wohnungskäufer*innen können sich mit Hilfe der Protokolle informieren, welche Beschlüsse in der Vergangenheit gefasst wurden und welche ggf. in naher Zukunft anstehen.

Kombiniere: Das Protokoll – eine wichtige Grundlage für die Kaufentscheidung
Wollen Sie sich in eine Eigentümergemeinschaft einkaufen, die gerade eine aufwändige Fassadensanierung beschlossen hat, kommen auf Sie als neue Eigentümer*in unter Umständen erhebliche Kosten zu, die Sie in Ihrer Finanzierungsplanung nicht berücksichtigt haben. Ein Blick in die Protokolle und unbedingt auch in die Beschluss-Sammlung (s.u.) kann dieses Risiko ausschließen oder minimieren.

Das Protokoll dient allen und natürlich besonders den Wohnungseigentümer*innen, die die Versammlung nicht besucht haben, als Entscheidungsgrundlage für die Überlegung, ob sie einen **Beschluss anfechten** sollen. Dafür haben Sie **nach der Verkündung des Beschlusses in der Versammlung genau einen Monat Zeit.** Noch einmal: Darauf, wann das Protokoll bei Ihnen eintrifft kommt es für den Lauf der vorgenannten Frist **nicht** an!

Nach § 24 Abs. 6 WEGesetz bedarf es nur eines **Ergebnisprotokolls.** Dieses ist aber nicht immer ausreichend, um einen Beschluss nachvollziehen zu können. Wichtige Diskussionen, Anträge oder Sachverhalte sollten deshalb mitberücksichtigt werden. Eine Niederschrift, die auch solche Punkte berücksichtigt, nennt man **Verlaufsprotokoll.** Wer das Protokoll schreibt, ist nicht festgelegt. Es kann ein Mitarbeiter der Verwalter*in sein, diese selbst oder auch eine Wohnungseigentümer*in.

Nach dem WEGesetz muss das Protokoll von der Versammlungsleiter*in, einer Wohnungseigentümer*in und von der Vorsitzenden des Verwaltungsbeirats **unterschrieben** werden. Diese Personen bestätigen mit ihrer Unterschrift die Richtigkeit der im Protokoll wiedergegebenen Tagesordnungspunkte und Ergebnisse. Das Protokoll begründet somit rechtlich die Annahme, dass eine Eigentümerversammlung so abgelaufen ist wie im Protokoll wiedergegeben. Ist ein Protokoll nicht unterschrieben oder fehlen Unterschriften, wirkt sich das negativ auf seinen Beweiswert aus. Enthält das Protokoll Fehler oder gibt es die Ergebnisse der Eigentümerversammlung nur lückenhaft wieder, sollten der oder die Vorsitzende des Beirats und die weitere „unterschrift-leistende" Wohnungseigentümer*in das Protokoll nicht unterschreiben, sondern der Verwalter*in zur Korrektur zurückgeben. Das Protokoll ist zwar nicht entscheidend für die Gültigkeit eines Beschlusses. Dieser wird wirksam mit seiner Verkündung in der Eigentümerversammlung. Gleichwohl muss aus den genannten Gründen der „exakte Wortlaut des gefassten Beschlusses"[76] in die Niederschrift aufgenommen werden.

Das Protokoll ist von der Versammlungsleiter*in, also in der Regel von der Verwalter*in, unverzüglich, das heißt so schnell wie möglich, spätestens aber **eine Woche vor Ablauf der Anfechtungsfrist**[77] bekannt zu geben. Hier hat sich nichts geändert. Diese zeitliche Vorgabe

---

76) Bärmann/Pick/Emmerich, Wohnungseigentumsgesetz, München 2020, § 24 Rz. 81 ff.

77) Bärmann/Pick/Emmerich, Wohnungseigentumsgesetz, München 2020, § 24 Rz. 92

galt nach der Rechtsprechung und juristischen Fachliteratur auch schon vor dem neuen Gesetz.

Wenn es keine anderweitige Vorgabe in der Gemeinschaftsordnung oder im Verwaltervertrag gibt, ist die Verwalter*in **nicht verpflichtet, das Protokoll allen Eigentümer*innen zuzusenden**. Die Wohnungseigentümer*innen müssen nur darüber informiert werden, ab wann bzw. dass das Protokoll vorliegt. Es muss in den Räumen der WEG oder mindestens in den Räumen der Verwalter*in einseh- und kopierbar sein. Befindet sich Ihre Wohnanlage sehr weit entfernt vom Büro der Verwalter*in, können Sie ausnahms-

weise die Zusendung einer Kopie des Protokolls auf Ihre Kosten verlangen.

Kombiniere: Regelung in den Verwaltervertrag aufnehmen
In Ihrer WEG wird per E-Mail oder Messenger-Dienst und über den geschützten Bereich einer WEG-Website kommuniziert? Dann ist es kein Mehraufwand für die Verwalter*in, gleich das Protokoll über diesen Weg zu verschicken und nicht nur eine Information, dass das Protokoll fertiggestellt ist und vorliegt. Ein Verschicken per Post kann natürlich vertraglich geregelt werden.

Alle Protokolle aller Eigentümerversammlungen sind von der Verwalter*in **aufzubewahren**, auch die uralten, die über 50 Jahre und älter sind – wenn Ihre WEG schon so lange besteht. Sie haben das Recht, jederzeit alle Protokolle einzusehen – siehe § 18 Abs. 4 WEGesetz – und diese zu kopieren oder zu fotografieren.

Kombiniere: Immer Fotoapparat oder Handy mitnehmen! Kooperative Verwalter*innen erlauben das Kopieren von WEG-Unterlagen in ihrem Büro. Einen Anspruch auf Fertigung von Kopien durch die Verwalter*in oder durch Mitarbeiter der Verwaltung haben Sie allerdings nicht, auch keinen Anspruch auf Benutzung des im Eigentum der Verwalter*in stehenden Kopierers. Kopien sind auf eigene Kosten zu fertigen, es sei denn, die Verwalter*in erhält dafür eine Vergütung gemäß dem Verwaltervertrag. Ein Anspruch auf Herausgabe der Originale besteht ebenso wenig. Diese müssen bei der Verwalter*in bleiben. Sie sind Eigentum der WEG.

Zur Beweissicherung: Die Beschluss-Sammlung

Im Vergleich zu den gesetzlichen Vorgaben zur Einladung, zur Eigentümerversammlung und zum Protokoll sind die Vorgaben für die **Beschluss-Sammlung** in § 24 Abs. 7 und 8 WEGesetz ziemlich ausführlich und müssen hier nicht wiedergegeben werden. Jede Wohnungseigentümer*in hat einen Anspruch auf die ordnungsmäßige Führung der Beschluss-Sammlung.

Die Beschluss-Sammlung soll dazu dienen, dass Verwalter*innen und Wohnungseigentümer*innen den **Überblick behalten** über die Vielzahl an Beschlüssen, die in einer WEG im Laufe der Jahrzehnte gefasst werden. Angesichts der vielen neuen Möglichkeiten für bauliche Veränderungen (siehe §§ 20 und 21 WEGesetz) und den neuerdings noch flexibleren Regelungen der Kostenverteilung (siehe § 16 WEGesetz), wird die Beschluss-Sammlung ein zunehmend wichtiges Instrument, um den Überblick und die Orientierung zu behalten, wer was nutzt und bezahlt.

Die Beschluss-Sammlung ist gerade auch für Kaufinteressent*innen wichtig, um sich über die auf sie zukommenden Kosten zu informieren, z.B. über anstehende Sonderumlagen oder über ihren Beitrag zu den laufenden Kosten für einen Aufzug, an dem sich die Verkäufer*in der Eigentumswohnung beteiligt hat, den aber nicht die gesamte WEG finanziert.

Eingetragen werden müssen in die Beschluss-Sammlung alle **Beschlüsse** der Eigentümerversammlung – der exakte Wortlaut eines Beschlusses ist einzutragen –, alle **Umlaufbeschlüsse** und ebenso alle **Gerichtsurteile** zu Beschlüssen nach Anfechtungs- oder Beschlussersetzungsklagen. Wurde eine Klage abgewiesen oder ein Beschlussersetzungsantrag abgelehnt, ist dies ebenfalls zu vermerken.

Die Aufhebung oder Erledigung von Beschlüssen oder sonstige Veränderungen sind fortlaufend zu ergänzen, sodass in der Beschluss-Sammlung immer der **aktuelle Sachstand** nachgelesen werden kann. Aus diesem Grund sind alle Eintragungen **unverzüglich** vorzunehmen. Unverzüglich heißt: am nächsten Werktag, allenfalls zwei bis drei Werktage nach der Eigentümerversammlung oder der Gerichtsentscheidung etc. Für die Eintragungen in die Beschluss-Sammlung ist die Verwalter*in verantwortlich. Gibt es keine solche, hat die Versammlungsleiter*in diese Aufgabe zu übernehmen oder eine andere Wohnungseigentümer*in, die von der Eigentümerversammlung per Beschluss damit betraut wird und sich damit einverstanden erklärt hat. Bei Übernahme der Beschluss-Sammlung vom Vorgänger ist diese von der neuen Verwalter*in auf Richtigkeit und Vollständigkeit zu überprüfen.

Zu § 25: Die Kunst, sich auf die richtige Seite zu stellen – Beschlussfassung beim Gipfeltreffen

§ 25 Beschlussfassung

(1) Bei der Beschlussfassung entscheidet die Mehrheit der abgegebenen Stimmen.

(2) Jeder Wohnungseigentümer hat eine Stimme. Steht ein Wohnungseigentum mehreren gemeinschaftlich zu, so können sie das Stimmrecht nur einheitlich ausüben.

(3) Vollmachten bedürfen zu ihrer Gültigkeit der Textform.

(4) Ein Wohnungseigentümer ist nicht stimmberechtigt, wenn die Beschlussfassung die Vornahme eines auf die Verwaltung des gemeinschaftlichen Eigentums bezüglichen Rechtsgeschäfts mit ihm oder die Einleitung oder Erledigung eines Rechtsstreits gegen ihn betrifft oder wenn er nach § 17 rechtskräftig verurteilt ist.

Die gesetzlichen Vorgaben für die Eigentümerversammlung werden in mehreren Paragrafen abgehandelt, in den §§ 23 bis 25 WEGesetz. § 25 ist demnach als Fortsetzung des § 23 WEGesetz anzusehen.

Gemeinsam statt einsam – Die Eigentümerversammlung ist immer beschlussfähig

In § 25 Abs. 1 WEGesetz direkt die wohl wichtigste Neuerung zur Eigentümerversammlung: Diese ist **immer beschlussfähig**, egal wie viele Eigentümer*innen anwesend sind oder sich vertreten lassen. Dadurch wird die Teilnahme der Eigentümer*innen an den Eigentümerversammlungen noch deutlich wichtiger

als vor der WEGesetz-Reform 2020. Die Bedeutung der Versammlung wird aufgewertet, denn wenige Eigentümer*innen können weitreichende Entscheidungen treffen. Sind von 100 Wohnungseigentümer*innen z.B. nur drei vertreten, dann können zwei davon mit ihrer Mehrheit Fakten schaffen, die für die gesamte WEG gelten, auch wenn sie die Mehrheitsmeinung und die Interessen der Mehrheit nicht repräsentieren! Umso wichtiger ist somit auch Ihre Teilnahme. Lassen Sie sich mindestens vertreten, wenn Sie selbst nicht erscheinen können!

Außerdem wird klargestellt, dass zur Beschlussfassung in der Eigentümerversammlung **nur noch** und immer die

einfache Mehrheit[78] ausreicht. Bei der Berechnung der Mehrheit kommt es **nur** auf **die abgegebenen Ja- und Nein-Stimmen** an. Enthaltungen bleiben unbeachtet, zählen nicht mit. Das heißt, sagen von den 10 in der Eigentümerversammlung anwesenden oder vertretenen Eigentümer*innen zwei Ja, einer Nein und sieben enthalten sich, ist der Beschluss mit einfacher Mehrheit zustande gekommen.

Kopf-an-Kopf-Rennen: 1 Wohnungseigentümer*in = 1 Stimme

Nach § 25 Abs. 2 WEGesetz hat jede Wohnungseigentümer*in eine Stimme. Gesetzlich ist somit das **Kopfstimmrecht** (auch Kopfprinzip genannt) vorgegeben.

Gehört die Wohnung mehreren Eigentümer*innen – z.B. einem Paar – haben sie trotzdem nur eine Stimme. Sie müssen sich also miteinander einigen, wie sie abstimmen.

XY aufgelöst: Ausnahmen bestätigen die Regel
In Ihrer Gemeinschaftsordnung kann das Stimmrecht anders geregelt sein. Nachträglich können alle Eigentümer*innen das Stimmrecht nur mittels einer Vereinbarung ändern. Das passiert sicherlich nur sehr selten, denn der Änderung müssten alle Eigentümer*innen zustimmen, auch diejenigen, die an Einfluss verlieren würden.

---

78) Die erhöhten Abstimmungsquoren des früheren WEGesetzes wurden abgeschafft. Nur für die Kostenverteilung nach § 21 Abs. 2 WEGesetz kommt es noch auf eine doppelt qualifizierte Mehrheit an, siehe § 21 WEGesetz.

Die Stimmrechtsvarianten

- **Kopfstimmrecht (Kopfprinzip): 1 Eigentümer*in = 1 Stimme**
  Das gilt unabhängig davon, wie viele Wohnungen oder Miteigentumsanteile diese Eigentümer*in in der WEG hat.
- **Objektstimmrecht (Objektprinzip): 1 Wohnung (genauer: 1 Sondereigentum) = 1 Stimme**
  Nach diesem Stimmrecht haben die Eigentümer*innen mit mehreren Wohnungen deutlich mehr Einfluss auf das Abstimmungsergebnis als die Eigentümer*innen mit nur einer Wohnung. Gehören einer Mehrheitseigentümer*in mehr als die Hälfte der Wohnungen, kann diese die anderen immer überstimmen.
- **Miteigentumsanteile (Wertprinzip):** Dieses Stimmrecht richtet sich nach der Anzahl der im Grundbuch eingetragenen und in der Teilungserklärung ausgewiesenen Miteigentumsanteile (MEA), z.B. 10.000stel von 100.000 MEA. Auch hier hat also derjenige einen Stimmrechtsvorteil, der die meisten Miteigentumsanteile sein Eigen nennt.

Mit der Lizenz zum Wählen – Stimmrechtsvollmachten bedürfen der Textform

Vor der WEGesetz-Reform 2020 gab es Unsicherheiten, ob Stimmrechtsvollmachten mündlich ausgesprochen, in Textform vorgelegt werden konnten oder ob die Schriftform erforderlich war, also die Vollmacht zwingend mit der persönlichen Unterschrift der Wohnungseigentümer*in vorgelegt werden musste. Mündliche Vollmachten wurden dann manchmal zurückgewiesen, manchmal auch nicht.

Hierzu wurde jetzt in § 25 Abs. 3 WEGesetz Klarheit geschaffen. Danach muss eine Vollmacht in Textform vorgelegt werden, also z.B. als ausgedrucktes Formular mit dem Namen der Eigentümer*in, gültig auch ohne Unterschrift. Es reicht z.B. eine E-Mail oder eine SMS im Vorfeld der Eigentümerversammlung aus, die die Verwalter*in ausgedruckt in die Eigentümerversammlung mitnehmen kann und sollte. In Kapitel 2.3. sind die Wege zur Vergabe von Stimmrechtsvollmachten beschrieben. Wenn in Gemeinschaftsordnungen festgelegt ist, dass Vollmachten persönlich unter-

schrieben sein müssen (also die Schriftform vorgegeben ist), wird dies aber sehr
wahrscheinlich weiterhin gelten.

Geschlossene Gesellschaft – Wem darf die Stimmrechtsvollmacht erteilt werden?

Enthält Ihre Gemeinschaftsordnung
keine Angaben oder Einschränkungen,
wem Sie Ihr Stimmrecht in der Eigentümerversammlung übertragen dürfen,
dann darf Sie jede*r in der Eigentümerversammlung vertreten und das Stimmrecht für Sie ausüben. Ob Ihre Vertrauensperson der Eigentümergemeinschaft
angehört oder ein externer Vertrauter
oder Experte ist, ob sie mit Ihnen verheiratet oder verwandt ist, spielt dann keine
Rolle. In nicht wenigen Gemeinschaftsordnungen ist jedoch die Gruppe der
möglichen Vertreter eingeschränkt worden, z.B. nur auf Miteigentümer*innen
bzw. die Verwalter*in. Schicken Sie dann
trotzdem eine Nicht-Eigentümer*in (z.B.
einen Rechtsanwalt) mit Ihrer Vollmacht
in die Versammlung, dann riskieren Sie,
dass Ihre Stimme nicht gezählt wird.
Nimmt ein Nicht-Berechtigter an einer
Eigentümerversammlung teil, können
zudem Beschlüsse allein aus diesem
Grund anfechtbar werden.

Der Maulkorb: Wann darf das Stimmrecht nicht ausgeübt werden?

Das Stimmrecht gehört zu den elementarsten Eigentumsrechten, zum Kernbereich der Eigentumsrechte. Deshalb
darf es einer Eigentümer*in nur **ausnahmsweise** und unter eng begrenzten
Bedingungen versagt, von ihr also nicht
genutzt werden. In § 25 Abs. 4 WEGesetz
werden 3 Fälle genannt, in denen einzelne Wohnungseigentümer*innen nicht
stimmberechtigt sind, nämlich wenn

1. sie Rechtsgeschäfte oder rechtsgeschäftsähnliche Handlungen mit der
   WEG abschließen wollen,
2. es um Rechtsstreitigkeiten zwischen
   ihnen und der WEG geht oder
3. sie rechtskräftig (nach § 17 WEGesetz)
   verurteilt worden sind, ihre Wohnung
   zu verkaufen.

Aus der Gemeinschaftsordnung können
sich weitere Stimmrechtsausschlüsse
ergeben. Ob diese immer rechtskonform
sind, ist eine andere Frage.

Wird eine Eigentümer*in in diesen Fällen
vom Stimmrecht ausgeschlossen, darf
sie trotzdem an den Eigentümerversammlungen teilnehmen und über andere Tagesordnungspunkte mit abstimmen. Stimmt sie auch über den sie direkt
betreffenden Tagesordnungspunkt mit

ab, dann ist ihre Stimme ungültig. Wird die Stimme mitgezählt, ist der Beschluss anfechtbar. Wird eine Eigentümer*in zu Unrecht von einer Abstimmung ausgeschlossen, kann sie den Beschluss gerichtlich anfechten. Bekommt sie Recht, wird der Beschluss vom Gericht für ungültig erklärt: Die WEG muss die Sache dann erneut zur Abstimmung bringen.

Der Fall: Außer Spesen nichts gewesen?

Ein Wohnungseigentümer hat sich wohl ins Ausland abgesetzt, ist jedenfalls verschwunden und hat seit 12 Monaten kein Hausgeld mehr gezahlt. Die WEG beschließt, einen Detektiv anzusetzen und hat die Verwalter*in gebeten, 3 Kostenvoranschläge einzuholen. Detective Rockford will 800 Dollar pro Tag plus Spesen, Pepe Cavalho verlangt einen Tagessatz von 500 € plus Spesen und Kemal Kayankaya, der eine Wohnung in der WEG hat, sogar 1.000 € plus Spesen. Der Beirat hat keinen blassen Schimmer, wie er solche Kostenvoranschläge prüfen soll. Deshalb sollen die Wohnungseigentümer die Detektive selbst befragen. Da Kayankaya als Miteigentümer in einem Interessenskonflikt steckt – er würde ja sicherlich spontan sein Kilometergeld senken und seine Restaurantbesuche reduzieren, um den Auftrag zu bekommen (aber dazu müsste er die Kalkulationen der Konkurrenten erfahren) – darf er in der Eigentümerversammlung nicht dabei sein, wenn die anderen befragt werden und auch nicht mit abstimmen. Trotzdem bekommt er den Zuschlag – er kann halt perfekt hessisch babbeln. Happy Birthday!

Schauen Sie sich diese Regelung noch weiter im Detail an:

§ 25 Abs. 4 Satz 2 Nummer 1 WEGesetz: Soll ein Beschluss über ein Rechtsgeschäft (z.B. Miet-, Kauf-, Dienst- oder Werkvertrag) zwischen der WEG und einer Eigentümer*in gefasst werden, darf diese grundsätzlich nicht mitstimmen.

Weitere Rechtsgeschäfte oder rechtsgeschäftsähnliche Handlungen, über die Eigentümer*innen **nicht mit abstimmen dürfen** sind, wenn sie „befangen" sind:

- Abnahmen von Bauleistungen – wenn Sie z.B. die Bauleistung durchgeführt haben,
- Abmahnungen – wenn Sie selbst gegen die Hausordnung verstoßen haben,

- Abschluss und Kündigung des Verwaltervertrags – wenn Sie Verwalter*in werden sollen oder sind, denn der Abschluss eines Verwaltervertrags ist ein Rechtsgeschäft im Sinne des § 25 Abs. 4 Satz 2 Nr. 1 WEGesetz; gibt es Konflikte in der WEG und wollen die Wohnungseigentümer*innen Sie aus wichtigem Grund abberufen und den Verwaltervertrag mit Ihnen kündigen, dann dürfen Sie ebenfalls nicht mit abstimmen,
- Entlastungen – wenn Sie als Verwalter*in oder Beiratsmitglied entlastet werden sollen oder wollen. Auch mit den Vollmachten anderer Eigentümer*innen dürfen Sie als Beirat oder Verwalter*in nicht für die eigene Entlastung stimmen.

Kombiniere: Vorsicht Falle – Keine Entlastung der Verwalter*innen
Die Entlastung ist eine rechtsverbindliche Erklärung der Wohnungseigentümer*innen, dass sie die Amtsführung der Verwalter*in billigen und auf die Geltendmachung von bestimmten Ansprüchen gegen sie verzichten. WiE warnt vor einer Entlastung der Verwalter*innen, denn sie hat gewichtige nachteilige Rechtsfolgen für die Eigentümer*innen. Sie bewirkt ein negatives Schuldanerkenntnis, das heißt, nach einer Entlastung können Sie die Verwalter*in nicht mehr für solche Fehler und Schäden in Anspruch nehmen, die bekannt waren oder bei zumutbarer Sorgfalt erkennbar gewesen wären. Die Entlastung war schon nach alter Rechtslage nicht zu empfehlen und das gilt jetzt wegen der neuen Rechtsstellung der Verwalter*innen als gesetzliche Vertreter der WEGs noch mehr! Verzichten Sie nicht freiwillig auf Ansprüche gegenüber einem Unternehmen. Wenn der Anspruch auf Entlastung im Entwurf für den Verwaltervertrag steht, dann sollte Ihre WEG diese Klausel vor Vertragsabschluss streichen!

XY aufgelöst: Ausnahmen bestätigen die Regel – hierbei dürfen Sie mitstimmen:

Geht es um die Verwaltung des Gemeinschaftseigentums oder den Gebrauch von Gemeinschaftseigentum, darf diese Vorschrift (§ 25 Abs. 4 Satz 2 Nr. 1 WEGesetz) nicht angewendet werden, wenn hierbei (Grund-)Rechte einer Eigentümer*in **als Mitglied der Gemeinschaft** betroffen sind. <u>Sie dürfen</u> also – durchaus in Ihrem eigenen Interesse – <u>mitstimmen</u>, wenn z.B.

- Beschlüsse über den Gebrauch Ihres Sondernutzungsrechts gefasst werden sollen,
- die Kosten für bauliche Maßnahmen nach § 21 Abs. 1, 2 oder 3 WEGesetz anders verteilt werden und Sie davon betroffen sind, oder
- Sie zur Verwalter*in bestellt oder als Verwalter*in abberufen werden sollen, denn ein Beschluss ist kein Rechtsgeschäft (Andererseits dürfen Sie nicht mitstimmen, wenn nur der Verwaltervertrag mit Ihnen abgeschlossen oder gekündigt werden soll, siehe oben.),
- Bestellung und Verwaltervertrag in einem, also einheitlich beschlossen werden sollen.

Wann Sie in dieser komplizierten Gemengelage nicht mit abstimmen dürfen, lesen Sie bitte weiter oben nach.

Zu § 25 Abs. 4 Satz 2 Nummer 2 WEGe-setz: Gibt es **Rechtsstreitigkeiten** mit einer Eigentümer*in, ist diese ebenfalls nicht stimmberechtigt. Hierbei geht es um alle Gerichtsverfahren, in denen die Eigentümer*in Prozessgegnerin der WEG ist. Dabei spielt es keine Rolle, ob sie gegen die WEG klagt oder von dieser verklagt wird. Der Ausschluss gilt für alle Beschlüsse zu dem betreffenden Gerichtsverfahren, also für Beschlüsse über die Vorbereitung und Einleitung des Gerichtsverfahrens wie z.B. die Beauf-tragung eines Rechtsanwalts, über die Art und Weise der Prozessführung bzw. die Beendigung, über einen Vergleich bis hin zu Beschlüssen über Maßnahmen der Zwangsvollstreckung.

Zu § 25 Abs. 4 Satz 2 Nummer 3 WEGe-setz: Eine Eigentümer*in kann nach § 17 WEGesetz gezwungen werden, ihre Wohnung, also ihr Sondereigentum, zu verkaufen. Ist ein Urteil hierzu rechts-kräftig, dann ist sie nicht mehr stimmbe-rechtigt. Zu einer solchen rechtskräftigen Verurteilung nach § 17 WEGesetz kann es z.B. kommen, wenn die Eigentümer*in hohe Hausgeldrückstände hat. Ggf. kann die Eigentümer*in ihr Stimmrecht wiedererhalten, wenn sie ihre Hausgeld-rückstände während oder nach Verurtei-lung noch schnell zahlt – und dann einer Zwangsversteigerung ihrer Wohnung entgeht.

Zu § 26: Die Besten-Auslese – Wahl und Abwahl der Verwalter*in

§ 26 Bestellung und Abberufung des Verwalters

(1) Über die Bestellung und Abberufung des Verwalters beschließen die Wohnungseigentümer.

(2) Die Bestellung kann auf höchstens fünf Jahre vorgenommen werden, im Falle der ersten Bestellung nach der Begründung von Wohnungseigentum aber auf höchstens drei Jahre. Die wiederholte Bestellung ist zulässig; sie bedarf eines erneuten Beschlusses der Wohnungseigentümer, der frühestens ein Jahr vor Ablauf der Bestellungszeit gefasst werden kann.

(3) Der Verwalter kann jederzeit abberufen werden. Ein Vertrag mit dem Verwalter endet spätestens sechs Monate nach dessen Abberufung.

(4) Soweit die Verwaltereigenschaft durch eine öffentlich beglaubigte Urkunde nachgewiesen werden muss, genügt die Vorlage einer Niederschrift über den Bestellungsbeschluss, bei der die Unterschriften der in § 24 Absatz 6 bezeichneten Personen öffentlich beglaubigt sind.

(5) Abweichungen von den Absätzen 1 bis 3 sind nicht zulässig.

Die Verantwortung für die Verwaltung des Gemeinschaftseigentums liegt bei der Wohnungseigentümergemeinschaft (WEG). Da die WEG ein Verband ist, eben keine natürliche Person, bedarf es zum Entscheiden, Handeln und Kontrollieren spezieller „Organe": Die Eigentümerversammlung ist das Entscheidungsorgan der WEG, die Verwalter*in das **Handlungs- und Vertretungsorgan** und der Verwaltungsbeirat nun das kontrollierende Organ – mehr dazu in Teil 1.

Verwalter*innen erhalten ihre Organ-Stellung mit der **Bestellung** (= Wahl, Annahme des Wahlergebnisses durch den oder die Kandidatin und Ernennung) **in der Eigentümerversammlung** – siehe § 26 sowie § 19 Abs. 2 Nr. 6 WEGesetz. Ihre Rechte und Pflichten zum Handeln sind in den §§ 27 – 28 WEGesetz festgelegt, die Vertretungsmacht gegenüber Dritten (Dienstleistern etc.) in § 9b WEGesetz.

Mit der Verwalter*in kann also nicht einfach nur ein (Dienst-)Vertrag geschlossen werden, sondern sie muss bestellt, also „gewählt" werden. Gleichwohl ist zusätzlich der Abschluss eines Verwaltervertrags wichtig.

In Amt und Würde wählen: Die Verwalterbestellung

Die Bestellung erfolgt nach § 26 Abs. 1 WEGesetz durch einen **Mehrheitsbeschluss** in der Eigentümerversammlung. Bitte beachten Sie, dass die Eigentümerversammlung jetzt immer beschlussfähig ist. Auch mit nur 1 Stimme könnte die Verwalter*in bestellt werden, wenn sonst niemand zur Versammlung kommt.

Außerdem müssen die Wohnungseigentümer*innen für die Wahl angemessen „präpariert" werden: Damit sie einen Entscheidungsspielraum haben, müssen ihnen mehrere Vergleichsangebote (in der Regel drei Angebote) rechtzeitig vor der Eigentümerversammlung – idealerweise als Anhang zur Einladung zur Versammlung – zugänglich gemacht werden (in der Regel zugesandt werden).

Kombiniere: Auch Mehrhausanlagen haben nur eine Verwalter*in
Die bestellte Verwalter*in ist für die gesamte WEG zuständig. Es ist nicht möglich, dass Untergemeinschaften eigene, verschiedene Verwalter*innen bestellen. Das geht selbst dann nicht, wenn durch die Gemeinschaftsordnung weitgehend selbstständige Untergemeinschaften geschaffen wurden.

Alles hat ein Ende: Zeitliche Befristung der Verwalterbestellung

Die Bestellung einer Verwalter*in ist nach § 26 Abs. 2 WEGesetz auf **höchstens fünf Jahre** begrenzt. Ist die WEG gerade erst neu geschaffen worden – durch Neubau von einem Bauträger oder durch Umwandlung eines älteren Mehrfamilienhauses durch einen Investor – dann kann die erste Bestellung **höchstens für drei Jahre** erfolgen. Mit dem gesetzlich verkürzten Bestellungszeitraum für neu gegründete WEGs soll verhindert werden, dass von den Bauträgern eingesetzte Erst-Verwalter*innen die Wohnungseigentümer*innen bei der Durchsetzung ihrer Gewährleistungsrechte behindern und die Ansprüche der WEG dadurch sogar verjähren.

Ihre WEG kann die Verwalter*in auch für eine **kürzere Zeit** bestellen – z.B. für zwei Jahre, um zu schauen, wie sich die Zusammenarbeit entwickelt. Wird die Verwalter*in auf **unbestimmte Zeit**, also ohne zeitliche Begrenzung bestellt, endet die Bestellung automatisch nach fünf Jahren, die Eigentümer*innen müssen sie nicht abberufen.

Jede Verwalter*in kann nach Ablauf der Bestellungsfrist **wiederbestellt** werden,

Begründung mit einem Mehrheitsbeschluss abberufen, das heißt abgewählt, werden, sogar fristlos. Das heißt, die WEG braucht hierfür anders als vor der WE-Gesetz-Reform 2020 keinen „wichtigen Grund" mehr. In der Gesetzesbegründung heißt es hierzu: „Vielmehr sollen die Wohnungseigentümer die Möglichkeit haben, sich von einem Verwalter zu trennen, wenn sie das Vertrauen in ihn verloren haben."[79]

auch mehrfach. Die gesetzlichen Vorgaben hierfür sind klar: Über die Wiederbestellung muss die WEG einen Beschluss fassen, der frühestens ein Jahr vor Ablauf der Bestellung erfolgen kann. Für eine Wiederbestellung müssen keine neuen Alternativangebote vorgelegt werden, wenn sich die wichtigen Rahmenbedingungen und Eckpunkte (Vergütung, Leistungsumfang etc.) nicht ändern.

Auch wenn für die Abberufung der Verwalter*in kein Grund angegeben werden muss, ist es trotzdem besser, einen solchen vor der Abstimmung zu benennen und ins Protokoll mit aufzunehmen, damit der Beschluss ordnungsmäßiger Verwaltung entspricht und nicht von der überstimmten Minderheit gerichtlich angefochten werden kann. Mögliche **Abberufungsgründe** können sein: Abwahl wegen eigenmächtiger Beauftragung einer Baumaßnahme ohne Beschluss, wegen unzureichender Information des Beirats und der Wohnungseigentümer*innen über Schäden, wegen Untätigkeit trotz dringendem Handlungsbedarf, wegen nicht erfolgter Umsetzung eines wichtigen Beschlusses, wegen eigenmächtigen Abschlusses eines teuren Versicherungsvertrages etc. – all das ist ausreichend und zulässig. Die Verwalter*in

Auf dem Schleudersitz? – Abwahl der Verwalter*in jederzeit und ohne wichtigen Grund

Die Verwalter*in kann jetzt nach § 26 Abs. 3 WEGesetz **jederzeit** und **ohne**

---

kann sich dagegen nicht gerichtlich wehren, sie kann die Abberufung nach neuem Recht nicht mehr anfechten.

Die Abberufungserklärung wird nicht ab dem Zeitpunkt der Beschlussfassung gültig bzw. wirksam, sondern erst ab dem **Zeitpunkt des Zugangs** an die Verwalter*in. Die Abwahl kann fristlos erfolgen – die Verwalter*in kann demnach in einer Eigentümerversammlung mit sofortiger Wirkung abberufen werden, um sie z.B. daran zu hindern, einen bereits eingetretenen Schaden noch zu vergrößern – oder auch erst zu einem künftigen Termin, z.B. zum 30. April.

Vertrag ist Vertrag, oder? – Die Laufzeit des Verwaltervertrags bei vorzeitiger Abwahl

Noch neuer – diese Änderung wurde erst über den Bundestags-Rechtsausschuss eingefügt – ist, dass nach § 26 Abs. 3 Satz 2 WEGesetz der **Verwaltervertrag automatisch spätestens sechs Monate nach der Abberufung endet.**

Im alten WEGesetz war nichts zum Verwaltervertrag zu finden, denn die Bestellung der Verwalter*in wird juristisch streng vom Abschluss des Verwaltervertrags getrennt. Die Bestellung kann auch ohne Vertragsabschluss erfolgen (dies ist rechtlich möglich, aber nicht zu empfehlen). Aufgrund der rechtlichen Trennung zwischen Organ kraft Beschlusses einerseits und Geschäftsbesorgungsvertrag andererseits kam und kommt es aber immer wieder zu Problemen, z.B. wenn die Laufzeiten nicht übereinstimmen, denn in der Praxis ist beides eng miteinander verbunden.

Auch im neuen WEGesetz hat der Gesetzgeber keine Vorgaben für den Verwaltervertrag gemacht, aber eine **automatische Vertragsbeendigung 6 Monate nach einer Abberufung** vorgesehen, damit „die Wohnungseigentümer nicht durch fortbestehende Vergütungsansprüche von der Abberufung eines Verwalters abgehalten werden".[80] Die 6-Monate-Frist soll einen „angemessenen Ausgleich zwischen der Freiheit der Wohnungseigentümer, den Verwalter zu wechseln, und der Planungssicherheit für den Verwalter"[81] darstellen.

Der Vertrag muss nach der Abberufung der Verwalter*in also nicht gekündigt werden, es sei denn, die WEG will die Verwalter*in nicht einmal mehr die 6 Monate bezahlen. „**Spätestens**" signalisiert einen zeitlichen Spielraum und bedeutet, dass Sie die Verwalter*in keine sechs

80) Bundestags-Drucksache 19/22634, Beschlussempfehlung Rechtsausschuss zum WEMoG, S. 45
81) Lehmann-Richter/Wobst, WEG-Reform 2020, Köln 2020, Rz. 544

Monate mehr bezahlen müssen, wenn
der Vertrag

- **befristet** ist und vor Ablauf der Sechs-
  Monate-Frist sowieso geendet hätte,
- **auf unbestimmte Zeit abgeschlossen**
  worden ist (Unüblich, aber theoretisch
  möglich: Dann kann er nach § 621
  Nr. 3 BGB – bei monatlicher Zahlung
  der Vergütung – bis zum 15. eines
  Monats zum Ende des Monats gekündigt werden. Die Kündigungsfrist
  würde dann nur noch rund zwei bis vier
  Wochen betragen.),
- zwar auf bestimmte Zeit, also z.B. auf
  5 Jahre abgeschlossen wurde, es aber
  einen **wichtigen Grund** für die Kündigung gibt. (Ein zeitlich befristeter
  Vertrag kann nur aus wichtigem Grund
  außerordentlich und dann fristlos
  gekündigt werden. Mögliche wichtige
  Gründe sind: Die Verwalter*in legt keine oder mehrfach eine fehlerhafte Jahresabrechnung und einen fehlerhaften
  Wirtschaftsplan vor, sie lädt zu keiner
  Eigentümerversammlung ein, sie führt
  Beschlüsse nicht aus etc. Vor der Abberufung bzw. Kündigung aus wichtigem
  Grund sollte der Beirat der Verwalter*in
  möglichst eine oder mehrere Abmahnungen zugestellt haben.)

Für die Praxis heißt dies, dass Ihr Beirat
oder Sie als engagierte Wohnungseigentümer*in vor der Abwahl der Verwalter*in prüfen sollten, welche **Laufzeiten
im Verwaltervertrag** vereinbart sind.
Trifft keine der vorgenannten Optionen
zu, müssen Sie damit rechnen und sollten
das am besten auch so kalkulieren, dass
sie die Verwalter*in trotz wirksamer
Abberufung noch 6 Monate lang bezahlen müssen. Hat Ihre WEG bereits
eine neue Verwalter*in bestellt, müssen
Sie das Verwaltungshonorar doppelt
zahlen – allerdings nur sechs Monate
lang. Ein kleiner Trost: Die nicht mehr
bestellte Verwalter*in muss sich anrechnen lassen, was sie anderweitig verdient,
weil sie ihre Arbeitskraft, die sie sonst in
Ihre WEG investiert hätte, einer anderen
WEG anbieten kann. Wie hoch die Summe
ist, die sich die Verwalter*in anrechnen
lassen muss, hängt in jedem Einzelfall
davon ab, in welcher Höhe Sie ihr einen
anderweitigen Verdienst nachweisen
können. Üblich ist eine pauschalierte
„**Rest**"-**Vergütung von 80 %** des vertraglich vereinbarten Entgelts bis zum
Ablauf der Vertragslaufzeit.

XY aufgelöst: Die sicherste Lösung – Abberufung nicht in die Zukunft verschieben!

Es ist sicherlich keine gute Idee, einen Beschluss zu fassen, dass die Verwalter*in in vier oder acht Monaten gehen soll, dass also eine WEG Ende März die Verwalter*in zum 31. August abberuft. Für diesen Fall ist es derzeit unklar, wann die Frist für die Vertragsbeendigung zu laufen beginnt. Hierzu gibt es zwei Fachmeinungen: Die eine erklärt, dass die 6-Monats-Frist mit dem Abberufungsbeschluss beginnt, während die andere behauptet, dass sie mit dem Zeitpunkt des „Wirksamwerdens" der Abberufung beginnen müsste, in diesem Fall also am 1. September. Die sicherste und klarste Lösung ist die sofortige Abberufung, am sinnvollsten verbunden mit der Neubestellung einer anderen Verwalter*in. Dann kann es auch keine Unstimmigkeiten, Racheaktionen oder sonstiges Fehlverhalten geben. Es wird ein klarer Schnitt gemacht und mit dem Vertrag ist nach spätestens 6 Monaten auch Schluss. Meint Ihre WEG, einen Grund für die Abberufung zu haben, sollte sie nicht zögern.

Kombiniere: Kein Lösegeld für unvorhergesehene Scheidung vereinbaren

Die Verwalter*innen und Ihre Verbände sind von der neuen Möglichkeit, jederzeit abberufen zu werden und spätestens 6 Monate darauf auch kein Geld mehr zu bekommen, natürlich nicht angetan. Ihre Interessen sind darauf gerichtet, bei einer kurzfristigen Abberufung noch deutlich länger bezahlt zu werden. Vielleicht wurde ja auch einiges investiert in die Übernahme Ihrer WEG und in die Aufarbeitung alter Probleme und Verwaltungsdefizite. Die Juristen der Verwalterverbände diskutieren deshalb derzeit über Vertragsklauseln, mit denen sie diese Gesetzesregelung umgehen können: Beispielsweise, dass WEGs eine Art „Lösegeld" – eine Vertragsstrafe – zahlen sollen, wenn sie sich kurzfristig von Verwalter*innen trennen wollen. Streichen Sie solche Klauseln aus dem Vertragsentwurf! Unbedingt! Zwar kann es gut sein, dass solche Klauseln unwirksam sind – weil damit auf die Eigentümer*innen Druck ausgeübt werden soll, von den ihnen zustehenden Rechten keinen Gebrauch zu machen. Sie sollten sich aber besser nicht darauf verlassen.

Für den Verwaltervertrag soll nach juristischer Fachliteratur künftig **Verbraucherrecht** gelten[82]. Formularverträge, die z.B. von den Verwalterverbänden entwickelt wurden und nicht im Detail ausgehandelt werden, würden dann der **AGB-Kontrolle** unterliegen. Danach dürfte ein solcher Verwaltervertrag – wie ein Handyvertrag – nur noch auf höchstens 2 Jahre abgeschlossen werden und sich nur um höchstens ein Jahr verlängern, wenn er nicht spätestens drei Monate vor Ablauf der jeweiligen Laufzeit gekündigt wird. Würden Verträge mit einer längeren Laufzeit als 2 Jahre – also z.B. auf 5 Jahre – abgeschlossen, dann wäre die Laufzeit-Klausel nach § 309 Nr. 9 BGB unwirksam. In der Folge wäre der Vertrag unbefristet und könnte somit innerhalb von 2 bis 4 Wochen gekündigt werden. Ob diese Einschätzung von den Gerichten mitgetragen wird, bleibt abzuwarten.

Kombiniere: Der Verwaltervertrag der Zukunft

Zwei Empfehlungen für den Verwaltervertrag:

- Idealerweise sollte das Ende des Verwaltervertrags an das Ende der Bestellung gekoppelt werden. Dann endet der Vertrag automatisch mit der Abberufung der Verwalter*in. Formulierungsvorschlag: „Im Falle der Beendigung/Einstellung der Verwaltertätigkeit, gleich aus welchem Rechtsgrund, insbesondere im Falle einer vorzeitigen Abberufung der Verwalter*in gemäß § 26 Abs. 3 Satz 1 WEGesetz, endet der Verwaltervertrag automatisch, ohne dass es einer gesonderten Kündigung bedarf."

- Lässt sich die Verwalter*in auf diese Vertragskonstruktion nicht ein, dann sollte Ihre WEG die Verwalter*in stets für 2 Jahre bestellen und zugleich einen 2-Jahres-Vertrag abschließen, in Anlehnung an andere Verbraucherverträge.

---

82) Lehmann-Richter/Wobst, WEG-Reform 2020, Köln 2020, Rz. 537, 538 f. Bisher wurden Verwalterverträge von der Rechtsprechung als Sonderregelungen ausgelegt, die nicht dem Verbraucherrecht zu unterliegen haben.

Zu § 26a: Die Lizenz zum „Mäuse" fangen?
Bald darf nicht mehr jeder ins Amt

§ 26a Zertifizierter Verwalter

(1) Als zertifizierter Verwalter darf sich bezeichnen, wer vor einer Industrie- und Handelskammer durch eine Prüfung nachgewiesen hat, dass er über die für die Tätigkeit als Verwalter notwendigen rechtlichen, kaufmännischen und technischen Kenntnisse verfügt.

(2) Das Bundesministerium der Justiz und für Verbraucherschutz wird ermächtigt, durch Rechtsverordnung nähere Bestimmungen über die Prüfung zum zertifizierten Verwalter zu erlassen. In der Rechtsverordnung nach Satz 1 können insbesondere festgelegt werden:

1. nähere Bestimmungen zu Inhalt und Verfahren der Prüfung;
2. Bestimmungen über das zu erteilende Zertifikat;
3. Voraussetzungen, unter denen sich juristische Personen und Personengesellschaften als zertifizierte Verwalter bezeichnen dürfen;
4. Bestimmungen, wonach Personen aufgrund anderweitiger Qualifikationen von der Prüfung befreit sind, insbesondere weil sie die Befähigung zum Richteramt, einen Hochschulabschluss mit immobilienwirtschaftlichem Schwerpunkt, eine abgeschlossene Berufsausbildung zum Immobilienkaufmann oder zur Immobilienkauffrau oder einen vergleichbaren Berufsabschluss besitzen.

Ab dem 01.12.2022 kann die Bestellung einer **zertifizierten Verwalter*in** verlangt werden. Nur für bereits bestellte Verwalter*innen – die „alten Hasen" – gilt ausnahmsweise noch eine Übergangsfrist bis 01.06.2024. So regeln es § 19 Abs. 2 Nr. 6 WEGesetz sowie die Übergangsvorschrift in § 48 Abs. 4 WEGesetz.

Der neue § 26 a WEGesetz legt allgemeine gesetzliche Anforderungen an die Zertifizierung fest: Auf der Grundlage einer Rechtsverordnung des Bundesjustizministeriums mit konkreten Anforderungen an die Zertifizierung soll der Deutsche Industrie- und Handelstag Kursangebote und Prüfungsanforderungen erarbeiten und festlegen.

Keine Prüfung ablegen brauchen Jurist*innen mit der Befähigung zum Richteramt, Hochschulabsolvent*innen mit einem immobilienwirtschaftlichen Studium sowie Immobilienkaufleute. Weitere Informationen zur Bestellung zertifizierter Verwalter*innen siehe § 19 Abs. 2 Nr. 6 WEGesetz.

Der Fall: Immer sauber (bleiben)!

Horst Schimanski ist selbstständig. Er betreibt eine Gebäudereinigung mit Schwerpunkt Tatortreinigung, eine WEG-Verwaltung und eine Detektei. Als moderner Selbstständiger muss man mehrere Standbeine haben, so seine Devise. Je nachdem, welche Branche gerade besser läuft, verlegt er seinen Arbeitsschwerpunkt dorthin. Das variiert, denn die Zahl der Fernsehkrimis hat zwar inflationär zugenommen, aber trotzdem bekommt er nicht mehr Aufträge als Tatortreiniger. Für Detektive läuft es mal besser mal schlechter. Letztendlich ist die WEG-Verwaltung die Branche mit Zukunft, wenn da nicht die wachsenden Anforderungen wären. Die Gewerbeanmeldung war nicht problematisch, die derzeitigen 20 Stunden Fortbildung in drei Jahren schafft er auch mit links, aber sich in das neue WEGesetz einzuarbeiten und dann noch Kurse und eine Prüfung für ein Zertifikat ablegen zu müssen – ob er das will und kann …?

Zu § 27: Verwalter, übernehmen Sie! Aufgaben, Rechte und Pflichten

§ 27 Aufgaben und Befugnisse des Verwalters

(1) Der Verwalter ist gegenüber der Gemeinschaft der Wohnungseigentümer berechtigt und verpflichtet, die Maßnahmen ordnungsgemäßer Verwaltung zu treffen, die

1. untergeordnete Bedeutung haben und nicht zu erheblichen Verpflichtungen führen oder

2. zur Wahrung einer Frist oder zur Abwendung eines Nachteils erforderlich sind.

(2) Die Wohnungseigentümer können die Rechte und Pflichten nach Absatz 1 durch Beschluss einschränken oder erweitern.

§ 27 WEGesetz regelt die Aufgaben und Befugnisse (= Entscheidungsrechte und Handlungspflichten) der Verwalter*in im **Innenverhältnis** zur WEG, also zwischen der WEG und der Verwalter*in. Damit unterscheidet er sich nicht nur optisch vom früheren § 27 WEGesetz, der locker fünf- bis sechsmal so umfangreich und sehr unübersichtlich war, sondern auch inhaltlich. Die Verwalter*in handelt jetzt nicht mehr für die Wohnungseigentümer*innen oder die Gesamtheit der Wohnungseigentümer*innen, sondern nur **für die WEG**. Die Vertretung der WEG nach außen, also z.B. bei Vertragsabschlüssen mit oder Auftragsvergaben an Dritte, ist jetzt in § 9b WEGesetz geregelt.[83]

Der allgemeine Aufgabenkatalog für die Verwalter*in ist auf **zwei Generalklauseln** – § 27 Abs. 1 Nr. 1 und Nr. 2 WEGesetz – reduziert. Es wird nicht mehr aufgelistet, was die Verwalter*in allein, also ohne Beschluss, entscheiden und **machen darf** und teilweise sogar muss. Vielmehr werden die Aufgaben jetzt allgemein beschrieben: Es wird eine „generelle Grenze" gezogen, bis zu der die Verwalter*in eigenständig entscheiden und handeln darf. Neu ist auch, dass die WEG diese Kompetenzen der Verwalter*in erweitern oder einschränken darf. Sie wird geradezu dazu aufgefordert, mehr dazu im § 27 Abs. 2 WEGesetz.

Weitere konkrete Aufgaben und Pflichten der Verwalter*innen ergeben sich auch aus weiteren Paragrafen des WEGesetzes,

---

83) Zur Einordnung: Ist das Vertretungsrecht der Verwalter*innen im Außenverhältnis nach § 9a WEGesetz jetzt nahezu unbeschränkt, so ist das Entscheidungsrecht der Verwalter*innen im Innenverhältnis zur WEG deutlich eingeschränkt.

so z.B. im Zusammenhang mit der Eigentümerversammlung oder dem Wirtschaftsplan und der Jahresabrechnung.

Im Einsatz – was darf die Verwalter*in ohne Beschluss?

Ihre Verwalter*in darf nach § 27 Abs. 1 Nr. 1 WEGesetz ohne Beschluss Maßnahmen ordnungsmäßiger Verwaltung treffen, die

- „untergeordnete Bedeutung haben" und
- „nicht zu erheblichen Verpflichtungen führen".

Das heißt zunächst, dass beide Kriterien „untergeordnete Bedeutung" und „keine erhebliche Verpflichtung" immer **gemeinsam** zutreffen müssen. Soweit ist es noch einfach. Sicherlich wird es aber bei den neuen unbestimmten Rechtsbegriffen zu Auslegungsfragen und -problemen kommen und damit zu nicht wenigen neuen Gerichtsverfahren.

Maßnahmen „**untergeordneter Bedeutung**" sind laut Gesetzesbegründung

- kleine Reparaturen,
- Austausch defekter Leuchtelemente,
- Instandsetzung eines Fensterglases,
- Graffitientfernung (sicher mit Einschränkung, denn je nach Größe kann das teuer werden),

- Abschluss von Versorgungs- oder Dienstleistungsverträgen in beschränktem Umfang bzw. von geringer finanzieller Bedeutung (Vorsicht: kein erstmaliger Abschluss z.B. eines Hausmeistervertrags).

Weitere Maßnahmen, die auch schon vor der WEGesetz-Reform 2020 zur laufenden Verwaltung gehörten und von der Verwalter*in eigenständig geregelt werden konnten:

- Ersatz von einzelnen defekten Briefkästen und Klingelschildern,
- Kauf von Werkzeug für Hausmeister*in und Reinigungskräfte (kein Neukauf von Waschmaschinen oder größeren Rasenmähern).

Ob solche Maßnahmen dann zu einer „**erheblichen Verpflichtung**" führen oder nicht, ist im Einzelfall auszulegen. Nach der Gesetzesbegründung[84] ist die Beurteilung des Werts einer Maßnahme von verschiedenen Faktoren abhängig. Natürlich hängt sie ab vom absoluten Geldbetrag, aber auch von der Größe der WEG, dem Umfang der Maßnahme sowie von nicht-materiellen Werten. Dabei soll aber nicht (nur) der Gesamtbetrag, also die absolute Höhe der finanziellen Verpflichtung für die WEG, ausschlaggebend sein, sondern insbesondere die Höhe des

---

84) Bundestags-Drucksache 19/22634, Beschlussempfehlung Rechtsausschuss zum WEMoG, S. 47 **311**

Betrags, den die einzelne Wohnungs-eigentümer*in finanzieren oder für den sie geradestehen muss.

XY aufgelöst: Kriterien,, wann eine Verwalter*in selbstständig entscheiden kann

- Die Finanzierung der Maßnahme muss sichergestellt, also **im Wirt-schaftsplan** berücksichtigt sein.
- Als **Grenzwert** für ein Handeln ohne Beschluss können pro Maßnahme 2 – 5 % der Summe des Wirtschafts-plans (Durchschnittswert der letz-ten 3 Jahre) angenommen werden.
- **Nicht-materieller Wert** einer Maßnahme, Beispiele: Auch wenn das Fällen eines Baumes für eine größere WEG nicht teuer wäre, also unter 2 % des Gesamtbetrags des Wirtschaftsplans liegen würde, muss die Verwalter*in hierfür einen Beschluss einholen – sie weiß, dass der Baum vielen oder allen Eigen-tümer*innen wichtig ist. Gleiches gilt für alle Maßnahmen, die in oder außerhalb der Eigentümerversamm-lung heiß diskutiert werden. Weiß die Verwalter*in davon, darf sie nicht einfach Fakten schaffen.
- Die Maßnahme muss **typisch sein, kein erstmaliger Abschluss.** „Je au-ßergewöhnlicher die Angelegenheit ist und je seltener die WEG damit konfrontiert ist, umso weniger wird dafürsprechen, dass der Verwalter hier handeln kann."[85]

85) Dötsch/Schultzky/Zschieschack, WEG-Recht 2021, München 2021, Kap. 9 Rz. 118

Für alle Fälle sollte die Verwalter*in bereits im Verwaltervertrag verpflichtet werden, für Maßnahmen, die besonders kostspielig oder nachhaltig sind, immer einen Beschluss der Eigentümerversammlung einzuholen, siehe § 27 Abs. 2 WEGesetz. Unterlässt sie das dann und ist die Maßnahme nicht von untergeordneter Bedeutung, macht sich die Verwalter*in gegenüber der WEG schadensersatzpflichtig. Kontrollen sind demnach wichtig. Die Kontrolle sollte allerdings mit Augenmaß erfolgen und nicht aufgrund eines grundsätzlichen Misstrauens gegen die Verwalter*in und gegen alle Verwaltertätigkeiten. Das schafft nur Stress und führt zu keiner vertrauensvollen Zusammenarbeit.

Kombiniere: Verwalterhandeln (stichprobenartig) in regelmäßigen Abständen prüfen!

Maßnahmen, die von der Verwalter*in ohne Beschluss durchgeführt worden sind, sollte der Beirat mit der Frage prüfen, ob die entstandenen Kosten plausibel und verhältnismäßig sind oder ob dafür ein Beschluss erforderlich gewesen wäre. Wenn der Beirat feststellt, dass die Verwalter*in z.B. für eine größere Baumaßnahme keinen Beschluss eingeholt hat und es sich auch nicht um eine Notmaßnahme handelt, dann kann die weitere Durchführung noch mittels einer außerordentlichen Versammlung und entsprechender Beschlussfassung gestoppt werden (wenn es nicht schon zu spät ist).

Hat die Verwalter*in wichtige längerfristige Verträge ohne Beschluss abgeschlossen, z.B. einen 10-jährigen Wartungsvertrag für den Aufzug, dann kann die WEG nur beschließen, dass der Vertrag zum nächstmöglichen Zeitpunkt wieder gekündigt wird. Da die WEG Verbraucherin ist, kann erstmals zum Ablauf der ersten zwei Jahre der Vertrag gekündigt werden, danach jährlich.

Je früher die WEG von einem eigenmächtigen Handeln der Verwalter*in erfährt und gegensteuern kann, um so kostengünstiger und weniger nervenaufreibend wird die „Korrektur".

Anruf genügt: Eil- und Notmaßnahmen

Die zweite sogenannte Generalklausel in § 27 Abs. 1 Satz 2 WEGesetz besagt, Ihre Verwalter*in darf ohne Beschluss „Maßnahmen ordnungsmäßiger Verwaltung treffen, die (…) zur Wahrung einer Frist oder zur Abwendung eines Nachteils erforderlich sind." Das bedeutet, dass die Verwalter*in wie früher auch für die Durchführung von **Eil- und Notmaßnahmen** zuständig ist. Beim Umfang der Handlungsrechte bleibt es bei der bisherigen Rechtslage. In diesen Fällen muss sie handeln und auch über Maßnahmen entscheiden, für die sie eigentlich einen Beschluss der Eigentümer*innen gebraucht hätte.

Die Verwalter*in muss von sich aus tätig werden, wenn eine **kurze Frist** einzuhalten ist, z.B. wenn die WEG verklagt wird und sie kurzfristig einen Rechtsanwalt beauftragen muss, damit die WEG sich gegen eine Anfechtungsklage verteidigen kann. Diese kurzfristig zu treffenden Entscheidungen bzw. Aufträge gelten nur bis zur nächsten Eigentümerversammlung. Dann müssen die Eigentümer*innen entscheiden, ob und ggf. wie der Rechtsstreit fortgeführt wird, ob sie z.B. das Mandat des Rechtsanwalts aufrechthalten oder kündigen wollen. Es ist dann Pflicht der Verwalter*in, diese Entscheidung umzusetzen.

„Abwendung eines Nachteils" heißt, dass eine **Notsituation** vorliegen muss. In solchen Fällen muss die Verwalter*in schnell aktiv werden, um einen Schaden abzuwehren oder zu reduzieren. Sie kann weder bis zur nächsten ordentlichen Eigentümerversammlung warten noch eine außerordentliche Eigentümerversammlung einberufen, auch nicht mit einer verkürzten Einladungsfrist. Klassiker sind ein Wasserrohrbruch oder ein Sturmschaden, der das Dach undicht gemacht hat. (In diesen Fällen sind übrigens auch Sie als einzelne Wohnungseigentümer*in berechtigt, Notmaßnahmen in die Wege zu leiten, siehe § 18 Abs. 3 WEGesetz.) Mit der Notmaßnahme muss die Gefahr vor weiteren Schäden und Folgeschäden beseitigt werden, aber nicht unbedingt die Schadensursache.

Kombiniere: Es darf nur das getan werden, was erforderlich ist
Gebrochene Dachziegel müssen nur dann ausgetauscht werden, wenn (weitere) Feuchtigkeitsschäden zu erwarten sind, nicht aber, weil sie kaputt sind. Und schon gar nicht darf die Verwalter*in gleichzeitig das Dach neu eindecken lassen. Werden im Rahmen des Dachziegelaustauschs weitere Schäden am Dach festgestellt, die noch keinen Wasserschaden verursacht haben und auch in den nächsten Wochen zu keinen Schäden führen werden, bleibt der Verwalter*in Zeit, über weitere Maßnahmen einen Beschluss fassen zu lassen. Die Verwalter*in darf also nur das Nötigste machen. Aber das muss sie auch!

Handschellen anlegen – WEG kann Verwalter-Rechte einschränken oder erweitern

Die in § 27 Abs. 2 WEGesetz genannte Möglichkeit, die Rechte und Pflichten der Verwalter*in einzuschränken, ist ganz neu. Ob, wie und in welchem Umfang die Wohnungseigentümer*innen dieses neue Recht nutzen und umsetzen können, wird sich erst zeigen.

Wichtige Voraussetzungen zur Einschränkung oder Erweiterung der Verwalter-Rechte:

- Die Änderungen von Verwalteraufgaben und -pflichten können nur das Innenverhältnis zwischen WEG und Verwalter*in betreffen. Die Aktivitäten/ Vertretungsrechte der Verwalter*in nach außen (siehe § 9b WEGesetz) können nicht eingeschränkt werden.
- Ändern können Sie nur Verwalteraufgaben, -rechte und -pflichten nach § 27 Abs. 1 Nr. 1 WEGesetz. Beschlüsse zur Änderung des § 27 Abs. 1 Satz 2 WEGesetz über Eil- und Notmaßnahmen werden wahrscheinlich mit den Grundsätzen einer ordnungsgemäßen Verwaltung unvereinbar und damit anfechtbar sein, eindeutig formuliert ist es im WEGesetz allerdings nicht.
- Die Erweiterungen oder Einschränkungen der Aufgaben und Pflichten der Verwalter*in müssen per Beschluss gefasst werden.

Eigenständiger Beschluss oder Aufnahme in den Verwaltervertrag? Beides geht, da die WEG ja auch über den Verwaltervertrag beschließt.

- An einen WEG-Beschluss sind aktuelle und künftige Verwalter*innen gebunden – sofern in (späteren) Verwalterverträgen nichts anderes steht. Dabei kann es um eine Einzelmaßnahme gehen. Genauso können Sie bestimmte Verwalteraufgaben dauerhaft konkretisieren, z.B. dass Verwalter*innen Ihrer WEG Einzelaufträge ab Betrag x nicht ohne WEG-Beschluss vergeben dürfen.

- Schließt die WEG einen neuen Verwaltervertrag ab, können Sie Festlegungen nach § 27 Abs. 2 WEGesetz auch direkt in den Vertrag schreiben, wenn die Eigentümerversammlung den gesamten Entwurf des Verwaltervertrags diskutiert und über den gesamten Vertrag abstimmt – das ist dann der nötige Beschluss. Aber Vorsicht: Die nächsten Verwalter*innen sind daran dann nicht gebunden!
- Bitte beachten: Was einmal im Verwaltervertrag steht, kann nicht ohne Zustimmung der Verwalter*in geändert werden – jedenfalls nicht während der Vertragslaufzeit. Für einen Beschluss brauchen Sie die Zustimmung der Verwalter*in hingegen nicht! Nimmt die Verwalter*in das Amt an, stimmt sie auch allen damit verbundenen Pflichten zu[86] und akzeptiert die vor oder während ihrer Amtszeit gefassten Beschlüsse.
- Alle Beschlüsse müssen ordnungsmäßiger Verwaltung entsprechen, sonst sind sie anfechtbar. Das heißt, sie

müssen ausreichend eindeutig sein und die Einschränkung oder Erweiterung des Rechts der Verwalter*in, ohne Beschluss zu handeln, muss so konkret wie möglich beschrieben werden. Ein Beschluss „Die Verwalter*in hat sich mit dem Beirat über … abzusprechen" ist auf jeden Fall zu unkonkret.

Nutzen Sie Ihr neues Recht – auch um Missverständnisse und Streitigkeiten über die Auslegung des § 27 Abs. 1 WEGesetz zu vermeiden und die unbestimmten Rechtsbegriffe zu konkretisieren. Außerdem: Ein sorgfältig ausgehandelter Verwaltervertrag wird in Zukunft von noch größerer Bedeutung sein, als das bisher schon der Fall war. Erste Vorschläge für Beschlussanträge zur Änderung der Verwalterrechte und für den Verwaltervertrag können Sie in Kapitel 2.4. nachlesen.

Heißes Eisen – Direktanspruch gegen Verwalter*in

Können Wohnungseigentümer*innen die Verwalter*innen noch direkt auf Schadensersatz verklagen? Nach früherem Recht haftete die Verwalter*in den einzelnen Wohnungseigentümer*innen auf Schadensersatz, wenn sie ihre Pflichten verletzt hat und es dadurch zu einem

86) Lehmann-Richter/Wobst, WEG-Reform 2020, Köln 2020, Rz. 506

Schaden am Sondereigentum kam. Dies war nicht im Gesetz geregelt, sondern wurde damit begründet, dass der Verwaltervertrag ein Vertrag mit Schutzwirkung zugunsten Dritter, das heißt der einzelnen Eigentümer sei. Mit dem Argument, dass die Verwalter*in nach dem neuen Rechtssystem nur noch für die WEG zuständig ist, wird dieser Individualanspruch auf Schadensersatz – direkt gegen die Verwalter*in – nun in ersten juristischen Kommentaren zum neuen WEGesetz kontrovers diskutiert. Nach neuem Recht sei erst einmal die WEG „dran", so einige Kommentatoren.

Der **Rechtsausschuss des Deutschen Bundestags** hatte diesen Direktanspruch allerdings bestätigt und bekräftigt, indem er einige Tage vor der Verabschiedung des neuen WEGesetzes in die

Gesetzesbegründung hat schreiben lassen: „Die Rechte und Pflichten nach § 27 bestehen allein gegenüber der Gemeinschaft der Wohnungseigentümer. Die aus dem Verwaltervertrag fließenden Rechtsbeziehungen (zu den Wohnungseigentümer*innen) regelt § 27 dagegen nicht. Die Vorschrift steht deshalb auch der Einordnung des Verwaltervertrags als Vertrag mit Schutzwirkung zugunsten der Wohnungseigentümer nicht entgegen (vergleiche BGH, Urteil vom 8.2.2019 – V ZR 153/18, NJW 2019, 3446 Randnummer 9)."[87] Die Tatsache, dass der Rechtsausschuss gerade auf das Urteil Bezug nimmt, mit dem der BGH (in der Randziffer 9) ausführt, dass „eigene Schadensersatzansprüche der jeweiligen Wohnungseigentümer wegen Pflichtverletzungen des Verwalters in Betracht kommen, weil der Verwaltervertrag

87) Bundestags-Drucksache 19/22634, Beschlussempfehlung Rechtsausschuss zum WEMoG, S. 47

Schutzwirkungen zugunsten der Wohnungseigentümer entfaltet"[88], belegt, dass der Gesetzgeber dieses Rechtsinstitut auch nach der WEG-Reform beibehalten will und die dazu entwickelte Rechtsprechung fortgelten soll: „Soweit die Voraussetzungen dieses Rechtsinstituts vorliegen, kann ein geschädigter Wohnungseigentümer daher vertraglichen Schadensersatz vom Verwalter verlangen."[89] Und zum § 43 Abs. 2 Nr. 3 WEGesetz heißt es in der Gesetzesbegründung: „Die (…) gerichtliche Zuständigkeit gilt auch für Streitigkeiten über Ansprüche der Wohnungseigentümer gegen den Verwalter, insbesondere für Schadensersatzansprüche eines Wohnungseigentümers, der in den Schutzbereich des Verwaltervertrags einbezogen ist."[90] Diese ausführliche Zuweisung wäre überflüssig und vom Rechtsausschuss nicht ergänzt worden, wenn es solche Ansprüche nicht mehr geben sollte.

Jetzt nach der Gesetzeseinführung gibt es – erwartungsgemäß? – unterschiedliche Debatten über diese Regelung, also darüber, ob die Reform das Risiko der Verwalter*innen, schnell und direkt auf Schadensersatz verklagt zu werden, abgeschafft hat. Insbesondere die Autoren des ersten Handbuchs[91] mit großer Nähe zu den Gesetzesverfassern im Bundesministerium der Justiz und für Verbraucherschutz (BMJV) vertreten diese Meinung zur Verteidigung ihres ursprünglichen Konzepts. WiE schließt sich dieser Meinung nicht an, sondern vertritt aufgrund der obigen Argumente die Auffassung, dass die Schadensersatzansprüche gegen die Verwalter*in fortbestehen! Zur Klärung muss aber die **höchstrichterliche Rechtsprechung abgewartet** werden. Bis dahin ist es für Sie leider sicherer, Ihre eventuelle Schadensersatzklage gegen die WEG zu richten. Diese kann (und sollte) dann beschließen, bei der Verwalter*in Regress zu nehmen, das heißt, diese auf den Ersatz des Schadens und der Prozesskosten zu verklagen.

Wohnungseigentümer*innen, die eine Rechtsschutzversicherung haben oder angemessen vermögend sind, können es wagen, im Schadensfall direkt die Verwalter*in oder – noch konsequenter – sowohl die Verwalter*in als auch die WEG zu verklagen, wenn die Verwalter*in einen Schaden an ihrem Sondereigentum verursacht hat. Denn erfahrungsgemäß sind solche Prozesse nicht schnell beendet (schon gar nicht, wenn es in die Berufungsinstanz und sogar zum BGH geht).

88) BGH, 08.2.2019, Az. V ZR 153/18 Rz. 9

89) Bundestags-Drucksache 19/22634, Beschlussempfehlung Rechtsausschuss zum WEMoG, S. 47

90) Bundestags-Drucksache 19/22634, Beschlussempfehlung Rechtsausschuss zum WEMoG, S. 48

91) Lehmann-Richter/Wobst, WEG-Reform 2020, Köln 2020, Rz. 58 ff.

Und wenn dann die Klage gegen eine der beiden Parteien abgewiesen werden sollte und die andere nicht verklagt ist, kann es aufgrund der Verjährung der Schadensersatzansprüche zu spät sein für eine weitere Klage. Alternativ bietet sich an, von der WEG eine Erklärung zu fordern, mit der diese ausdrücklich auf die Einrede der Verjährung verzichtet. Das dürfte allerdings einen vorausgehenden Beschluss erforderlich machen.

Fazit: Wer das Risiko scheut, wird sich zunächst an die WEG halten müssen – jedenfalls bis der BGH in einem Urteil zu der ungeklärten Rechtsfrage Stellung nimmt – oder der Gesetzgeber das WEGesetz noch einmal nachbessert, was wohl eher nicht so schnell zu erwarten ist.

Zu § 28: Abgerechnet wird zum Schluss

§ 28 Wirtschaftsplan, Jahresabrechnung, Vermögensbericht

(1) Die Wohnungseigentümer beschließen über die Vorschüsse zur Kostentragung und zu den nach § 19 Absatz 2 Nummer 4 oder durch Beschluss vorgesehenen Rücklagen. Zu diesem Zweck hat der Verwalter jeweils für ein Kalenderjahr einen Wirtschaftsplan aufzustellen, der darüber hinaus die voraussichtlichen Einnahmen und Ausgaben enthält.

(2) Nach Ablauf des Kalenderjahres beschließen die Wohnungseigentümer über die Einforderung von Nachschüssen oder die Anpassung der beschlossenen Vorschüsse. Zu diesem Zweck hat der Verwalter eine Abrechnung über den Wirtschaftsplan (Jahresabrechnung) aufzustellen, die darüber hinaus die Einnahmen und Ausgaben enthält.

(3) Die Wohnungseigentümer können beschließen, wann Forderungen fällig werden und wie sie zu erfüllen sind.

(4) Der Verwalter hat nach Ablauf eines Kalenderjahres einen Vermögensbericht zu erstellen, der den Stand der in Absatz 1 Satz 1 bezeichneten Rücklagen und eine Aufstellung des wesentlichen Gemeinschaftsvermögens enthält. Der Vermögensbericht ist jedem Wohnungseigentümer zur Verfügung zu stellen.

Die **Finanz- und Vermögensverwaltung der WEG** war im bisherigen WEGesetz für die Wohnungseigentümer*innen nur unzureichend und fragmentarisch geregelt. Die Vorgaben zum Wirtschaftsplan und zur Jahresabrechnung sind erst nach und nach durch die Rechtsprechung konkretisiert worden. Mit den neuen Regelungen wollte der Gesetzgeber mehr Klarheit schaffen. Nach den Praxiserfahrungen von WiE reichen aber auch diese bei weitem nicht aus, damit Jahresabrechnungen für die Wohnungseigentümer*innen

transparenter, nachvollziehbarer und fehlerfreier werden. Erste Vorschläge, wie Ihre WEG die Jahresabrechnung optimieren kann, finden Sie im Kapitel 2.5.

Neu ist: Der „Gegenstand" – also der Inhalt – des Beschlusses über den **Wirtschaftsplan** (§ 28 Abs. 1 WEGesetz) und die **Jahresabrechnung** (§ 28 Abs. 2 WEGesetz) wurde geändert. Abgestimmt wird nur noch über die im Wirtschaftsplan aufgeführten Vorschüsse (also über das **Hausgeld**) und über die laut der Jahresabrechnung erforderlichen **Nachschüsse** oder **Überschüsse**, die Abrechnungsspitzen. Damit soll die Zahl der Gerichtsverfahren (Anfechtungsklagen) über Jahresabrechnungen und Wirtschaftspläne reduziert werden. Außerdem wird ein **Vermögensbericht** in § 28 Abs. 4 WEGesetz eingeführt.

Basis aller Schachzüge: Der Wirtschaftsplan

In § 28 Abs. 1 WEGesetz ist der Wirtschaftsplan geregelt. Er ist der „Haushaltsplan" für die WEG, also für die Verwaltung des Gemeinschaftseigentums. Darin wird vorausschauend für das Kalenderjahr festgelegt, mit welchen Ausgaben zu rechnen ist und welche Einnahmen (Hausgelder der Eigentümer*innen u.a.) eingehen müssen, um die Ausgaben zu tätigen und angemessene Rücklagen anzusparen.

In § 28 Abs. 1 Satz 1 WEGesetz geht es um den **Beschlussgegenstand**, also darum, worüber die Eigentümer*innen konkret beschließen. Hier wird klargestellt, dass sie nicht mehr über den Wirtschaftsplan als Ganzes abstimmen, sondern nur noch über die zu zahlenden Vorschüsse, also über die Höhe des Hausgelds (= SOLL-Hausgeld) für

1. die laufende Bewirtschaftung des Gemeinschaftseigentums und
2. das Ansparen von Rücklagen.

Unter die Rücklagen fällt nicht nur die Erhaltungsrücklage (vor der WEGesetz-Reform 2020: Instandhaltungsrückstellung). Gemeint sind auch weitere per Beschluss einführbare Rücklagen, z.B. eine Liquiditätsrücklage. Diese kann Ihre WEG für finanzielle Engpässe bilden, etwa für den Fall, dass zu Beginn des Jahres Versicherungen bezahlt werden müssen oder Heizöl eingekauft werden muss, aber das Gemeinschaftskonto noch ziemlich „leer" ist.

In § 28 Abs. 1 Satz 2 WEGesetz wird klargestellt, dass die Verwalter*in den Wohnungseigentümer*innen aber nach wie vor jedes Jahr einen Wirtschaftsplan vorzulegen hat. Sie haben einen Anspruch auf

- den Gesamtwirtschaftsplan,
- Ihren Einzelwirtschaftsplan[92] je Wohnung und
- eine Übersicht über alle Hausgelder, um die Hausgeldhöhe nachvollziehen und nachrechnen zu können, ehe Sie in der Eigentümerversammlung den Beschluss fassen. Ihr Anspruch richtet sich im neuen System allerdings nicht mehr direkt gegen die Verwalter*in, sondern gegen die WEG.

---

92) Die Notwendigkeit der Vorlage von Einzelwirtschaftsplänen ergibt sich aus der Forderung, dass „Vorschüsse" (Plural) festzulegen und zu zahlen sind; die Aufstellung eines Gesamtwirtschaftsplans ergibt sich aus der gesetzlichen Formulierung, dass der Wirtschaftsplan „darüber hinaus die voraussichtlichen Einnahmen und Ausgaben enthält", siehe Lehmann-Richter/Wobst, WEG-Reform 2020, Köln 2020, Rz. 764 ff.

Der **Gesamtwirtschaftsplan** und der **Einzelwirtschaftsplan** für jede Wohnung werden in der Praxis häufig in einer Liste/Tabelle zusammengefasst. In den Einzelwirtschaftsplänen sind die Kostenverteilungsschlüssel aufzuführen, nur so sind die Positionen nachrechenbar. Wurde bisher jeder Eigentümer*in in der Regel nur der Gesamtwirtschaftsplan und ihr eigener Einzelwirtschaftsplan vorgelegt, sollte die Verwalter*in jetzt allen Eigentümer*innen zusätzlich eine **Übersicht über alle Hausgelder** aushändigen. Diese wird umso wichtiger, je mehr Baumaßnahmen jetzt von einzelnen oder Gruppen von Eigentümer*innen finanziert und je mehr unterschiedliche Kostenverteilungsschlüssel nach § 16 WEGesetz beschlossen werden. Denn nur so können Sie den Beschlussgegenstand – die gebündelten Hausgeldbeträge oder die Summe aller Hausgelder, beides ist denkbar[93] – nachrechnen und bei der Abstimmung darauf Bezug nehmen.

Der **Beschluss über die Vorschüsse** (Hausgelder) kann gerichtlich angefochten werden, wenn die ermittelten Vorschüsse fehlerhaft sind. Nicht mehr angefochten werden kann (wie bereits erwähnt) der gesamte Wirtschaftsplan. Erhalten die Wohnungseigentümer*innen keinen Gesamtwirtschaftsplan oder ist er nicht nachvollziehbar, nicht transparent oder unvollständig und genehmigt eine Mehrheit der Eigentümer*innen trotzdem die Vorschüsse auf der Basis ihrer Einzelwirtschaftspläne, dann kann der Beschluss **nicht** allein deshalb angefochten werden. Versuchen Sie es trotzdem, wird die Anfechtungsklage vom Gericht abgewiesen werden, wenn Sie nicht darstellen können, dass sich diese Fehler tatsächlich auf das Ergebnis (= die Höhe der beschlossenen Vorschüsse) ausgewirkt haben. Fehler können sich z.B. ergeben aus falschen Kostenverteilungsschlüsseln, fehlenden Einnahmen oder Ausgaben, Rechenfehlern. Gerichtlich angefochten werden können wohl auch nur alle Vorschlüsse zusammen oder die Summe aller SOLL-Hausgelder (Vorschüsse). Diese müssen einen Fehler enthalten. Eine Eigentümer*in kann demnach ihre Anfechtungsklage wohl nicht nur auf ihren eigenen Vorauszahlungsbeitrag beschränken, es sei denn nur ihr Beitrag wäre falsch und hätte keine Auswirkung auf den Gesamtbetrag der Vorschüsse. Denn sollte das Gericht ihrer Anfechtung stattgeben und sie das Hausgeld nicht zahlen müssen, hätte die WEG eine Finanzierungslücke[94]. Hier bleiben die Gerichtsurteile abzuwarten.

---

93) Hier ist sich die Fachautoren nicht einig. Nach Lehmann-Richter/Wobst, WEG-Reform 2020, Köln 2020, Rz 787 sind beide Darstellungen möglich, nach Dötsch/Schultzky/Zschieschack, WEG-Recht 2021, München 2021, Kap. 10 Rz. 29 ff. muss eine eindeutige Ausweisung der Vorschüsse erfolgen.

94) Lehmann-Richter/Wobst, WEG Reform 2020, Köln 2020, Rz. 808

Verschlüsselte Wahrheiten – die Jahresabrechnung

In § 28 Abs. 2 WEGesetz wird die **Jahresabrechnung** definiert als „Abrechnung über den Wirtschaftsplan". Absatz 2 ist deshalb genauso aufgebaut wie Absatz 1 über den Wirtschaftsplan. In Satz 1 wird der Beschlussgegenstand definiert, also worüber die Eigentümerversammlung zu beschließen hat. In Satz 2 werden die erforderlichen Mindest-Informationen zur Beschlussvorbereitung genannt.

Wie beim Wirtschaftsplan wird in § 28 Abs. 2 Satz 1 WEGesetz klargestellt, dass die Wohnungseigentümer*innen nicht mehr über die Jahresabrechnung als Ganzes beschließen, sondern über die sogenannte Abrechnungsspitze, die hier aufgeteilt als „Einforderung von Nachschüssen"[95] und als „Anpassung beschlossener Vorschüsse"[96] bezeichnet wird.

Die Abrechnungsspitze: Auf dem Weg zum Guthaben

Die Wohnungseigentümer*innen beschließen somit über die Abrechnungsspitze, die sich aus dem Unterschied zwischen den tatsächlich angefallenen Kosten (Abrechnungsergebnis) laut der

Gesamtabrechnung und den Vorschüssen (Hausgeld) gemäß dem Wirtschaftsplan ergibt. Da Wirtschaftsplan (Kalkulation) und Jahresabrechnung (Abrechnungsergebnis) so gut wie nie übereinstimmen, werden die Eigentümer*innen (fast) immer nach Ablauf eines Wirtschaftsjahrs Geld nachzahlen oder zu viel Gezahltes ggf. zurückerstattet bekommen.

> **Berechnung der Abrechnungsspitze:**
>
> Hausgeld gemäß Wirtschaftsplan (Vorschüsse) minus Abrechnungsergebnis, also
> - minus tatsächliche Bewirtschaftungskosten
> - minus tatsächliche Beiträge zu den Rücklagen
> = **Abrechnungsspitze (Nachschuss oder Überschuss)**

95) gleich Nachzahlungen
96) gleich Überzahlungen

In der Eigentümerversammlung wird über die einzelnen Abrechnungsspitzen zusammen oder die Summe der Einzelabrechnungsspitzen beschlossen. Damit die Wohnungseigentümer*innen die Beträge nachrechnen können, sollte ihnen eine **Übersicht über die Abrechnungsergebnisse und Abrechnungsspitzen** der einzelnen Wohnungen vorliegen. Wie eine solche Übersicht über die Abrechnungsspitzen aussehen kann und wie der Beschlussantrag über die Abrechnungsspitzen – also die erforderlichen „Nachschüsse" und die „Anpassung beschlossener Vorschüsse" – formuliert sein kann, siehe Kapitel 2.5.

In § 28 Abs. 2 Satz 2 wird – wie beim Wirtschaftsplan – klargestellt, dass die Verwalter*in eine Jahresabrechnung zu erstellen hat. Die Wohnungseigentümer*innen haben (weiterhin) einen **Anspruch auf eine korrekte Jahresabrechnung**, allerdings nicht mehr gegen die Verwalter*in, sondern gegen die WEG. Konkret haben Sie Anspruch auf

- die Gesamtabrechnung mit allen Einnahmen und Ausgaben,
- Ihre Einzelabrechnung und
- die Übersicht über die Abrechnungsergebnisse und Abrechnungsspitzen (siehe Tabelle in Kapitel 2.5.).

Die **Gesamtabrechnung** und Ihre Einzelabrechnung werden nicht selten in einer Abrechnung zusammengefasst.

In der Gesamtabrechnung müssen alle Einnahmen und Ausgaben der WEG, gebündelt nach Kostengruppen, aufgeführt werden; auch solche, die nicht weiter auf die Einzelabrechnungen verteilt werden, also nicht verteilungsrelevant sind. Die Gesamtabrechnung dient nach dem neuen WEGesetz somit zur Information bzw. Vorbereitung der Beschlussfassung, dem Vergleich mit dem Wirtschaftsplan und zur Überprüfung des Beschlussantrags über die Abrechnungsspitzen. So gesehen wurden die gesetzlichen Vorgaben an die Jahresabrechnung „entschlackt".

Damit hat sich einiges geändert. Die bisherige Kontrollfunktion der Gesamtabrechnung soll der neu eingeführte Vermögensbericht, siehe § 28 Abs. 4 WEGesetz, übernehmen.[97] Die von der Rechtsprechung eingeführte und geforderte **Entwicklung der Erhaltungsrücklage** wurde allerdings nicht in den § 28 Abs. 4 WEGesetz aufgenommen.

Zum strittigen Thema der **periodengerechten Abgrenzungen** steht im neuen WEGesetz und in der Gesetzesbegründung nichts. Es wird also dabei bleiben, dass Rechnungsabgrenzungsposten aufgrund zwingender gesetzlicher Vorschriften – wie der Heizkostenverordnung – gebildet werden müssen. Für

sonstige Abgrenzungen ist alles beim Alten geblieben.[98]

Die **Einzelabrechnungen** bleiben Verteilungsrechnungen. Sie dienen dazu, die Kosten des Gemeinschaftseigentums auf die Eigentümer*innen zu verteilen. Zu diesem Zweck werden die sogenannten verteilungsrelevanten Einnahmen und Ausgaben aus der Gesamtabrechnung auf die einzelnen Wohnungen umgelegt. Den Berechnungen sind die unterschiedlichen Kostenverteilungsschlüssel zugrunde zu legen.

Kombiniere: Wo sind die Kostenverteilungsschlüssel nachzulesen?
Wenn Ihnen der Überblick über die Kostenverteilungsschlüssel fehlt, finden Sie diese in Ihrer Teilungserklärung bzw. Gemeinschaftsordnung oder in der Beschluss-Sammlung. Wenn nicht, gilt immer der gesetzliche Verteilungsschlüssel, also die Kostenverteilung nach Miteigentumsanteilen, siehe § 16 Abs. 2 WEGesetz.

---

97) Deshalb muss die Gesamtabrechnung nach juristischer Fachliteratur auch keine Kontostände der Bankkonten zu Beginn und zum Ende mehr aufweisen, siehe Lehmann-Richter/Wobst, WEG-Reform 2020, Köln 2020, Rz. 840. Zur erleichterten Gegenrechnung und aus der Praxiserfahrung von WiE kann und sollten Gesamtabrechnungen diese Informationen weiterhin enthalten.

98) Im Abschlussbericht der Bund-Länder-AG zur Reform des Wohnungseigentumsgesetzes, Berlin 2019, S. 73 hieß es noch: „Es wird weiter vorgeschlagen, eine gesetzliche Regelung zur Zulässigkeit gewillkürter Abgrenzungsposten zu schaffen."

XY aufgelöst: Reines Nachrechnen ist zu wenig

Auch wenn Ihr kritischer Prüfblick auf die Abrechnungsspitze in Ihrer Einzelabrechnung gerichtet sein wird, sollten Sie und vor allem der Beirat (§ 29 Abs. 2 Satz 2 WEGesetz) die Gesamtabrechnung einer **Plausibilitätsprüfung** unterziehen. „Die Einnahmen- und Ausgabenrechnung ermöglicht den Eigentümern die Prüfung der Schlüssigkeit der Abrechnung. Der

- Anfangsbestand aller Konten [zum 1.1. des Jahres]
- zuzüglich aller Einnahmen und
- abzüglich aller Ausgaben muss den
- Endbestand der Konten [zum 31.12. des Jahres] ergeben.[99]

Eine Abrechnung, die die Prüfung der Schlüssigkeit nicht ermöglicht oder bei der die Schlüssigkeit fehlt, entspricht nicht ordnungsgemäßer Verwaltung. Dieses Prinzip der einfachen Einnahmen- und Ausgabenrechnung und die Möglichkeit der Schlüssigkeitsprüfung gelten nur für die Gesamtabrechnung."[100]

Geht die Rechnung nicht auf, ist dies Anlass für eine Nachfrage bei der Verwalter*in.

Haben Sie oder der Beirat „**Rechenfehler**" entdeckt, die auf den Endbetrag aller Abrechnungsspitzen oder auch auf die Abrechnungsspitzen von Einzelabrechnungen einwirken, sollten Sie den Beschluss ablehnen und eine Korrektur der Jahresabrechnung verlangen. Zahlendreher oder kleine Rechenfehler können natürlich direkt in der Eigentümerversammlung korrigiert werden. Stimmt die Mehrheit der Miteigentümer*innen dem Beschlussantrag über die fehlerhafte Abrechnungsspitze trotzdem zu, können Sie (wenn es gravierende Fehler sind) den Beschluss anfechten.

---

99) Stehen die Anfangs- und Endbestände der Bankkonten nicht (mehr) in der Gesamtabrechnung, dann müssten Sie diese (zum Nachrechnen) dem Vermögensbericht entnehmen können, siehe § 28 Abs. 4 WEGesetz.

100) Bärmann/Pick/Emmerich, Wohnungseigentumsgesetz Kommentar, München 2020, § 28 Rz. 77

Der Fall: Nicht immer gleich mit dem Schlimmsten rechnen

Ekki Bergköder langweilt sich mal wieder im Finanzamt und Wilsberg hat auch keinen Fall für ihn. Aber es gibt ja noch sein Beiratsamt. Aufgeregt kommt sein Beiratskollege auf ihn zu: „Auf unserem Konto fehlen 30.000 €. Wir müssen Strafanzeige stellen, eine Eigentümerversammlung ein- und die Verwalterin abberufen." „Mal halblang", stöhnt Ekki, ist aber selbst erschreckt, da er seit drei Monaten nicht mehr in die WEG-Konten geschaut hat. Ihm erscheint die Verwalterin zwar oft übermüdet und überarbeitet, aber ihr Veruntreuungen zuzutrauen? „Lass uns erst mal prüfen." Sie gehen direkt zur Verwaltung, lassen sich die Bankkontoauszüge im Original vorlegen, die Überweisungsbelege, letzten Rechnungen und die Buchungskonten. Außerdem verlangen sie Auskunft von der Verwalterin, die irritiert und nervös wirkt. Dann können sie Entwarnung geben: Die Verwalterin hat zum einen damit die Wohngebäudeversicherung bezahlt – vor 3 Jahren hat die WEG beschlossen, dass sie bei finanziellen Engpässen am Jahresanfang dafür Rücklagengelder verwenden darf, diese aber spätestens nach 4 Monaten wieder auf das Festgeldkonto zurücküberweisen muss. Zum anderen hat die Verwalterin damit irrtümlicherweise die Dachdeckerrechnung einer anderen WEG bezahlt. Dieser Fehler – die Verwalterin entschuldigt sich mehrfach – lässt sich mit einem Anruf beim Beirat der anderen WEG, einer Rücküberweisung und einer Korrekturbuchung beheben. Nicht nur die Verwalterin ist erleichtert, auch Ekki und sein Beiratskollege. „Ende gut, alles gut. Mit vier Augen sieht man besser." Bis zur Eigentümerversammlung ist alles bereinigt.

Zahltag – die Fälligkeit der Hausgeldzahlungen

Eine in der Praxis nicht wirkliche Neuerung enthält § 28 Abs. 3 WEGesetz: Die Wohnungseigentümer*innen können über die Fälligkeit der Hausgeldzahlungen beschließen, also ob das **Hausgeld** zum Ersten eines jeden Monats, zum Quartalsbeginn oder zum Ersten eines Jahresbeginns auf dem WEG-Konto eingehen muss. Diese Festlegung der Fälligkeit der Hausgeldzahlung ist gängige Praxis, war aber gesetzlich bisher nicht geregelt. Ebenso kann über die **Zahlungsart** ein Beschluss gefasst werden, also ob das Hausgeld bar eingezahlt (unüblich und fehlerträchtig), überwiesen oder per Lastschrift eingezogen werden soll. Üblicherweise wird der Lastschrifteinzug beschlossen, an den sich dann alle halten müssen.

Folgen Sie der Spur des Geldes – Vermögen und Vermögensbericht

Im Laufe der Jahre und Jahrzehnte kommt in den WEGs einiges an Rücklagengeldern, Forderungen (z.B. Hausgeld-Rückstände) oder auch Verbindlichkeiten (offene finanzielle Verpflichtungen) zusammen. Das alles zusammen ist wesentlicher Teil des **Vermögens der WEG**. Dazu gehören auch noch die Gelder auf den WEG-Konten, Bargeld in der „Hauskasse" etc.

Mit dem neuen Gesetz erhalten die Wohnungseigentümer*innen jetzt in § 28 Abs. 4 WEGesetz einen Anspruch – einen **Informationsanspruch** – auf einen **Vermögensbericht**, der allerdings nicht Bestandteil der Jahresabrechnung ist. Das Gesetz macht zwei inhaltliche Vorgaben: Der Vermögensbericht muss
1. den IST-Stand der **Rücklagen** nennen und
2. das **wesentliche Gemeinschaftsvermögen** auflisten.

Auch wenn die WEG keinen Beschluss über den Vermögensbericht fasst, ihn also nicht genehmigen muss, so kann und sollte sie doch über die Darstellung und Form des Vermögensberichts einen Beschluss fassen bzw. Festlegungen hierzu gleich in jeden Verwaltervertrag aufnehmen.

Wichtig zu Punkt 1 „Rücklagendarstellung" ist, dass die Wohnungseigentümer*innen jetzt neben der Erhaltungsrücklage (früher „Instandhaltungsrückstellung") weitere Rücklagen beschließen können, z.B. eine Liquiditätsrücklage oder eine Sanierungsrücklage. Diese müssen getrennt aufgeführt werden. Auffallend ist, dass nach dem Gesetz jetzt nur der **IST-Stand solcher Rücklagen** angegeben werden muss, das ist der **Betrag der tatsächlich vorhandenen Gelder** (jeweils der Kontostand am 31. 12.). Über längere Zeit entstandene Ansparlücken, weil Hausgelder nicht gezahlt wurden oder die Rücklage (für Heizöleinkäufe oder Versicherungsprämien am Anfang des jeweiligen Jahres) zweckentfremdet und nicht zurückgeführt wurde, sind am IST-Stand nicht zu erkennen. Dafür ist der zusätzliche Ausweis des **SOLL-Stands der Rücklage** erforderlich. Weil dieser häufig fehlte, hat der BGH[101] 2009 die Nennung der SOLL-Rücklage gefordert, konkret die Darstellung der Entwicklung der Rücklage.

101) BGH, 4.12.2009, Az. V ZR 44/09

Somit war sie fester, zwingender Bestandteil der Jahresabrechnung. Ihr Fehlen oder falsche Angaben dazu oder eine Verschleierung oder Vermischung von SOLL- und IST-Rücklage konnte vor der WEGesetz-Reform auch angefochten werden. Dies ist jetzt leider nicht mehr möglich und auch die BGH-Forderung wurde im neuen WEGesetz nicht berücksichtigt.

Kombiniere: Darstellung der Entwicklung der Erhaltungsrücklage weiter vorlegen lassen

Was tun? Wenn Ihre Verwalter*in es nicht sowieso schon immer macht, dann fordern Sie als WEG sie per Beschluss und im Verwaltervertrag auf, stets auch den SOLL-Stand anzugeben und die Entwicklung der Rücklagen darzustellen[102]. Vorteile bzw. Argumente dafür:

- Wird dies unterlassen, ist es bereits jetzt oder wird es spätestens nach einigen Jahren nicht mehr möglich sein, die über die Jahre entstandenen oder entstehenden Rücklagen-Rückstände nachzuverfolgen. Oft sind dann Schuldner nicht mehr auffindbar, Mahnverfahren laufen ins Leere. Klar müssen manchmal Defizite ausgebucht werden, wenn Schuldner nicht mehr auffindbar sind. Die Schwierigkeiten der Ermittlung der SOLL- und IST-Rücklage können und dürfen aber keine Gründe sein, ganz darauf zu verzichten. Dies würde die Intransparenz, Unregelmäßigkeiten und Ungerechtigkeiten deutlich erhöhen.
- Kann die Rücklage hingegen jedes Jahr kontrolliert werden und wird darauf geachtet, dass fehlende Beiträge nachgezahlt und zweckentfremdete Verwendungen (z.B. zur Bezahlung von Heizöl) zurückerstattet werden, kann es nicht zu einer wachsenden Differenz zwischen IST- und SOLL-Rücklagen – auf Kosten der korrekt zahlenden Wohnungseigentümer*innen – kommen.

In die Aufstellung des **wesentlichen Gemeinschaftsvermögens** – siehe Punkt 2 - gehören nach der Gesetzesbegründung

- **alle Forderungen** der Gemeinschaft gegen einzelne Eigentümer*innen (z.B. Hausgeld-Schulden) und Dritte (z.B. Einnahmen aus der Vermietung von Gemeinschaftseigentum),
- **alle Verbindlichkeiten** (offene finanzielle Verpflichtungen) der Gemeinschaft, z.B. für Bankdarlehen (Kontostand), noch nicht bezahlte Rechnungen,
- **sonstige wesentliche Vermögensgegenstände**, darunter fallen Brennstoff-Vorräte (wie Heizöl, Flüssiggas oder Holzpellets), Rasenmäher, Waschmaschinen im Gemeinschaftseigentum etc.

Die einzelnen Vermögensgegenstände müssen übrigens nicht bewertet werden, es reicht, sie aufzulisten.

Unwesentliche Gegenstände wie z.B. Kleinwerkzeug für den Hausmeister oder Putzmittel für die als Minijobber angestellten Reinigungskräfte sind nicht aufzuführen. In der Gesetzesbegründung wird nur allgemein definiert, was „unwesentliche" Gegenstände sind: „Unwesentlich sind Vermögensgegenstände, die für die wirtschaftliche Lage der Gemeinschaft unerheblich sind."[103] Eine betragsmäßige Grenze sieht das Gesetz nicht vor. In der juristischen Literatur heißt es dazu, dass auf die steuerrechtliche Grenze für geringwertige Wirtschaftsgüter Bezug genommen werden kann, die derzeit bei 800 € liegt. Bei kleinen Gemeinschaften kann die Grenze niedriger liegen, bei großen Gemeinschaften mit mehr als 100 Wohnungen aber auch locker doppelt so hoch sein.

Schwarz auf weiß – ein Bericht, der jedem und jeder zusteht

Der „Vermögensbericht ist jedem Wohnungseigentümer zur Verfügung zu stellen", heißt es in § 28 Abs. 4 Satz 2 WEGesetz. Erhalten Sie keinen solchen Bericht zusammen mit der Jahresabrechnung oder auf anderem Wege oder ist der Vermögensbericht mangelhaft, dann können Sie Ihren **Anspruch** im Wege einer **Leistungsklage gegen die WEG** durchzusetzen versuchen. Da die Eigentümerversammlung über den Vermögensbericht keinen Beschluss fasst, scheidet eine Anfechtung als Rechtsmittel aus.

103) Bundestags-Drucksache 19/18791, WEMoG, Gesetzentwurf der Bundesregierung, S. 78

**Kombiniere: Abrechnungs-
bestandteile und Form-Vorgaben
vertraglich regeln!**

Im WEGesetz sind die gesetzlichen
Mindestanforderungen an die Jahresabrechnung und den Vermögensbericht festgelegt. Das sollte Ihre
WEG nicht daran hindern, weitergehende Anforderungen an die Jahresabrechnung und den Vermögensbericht zu stellen oder ein bisheriges
gut eingeführtes und nachvollzieh-
bares Abrechnungs-Muster (Sche-
ma) beizubehalten. Sprechen Sie
dies als Beirat mit Ihrer Verwalter*in
ab oder lassen Sie als WEG per Beschluss und ggf. im Verwaltervertrag
festlegen, wie die Jahresabrechnung
und der Vermögensbericht aussehen
müssen bzw. welche Angaben dort
gemacht werden sollen (siehe auch
Kapitel 2.5.).

Zu § 29: Der Verwaltungsbeirat – Ermittler im Auftrag der WEG

§ 29 Verwaltungsbeirat

(1) Wohnungseigentümer können durch Beschluss zum Mitglied des Verwaltungsbeirats bestellt werden. Hat der Verwaltungsbeirat mehrere Mitglieder, ist ein Vorsitzender und ein Stellvertreter zu bestimmen. Der Verwaltungsbeirat wird von dem Vorsitzenden nach Bedarf einberufen.

(2) Der Verwaltungsbeirat unterstützt und überwacht den Verwalter bei der Durchführung seiner Aufgaben. Der Wirtschaftsplan und die Jahresabrechnung sollen, bevor die Beschlüsse nach § 28 Absatz 1 Satz 1 und Absatz 2 Satz 1 gefasst werden, vom Verwaltungsbeirat geprüft und mit dessen Stellungnahme versehen werden.

(3) Sind Mitglieder des Verwaltungsbeirats unentgeltlich tätig, haben sie nur Vorsatz und grobe Fahrlässigkeit zu vertreten.

In diesem Paragrafen geht es um das Amt des Verwaltungsbeirats, im Einzelnen um die Anzahl der Mitglieder dieses Organs, seine Rechtsstellung, seine Aufgaben und Haftung. Im neuen WEGesetz hat der Beirat **an Bedeutung gewonnen**, seine Stellung nähert sich der eines **Aufsichtsrats** an. Gleichzeitig ist seine Haftung aber abgesenkt worden, um das Ehrenamt für die Wohnungseigentümer*innen attraktiver werden zu lassen. Die Stärkung seiner Rechtsstellung bei gleichzeitiger **Haftungsbeschränkung** wird nicht als Widerspruch angesehen, sondern „korrespondiert" nach Aussage des Gesetzgebers sogar miteinander.[104] (Zur Rolle des Beirats siehe Kapitel 1.4.)

Der Beirat ist weiterhin kein zwingendes, sondern ein **freiwilliges Organ** der WEG: Es muss keinen Verwaltungsbeirat geben, Wohnungseigentümer*innen „können" – so steht es im Gesetz –, müssen aber nicht zum Verwaltungsbeirat gewählt werden. Gleichwohl wird der Beirat als wichtiges Organ angesehen. Er soll und muss der Gemeinschaft **intern (also in Innenverhältnis WEG – Verwalter*in)** bei der Erfüllung ihrer Aufgaben helfen, also eine Reihe von Aufgaben

 104) Bundestags-Drucksache 19/22634, Beschlussempfehlung Rechtsausschuss zum WEMoG, S. 41

für die Wohnungseigentümer*innen wahrnehmen. Eine Funktion nach außen hat zusätzlich nur der oder die Verwaltungsbeiratsvorsitzende, nämlich als Vertreter*in der WEG gegenüber der Verwalter*in, ausführlich erläutert unter § 9b WEGesetz.

Besser einer als keiner – zur Anzahl der Beiratsmitglieder

Im **§ 29 Abs. 1 Satz 1 WEGesetz** wird bestimmt, dass die Wohnungseigentümer*innen den Beirat aus ihren Reihen wählen. Es bleibt somit dabei, dass nur Miteigentümer*innen in dieses Amt gewählt werden sollen, keine externen Familienangehörigen oder Fachleute. Passiert das dennoch, wäre der Beschluss anfechtbar, aber nicht nichtig.[105] Das heißt für die Praxis wie auch schon bisher: Wo kein Kläger, da kein Richter! Die WiE-Position dazu: Besser ein externer Prüfer, als gar kein Prüfer.[106]

> **XY-aufgelöst: Versammlungs-teilnahme muss möglich sein!**
> Wenn Ihre WEG eine Nicht-Eigentümer*in zum Beiratsmitglied wählt, beschließen Sie am besten gleich auch, dass sie stets an allen Eigentümerversammlungen teilnehmen darf. Dann kann darüber gar nicht erst Streit entstehen.

Neu ist, dass es Ihrer WEG vollkommen freigestellt ist, **wie viele Mitglieder** der Beirat hat. Er kann aus einer einzigen Person bestehen oder auch aus sehr vielen. „Besser einer als keiner" ist auch hier das Motiv hinter der Regelung. Je größer die WEG ist, um so angemessener und effektiver ist es allerdings, wenn dieses Amt von mehreren – 3 oder 5 oder 7 Wohnungseigentümer*innen – ausgeübt wird.

---

105) Dötsch/Schultzky/Zschieschack, WEG-Recht 2021, München 2021, Kap. 11 Rz. 12
106) Dieses Amt können ja auch die Kinder hochbetagter Wohnungseigentümer*innen übernehmen etc.

Besteht der Verwaltungsbeirat aus mehreren Mitgliedern, sind nach § 29 Abs. 1 Satz 2 WEGesetz eine **Vorsitzende** und eine **stellvertretende Vorsitzende** zu bestimmen. Bestimmen heißt, dass entweder die Eigentümerversammlung die Vorsitzende und den oder die Stellvertreter*in direkt wählt oder die Beiratsgruppe selbst festlegt, wer den Vorsitz und wer die Stellvertretung übernehmen soll. Beide Vorgehensweisen haben Vor- und Nachteile. Das letztere Vorgehen hat den Vorteil, dass der Vorsitz ohne Beschluss der Eigentümerversammlung auch gewechselt werden kann, wenn die Vorsitzende erkrankt oder keine Zeit mehr hat. Andererseits hat die Vorsitzende eine besondere, herausragende Rolle. Das spricht dafür, den oder die Vorsitzende direkt in der Eigentümerversammlung zu wählen.

In § 29 Abs. 1 Satz 3 WEGesetz wird nur gesagt, dass der Vorsitzende bestimmt, wie häufig und wann der Beirat seine Besprechungen durchführt. WiE empfiehlt jedem Beirat, sich eine **Geschäftsordnung** zu geben. Eine Muster-Geschäftsordnung wird von WiE herausgegeben.

Der Beirat – ein Aufsichtsrat?

Die **Rechte und Aufgaben** des Verwaltungsbeirats sind im § 29 Abs. 2 Satz 1 WEGesetz weiterhin in unüberbietbarer Knappheit geregelt. Aber es gibt eine wichtige Neuerung: Danach soll der Beirat die Verwalter*in bei der Durchführung der Arbeit nicht nur „unterstützen", sondern auch „**überwachen**". In Kombination mit der neuen Stellung des Verwaltungsbeiratsvorsitzenden als gesetzlichem Vertreter der WEG gegenüber der Verwalter*in heißt es in der Gesetzesbegründung dazu: „Dadurch wird der gestiegenen Bedeutung der Rolle des Verwaltungsbeirats Rechnung getragen."[107]

Welche Rechte und Aufgaben der Verwaltungsbeirat nun nach § 29 WEGesetz konkret hat, ist auch nicht in der Gesetzesbegründung erläutert. Grundsätzlich erstreckt oder bezieht sich der **Prüfungsauftrag** des Beirats auf

- alle Aufgaben, die der WEG zugewiesen werden durch das WEGesetz u.a. Gesetze, die Gemeinschaftsordnung, weitere Vereinbarungen und Beschlüsse der Eigentümer*innen sowie
- die der Verwalter*in im Verwaltervertrag zugewiesenen Aufgaben.

---

107) Bundestags-Drucksache 19/22634, Beschlussempfehlung Rechtsausschuss zum WEMoG, S. 48; weiter heißt es: „Künftig ist er auch dazu berufen, die Gemeinschaft der Wohnungseigentümer gegenüber dem Verwalter zu vertreten, insbesondere wenn es darum geht, Ansprüche gegen diesen durchzusetzen."

Die gesetzlich vorgegebenen Aufgaben und Pflichten hat der Beirat zu erfüllen. Allein um diese Aufgaben auch sachgerecht erledigen zu können, sind natürlich eine **Reihe weiterer Aufgaben** (Prüf- und Kümmerer-Aufgaben etc.) erforderlich: Vorangehende Prüfungen von Unterlagen, inhaltliche und organisatorische Zuarbeiten zu den Eigentümerversammlungen, Unterstützung einzelner Wohnungseigentümer*innen, damit deren Anliegen Berücksichtigung finden, regelmäßige Begehung der Wohnanlage zusammen mit der Verwalter*in, ggf. Umsetzung spezieller Aufträge (Beschlüsse) der WEG für den Beirat etc. Der Umfang dieser Tätigkeiten ist in „normalen" Zeiten überschaubar, im Krisenfall kann der Aufwand erheblich sein.

Demnach kann die „**Unterstützung** der Verwalter*in bei der Durchführung ihrer Aufgaben" alle Verwaltungsaufgaben umfassen, also – kurz aufgelistet – die Mitarbeit

- an der Vorbereitung, Durchführung und Nachbereitung der Eigentümerversammlung,
- zur Einhaltung der Hausordnung,
- zur Erhaltung des Gemeinschaftseigentums (also zur Vorbereitung und Durchführung baulicher und technischer Maßnahmen, zur Mängelfeststellung und -beseitigung),
- zur Sicherung des WEG-Vermögens, (also bei der Geldanlage auf WEG-Eigenkonten),
- bei der Erstellung des Wirtschaftsplans und Vermögensberichts (siehe § 29 Abs. 3 WEGesetz).

Mehr dazu im Kapitel 1.4.

Aus der Unterstützung der Verwalter*in ergibt sich in der Regel auch die „**Überwachung** der Verwalter*in bei der Durchführung ihrer Aufgaben". Nach dem 4- oder 6- oder Mehr-Augenprinzip hat der Beirat konkrete Prüfaufgaben wie z.B. die Prüfung

- der Belege, also Rechnungen, Buchungen, Kostenvoranschläge etc.,
- des Entwurfs von Wirtschaftsplan, Jahresabrechnung und Vermögensbericht, bevor diese an die Wohnungseigentümer*innen verschickt werden,

- der Durchführung von Beschlüssen,
- der WEG-Bankkonten und der Bankkonto-Stände,
- der Vertragsentwürfe und anderes.

Allein die Einfügung dieses einzelnen Wortes „überwachen" in § 29 Abs. 2 Satz 1 WEGesetz ist eine deutliche Verbesserung für die Praxis. Denn damit ist gesetzlich klargestellt, dass der Beirat eine **Kontrollfunktion** hat. Diese war bisher von einzelnen Verwalter*innen immer mal wieder in Frage gestellt worden mit dem Argument „im Gesetz ist nur von Unterstützung die Rede". Jetzt ist die Rolle insoweit klar. Darüber hinaus haben auch die Gerichte jetzt eine eindeutige Vorgabe, denn immer wieder wurde die Überwachungsaufgabe auch von Gerichten in Frage gestellt. Das wird so jetzt nicht mehr möglich sein.

Klargestellt wird aber: „§ 29 Abs. 2 Satz 1 verleiht dem Beirat indes nicht das Recht, sich die Kompetenzen des Verwalters anzueignen."[108] Das heißt, weder der Beirat insgesamt noch die Vorsitzende des Beirats hat der Verwalter*in „ins Geschäft" und in die laufenden Verwaltungsarbeiten „reinzureden". Der Beirat ist nicht der Arbeitgeber der Verwalter*in. Er kann **keine Dienstanweisungen** geben, ist also nicht weisungsbefugt. Weisungsbefugt ist allein die WEG, die der Verwalter*in

über einen Beschluss eine Anweisung erteilen kann. Der Beirat ist eher vor und nach der Eigentümerversammlung die „helfende und kontrollierende Hand" der WEG gegenüber der Verwalter*in.

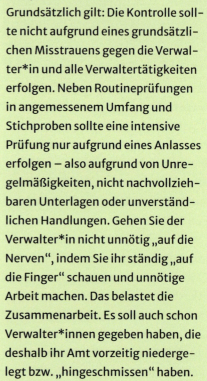

Kombiniere: Aufmerksam sein, aber mit Maß!
Grundsätzlich gilt: Die Kontrolle sollte nicht aufgrund eines grundsätzlichen Misstrauens gegen die Verwalter*in und alle Verwaltertätigkeiten erfolgen. Neben Routineprüfungen in angemessenem Umfang und Stichproben sollte eine intensive Prüfung nur aufgrund eines Anlasses erfolgen – also aufgrund von Unregelmäßigkeiten, nicht nachvollziehbaren Unterlagen oder unverständlichen Handlungen. Gehen Sie der Verwalter*in nicht unnötig „auf die Nerven", indem Sie ihr ständig „auf die Finger" schauen und unnötige Arbeit machen. Das belastet die Zusammenarbeit. Es soll auch schon Verwalter*innen gegeben haben, die deshalb ihr Amt vorzeitig niedergelegt bzw. „hingeschmissen" haben.

108) Bundestags-Drucksache 19/22634, Beschlussempfehlung Rechtsausschuss zum WEMoG, S. 47

Darüber hinaus wird die WEG dem oder der Beiratsvorsitzenden oder dem Beirat gewisse eigene **Entscheidungskompetenzen durch Beschluss** zusprechen können – z.B. zur Aushandlung des Verwaltervertrags nach durch die Eigentümerversammlung festgelegten Rahmenbedingungen, zur Einreichung einer Klage gegen die Verwalter*in. Dies war ja in gewissen Rahmen auch früher schon so.

Wem die Stunde schlägt – die große Stunde des Verwaltungsbeirates ist dann gekommen, wenn eine Verwalter*in fehlt, wenn sie abberufen oder neu bestellt werden muss und dann auch der neue Verwaltervertrag auszuhandeln ist.

Der Gesetzgeber hat dem Beirat in der Gesetzesbegründung leider keine (neuen) **Kontrollinstrumente** an die Hand gegeben bzw. genannt. Die hier und in Kapitel 1.4. genannten Aufgaben sind eingeführte, praxiserprobte, notwendige Werkzeuge, mit denen der Beirat kontrollfähig ist oder wird. Solange die Rechtsprechung diesen nicht widerspricht und keine Alternativen entwickelt und anbietet, sollten sie genutzt werden. Um Streitigkeiten mit der Verwalter*in zu vermeiden, sollten sie – als dauerhafter Beschluss gefasst – in den Verwaltervertrag

aufgenommen werden. Dann gelten sie auch vertraglich. Beispiel: Für den „Fall der Fälle" – dass z.B. die Verwalter*in die Adressen der Eigentümer*innen nicht herausgeben will – sollte sich der Verwaltungsbeirat auch hierzu einen (Vorrats-) Beschluss der WEG, also einen Beschluss für noch nicht eingetroffene, mögliche Problem-Situationen, nach § 27 Abs. 2 WEGesetz einholen.

> **Kombiniere: Beirat handlungsfähig machen!**
> Zusätzlich oder alternativ sollte jede Eigentümer*in im eigenen Interesse der Verwaltungsbeiratsvorsitzenden eigene Kontaktdaten (z. B. E-Mail-Adresse) „formlos" zur Verfügung stellen und Änderungen der Kontaktdaten direkt und ungefragt mitteilen.

Nimmt der Beirat seine Aufgaben nicht wahr, **verletzt er seine Organ-Pflichten**. „Die Verleihung von Organkompetenzen (an den Beirat) ist kein Selbstzweck, weshalb es nicht in der freien Entscheidung des Organträgers liegen kann, ob er von seinen Kompetenzen auch Gebrauch macht."[109]. Der Job ist eine ernstzunehmende „Pflichtzuweisung" und nicht nach „Lust und Laune" auszuüben.

Nimmt der Beirat sich der Sache nicht so richtig an, sollte die WEG ihn so bald wie möglich wieder abwählen. Ist dann schon ein Schaden entstanden, der als grob fahrlässig (s.u.) eingestuft werden kann, dann muss die WEG überlegen, ob sie ihn zur Rechenschaft bzw. zum Schadensersatz heranziehen kann. Das ist sicherlich nur in seltenen Fällen geboten und nicht einfach durchzusetzen. Aber ganz unmöglich ist es nicht, weshalb es nach wie vor zu empfehlen ist, dass für den Beirat eine Vermögenschadenshaftpflichtversicherung abgeschlossen wird, deren Kosten die WEG übernehmen sollte (mehr dazu siehe § 29 Abs. 3 WEGesetz).

Damit müssen Beiräte rechnen – Prüfung der Jahresabrechnung

Auch wenn der Beschlussgegenstand über den Wirtschaftsplan und die Jahresabrechnung in § 28 Abs. 1 und 2 WEGe-setz geändert wurde, bleibt es weiterhin Aufgabe des Beirats, **den gesamten Wirtschaftsplan und die gesamte Jahresabrechnung** mit allen Bestandteilen zu prüfen. Das wird in § 29 Abs. 2 Satz 2 WEGesetz betont und hervorgehoben. Dazu gehört also die Prüfung der **Übersichtslisten** über die Vorschüsse nach dem Wirtschaftsplan und die Nachschüsse gemäß Jahresabrechnung, die als Beschlussgegenstände nun eine besondere Bedeutung erhalten (siehe Kapitel 2.5.), die Prüfung der Heizkostenabrechnung und weiterer Bestandteile der Jahresabrechnung. Die Einzelabrechnungen sind in erster Linie von den Wohnungseigentümer*innen selbst zu prüfen, besonders im Hinblick auf die verschiedenen Kostenverteilungsschlüssel. Unerlässlich ist es für den Beirat, auch die Buchführung und Belege wie z.B. die Kostenvoranschläge zu prüfen, stichprobenweise oder insgesamt.

Warum die Prüfung des Vermögensberichts im WEGesetz nicht mit aufgeführt ist, erschließt sich nicht, zumal wichtige Angaben nur noch im Vermögensbericht aufgeführt werden sollen und der Vermögensbericht nun der Kontrolle über das Gemeinschaftsvermögen dienen soll. Die **Prüfung des Vermögensberichts muss unbedingt zu den Prüfaufgaben des Beirats gehören**, selbst wenn die Gesetzesbegründung einen Hinweis dazu vermissen lässt. Ansonsten würde die Prüfung fragmentarisch bleiben.

In § 29 Abs. 2 Satz 2 heißt es auch, dass der Verwaltungsbeirat eine **Stellungnahme zur Prüfung** abgeben soll. Trotz des Wortes „soll" ist gemeint, dass der Beirat verpflichtet ist, eine Stellungnahme abzugeben. In der juristischen Fachliteratur wird auch die Auffassung vertreten, dass die Wohnungseigentümer*innen auf diese Stellungnahme (verbunden mit einer Empfehlung zur Beschlussfassung) einen Anspruch haben. Damit ist sicherlich nicht gemeint, in der Eigentümerversammlung nur mal so anzumerken, dass man die Jahresabrechnung geprüft hätte und in Ordnung finden würde. Klarer und kompetenter wirkt ein Prüfbericht. Diesen sollten die Eigentümer*innen von ihrem Beirat verlangen können und das auch möglichst schon

bei der Wahl klarstellen, dann entsteht darüber kein Missverständnis.

Die (schriftliche) **Stellungnahme** sollte neben der Darstellung des Prüfungsumfangs und der Prüfergebnisse auch eine Empfehlung zum weiteren Vorgehen der WEG und zur Beschlussfassung enthalten. Hat die Verwalter*in die Entlastung mit auf die Tagesordnung gesetzt, dann sollte der Beirat auch dazu eine Empfehlung abgeben, das heißt, die Folgen und Nachteile der Entlastung erläutern, Warnhinweise aussprechen und dafür plädieren, dass der Tagesordnungspunkt Entlastung in der Tagesordnung gestrichen wird (mehr dazu siehe § 25 Abs. 4 Satz 2 Nr. 1 WEGesetz).

Kein Risiko? Beschränkung der Haftung auf Vorsatz und grobe Fahrlässigkeit

In § 29 Abs. 3 WEGesetz wird die **Haftung** des ehrenamtlich, also unentgeltlich tätigen Beirats **auf Vorsatz und grobe Fahrlässigkeit beschränkt**. Für leicht fahrlässiges Verhalten kann nun kein Beirat mehr haftbar gemacht werden. Mit dieser Haftungserleichterung soll die Bereitschaft der Wohnungseigentümer*innen, sich im Beirat zu engagieren, gefördert werden.

Der (Haftungs-)Fall 1: Vorsatz

Beiratsmitglied Heinz Schmidt erklärt in der Eigentümerversammlung, er hätte die Kontostände der Bankkonten geprüft und es sei alles in Ordnung, auf dem Rücklagenkonto würden 500.000 € liegen. Kurz danach findet Wohnungseigentümer Ekki Bergköder heraus, dass das Rücklagenkonto „leer" ist, auch schon vor der Eigentümerversammlung leer war. Schmidt hat schlichtweg gelogen, er hat die Bankkontostände überhaupt nicht eingesehen und somit mindestens grob fahrlässig, eher sogar vorsätzlich gehandelt.

Der (Haftungs-)Fall 2: Grob fahrlässig

Wider besseren Wissens, aber immer unter Strom, vergibt Gunvald Larsson, Assistent von Martin Beck, den Auftrag, das Flachdach der Wohnungseigentumsanlage zu sanieren – weil das Verwaltungsunternehmen Hausfrau GmbH den Beschluss auch nach 6 Monaten noch nicht umgesetzt hat. Larsson übernimmt auch gleich die Abnahme des neuen Dachs, ohne den Verwalter oder einen Architekten hinzuzuziehen, um für die WEG Geld zu sparen. Verwalter Hausfrau verweigert daraufhin die Zahlung der Rechnung. Die eigenmächtige Auftragsvergabe stellt rechtlich eine Vertretung ohne Vertretungsmacht dar. Verweigert die WEG – vertreten durch den Verwalter – die Übernahme der Kosten, muss Larsson persönlich für die Zahlung geradestehen, es sei denn, die Eigentümerversammlung beschließt es ausnahmsweise anders und der Beschluss wird nicht angefochten. Der Zoff ist da. Schlimm genug, aber es kommt noch härter: Nach ein paar Monaten treten in der Wohnung unterhalb des Flachdachs Wasserschäden auf. Auch für diesen Schaden kann das übereifrige Beiratsmitglied Larsson zur Verantwortung gezogen werden, wenn der Dachdecker die Gewährleistung verweigert. Denn Larsson hat hier grob fahrlässig gehandelt. Seine Tätigkeiten – Auftragsvergabe und Abnahme von Baumaßnahmen am Gemeinschaftseigentum – gehörten nicht zu seinen Aufgaben.

Der (Nicht-Haftungs-)Fall 3: Leicht fahrlässig

Die 3 Engel ohne Bengel prüfen als Beirätinnen immer sorgfältig alle Belege, auch wenn damit wenig Action verbunden ist. Bei der letzten Belegprüfung haben sie allerdings eine höhere Rechnung einer ganz anderen WEG übersehen, die der Verwalter von ihrem WEG-Konto falsch bezahlt und falsch verbucht hat. Angesichts des angenehmen Prüf-Gesprächs bei Cappucino, Cupcakes und einem Gläschen Prosecco waren sie nicht konzentriert genug. Dieser Fehler ist als leichte Fahrlässigkeit anzusehen. Hierfür haftet der Beirat nicht.

eines Rechenfehlers oder das Übersehen einer falschen Anschrift bei der Prüfung der Jahresabrechnung wären solche Nachlässigkeiten.

XY-aufgelöst: Volle Haftung bei Übernahme von Verwaltertätigkeiten

Die Haftungsbeschränkung auf leichte Fahrlässigkeit **gilt nicht für „beiratsfremde" Tätigkeiten**, also wenn der Beirat – eigenmächtig oder von der Verwalter*in inspiriert – wie in Fall 2 – Baumaßnahmen in Auftrag gibt oder abnimmt oder sonstige klassische Verwaltertätigkeiten übernimmt. **Beiratsmitglieder sollten dies unbedingt vermeiden.** Sie müssen dafür ggf. geradestehen!

Verallgemeinernd handelt ein Beirat dann **grob fahrlässig**, wenn er die (im Rechtsverkehr) für seine Tätigkeit erforderliche Sorgfalt in besonders schwerem Maße verletzt.[110] Das ist der Fall, wenn schon einfachste, grundlegende Überlegungen nicht angestellt werden und das nicht beachtet wird, was normalerweise jedem einleuchten würde. Leichte Fahrlässigkeit liegt vor, wenn die „verkehrsübliche Sorgfalt" missachtet wurde, also eher nachlässig gehandelt oder nachlässig geprüft wurde. Das Nicht-Bemerken

Trotz der Haftungsbeschränkung und der bisher relativ seltenen Verurteilung eines Beirats auf Schadensersatz sollten WEGs für ihre Beiräte eine **Vermögensschadenshaftpflichtversicherung** abschließen. Das ist wichtig angesichts der neuen Beiratspflichten und zur Absicherung der Beiratsmitglieder, die grob fahrlässig handeln. Vorsatz deckt keine Versicherung ab.

---

110) Palandt/Grüneberg, Bürgerliches Gesetzbuch, 78. Auflage, München 2019, § 277, Rz. 5

Für nichts und wieder nichts – was heißt „unentgeltlich"?

Das Beiratsamt ist in der Regel ein Ehrenamt, so wird es auch in § 29 Abs. 3 WEGesetz gesehen. Das Engagement in diesem Amt ist somit üblicherweise unentgeltlich. Das heißt, es gibt dafür **keine Vergütung**, keine Bezahlung – wenn doch oder wenn eine Anerkennungsprämie für besondere Leistungen gezahlt wird, dann müsste das versteuert werden. Zudem würde dann der Vorteil der Haftungsbeschränkung entfallen.

Wohl aber haben die Beiratsmitglieder einen Anspruch auf eine **Aufwandsentschädigung** (auch Aufwendungsersatz genannt). Sie können erwarten, dass die WEG ihnen ihre Auslagen, die im Zusammenhang mit ihrer Beiratstätigkeit entstehen, bezahlt. Das sind in der Regel Telefon-, Kopier-, Fahrt- und Portokosten sowie Ausgaben für Fachliteratur und die Teilnahme an Fortbildungen. Zur Erleichterung der Abrechnung kann der Aufwendungsersatz auch als **Pauschalbetrag** erstattet werden, dem eine Schätzung der Kosten zugrunde liegt. Haben die Beiratsmitglieder mit der WEG keine Pauschalregelung vereinbart, dann müssen sie Ihre Ausgaben einzeln nachweisen und in Rechnung stellen.

Kombiniere: Diskutieren und klar regeln!

In der Praxis wird das Thema Aufwandsentschädigung sehr unterschiedlich gehandhabt. Manche Beiräte erhalten gar keine Ausgaben erstattet, zahlen alles aus eigener Tasche. Andere erhalten eine fixe jährliche Erstattung, die häufig abhängig ist von der WEG-Größe. So erhalten einige 100 – 300 € pro Person im Jahr, in ganz großen WEGs auch schon mal an die 1.000 €. Am besten sollte Ihre WEG darüber beraten und dabei berücksichtigen, dass es zum Vorteil aller ist, wenn ein motivierter und gut fortgebildeter Beirat die Interessen der Eigentümer*innen vertritt. Höhe und Art der Aufwandsentschädigung sollten dann bereits im Beschluss über die Wahl des Beirats formuliert sein. Bei einer hohen Aufwandsentschädigung über 720 €/Jahr sollte zudem klargestellt werden, dass § 29 Abs. 3 WEGesetz, also die Haftungseinschränkung, Anwendung finden soll. Übrigens: Ein Dankeschön sollte für die Beiräte auch immer drin sein!

Ob eine **sehr hohe Aufwandsentschädigung** zu einer schärferen Haftung führen könnte, ist schwer zu beurteilen. Da im WEGesetz hierzu kein Betrag genannt ist, kann § 31a BGB herangezogen werden: Danach gilt eine Aufwandsentschä- digungsgrenze von 720 € pro Jahr je ehrenamtlichem Mitglied eines Organs. Liegt die Aufwandsentschädigung über diesem Betrag, haftet der Ehrenamtler auch für leichte Fahrlässigkeit.

Viel Erfolg auf dem Weg zu einer konstruktiven Beiratsarbeit

Anhang

Stichwortverzeichnis

Urheberrecht / Haftungsausschluss

Autorinnen

Gabriele Heinrich

ist Diplom-Geografin. Sie kennt und vertritt als Vorständin des Vereins Wohnen im Eigentum e.V. die Interessen der Wohnungseigentümer*innen. Nach ihrer langjährigen Tätigkeit als Referentin für Bauen und Wohnen beim Verbraucherzentrale Bundesverband (vzbv) hat sie den Verein WiE mitgegründet und konzentriert sich seitdem auf die Stärkung des Verbraucherschutzes im Bereich Wohnungseigentum. Sie ist Autorin diverser Fachbücher und Ratgeber.

Sabine Feuersänger

ist Redakteurin, Fachautorin und war als Referentin von Wohnen im Eigentum an der Erarbeitung der Kampagnen und Stellungnahmen zur Reform des WEGesetzes beteiligt. Für WiE schrieb sie über Jahre hinweg Ratgeber, Themenpakete und Infoblätter zum Wohnungseigentumsrecht. Komplexe juristische Inhalte verbrauchergerecht und verständlich zu vermitteln, liegt ihr besonders am Herzen.

Den Wohnungseigentümer*innen verpflichtet!

Wohnen im Eigentum (WiE) ist der bundesweit aktive Verbraucherschutzverband für Wohnungseigentümer*innen (Selbstnutzer wie vermietende Eigentümer) und Einfamilienhauserwerber.

Wohnen im Eigentum ist parteipolitisch neutral und unabhängig. Wir vertreten die Interessen und Rechte der Wohneigentümer*innen als Verbraucher in der Öffentlichkeit und gegenüber Politik und Wirtschaft. Wir setzen uns ein für mehr Verbraucherschutz und Markttransparenz auf dem Bau-, Wohnungs- und Wohnmarkt. WiE fordert mehr Partizipation der Eigentümer*innen bei für sie wichtigen Gesetzgebungsverfahren.

Wohnen im Eigentum fühlt sich allein den Selbstnutzern und Kleinanlegern (vermietenden Eigentümer*innen) verpflichtet – unter Wahrung und Förderung der Ziele des nachhaltigen Bauens und Wohnens. WiE sieht es als seine wesentliche Aufgabe an, für die Wohnungseigentümer*innen weitgehende Transparenz über wichtige Gesetze zu schaffen durch allgemeinverständliche Informationen und durch „Übersetzung" komplizierter neuer gesetzlicher Regelungen für Nicht-Juristen. Die Eigentümer*innen werden aufgeklärt über die (möglichen) Folgewirkungen wichtiger Regelungen. Erkenntnisse aus der Beratung und aus Befragungen nutzt WiE für die Qualitätssicherung, für Studien und für die Politikberatung.

Wohnen im Eigentum ist Mitglied im Bundesverband der Verbraucherzentralen (vzbv), bei der Verbraucherzentrale NRW, der Bundesarbeitsgemeinschaft der Seniorenorganisationen (BAGSO) und der Initiative Wohnungswirtschaft Osteuropa (IWO).

Wohnen im Eigentum bietet ein Netz von Informations-, Beratungs-, Fortbildungs-, Prüf-, Versicherungs- und sonstigen Serviceleistungen rund um die eigene Wohnung an. Im ständigen Erfahrungsaustausch mit unseren Mitgliedern erweitern und aktualisieren wir unsere Dienstleistungen.

Neugierig geworden? Dann gehen Sie uns ins Netz!

Dafür steht der Verein,
das hat Wohnen im Eigentum geleistet

Wohnen im Eigentum hat …

… erreicht, dass Wohnungseigentümer*innen in Politik, Öffentlichkeit und Wirtschaft endlich wahrgenommen und als Verbraucher gesehen werden.

… durch intensive Öffentlichkeits- und Pressearbeit mit Klischees und Vorurteilen aufgeräumt und klargestellt, dass

- Wohnungseigentümer*innen keine unbedeutende Randgruppe sind.
- Wohnungseigentum nicht mit Hauseigentum zu vergleichen und gleichzusetzen ist.
- WEGs nicht alle gleich betrachtet und behandelt werden dürfen – unabhängig davon, ob es sich um Doppelhäuser oder Anlagen mit über 1.000 Wohnungen handelt,
- Verwalter*innen, auch wenn sie die WEG nach außen vertreten, damit keinesfalls zwangsläufig (nur) die Interessen der Wohnungseigentümer*innen im Blick haben.
- kritische, verantwortungsvoll handelnde Eigentümer keine Querulanten sind.
- in WEGs Kontrollorgane erforderlich sind.

… durch Publikationen, Veranstaltungen und individuelle Beratung Wohnungseigentümer*innen zu Verhandlungspartnern auf Augenhöhe qualifiziert, u.a. mit

- verbraucherorientierten Mustertexten, z.B. dem Muster-Verwaltervertrag,
- Weiterbildung von Verwaltungsbeiräten,
- Orientierungshilfen für die Prüfung von Jahresabrechnungen,
- Studien über Teilungserklärungen, Maklerprovisionen, Sanierungen und Sicherheitschecks für WEG-Konten,
- dem Erfahrungsaustausch der Wohnungseigentümer*innen untereinander.

… aufgrund des politischen Engagements und der Politikberatung ein stärkeres Gewicht der Wohnungseigentümer*innen in der Politik und Fachwelt erreicht, z.B. durch

- umfangreiche Aktivitäten zur WEGesetz-Reform 2020, mit denen WiE Änderungen im Sinne der Wohnungseigentümer*innen beeinflusst hat.
- jahrelange Forderung nach Sachkundenachweis und Erlaubnispflicht für Verwalter*innen.
- Mitarbeit in politischen Gremien auf Bundesebene und aktive Themen.

Mundpropaganda ist unbedingt erwünscht!